언어의 역사

토르 얀손 지음 | 김형엽 옮김

THE
HISTORY
OF
LANGUAGES

한울
아카데미

본 번역서는 2015년도 고려대학교 인문대학 교내특별연구비를 토대로 진행되었습니다.

The History of Languages

An Introduction

Tore Janson

옮긴이 서문

　인간이 다른 생명체와 다르다는 것을 이야기할 때 우선적으로 언급되는 것이 언어가 아닌가 싶다. 지구상의 많은 존재 가운데 유일하게 인간만 매우 복잡한 구조를 갖춘 의사소통 수단을 사용하고 있기 때문에 학자들 사이에서는 이 점이 항상 중요한 논점이 된다. 이 책은 인간이 소유하고 있는 언어를 역사적인 변화의 측면에서 관찰하면서, 언어가 어떤 과정을 통해 변화를 겪고 지금의 모습을 지니게 되었는가를 설명하려는 시도이다. 또한 현재 사용되고 있는 언어들이 향후 먼 미래에 어떤 모습으로 남아 있을지에 대한 설명들도 아주 자세하게 소개되어 있다. 옮긴이는 바로 이런 내용들이 언어의 속성을 이해하는 데 매우 중요한 사안이라고 판단해 이 책을 번역하려는 결심을 굳히게 되었다.

　이 책의 특징을 세 가지 측면으로 정리할 수 있다. 첫째, 교육 현장에서 언어를 전공하는 학생들에게 언어의 발생과 변화를 이해시키는 데 중요한 자료가 될 수 있다. 특히 이 책은 현재 세계적으로 공용화된 영어에 대해서도 다루었는데, 영어가 어떤 과정을 거쳐 지금과 같은 위상을 갖게 되었고 앞으로 이와 같은 위치를 지속적으로 유지할 수 있는가를 여러 자료를 바탕으로 설명하고 있어서, 학생들이 영어를 광범위하게 이해하는 데 매우 유용한 자료가 될 수 있을 것이다. 둘째, 이 책에는 아주 다양한 언어들이 소개되고 있다. 저자는 지금까지 다른 교재에서 깊이 다루지 않았던 아프리카, 아랍, 동남아 지역의 언어들과 태평양, 대서양의 여러 도서 지역에 분포한 다양한 언어들을 소개한다. 따라서 독자에게 세계에 널리 퍼져 있는 언어들을 매우 넓게 관망할 수 있는 기회를 제공해 언어의 다양한 모습을 볼 수 있게 해준다. 이런 내용들은 사람들이 소수의 언어에만 치중해 설명하기보다 언어에 대한 폭넓은 지식을 토대로 자신의 의견을 개진할 수 있도록 도움을 줄 것이다. 이 책에 소개된 다양한 언어에 관한 내용들은 언어에 대한 독자들의 이해의 폭을 넓히는 데 중요한 바탕이 될 수 있다. 셋째, 언어와 인간 사이의 관련성을 저자만의 독특한 관점으로 제시하는 점이 다른 저서와 구별되는 중요한 특징 중 하나이다. 언어의 변화와 인간 사회의 변화가 서로 어떤 관련성을 가지는지 저자만의 논점을 바탕으로 매우 상세하게 기술되어 있다. 이를 통해 언어 형태 변동에 국한해 언어의 변화를 이해하는 것에서 벗어나 인간 사회의 변화를 언어의 발달과 연계시킬 수 있다. 이 책은 언어와 인간 사이의 관련성을 확실하게 이해할 수 있도록 내용이 전개된다. 이런 특징들은 독자가 언어의 역사를 훨씬 넓게 바라볼 수 있도록 도울 뿐 아니라 좀 더 깊이 이해하는 데 중요한 토대가 될 것이다.

옮긴이는 이 저서를 번역하면서 학생들에게 언어의 역사를 분명하게 이해시키려는 교육적인 목적에 가장 초점을 둔 것이 사실이지만, 일반 독자들 중 언어에 관심이 많은 사람들도 이 책을 통해 역사적인 스펙트럼 속에서 언어를 관찰하고 이해할 수 있는 기회를 가질 수 있다고 분명하게 밝히고 싶다. 아울러 언어 전문가들 및 비전문가들 모두 이 책을 통해 언어를 광범위하게 이해함으로써 인류에 대해 다시 한 번 고찰해볼 것을 진심으로 제안하는 바다.

또한 이 번역서를 구성하면서 이 책의 완성을 위하여 노력을 아끼지 않았던 여러 사람들의 노고에 대해 여기에 확실하게 언급하지 않을 수 없다고 생각한다. 우선 오랜 시간 동안 인내와 수고로서 이 책의 번역을 완수할 수 있도록 아낌없는 노력을 보여주었던 도서출판 한울 관계자분들 모두에게 충심으로 감사의 말씀을 전하고자 한다. 이 번역 기획에 착수한 지는 꽤 오래되었음에도 불구하고 옮긴이가 지체한 시간 내내 묵묵히 기다려 주었고, 아울러 최종 내용이 완벽하게 완성될 수 있도록 애써주었던 모든 분들에게 진심으로 경의를 표하고 싶다. 그리고 전체 내용을 수차례 정독하면서 끝없는 조언을 아끼지 않았던 박세준 학생의 노력에 고마운 마음을 전하는 바이다. 그의 꾸준한 노력과 성실한 도움이 없었다면, 지금과 같이 완성도가 높은 결과물을 도출하기가 쉽지 않았을 것이다. 따라서 옮긴이는 이 자리를 빌려서 모든 사람들의 도움에 충심으로 감사의 뜻을 전함과 동시에 향후 이 책에서 발견될 수 있는 모든 잘못들은 고스란히 옮긴이 자신으로부터 비롯된 것임을 여기에 분명하게 밝혀두고 싶다.

2015년 7월
김형엽

서문

영어는 2000년 전에는 존재하지 않았지만, 지금은 널리 사용되는 언어 중 하나이다. 하지만 훗날에는 사람들이 영어를 더 이상 사용하지 않을지도 모른다. 언어가 등장해 한동안 사용되다가 사라지는 것은 특정 언어에서만 보이는 것이 아닌 모든 언어에서 나타나는 일반적인 특징이다. 그러나 이와 같은 언어의 운명도 언어에 따라 커다란 차이를 보인다. 일부 언어들은 겨우 몇 세대 동안에만 사용될 정도로 그 역사가 매우 짧고, 일부 언어들은 수천 년 이상 사용되기도 한다. 또 사용자 수가 아주 적은 언어가 있는 반면, 수많은 사람이 사용하는 언어도 있다.

언어가 어떻게 생겨나고 사라지는지, 왜 언어마다 다른 운명을 맞게 되는지 등을 살펴볼 때는 각 언어를 사용하는 사람들에게 어떤 일이 일어났는지를 함께 고려해야 한다. 즉, 언어는 역사에 종속되어 있다. 그러나 사람들이 어떤 언어를 사용했는지에 따라 역사적 사건이 영향을 받기도 한다. 따라서 역사는 언어의 영향을 받으며 언어는 역사의 일부이다. 역사 속에서 언어가 어떠한 역할을 하는지가 이 책의 핵심 주제이기도 하다.

이 책은 대학생들을 교육하기 위한 교재로서 학생들에게 역사학, 언어학, 영어를 위시한 다양한 언어들을 접하게 하는 데 목표를 두고 있다. 따라서 교재 내용 구성면에서 전문적인 용어를 가능한 한 적게 사용하려고 노력했다. 반면 '언어', '국가'처럼 중요도는 높지만 정확히 정의하기가 애매한 용어는 자세하게 설명했다.

이 책은 언어의 일반적인 역사를 다루었으며 언어와 관련된 아주 오래된 사실부터 언어가 앞으로 맞이할 머나 먼 미래에 대한 이야기까지 전반적으로 제시했다. 그러나 분명한 것은 제한된 수의 언어와 지역만을 설명했다는 점이다. 일단 세계에서 많은 인구가 사용하는 언어들의 지역을 언급했다. 또 지명도가 낮은 일부 소수 언어일지라도 지역의 역사와 확실한 연관성이 있다면 내용에 포함시켰다. 반면 유명 언어라 하더라도 언어의 사용 지역이 언급되지 않은 경우도 있다. 주어진 내용 안에 모든 언어들을 언급할 경우, '언어의 일반적인 역사'라는 이 책의 초점이 흐려질 뿐 아니라 분량 면에서도 완성도가 떨어질 수 있기 때문이다.

이 책만의 다소 독특한 특징이 있는데, 바로 일반적으로 인정되는 독립된 연구 대상이 아닌 분야에 대해 개괄적인 설명을 제공한다는 점이다. 언어학자들과 역사학자들은 모두 자신의 학문 영역이 아닌 분야에 대해 자신의 다양한 목적에 맞춘 방식으로 접근한다. 역사학자들은 언어의 역사에 중요한 정치적 함의가 있는데도 이를 사회사(社會史)의 일부라고 본다. 한편 언어학자들은 역사와의 관계 연구를 역사적 사회언어학 분야라고 본다.

용어 문제는 잠시 제쳐 두더라도 언어학적 발전과 역사적 발전이 매우 밀접한 관련성을 보인다는 사실을 꼭 짚고 넘어가야 한다. 그러나 이런 연계성이 그간의 연구에서는 잘 알려지지 않았는데, 이는 역사학자들과 언어학자들이 각자의 연구 범주를 역사와 언어에 국한했기 때문이다. 그렇기에 이 책이 마치 다리를 놓듯 두 학문 분야 간에 연결 고리로서 역할 한다면 이 책의 본래 목적이 충실하게 달성되었다고 볼 수 있을 것이다.

또 언어와 사회의 연계성을 통찰하는 것은 역사언어학자들은 물론 역사학자들에게도 아주 가치 있는 일이다. 이런 과정을 바탕으로 우리의 현재와 미래를 가늠할 수 있기 때문이다. 오늘날 전 세계 언어들의 위상이 사회 속에서 극도로 변화하고 있고, 많은 경우 이러한 변화 과정에 영어가 깊이 연관되어 있다. 따라서 실제로 어떤 변화가 발생하는지, 또 이런 흐름의 중요성은 무엇이며 결과는 어떠한지를 판단하기 위해 지금까지 언어들이 겪었던 과정들을 살피고 현재의 모습을 조망하는 것이 꼭 필요하다. 필자는 이 책이 바로 이런 부분을 해결하는 데 핵심적인 역할을 하기를 진심으로 희망한다.

필자는 기존 연구 중 하나인 『발화: 언어의 역사 개요(Speak: A Short History of Languages)』(2002)에 기초해 이 책의 상당 부분을 구성했다. 앞서 출간된 책의 여러 장이 이 책에 똑같이 구성되었으며 전반적으로 내용을 다시 점검하면서 시기가 오래되었거나 개선이 요구되는 부분에 대해서는 상당 부분을 수정했다. 또 필자의 이해 수준을 향상시키기 위해 부단히 노력했고 어떤 부분에서는 필자의 학문적 의견을 전환하거나 수정하기도 했다. 그러면서 몇 개의 장을 새롭게 추가했다. 2002년에 출간된 책이 일반인들을 위한 저서였다면, 이 책은 대학 교재로서 출간되는 것이다. 즉, 이 책은 이전 책의 개정판이 아니라 이전 책의 내용을 일부 포함한 새로운 책이다.

여기서 다루는 모든 언어와 역사를 한 사람이 전반적으로 다 알기는 어렵다. 따라서 수년 동안 연구를 수행할 때는 물론, 이 책을 집필할 때도 여러 분야에 종사하는 많은 전문가들의 조언을 받지 않을 수 없었다. 이전 책에서 일부 조언자들을 언급한 바 있지만, 집필 과정 중에 많은 친구들과 여러 동료의 무수히 도움을 받았음에도 불구하고, 이 책에서 그들의 이름을 일일이 열거할 수 없다는 사실이 아쉽다. 그러나 그중 몇 명은 꼭 밝히려 한다. 특히 중국어를 다룬 장에서 값진 도움을 아낌없이 준 예란 말름크비스트(Göran Malmqvist)와 토르베른 로덴(Torbjörn Lodén), 그리고 아랍어 분야에서 훌륭한 조언을 해준 군보르 메이델(Gunvor Mejdell)에게 감사의 말을 전한다. 마지막으로 이 책의 내용에서 발견되는 오류와 필자가 제시한 모든 의견에 대해 필자가 전적으로 책임을 짐을 분명하게 밝힌다.

토르 얀손

차례

유럽과 세계

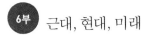

표 차례

그림 차례

1부

선사시대

무문자언어

01. 언어가 탄생한 시기는 언제인가

성경의 첫머리에 수록된 창세기를 보면 아담(Adam)은 하나님에 의해
창조되자마자 언어를 수행할 수 있었던 것 같다. 수록된 내용을 보면 아담
은 신이 부여한 과업을 수행할 때 언어 능력을 보이기 때문이다. 성경의
내용은 다음과 같다.

여호와 하나님이 흙으로 각종 들짐승과 각종 새를 지으시고 아담이 무엇이
라고 부르나 보시려고 그것들을 그에게로 이끌어가시니 아담이 각 생물을
부르는 것이 곧 그 이름이 되었더라.

창세기 2장 19절

동물에게 명칭을 부여하면서 일부분이지만 언어를 만들어낸 것은 그가

첫 번째로 한 일이었다. 그러나 아담이 언어를 창조한 것은 아니라는 사실이 분명하다. 그가 이 세상에 있기 전부터 이미 언어가 존재했다고 할 수 있다. 신이 세상을 창조하면서 '빛이 있으라'라는 말을 했다는 것을 고려할 때 아담이 창조되기 전부터 언어가 존재했음을 알 수 있다.

창조 이야기를 있는 그대로 인정하지 않더라도 이 이야기는 사람들이 언어를 어떻게 생각하는지를 보여준다고 할 수 있다. 다른 무엇보다도 아담이 탄생할 때부터 '언어적 능력을 가지고 있었다'는 것은 매우 놀랍다. 이 이야기가 없었다면 인간이 이 세상에 나타나고 그 이후에 언어가 생겼다고 여긴다 해도 무리가 아닐 것이다. 아기가 태어나자마자 언어를 바로 사용하지 못하는 것처럼, 원시인에게도 언어가 없었다고 볼 수도 있다. 그러나 창세기에 의하면 말을 하고 주변 사물의 명칭을 결정하는 것은 인간만이 가진 특별한 능력이다. 자신의 주변에 존재하는 다른 창조물에게 명명하는 행위가 인간을 차별화하는 중요한 요인이라면, 아담이 동물들에게 명칭을 붙였다는 사실만으로도 인간이 다른 동물보다 우월하다고 할 수 있다.

신은 이미 창세기부터 언어를 사용하는 화자였지만 신과 대화할 상대가 전혀 없었다는 사실은 매우 이례적이라고 할 수 있다. 다른 한편 말을 하지 못하는 성스러운 존재인 벙어리 신을 상상하기란 더욱 어렵다. 물론 신을 이해하기란 쉬운 일이 아니고, 신은 어쩌면 인간이 사용하는 표현방식을 넘어서는 방식을 사용했을 수도 있다. 그러나 신을 인간보다 우월한 존재라고 하면서도 동물과 구별되는 인간만의 능력인 언어를 보유하지 않았다고 보는 것은 신을 바보나 동물과 동격으로 보게 되는 우를 범하는 것이다.

우리는 인간이라는 종이 어느 한 순간에 생겨난 존재가 아니라는 사실을 잘 알고 있다. 과거의 인간은 유인원과 유사한 모습이었다. 따라서 어느 시점에 유인원의 모습에서 현대 인류의 모습으로 변하게 되었는지도 반드시 고려해봐야 한다.

어떤 사람은 인류가 현재와 같은 모습을 갖게 된 시기가 언어가 생긴 시기와 동일하다고 말하기도 한다. 이런 생각은 창세기에 제시된 인간과 언어의 탄생 이야기와 맥을 같이한다고 볼 수 있다. 어쩌면 인간이란 무엇인가에 대한 정의를 언어를 보유했는지 여부와 동일하게 보는 것이 당연할지도 모른다.

문제가 있다면 언제 최초의 발화가 언제 시작되었고 언어가 언제 생겼는지 아는 것이 불가능하다는 점이다. 많은 지식인들이 오래전부터 언어의 탄생 시기와 과정을 밝히려고 노력했지만, 아직까지 만족할 만한 답이 제시되지 않고 있다.

현존하는 최초의 문자 기록물의 시기를 토대로 보았을 때, 대략 5000년 전에 인간의 언어가 존재했다고 절대적으로 확신할 수 있다. 수메르인과 이집트인의 기록에 쓰인 언어들은 오늘날의 언어와 같은 특징을 갖고 있다. 물론 언어 자체의 탄생 시기는 이 기록들보다도 훨씬 오래되었을 것으로 추측된다.

정확히 얼마나 오래되었는지 분명하게 밝혀지지 않았기 때문에 여러 견해들도 아직 추측에 근거한 서술에 불과하다. 사람들은 대체로 두 가지 종류의 근거에서 합리적인 답을 찾으려고 한다. 첫째는 여러 유물에서 선사시대 인류의 문화 발달에 대한 근거를 찾는 고고학적 연구를 바탕으로 언어의 탄생 시점을 판단하는 방식이다. 둘째는 화석으로 남아 있는 선사시대 원시 인류의 골격 구조 분석을 바탕으로 언어의 탄생을 추측하는 것이다.

02. 4만 년 전인가, 200만 년 전인가

고고학적 연구를 통해 돌이나 뼈로 만든 도구가 어느 시대에 사용된 것인지 추정할 수 있다. 또 조각이나 새김무늬(engravings), 그림 등의 시대를 추측해볼 수도 있다. 발견된 여러 자료로 이미 4만여 년 전부터 인류가 현대인과 마찬가지로 발명과 창조 활동을 했음을 알 수 있다. 인류는 오래전부터 수많은 도구를 고안했을 뿐 아니라, 수준 높은 예술품들도 생산했다. 이런 사실만 보더라도 인류가 현대인들과 동일한 수준의 언어를 사용했다고 추론해볼 수 있다. 사람들은 200만 년 전부터 돌로 도구를 만들었고 점차 정교하게 만들었지만, 자신들을 예술적으로 표현하기 위해 그것들을 만들었는지에 대한 증거는 매우 희박하다.

고고학적 증거들은 인류의 조상들이 적어도 4만여 년 전부터 현대 언어의 복잡한 문법과 풍부한 어휘를 사용했음을 시사한다. 도구를 사용하던 원시 종족이 모두 발화를 수행할 수 있었다면, 언어의 역사는 훨씬 오래되었을 것이며 200만 년 전까지 거슬러 올라갈 개연성도 있다. 그러나 언어와 도구 생산 간의 직접적인 연관성을 확신하기에는 아직 분명치 않은 점들이 있다.

근대 바로 직전의 전근대 인류 해부학 전문가들은 10만 년에서 15만 년 동안 현생인류인 호모사피엔스사피엔스(homo sapience sapience: 신인류)의 외형적인 모습에 그다지 변화가 없었다고 주장한다. 이 시기 동안 이미 인류의 두뇌 및 발성기관은 오늘날과 거의 유사한 형태를 띠고 있었고, 지능이나 해부학적으로도 초기 인류가 언어를 사용하는 데 장애가 될 만한 요소가 없었다고 추정된다. 원시인류는 원활하게 움직일 수 있는 혀와 후두부(laryngeal)에 성대를 가지고 있어 현대인과 유사했다. 또 그들은 발화하고 이해하는 데 어려움이 없었을 것이라고 추측되는, 많은 주름으로 이뤄진 뇌를 가지고 있었다.

원시시대 초기 인류의 모습은 현대인과 유사하지만은 않다. 호모사피엔스사피엔스의 시대가 시작되는 시기 전후로 네안데르탈인(neanderthal man)이 존재했었다. 이 원시인들은 현대인과 비등한 크기의 두뇌를 가지고 있었으나 두개골과 턱뼈의 구조가 몇 가지 측면에서 현대인과 달랐다. 이런 점 때문에 현대인들이 낼 수 있는 소리를 네안데르탈인은 발음할 수 없었을 것이라 추측된다. 그러나 네안데르탈인의 조각난 유골만 남아 있고, 발음을 하는 데 필요한 입과 혀 등의 연조직이 남아 있지 않기 때문에 그들의 발음 유형을 확신하기는 어렵다. 이 문제를 연구하는 학자들에게 남아 있는 유골들에 의존해 발음을 위한 근육 구조를 추측하는 것은 매우 어려운 일이다. 또한 네안데르탈인과 현대인의 두개골이나 턱뼈 구조의 차이를 두 종간의 의사소통 차이와 연결 짓기도 쉽지 않다. 수십만 년 전에 살았던 원시인들의 두개골과 턱뼈는 현대인들과 달라서 현재 살고 있는 우리들과 동일하게 발음하는 것이 거의 불가능했기 때문이다.

간단히 정리해보면 지금의 언어 형태는 시기적으로 최소 4만 년 전부터 존재했으나 최초로 언어가 사용되기 시작한 것은 구석기 시대가 시작된 약 200만 년 전으로 볼 수 있다.

03. 원인은 무엇인가

이 질문에 대한 답은, 완벽하게는 아니지만, 언어가 최초로 나타난 시기를 말해준다. 이는 매우 어려운 문제인 언어의 기원과 관련되어 있다.

지금까지 알려진 다른 방법들을 모두 고려해보아도 인간의 언어는 의사소통 방식으로서 최고의 수준과 유연성을 갖춘 체계라고 할 수 있다. 이 언어 체계의 두드러진 특징은 아무리 복잡한 내용이라도 아주 짧은 시간에 매우 효과적으로 전달할 수 있다는 것이다. 인간의 언어가 가진 복잡성·다양성·적응성은 다른 포유류의 의사소통 수단과 구별되는 특징이다. 물론 동물의 의사소통 수단과 인간의 언어 간에 유사성이 전혀 없는 것은 아니다. 우리가 사용하는 신호는 내쉬는 공기로 기도 윗부분을 공명시켜 입을 통해 나오는 소리다. 포유동물도 소리를 낼 때 인간이 언어를 발성할 때 사용하는 방식과 동일한 방식을 따른다. 개는 멍멍, 고양이는 야옹, 쥐는 찍찍, 말은 히힝, 원숭이는 깩깩거리며 울음소리를 낸다. 모든 동물들이 내는 소리는 기본적으로 인간의 발성 수단과 동일한 방식으로 만들어진다. 이처럼 유전학적으로 연관성이 있는 많은 종들이 비슷한 방식으로 소리를 생성하기 때문에 현대인보다 오래전에 존재했던 원시인들도 아마 유사한 방식으로 발성했을 것이다.

포유류에 속하는 다른 동물들의 소리도 일종의 신호체계로 볼 수 있다. 같은 종에 속하는 동물들끼리는 고유의 신호체계를 이용해 서로 소통했다. 동물들의 신호체계가 인간의 언어와 다른 점이라면 발달 수준의 차이를 들 수 있다. 서로 다른 종에 속하는 동물들은 다른 종류의 소리를 발성한다. 이런 차이점을 바탕으로 동물들은 종에 따라 서로 다른 의미를 전달한다. 개가 위협, 공포, 동정 등을 표현하기 위한 나름의 방식을 갖고 있는 것을 알 수 있다. 동물의 의사소통 방식을 연구하는 연구자들은 많은 동물 종이 수십 개 이상의 서로 다른 소리 신호를 갖고 있음을 발견했다. 유인원과 원숭이 여러 종은 수십 개의 서로 다른 소리로 이루어진 상당히 폭넓은 소리 신호체계를 갖고 있다. 재미있는 점은 인간과 가장 유사하다고 알려진 침팬지와 보노보(bonobo)가 다른 일반 원숭이에 비해 의사소통에 더 발달된 방법을 쓰지 않는다는 것이다.

인간의 발화는 다른 동물들의 울음소리와는 다른 몇 가지 특징이 있다. 동물은 소리로 의사소통을 할 때 하나의 소리 형태로 항상 동일한 의미만을 전달하는데, 이것은 동물이 전달할 수 있는 의미의 수에 상당한 제약이 있다는 점을 의미한다. 때에 따라 새로운 의미를 전달하려면 또 다른 소리 신호가 필요하지만, 일단 사용하고 있는 많은 신호 외에 새로운 신호를 만드는 것이 어려운 일일 뿐 아니라, 다수의 신호를 기억하는 것 또한 쉬운 일이 아니다.

인간은 한정된 소리들을 조합해 거의 무한에 가까운 의미를 생성해낸다. 대표적인 언어들을 살펴보면 대다수의 언어가 30~40개 정도의 분리된 발화소리들을 갖추고 있음을 알 수 있다. 이 소리들을 서로 조합하면 무한대의 말을 만들어낼 수 있다. 한 번에 단어 한 개씩만 말할 수 있는 어린아이라 할지라도, 동물과 비교했을 때는 훨씬 수준 높은 의사소통 신호체계를 사용하는 것이다. 동물들은 단지 한정된 신호 세트만 가진 반면, 인간의 언어는 무한한 생성이 가능하다.

게다가 인간은 몇 개의 단어들을 조합해서 발화할 수 있다. 동일한 방법으로 단어들을 조합해 무한한 수의 문장을 만들 수 있으며, 이런 원리를 바탕으로 의미상 매우 복잡하고 미묘한 차이가 있는 생각들을 표현하는 것도 가능하다. 이론상 어떤 내용이든지 전달하는 것이 가능하기 때문에 원하는 것은 모두 전할 수 있다고 할 수 있다.

다만 이와 같은 획기적이고도 놀라운 체계가 왜 그리고 어떻게 형성된 것인가에 대해서는 아무도 모른다. 분명한 것은 언어능력이 인간이라는 특수한 종의 진화와 관련이 있다는 사실이다. 동물이 말을 하지 못하는 것과 마찬가지로 온전한 상태의 인간만이 언어를 제대로 수행할 수 있다. 언어의 진화에 관한 논의는 한 세기 이상 찰스 다윈(Charles Darwin)의 이론적 틀을 바탕으로 이루어졌으며, 이는 언어능력이 진화적 압력에 의해 진화되어왔을 것이라는 가정을 바탕으로 이루어졌다. 즉, 인간은 자기가 원하는 바를 표현할 수 있고 상대방의 표현 내용을 확실하게 이해할 수 있다는 결정적인 이점이 있다.

놀랍게도 위에서 언급한 이점이 무엇인가에 대해 아직까지 모든 학자들이 동의하는 것은 아니다. 어쩌면 사람들이 서로 말을 주고받는 것이 사회적인 관계와 연관된다는 점을 이점으로 꼽을 수 있을지도 모른다(다만 이것도 아직 논쟁 중인 사안이다). 또 인간이 언어를 통해 상호 협조해서 집단의 이득을 꾀할 수 있다는 점이 거론되기도 한다. 그러나 이런 주장은 다윈의 이론에 반하는 것이다. 다윈이 주장한 진화론은 자연 속에서 생명체들이 서로 경쟁하면서 자신의 개별적인 특성을 후손에게 전달한다는데 초점이 있다.

진화론에 비춰보면 이 주장은 힘을 잃게 된다. 거짓말로 이득을 보려는 사람들이나 사회에서 위치를 잡는 데 다른 사람의 '험담'을 하는 것이 필요했기 때문에 언어가 발달되었다는 주장이 최근에 등장했으며, 자신의 이익에 도움이 되는 '의례'를 발달시킬 수 있기 때문이라는 주장이 나오기도 했다. 이런 주장들이 사실인지를 증명하기도 쉽지 않지만, 무조건 아니라고 부인하기도 어렵다. 확실한 증거가 발견되기 전까지는 이와 같은 추측은 계속될 것이다.

아직은 어떤 이유로 언어가 생성되었는지를 말하기는 어려운 상황이다. 언어의 발달에 대한 여러 주장들은 단지 추측일 뿐이지만, 언어의 두 가지 핵심 특성들이 순차적으로 발달되었다고 생각해볼 수 있다. 1단계는 한정된 수의 소리를 사용해 무한대의 말을 만드는 기능이다. 이런 기능은 오랜 세월을 거치면서 발달했다.

이러한 종류의 언어는 매우 유용했을 것이다. 바로 지금 여기에서 중요한 것을 말하는 데는 한 단어로도 충분히 전달할 수 있다. '사슴!' '던져!' '좋아!' '잘라!' '요리해!' '자거라' 등등. 이것은 요즘에도 무뚝뚝한 사람들이 말할 때 흔히 사용하는 방식이며, 보통 이러한 방식으로도 그들의 의도를 전달할 수 있다.

다만 주변에 없는 것을 말하려고 할 때에는 문제가 발생할 수 있다. 예를 들어 계곡이 어딘지를 말하지 않고 산딸기를 따러가자는 뜻에서 단순히 "산딸기!"라고만 외친다면 의도를 충분하게 전달하지 못할 것이다. 조금 더 자세한 상황을 말하거나 제시할 경우에는 다른 어휘를 덧붙여 "산딸기! 갑시다!" 또는 "산딸기! 저기요!"와 같은 유형의 표현을 사용해야 한다. 이것이 두 어휘 표현의 시작이다. 그리고 거기서부터 대명사, 서법 (평서문, 명령문 등), 종속절과 같은 여러 형식의 문법구조를 포함해 문장을 완성해간다. 이렇게 완성된 형태는 한 순간에 이뤄진 것이 아니다. 언어의 발전은 아주 오랜 기간에 단계적으로 이루어졌다. 결국 언어는 미래 또는 과거의 사실을 분명하게 전달하고, 실제 현상뿐만 아니라 어떤 현상이 일어날 수 있었는지까지 표현할 수 있을 있을 만큼 정교한 수준에 도달했다.

고대인의 언어는 비록 일부만 남아 있지만, 고대인들은 수백만 년 동안 다른 어떤 생명체보다도 훨씬 앞선 방식으로 의사소통했을 것이다. 언어가 현재의 모습을 갖추기까지 엄청나게 긴 시간이 걸렸겠지만, 지금의 언어가 거친 기간은 사람의 발성기관 및 두뇌의 변화 과정을 반영하기에 충분한 시간이었다고 할 수 있다.

어휘를 사용해 의사소통하는 능력은 구석기 시대 즈음인 100~200만 년 전에 시작되었다고 추측해볼 수 있다. 여러 개의 어휘를 활용해 발화를 수행한 시기는 그보다 훨씬 이후였을 것이다. 종속절 또는 다른 복잡한 구조를 갖춘 완전한 언어 수행 형태가 나타난 시기는 약 10만 년 전으로 볼 수 있다.

그러나 현재의 언어 형태가 나타난 시기는 약 4만 년 전으로 보아야 한다. 인류가 수렵·채집 생활을 하면서 군락을 이루고 뼈, 돌 등으로 도구를 만들어 사용하던 초기 구석기 시대에 언어가 이미 완전히 발달해 있었다.

나름대로 복잡한 사고를 전달할 수 있는 수준의 어휘를 갖추었고 어느 정도 복잡한 수준의 문장구조도 사용했다.

04. 수렵 · 채집인의 언어들

남아프리카 칼라하리사막 근방에서는 오래전부터 영어로 '부시먼(Bushmen)'이라고 불리는 부족들이 모여 살았다. 최근에는 이들을 가리켜 주로 '산(San)'이라고 한다. 30여 년 전까지도 산족은 식용 뿌리나 과일을 채집하고 동물을 사냥하며 생활했다. 옷이라고는 아랫도리를 겨우 가리는 정도였고, 무기와 장비는 들고 나를 수 있을 정도만 지니고 다녔다. 지금도 이들 중 일부는 약 1만 년 전 농경이 대두되기 이전의 상태를 그대로 유지하고 있다.

세계의 다른 부족들과 마찬가지로 산족 사람들도 인류의 초기 생활 모습과 문화를 꽤 많이 보여준다. 모든 사람들이 아무런 차이 없이 똑같이 산 것은 아니었을 것이다. 사람들이 사는 여러 환경 조건 중 기후, 음식, 지역의 특색에 따라 사람들의 환경이 다양하게 나타난다. 오늘날 여전히 채집과 사냥을 기반으로 사는 부족들을 관찰해보면 초기 인류가 어떻게 살았는가를 짐작해볼 수 있다.

지금 이 순간에도 산족 주민들의 삶의 방식은 빠르게 변하고 있다. 근대화된 사회를 접하면서 산족의 전통적인 삶의 방식이 사라지고 있다. 새로운 환경 때문에 그들의 문화와 언어를 유지하는 데 어려움이 대두되기 시작했다. 다음은 산족의 전통적인 삶의 방식과 언어에 대한 논의이다. 다만 이들이 최근 수십 년 동안 겪고 있는 엄청난 변화에 대해서는 잠시 논의를 유보할 것이다.

산족 언어들은 코이산(Khoisan)어족에 포함된다. 이 어족에 속하는 언

그림 1.1 남아프리카 내 '코이산어족'의 위치

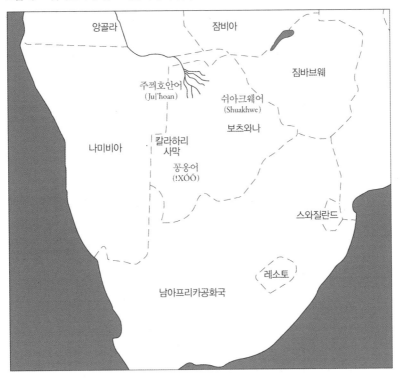

어들 중 하나인 나마어(Nama), 일명 코에코에해왑어(Khoekhoegowab)는 나미비아에 사는 10만 명 정도의 주민들이 사용하는 언어이다. 뒤에서 주로 논의할 언어는 코이산어족에 속한 다른 언어들이며 전체 사용 인구수는 대략 7만여 명 정도이다.

코이산어족 언어에 대한 연구는 그렇게 많지 않은 실정이다. 전반적으로 이 언어들은 대부분 무문자언어이다. 사람들은 주로 구어로 소통한다. 선교사, 인류학자, 언어학자들에 의한 일부 코이산 언어 연구가 있기는 하지만 이 언어 사용자들은 여전히 사막 근처나 내부에 거주하고 있어서 상대적으로 고립된 상태에 놓여 있다. 과거 별로 성공적이지 못했던 필자의 경험에 비추어보면, 이들의 언어를 연구하기란 매우 어렵다. 우선 고립된 지역의 원주민들은 대개 문화, 언어가 아주 다른 외부인들을 매우 꺼리기 때문에, 외부인들이 모어(母語) 화자와 직접 접촉을 유지하는 것은 거의 불가능하다. 언어학자가 잘 알려지지 않은 언어를 연구하려면 해당 언어 모어 화자들과 상당 기간 같이 살아야 하지만 그것조차 현실적이지 못한 생각이다. 수렵·채집인들에게 연구자들과 같은 외지인들의 거주는 그 자체만으로도 커다란 문제이자 변화이다. 사막 근방에서 농장 노동자로 사는 사람들은 자신들이 사용하는 언어에 대해 탐구하려는 사람들보다 자신들의 삶을 어렵게 하는 문제를 해결하는 데 도움을 줄 수 있는 교사, 사회복지사, 간호사 등이 더 절실하다.

이런 여러 어려움에도 코이산어족 언어에 대한 많은 연구들이 있었다. 우리들은 이런 연구 결과를 토대로 이전에 살았던 인류들이 사용했던 언어에 대해 대략적인 추측을 시도해볼 수 있게 되었다.

05. 과거 언어와 현재 언어의 공통점과 차이점

수렵·채집 사회의 언어에 대해 가장 먼저 중요하게 생각해야 할 점은 이 언어들이 기타 언어와 별반 차이가 없다는 사실이다. 일반적으로 19세기 언어학자들은 문명이 별로 발달하지 못한 사회의 언어가 서구 문화권에서 사용되는 언어보다 훨씬 간단한 구조를 갖고 있다고 보았다. 현대인들도 과거 학자들과 비슷하게 생각하지만, 그런 믿음은 잘못된 것이다.

서구 문화권 언어들이 발달된 모습을 갖추었다고 말하려면 몇 가지 설명이 필요하며, 그 설명들은 때로 의구심을 낳기도 한다. 언어가 발달했다는 것은 무엇을 의미하는가? 이 질문에 대답하기 전에 다양한 요소들을 고려해야 한다. 그 요소들은 언어적인 체계로서 발음하는 법, 단어의 형태, 문장 구성 형식 등이다. 다음으로 언어를 사용하거나 이해할 때 어휘, 단어, 표현 등을 고려해야 한다. 그럼으로써 의미들의 미묘한 차이를 발견할 수 있으며 동일한 대상을 다양한 방식으로 표현할 수 있다. 마지막으로 문자언어나 그 문화권의 전통, 그리고 그 언어로 기록된 서적의 양, 서적을 쓴 양질의 작가 등을 아울러 고려해야 한다.

사실 언어학자들이 코이산어족의 언어나 아메리카 인디언 언어가 유럽지역의 언어와 동일한 수준이라고 주장하는 것은 언어적인 체계에 기초를 둔 것이라고 할 수 있다. 이 세상에 존재하는 언어들의 기본적인 특성들은 모두 똑같다고 할 수 있다. 개별 언어들은 모두 단어를 형성할 수 있는 구분되는 소리의 집합을 갖추고 있다. 문법적으로 보아도 모든 언어에는 인칭(나, 당신, 그 사람 등), 단수·복수, 시제를 가리키는 요소가 포함되어 있다. 단어가 발언으로 만들어지는 과정을 제어하는 규칙이 있다는 점 또한 모든 언어를 동등하게 볼 수 있게 한다.

그러나 언어들을 좀 더 자세히 들여다보면 상당한 차이점이 발견된다. 사실 언어를 배울 때 학습자들이 빠르게 알 수 있는 것은 바로 언어마다 학습 난이도가 다르다는 부분이다. 예를 들어 영어를 보면 모음체계가 이중모음을 포함해 아주 복잡하지만 스페인어는 단순히 다섯 개의 기본모음만을 가지고 있다. 이와는 반대로 스페인어에서 동사 변화형은 영어 동사보다 훨씬 복잡하다. 두 언어를 배우면서 난이도나 발달 수준을 비교하기 위해 모음 수에 기준을 두고 따질지 아니면 동사 변화형의 다양성에 기준을 두어야 할지 판단해야 하지만, 그 판단이 쉽지만은 않을 것이다. 전반적으로 본다면 영어, 스페인어 모두 나름대로 복잡하며 두 언어 모두 배우기가 꽤 어렵다. 그러나 단지 이런 점 때문에 언어들의 난이도와 발달 수준이 모두 동일한 수준에 있다고 단정 짓기 어렵다.

코이산어족의 언어들은 모두 복잡한 수준의 음성 체계를 가지고 있다.

유럽 지역의 언어들보다 모음과 자음의 수가 더 많다. 코이산어족의 언어들은 유럽 지역의 언어들과 달리 '클릭(click)'이라는 흡착음(吸着音, click sound)을 자음으로 사용하기 때문이다. 이 소리는 주로 남아프리카에서 사용된다. 흡착음을 제외하더라도 코이산어족의 언어들은 유럽 지역의 언어들보다 다양한 수의 자음을 사용한다. 예를 들어 코이산어족에 속하는 언어인 '꽁옹어(!Xóõ)'를 살펴보면 발음에 사용되는 소리가 어떤 언어보다도 많다는 사실을 발견할 수 있다. 대부분의 언어에서 대략 30~40개 정도의 소리가 발견되는 데 반해 '꽁옹어'에서는 100여 개 이상의 분절음이 있다. 그렇지만 '꽁옹어와 코이산어족에 속하는 다른 언어들을 보면 동사의 변화형이 적고 문장 구성을 위한 규칙이 유럽 지역의 언어에 비해 일반적으로 단순한 수준이다. 결과적으로 발음 구조에서는 어려운 언어 체계지만 다른 면에서는 단순하다고 할 수 있다.

앞에서 설명한 언어의 상태가 전 세계 수렵·채집인 언어에 전부 적용되는 것은 아니다. 오스트레일리아 '애버리지니(Aborigines)'는 유럽인들이 처음 이 지역에 도착했을 때 여러 언어를 사용하고 있었는데, 이들의 언어는 코이산어족의 언어들과 달리 발음 구조가 간단했다. 일부 지역의 언어들은 당시까지 알려진 언어들과 비교해볼 때 아주 적은 수준인 20개 이하의 발음만을 사용했다. 반면 단어 형태를 바꾸는 굴절형은 아주 복잡한 수준을 보인다. 하나의 동사 변형을 다양화함으로써 영어라면 여러 문장이 소요되었을 의미를 간단히 전달하기도 한다. 오스트레일리아 언어 중 하나인 '렘바룬가(Rembarrnga)'어에서 'yarran-mə?-ku?pi-popna-ni-yuwa'를 살펴보자. 해당 연구자의 설명을 따르자면, 굴절 형태는 6개 구조로 되어 있으며, 이 문장은 '우리가 캥거루에게 슬며시 다가가더라도 이 동물은 우리의 땀 냄새를 맡을지 모른다'로 해석된다. 결국 오스트레일리아 언어들은 발음 면에서는 단순하지만 다른 면에서는 어려운 언어인 것이다.

수렵·채집인들이 사용하는 언어는 발음이나 문법 체계 면에서 다른 언어들과 차이가 없다. 이들 원주민 언어들은 간단한 측면과 복잡한 측면을 모두 갖추고 있다는 점에서 영어, 스페인어, 아랍어와 마찬가지다. 특히 언어적인 체계 면에서 오늘날의 수렵·채집인들의 언어도 우리가 사용하는 언어들과 동등하다. 이런 점에서 우리 조상들이 사용하던 언어들도 언어적으로는 동등하다고 볼 수 있다. 대체로 언어는 단순해지거나 복잡해지는 것이 아니라 다양한 모습으로 변화할 수 있다.

06. 어휘와 사회

각각의 상황은 다르지만 어휘는 인간들이 소유한 개념을 표현하는 데 중요한 요소이다. 세상에 존재하는 어휘들은 고정된 것이 아니라 신조어나 타 언어의 차용으로 변화될 수 있다. 이런 점 때문에 이론상으로는 어떤 언어든 모든 사물을 표현할 어휘를 가지고 있다고 설명되기도 한다. 그러나 실제로 각 언어의 어휘들은 커다란 차이점을 보인다. 한 언어에 포함된 단어와 표현은 그 언어가 속한 문화권에서는 당연하면서도 적절한 것들이다. 따라서 다양한 문화권에서 사용되는 언어에 포함된 어휘들이 상당한 차이를 보이는 것이 당연할 수 있다.

코이산어족에 속하는 주쯰호안어(Ju|'hoan)에서 사용되는 단어들은 칼라하리사막 지역의 수렵·채집인에게는 꼭 필요한 표현들이다. 근방에 서식하는 동물이나 식물들을 가리키는 단어들은 다른 언어에서는 전혀 찾을 수 없는 단어들이다. 물론 유럽 지역의 언어들과 마찬가지로 인간의 몸, 삶, 죽음 등을 가리키는 단어들도 다수 포함되어 있으며, 설화나 종교적인 개념을 가리키는 단어들도 있다. 한마디로 원주민 언어도 사람들이 자기가 사는 환경에서 일상적으로 표현하려는 내용들을 모두 표현할 수

있는 풍부한 자원을 갖추고 있다.

그러나 수십 년 전까지는 유럽 지역에서 사용되는 많은 표현들이 주쩍호안어에는 존재하지 않았다(자동차, 텔레비전 등의 신기술 용어나 유럽인들이 늘 사용하던 집, 가구, 가정용 도구, 옷에 관련된 말 등이 이에 해당한다). 또한 산족은 부락을 이루고 살며 고정된 지도자 없이 집단으로 운영되고 있어서 국가, 헌법, 법이나 경찰과 같은 단어들도 없다. 물론 전쟁 또한 없었기 때문에 장군, 군대, 대포 등 관련 표현들도 없다.

산족 사회에서는 많은 가축이나 화폐를 소유하지 않아서 복잡한 계산이 필요하지 않고, 따라서 수학이 꼭 있을 이유가 없다. 그들의 언어에서 가감승제 및 복잡한 숫자 개념을 가리키는 단어들을 찾을 수가 없다. 주쩍호안어에는 6보다 큰 숫자를 지칭하는 별도의 단어가 없다.

영어나 기타 유럽 언어들에 비해 코이산 언어들의 단어나 표현 방식이 적은 것은 문자를 갖추고 있지 않기 때문이라고 할 수 있다. 세대 간 언어 전달은 결국 사람들 각자 익히고 말하던 기억에 의존해야만 했다. 특히 적은 수의 사람들만이 사용하는 언어의 경우에 문자의 유무는 매우 중요하다. 특정 사물을 가리키던 단어가 사람들 사이에서 더 이상 사용되지 않을 경우 해당 단어를 기록해두지 않으면 사라질 수 있기 때문이다. 집단의 수가 수백 명에서 수천 명 정도의 수준이면 사용되지 않는 단어가 소실될 확률이 높을 뿐만 아니라, 일단 사라진 단어가 회복될 수 있는 가능성이 매우 희박하다. 따라서 이후에 유사한 개념을 표현할 필요가 생기면 상황을 유추해 표현하거나 신조어를 만들어야만 한다. 어쩌면 이와 같은 어휘의 소실은 완전히 사라졌다는 사실조차도 생각해내기가 쉽지 않을 수도 있다. 그러나 문자를 사용하는 언어 사용자들은 기록이 있다는 사실만으로도 많은 도움을 받아서 수많은 어휘들을 의사전달에 사용할 수 있다.

무문자언어 사회에서는 시와 같은 문학적인 여러 창작물들이 쉽게 사라지기도 한다. 문학에는 기록이 필수적인 요소이다. 서양에서는 구전으로 전하는 서사시들이 많은 사람들의 암기를 토대로 세대를 거쳐 전달되기는 한다. 그러나 이는 최소한 각 세대에서 소수의 사람들이라도 그 서사시들을 외우고 전수하는 노력이 따라야 한다. 주민의 수가 적은 지역에서는 이나마 쉽지 않을 수도 있다. 이런 경우 이전 세대의 문학적인 업적들은 기록이 되지 않은 채 영원히 사라질 수 있다.

간단히 말해 원주민들의 언어들은 기본적인 언어적 구조나 표현 능력에서 유럽 지역의 언어들과 별반 차이가 없지만 사용되는 상황은 아주 다를 수 있다. 그 이유는 표현하는 방식에 차이가 있기 때문이다. 원주민 언어와 유럽 언어들을 비교해보면 서로 표현해야 하는 환경의 차이로 인해 표현을 위한 자원이 다르다. 원주민어에는 그 사회의 요구에 따라 유럽 언어에서는 발견되지 않는 표현들과 어휘들이 있다. 그러나 우리에게는 아주 기본적이라고 여겨지는 많은 어휘들이 없다.

이런 현상은 원주민 언어와 유럽 언어의 체계나 잠재력 때문에 나타나는 차이라기보다는 언어를 사용하는 사회의 차이 때문에 나타난다. 최근에 주쯰호안어 화자들은 자신들의 삶의 모습을 현대사회에 맞추어가면서 새로운 개념을 표현하기 위해 신조어를 만들거나 다른 언어로부터 단어를 차용하고 있다. 이런 추세로 간다면 주쯰호안어 화자들도 머지않아 고분자화학, 컴퓨터 디자인과 같은 분야를 자신의 언어로 논의할 가능성을 얼마든지 있다. 또한 영어 화자들이 원주민들의 언어를 차용해 칼라하리 사막에 서식하는 동물과 식물에 관해 논의할 수 있게 될지도 모른다. 그러나 단어를 구축하는 일은 많은 시간과 노력을 요한다. 그 이유는 주쯰호안어의 화자들이 도시 생활에 적응하고 영어 화자들이 사막 환경에 적응하는 데 어려움이 많다는 점을 생각해보면 알 수 있을 것이다.

07. 코이산 언어는 몇 가지인가

산족이 사용하는 코이산 언어들의 수가 적지 않기 때문에 실제 수를 가늠하거나 각각의 언어를 어떻게 명명할지를 결정하기가 쉽지 않다. 특히 학자들이 언어의 명칭을 기상천외한 방식으로 제시하면서 상황은 더욱 혼란스러워지고 있다.

이처럼 명칭이 이상하게 복잡해지는 이유는 흡착음을 음성표기로 표현하는 것이 매우 어렵다는 사실에 그 원인이 있다고 할 수 있다. 흡착음은 입안의 낮은 압력을 통해서 형성되며 갑자기 들이쉬는 숨에 의해서 형성되는 소리이다. 이 소리는 다른 지역의 언어에서는 달리하고 있는데, 예를 들어 영어를 사용하는 화자들은 이에 관련된 소리로서 '쯧' 또는 '쯧쯧'처럼 혀를 차는 소리를 내어 반대하거나 의심하고 있다는 의사를 표현한다. 이렇게 혀를 차는 소리를 코이산 언어에서는 치경 흡착음이라고 한다. 코이산 언어에서 이 소리는 음성 소리의 요소로서 자음 역할을 하며, 이외 다른 종류의 흡착음들도 사용된다. 일반적으로 언어학자들이 흡착음을 가리키기 위해 사용하는 표기로는 |, ||, ǂ, ⊙, !의 5가지가 있다.

코이산 언어 대표 연구자들 중 한 사람이었던 독일 출신의 도로티아 블리크(Dorothea Bleek)는 1950년경 쯰깜암(|Xam), 뜨코마니(ǂKhomani), 끼까우끠엔(||K"au||en), 띄꿍(!Kuŋ) 등과 같은 20가지의 코이산 언어를 보고했다. 이 언어에 대해 다른 연구자들은 다른 방식의 표기를 사용하기도 했다. 띄꿍(!Kuŋ)의 경우 띄쿠(!Xu), 띄쿵(!khung), 꿍(Kung), 띄꿍(!Kung)처럼 다양한 표기 방식이 사용되었다.

학자에 따라서 다르게 표기하는 것은 어쩌면 그다지 중대한 문제가 아닐 수도 있다. 그러나 연구가 진행되면서 코이산어족에 속하는 언어들에 대한 명칭들이 다양해졌고, 방언이 밝혀지면서 언어 명칭의 숫자가 급격히 많아지게 되었다. 1981년 한 연구자는 코이산 언어 141개를 목록으로 만들어 소개하기도 했다. 이 목록은 학자들 사이에서 발생했던 동일한 언어 명칭에 대한 사소한 차이들을 제외한 것이다. 물론 이 목록이 발표된 이후에도 코이산 언어의 수는 꾸준히 증가하고 있다.

어쩌면 사람들은 7만여 명 정도의 인구가 사용하는 언어의 종류가 그렇게 많다고 믿기가 쉽지 않을 것이다. 보통 대다수 사람들이 생각하는 몇몇 언어 명칭들도 사실 하나의 언어를 지칭한 것이기도 하다. 예를 들어 쉬아크웨어(Shuakhwe)로 알려진 언어도 학자들 사이에서는 끼아에(‖'Ayè), 다니사(Danisa), 끼꼬레코에(‖Koreekhoe), 찍카아세(ǀXaise), 트사이티(Tçaiti), 후라(Hura), 테티(Teti), 띄후끄웨(!Hukwe)처럼 여러 명칭으로 불린다.

언어 목록에 왜 그렇게 많은 언어 명칭이 올라 있는지 다른 이유도 생각해볼 수 있다. 우선 이미 사라진 언어들을 포함하고 있다. 코이산 언어 화자들은 주로 남아프리카 근방에 살고 있었는데 유럽 침략자들이 이들과 접촉하면서 원주민들을 포악한 존재들로 보고 집단 학살도 서슴지 않았다. 남아프리카에서 이런 잔인한 상황을 견뎌낸 원주민들은 자신들의 언어 대신에 아프리칸스어(Africaans)*를 사용하기 시작했고, 이로 인해 많은 고유 언어들이 사라지게 되었다. 목록에서 40개 정도는 이러한 언어들이다.

그러나 여전히 동일한 언어가 여러 가지로 명명되는 상황은 지속되고 있다. 그 이유를 알기 위해서는 코이산어족에 속하는 언어 자체에 대한 논의와 이 언어들 사이에 존재하는 연관성을 좀 더 자세히 살펴보아야 한다.

---

* 남아프리카 공화국의 공용어이다(옮긴이).

08. 당신은 어떤 언어를 사용합니까? "잘 모르겠는데요."

코이산어족에 대한 학자들의 연구에 따르면 해당 언어들을 3개의 하위 어족으로 분류할 수 있다. 사실 각 하위 어족에 속하는 언어들이 너무 다른 양상을 보이기 때문에 언어들 간 연관성이 의심되기도 한다. 뛰우이타(!Ui-taa)는 코이산어족에서 남부 언어 어족을 형성한 유일한 언어라서 명칭을 구분하는 것이 간단하다고 여길 수도 있지만 실은 그렇게만 볼 수는 없다.

이제부터 언어 명칭에 관련해 진정한 문제점이 무엇인가를 생각해보려고 한다. 특정한 언어를 사용하는 모어 화자에게 그 언어를 무엇이라고 부르는지 물으면 대부분은 모른다고 대답한다. 화자들이 질문의 의도를 금방 이해하지 못해서가 아니라, 자신들의 언어에 명칭이 없기 때문이다. 이런 상황은 코이산 언어 연구자이면서 이 언어를 완벽하게 익히고 사용할 수 있었던 앤서니 트레일(Anthony Traill)의 설명을 통해 이해할 수 있다.

하지만 일반 사람들은 이런 설명을 쉽게 이해할 수 없을 것이다. 특히 이 언어를 접했던 선교사들이나 다른 연구자들은 동일한 상황을 이해하는 데 오랜 시간이 걸리기도 했다. 이것은 언어의 명칭이 아주 다양한 모습으로 기록된 중요한 이유다. 몇몇 열성적인 조사자들은 자신들의 조사 결과를 기록으로 남겨야 한다는 의무감에서 원주민 화자들이 현재 사용하는 언어의 명칭에 대한 답을 집요하게 캐려고 했다. 또 다른 학자들은 질문에 친절하게 답하려는 화자를 만나서 자신의 질문에 대한 답을 기록으로 남기기도 했는데, 이런 조사가 널리 알려지기도 했다. 이런 조사는 19세기부터 최근까지 진행되었고 그 덕에 코이산어족 언어의 수가 꾸준히 증가했다.

이런 조사 과정에 대해 몇 가지 의문을 가져볼 수 있다. 첫 번째로 연구자들이 실제로 해당 언어에 대해 무슨 명칭을 사용했는가이다. 이것들은 모두 3가지 유형으로 나뉜다. 첫째는 언어의 명칭이 화자가 속한 집단보다 더 큰 집단을 가리키는 경우이다. 이는 가장 안정적인 명칭이고, 여러 변형들 속에서 반복되는 경향이 있으며, 부분적으로는 우리 언어 명칭과 같은 방식으로 지어진 것이라고 할 수 있다. 하지만 원주민들이 부족의 명칭을 토대로 자신이 속하는 집단이 무엇인지 이해하더라도 때로 동일한 부족에 속하는 사람들 사이에도 다른 언어들을 사용할 수 있다는 점을 간과하지 말아야 한다. 비록 사람들의 발화 방식이 주변 사람들과 다소 차이가 있다고 하더라도 자신은 같은 부족에 속한다고 여기기도 한다.

둘째 유형은 언어의 명칭이 지역의 명칭을 그대로 반영하는 경우이다. 이는 마치 영어를 루턴어 또는 스미스어로 명명하는 것과 같다. 이런 방식으로 명칭을 결정하는 것은 결국 이미 존재하는 언어에 다른 명칭을 붙여서 언어 목록을 복잡하게 만든다.

셋째 유형은 해당 부족을 조사하던 인류학자들이 그 지역에서 사용하는 언어 표현 중 한두 가지를 선택해 언어 명칭을 설정한 방식이다. 코이산 언어들 중 끄웨(Kwe), 코에(Khoe), 쉬아크웨, 끼아니크웨(‖Anikhwe)와 같은 명칭들이 이 부류에 속한다. 이들 명칭들의 단어구조는 모두 크웨(khwe)나 크위(khwi) 두 형태소를 핵심 부분으로 포함하고 있다. 또 이 어간들은 모두 입술을 동글게 오므려서 내는 'k'소리와 혀 앞부분을 이용한 전설음 'e, i'를 포함한다. 크웨나 크위는 사실 '인간' 또는 '사람들'을 가리키는 말이다. 학자들이 언어 연구를 하면서 화자들에게 그들의 언어에 대해 물었을 때 '인간이 사용하는 말' 또는 '자신들과 같은 사람들의 말'이라는 의미로 대답한 것의 결과라고 할 수 있다.

원주민 언어의 명칭이 무엇인지에 관련된 의문점과 마찬가지로 도대체 이 언어를 사용하는 사람들이 자신들의 언어의 명칭이 무엇인지도 모르면서 어떻게 생활할 수 있었는가에 대해 의문을 갖지 않을 수 없다. 지금 우리로서는 특정 언어를 사용하는 사람들이 자신이 쓰는 언어의 명칭을 아는 것이 당연하다. 그렇지만 원주민들이 사는 환경에서는 이들이 자신의 언어 명칭을 모르는 것을 어느 정도 이해할 수도 있을 것이다. 산족 사람들은 보통 10~20명 정도의 집단을 이룬다. 한 해의 대부분을 다른 집단과 떨어져 살며 정해진 시기에 물물교환이나 기타 공동 행사를 위해 서로 만날 뿐이다. 부족 간에 자신들을 대표하는 국가, 연합, 제도, 행정 담당 기관 등이 없기 때문에 상호 유사한 언어를 사용하는 구성원들끼리 다른 언어를 사용하는 사람들과 자신들을 구분할 방법이 없다. 따라서 실제 그들의 언어가 쓰이는 범위보다 작게 부족의 규모가 형성된 것이다. 이런 사정으로 원주민들이 언어의 명칭을 대수롭지 않게 보는 것은 당연한 일이며, 원주민들은 공용화된 언어의 명칭에 대한 결정을 그렇게 중요하게 생각하지 않았을 것이다.

이처럼 언어 화자들에게서 해당 언어의 명칭을 직접 들을 수 없으면 외지인이 언어 명칭을 결정하게 된다. 많은 언어학자들이 이와 같은 일을 담당해왔다. 이 장에서 언급한 남부 코이산 언어도 언어 연구자 트레일이 코이산 언어를 꽁웅어(!Xóõ)라고 불러야 한다고 주장한 것에 대다수의 언어학자들이 동의하고 있다.

09. 많은 오스트레일리아 언어들

18세기 말에 유럽인이 오스트레일리아에 도착했을 당시, 채집과 수렵 생활을 하는 100만 정도의 원주민들이 거주하고 있었으며, 언어의 수도 꽤 많았다. '애버리지니'라고 불리는 이 원주민의 후손들도 남아프리카 산족이 맞닥뜨린 것과 유사한 문제점을 안고 있었다.

다만 오스트레일리아 원주민들은 산족과 달리 명칭이 부여된 부족을 중심으로 살고 있다. 각 부족은 수백 명에서 천 명 정도의 규모이며 혈연, 전통, 특히 같은 언어라는 공통점으로 묶여 있다. 구성원은 변함없이 그들 자신이 다른 사람들과 다른 언어를 사용한다고 여기며, 그 언어들은 나름 대로 명칭이 있다. 사용하는 언어의 명칭이 곧 부족의 명칭이 되는 경우가 많다. 그 예로 대표적인 원주민 언어인 이디니어(Yidinj)는 언어 명칭일 뿐 아니라 언어 화자와 부족을 가리킨다. 오스트레일리아 원주민들에게 언어 명칭은 자신의 정체성에 매우 중요한 표식이라고 할 수 있다.

오스트레일리아 언어를 연구한 딕슨(Dixon, 2002)은 자신의 조사를 토대로 언어 명칭을 기준으로 최소 700개의 집단으로 원주민 언어들을 분류했으며, 그 700개 안에는 방언도 포함되어 있다고 했다. 그는 완전하게 구별되는 언어로만 분리한다면 250가지 정도라고 했다. 호주 북부의 퀸즐랜드에 거주하는 최소 10여 개의 부족들은 지라마이어(Girramay), 지르발어(Jirrbal), 마무어(Mamu), 나가이안어(Nagajan) 등의 언어를 사용하는 것으로 알려져 있지만 딕슨은 이 언어들이 사실 하나의 언어를 중심으로 변이된 방언이라고 보았다. 또 그는 이 언어에 '디이르발(Dyirbal)'이라고 이름 붙였다.

'디이르발'에 속하는 방언들은 약간의 차이점이 있으나, 이 언어들을 사용하는 사람들 간에는 의사소통이 가능하다. 방언 간의 차이점은 주로 몇 가지 특정 어휘나 발음 또는 문법 일부에서 나타난다. 마치 유럽 지역의 방언들 사이에 나타나는 차이점과 아주 유사하다고 할 수 있다. 이런 점을 고려하면 딕슨의 결정은 타당성이 있다. 다만 알아두어야 할 것은 딕슨이 언어 화자들의 의견을 액면 그대로 받아들이지 않았다는 점이다. 따라서 우리는 언어를 관찰할 때 조사 대상의 언어를 어떻게 정의해야 하는가 하는 문제와 언어를 분류하는 주체가 누구인가를 결정하는 문제 두 가지를 반드시 고려해야 한다.

10. 언어란 무엇인가

언어란 무엇인가라는 질문은 이 책에 자주 등장할 뿐 아니라, '언어'라는 용어 또한 다양한 의미로 사용된다. 그러나 이 책에서 '언어'란 '영어' 또는 '일본어'처럼 실제로 통용되는 것을 가리키고 있음을 밝혀둔다.

이처럼 언어는 말하는 방식, 사람들의 의사소통 체계에 근거해 상호 별도의 언어로서 분류된다. 영어와 일본어처럼 두 언어 간에 소리, 어휘, 문법에서 매우 다르다면 서로 다른 언어로 쉽게 구분할 수 있다. 때로 개별 언어라고 해도 언어 체계가 아주 흡사한 경우도 있다. 스페인어와 이탈리아어는 소리, 어휘 등이 비슷하고 문법구조 또한 별다른 차이를 보이지 않는다. 그렇다면 이 두 언어를 별도의 언어로 보아야 하는 것인가 아니면 하나의 언어로 보아야 하는 것인가?

언어학자라면 위에서 제기한 언어들 사이의 차이를 설명할 수 있어야만 한다. 특정 언어들이 하나의 언어인지 아니면 별도의 언어인지에 대한 결정은 상호 이해 가능성에 기준을 두는 것이 일반적이다. 만약 두 언어의 화자들이 서로 대화할 수 있다면 그들은 동일한 언어를 사용하고 있다고 봐야 하고, 이것이 불가능하면 다른 언어를 사용한다고 보는 것이다. 이와 같은 기준은 언어학자들로 하여금 여러 모호한 사안들을 해결하면서 언어 목록을 확립하는 데 아주 유용하게 활용될 수 있다. 언어학자들은 이처럼 언어 목록을 구성하면서 연구와 기록이 필요한 언어가 무엇인지 확실히 알게 된다. 언어 목록에 포함된 언어들은 이미 명칭이 결정된 것들이지만 산족 언어처럼 지금까지도 명칭이 없는 언어가 있기 때문이다.

언어학에서 대두된 분류의 문제는 다른 학문 분야에서도 흔히 나타난다. 동물 연구 분야도 동물의 종을 분류하는 주요 기준이 반드시 필요하다. 동물 목록을 구성할 때 핵심이 되는 기준은 특정 동물이 짝짓기를 통해 자신들과 동일한 어린 새끼를 낳을 수 있는지의 여부이다. 동물 중 특히 곤충은 그 종류가 너무나 많아서 대부분의 언어에서 이름이 없다. 따라서 최근의 동물학자들은 마치 성경 속 아담이 피조물들의 명칭을 지었듯이 동물들의 명칭을 결정해야만 한다.

이런 측면에서 언어학자들 또한 동물학자들과 별반 차이가 없다. 우선 언어학자들이 설정한 기준은 언어를 분류하기에 충분하지 않을 수 있다. 예를 들어 어떤 이탈리아 사람은 스페인어를 쉽게 이해하지만, 다른 사람은 전혀 이해하지 못할 수도 있다. 사람에 따라서 스페인어와 이탈리아어 간의 다양한 차이점을 쉽게 찾아내기도 하는데, 그 사람이 발음의 차이를 발견하는 것에 흥미를 느끼거나 또는 해당 언어에 대한 사전 경험이 많기 때문인 것으로 설명할 수 있다. 개별적인 이유가 너무 많고 원인이 아주 다양해서 하나의 통일된 기준을 설정해 언어의 차이를 결정하는 것은 쉬운 일이 아니다. 내가 알기로는 아직 명확한 하나의 기준이 제시되지 않았다. 따라서 언어학자들은 언어를 판단할 때 화자의 주관적인 설명이나 개인적인 느낌에 의존해야만 한다. 이런 방식이 어느 정도는 문제를 해결해 주기도 하지만, 여전히 해결되지 않는 문제점도 있다. 결국 상호 간의 이해 정도라는 기준만으로는 이 세상에 존재하는 언어 목록을 완벽하게 분류하기란 불가능하다.

이런 문제가 언어학에만 있는 것은 아니다. 동물학자들이 과거에는 하나의 종이라고 간주되던 침팬지와 보노보가 사실은 서로 다른 종이라고 동의했을 때 일반 대중은 그것을 인정했고, 당연히 유인원들도 그 사실에 반대하지 않았다. 만일 어떤 권위 있는 언어학자가 연구를 토대로 스페인어와 이탈리아어를 하나의 언어라고 주장한다면 일반 대중에게 인정받지 못할 뿐 아니라, 두 언어를 사용하는 사람들은 물론, 두 국가의 정치인들로부터 직접 쏟아지는 조롱과 비난에 맞닥뜨리게 될 것이다.

언어란 단순히 의사소통만을 위한 수단이 아니기 때문이다. 언어는 사람들의 정체성의 기준이 되며, 문화를 형성하는 중요한 요소들 중 하나이기도 하다. 언어의 명칭은 언어가 통용되는 사회를 구분 짓는 핵심적인 기준이 될 수 있다. 이때 언어 명칭은 사회적 또는(그리고) 정치적 소속감이나 문화의 공통성을 대변하기도 한다. 다음 부분에서 언어 명칭의 이런 부분을 좀 더 자세하게 다룰 것이다. 다만 사람들 사이에 언어가 어떻게 이해되는지 또는 언어학자가 언어와 관련해 결정할 수 있는 것이 무엇인지에 대해 설명하기보다 언어의 명칭에 대한 논의가 더 많을지도 모른다. 언어 사용자들은 언어 명칭을 통해 자신들이 말하는 언어에 대해 인식하며 외부 사람들은 언어 사용자들이 가진 이러한 명칭에 대한 생각을 바꿀 수 없다. 언어와 언어의 명칭은 사회적인 사실이며 단지 언어적인 것이 아니다. 무슨 언어를 사용하는지가 일반인들뿐 아니라 정치 지도자들에게 아주 중요한 사항이 되기도 한다.

알아둘 것이 있다면 언어와 언어의 명칭을 구분하기란 그리 쉬운 일이 아니라는 점이다. 이미 앞에서 설명했듯이 산족 사람들의 언어에 명칭이 없는 것은 원주민들이 언어를 자신들의 정체성을 결정하는 데 중요한 요인으로 여기고 있지 않기 때문이라고 볼 수 있다. 따라서 언어의 명칭을 도입하는 것은 사회적으로 매우 중요한 사안이다. 가끔 명칭의 결정이 언제, 어떻게 진행되었는지 알려지기도 하는데, 여기에는 보통 정치적·문화적 지도자들이 관련되었다. 이런 사례 중 일부가 이 책 9장, 13장에서 언급될 것이다.

이처럼 산족 언어들과 오스트레일리아 언어를 확인하고 각각 명칭을 결정하는 것은 아주 특별한 일이 아닐 수 없다. 이 언어들에 명칭을 부여한 것은 사회적인 측면을 고려하지 않고 순수하게 언어적인 현상에만 초점을 맞춘 외부의 언어학자들이 주도한 것이다. 산족 언어의 연구에 수많은 연구자들이 참여했고, 오스트레일리아 언어 연구에도 딕슨을 비롯해 다른 연구자들이 참여했다. 단지 아쉬운 점은 언어를 직접 사용하는 화자들이 명칭 결정에 깊이 연관되지 않았다는 사실이다.

이런 설명은 언어학자들이 지적만 했음을 말하고자 하는 것이 아니다. 이들의 연구에도 최선의 노력을 찾을 수 있다. 딕슨의 경우, 언어적인 경계와 정치적인 경계를 분명하게 제시했다. 주목할 점은 언어를 정의하고 명칭을 결정하는 과정이 외지인들에 의해 주도되었다는 사실이다.

사회에서와 마찬가지로 이는 힘과 영향력의 문제이다. 이탈리아어와 스페인어는 안정되고 독립적인 국가와 수백만 명에 달하는 사용자들의 굳건한 지지를 받고 있다. 이 언어들의 지위는 언어 전문가들의 생각과 상당히 다를 수도 있다. 이와 반대로 산족 원주민이나 오스트레일리아 원주민은 수가 상대적으로 적고, 그들이 속한 나라의 소외된 소수이며, 영향력 또한 미미하다. 어쩌면 언어를 연구하는 학자들만큼의 힘도 소유하지 못한 실정이다. 이런 상황에서 두 지역에 존재하는 언어를 분리하거나 묶는 것은 언어학 전공자들의 기준에 따라 별 어려움 없이 진행될 수 있었다.

언어를 결정하는 이러한 방식이 과연 사회에 영향을 미칠 수 있는 것일까? 예를 들어 오스트레일리아에서 자신을 마무어(Mamu) 화자라고 여기는 사람들이 자신들의 언어를 디이르발이라고 생각할 수 있을까? 이와 유사한 경우로서 13장에 소토어(Sotho)에 대한 설명이 있다. 하지만 산족 언어와 오스트레일리아 언어들은 아주 어려운 운명에 처해 있다. 이 언어들은 몇 세대 지니지 않아 모어 화자가 더는 존재하지 않는 사어가 되어 역사언어학자들이 이 언어를 복원해야 할지도 모른다.

그러나 이 장의 도입 부분에서 언급한 바를 기억해보면 언어의 명칭 결정에는 언어적인 측면과 더불어 사회적·정치적 요인이 아주 중요하다. 또한 언어를 사용하고 언어의 명칭을 결정하는 사람들은 대부분 해당 사회에서 권위를 가진 자들이다. 사람들이 사용하는 언어가 무엇이고 이에 대해 어떤 의견이 널리 퍼지게 되는가는 언어적인 기준보다는 정치적인 기준이 더 크게 작용한다.

11. 1만 2000년 전의 언어 수

코이산어족이 10개인지 20개인지, 오스트레일리아 언어가 250개인지 700개인지 언어 수에 대한 논쟁이 있기는 하지만, 언어의 수가 다양하다는 점에서는 이견이 없다. 미국인들은 물론 유럽인들에게도 이렇게 많은 수의 언어가 있다는 사실이 매우 놀라울 것이다. 수억 명의 인구가 사는 유럽에 최근 유입된 이민자들의 언어를 제외한 약 50개의 '다수 언어'들이 사용된다.

바로 앞 문장에서 '다수 언어'라고 표현한 것에 주목해야 한다. 이것은 '많은 사람들이 사용하는 언어'를 짧게 줄인 말이다. 이와 마찬가지로 '소수 언어'란 '적은 수의 사람들이 사용하는 언어'를 가리킨다. 이런 명칭들은 언어의 우열에 대한 가치평가가 개입된 것이 아니며, 순전히 설명의 편이를 위한 것이다.

지역 간에 언어의 사용자 수가 다른 것은 결코 우연이 아니다. 사용되는 언어뿐 아니라 문화, 생활 양상의 차이와 직접적으로 관련된다.

주로 과일과 뿌리를 채집하고 사냥에 의존해 생활하는 수렵·채집인들에게는 넓은 지역의 땅이 필요하다. 비옥한 땅이라고 해도 1km² 안에 살수 있는 사람이 그리 많지 않다. 특히 산족 사람들이 거주하는 칼라하리사막이나 애보리지니가 사는 오스트레일리아 대사막과 같은 지역에서는 삶을 영위하기 위해서 더 넓은 지역이 필요하다. 따라서 원주민들은 더 널리 돌아다녀야만 하고 주기적으로 거주지를 옮겨야만 한다. 사람들은 서로 멀리 떨어져 살게 되고 외부인을 만난다고 해도 유사한 무리의 사람들만 만나는 것이 전부이다. 부족들은 비교적 고립된 생활을 하게 된다.

각 부족은 당연히 언어를 사용한다. 세대 간에 언어가 정확하게 계승되지 않는다는 것은 잘 알려진 사실이다. 또한 언어 자체도 시대에 따라 변한다. 동일한 언어를 사용하는 외부 사람들과의 접촉이 거의 없기 때문에 지역에 국한되어 사용되는 표현이나 발화 형식이 나타나기도 한다. 이와 같은 현상이 수세기에 걸쳐 발생하면서 해당 지역의 부족 언어는 다른 사람들이 이해하기 어려운 언어로 변모하기에 이른다.

외부 접촉이 전무한 상태로 소수의 사람들만 사용하는 언어들은 시대적·지역적으로 아주 소수만을 위한 언어가 될 수밖에 없다. 산족 언어와 오스트레일리아 언어가 바로 이런 경우에 해당한다고 할 수 있다. 그렇다면 이와 같이 '소수 언어'화 되는 과정이 현존하는 수렵·채집 사회 원주민들에게도 나타날 수 있는가에 대한 의문이 제기된다.

지금까지 알려진 사실들은 제기된 의문이 옳다는 것을 강력하게 보여주고 있다. 수렵·채집 사회에 대한 기억을 최근까지도 가지고 있는 사람들이 가장 많이 살고 있는 아마존 지역에서도 매우 유사한 상황을 발견할 수 있다. 수렵·채집 생활을 하는 곳 어디에서도 화자가 2000명이 넘는 언어가 발견되지 않았다.

이런 보고가 정확하다면 모두가 수렵·채집 생활을 하던 약 1만 2000년 전에 몇 개의 언어가 존재했는지 추측할 수 있다. 당시 1000~2000명이 최소 한 개의 언어를 사용했다고 결론을 내릴 수 있다.

또 하나 의문점은 당시의 인구수이다. 확실하게 알 수는 없지만, 그 당시에도 오늘날 많은 사람들이 거주하는 대륙에 집중해 살았을 것이다. 그

곳들에 사는 사람이 모두 합해 겨우 몇천 명 정도는 아니었을 것이다. 실제로는 몇 백만 명 정도의 인구는 되었을 것이다. 예를 들어 당시 만약 1500만 명의 인구가 있었고 각 언어별로 2000명의 화자가 있다고 가정하고 계산해보면 언어의 수는 7500개이다.

고고학자와 인구학자들이 과거 인류의 인구수를 나름대로 계산해 발표한 바가 있기는 하지만 아직까지 그 수를 정확하게 파악하기는 어렵다. 그러나 고대의 인구수를 현재까지 발견된 언어 목록에 적힌 언어 수와 비교해보는 것은 매우 흥미로운 일이다. 최근의 추산에 따르면 현재의 수렵·채집 사회의 언어는 약 7000여 개에 이른다. 그러므로 오늘날 지구상에는 수렵·채집인들이 살던 때 존재하던 언어만큼이나 많은 언어가 있다. 그 당시의 인구는 현재 인구인 70억 명의 0.2% 정도인 1500만 명 정도에 불과했지만 말이다.

이 숫자는 확실한 근거를 바탕으로 했다기보다는 추측에 불과하기 때문에 심각하게 받아들일 필요는 없다. 그러나 일반적인 경향이라는 것에는 의심의 여지가 없다. 인류 초기에 고립된 지역에서 사용하던 언어를 생각해본다면 오늘날의 언어보다 숫자상으로 더 많은 언어가 있었다고 볼 수도 있다. 또한 역사의 흐름에 따라 언어도 증가한다고 보기는 어렵다. 어쩌면 정반대로 언어 수가 줄었다고 볼 수도 있고, 이런 현상을 당연하게 받아들여야 할지도 모른다. 이런 사고들은 언어의 역할 및 언어적인 차이점을 이해하는 데 매우 중요한 부분이기도 하다. 이 책의 시작부터 많은 장들이 이런 관점에서 서술될 것이다.

그렇지만 다음 장에서는 우선적으로 다수 언어 어족에 대해 다룬다. 왜 어떤 언어들은 비슷하고 어떤 언어들은 다른가?

The large language groups

다수 언어 어족들

01. 사회적 · 언어적 변화

1장에서 언어가 사람들의 의사소통 체계임을 언급했다. 이 책은 언어의 역사에 대한 내용을 담고 있다. 확실한 것은 의사소통 체계와 사람들의 집단 모두 역사를 반영한다는 사실이다. 역사언어학은 언어의 체계가 어떻게 형성되는가를 다루는 언어학의 하위 범주로서 꽤 오랫동안 체계적으로 발전해왔다. 역사가들은 주로 인간의 집단에 관심을 가져왔다. 이 책에서 주로 초점을 두는 부분은 바로 언어와 인간의 상호 관련성이기 때문에, 언어와 인간의 변화는 이 책의 주된 관심사라고 할 수 있다. 필자는 앞으로 소리, 문법, 어휘 등 언어 체계 안에서 일어난 변화를 일컬을 때 '언어적 변화'라는 용어를 사용하고 언어의 사용자 수 증감, 영향력의 확대·감소, 사용 지역의 확장·축소 등 언어 체계가 사용되는 방식의 변화를 일컬을 때는 '사회적 변화'라는 용어를 사용할 것이다.

이 책에는 대체로 역사적인 사실에 대한 언급이 언어학적인 내용보다 많다. 그리고 이 책은 역사언어학 교재가 전혀 아니다. 대부분의 장에서 사회적 변화를 주로 다룬다. 하지만 어느 정도 언어학적인 내용들이 언급될 필요성이 있다. 이 장에서는 인류의 선사시대에 나타난 사회적 변화를 이해하는 데 중요한 부분인 역사언어학의 개요를 설명한다.

02. 게르만어, 슬라브어, 로맨스어

영어 단어 bread(브레드, 빵)는 독일어 단어인 Brot(브로트), 스웨덴어 단어 bröd(브뢰드), 이탈리아어 단어 pane(파네)와 같은 의미다. son(선, 아들)은 독일어의 sohn(존), 스웨덴어 son(손), 이탈리아어 figlio(피글리오)와 같은 의미이다. 이 두 예를 보면 영어, 독일어, 스웨덴어는 하나의 그룹이 되며, 이탈리아어가 별도의 그룹이 된다.

영어, 독일어, 스웨덴어 그룹과 이탈리아어가 차이를 보이는 것은 우연이 아니다. <표 2.1>에 제시된 간단한 문장 표현을 보면 이해할 수 있다.

영어, 독일어, 스웨덴어를 보면 문장을 구성하는 각 단어는 대응되는 다른 언어의 단어와 같은 의미이다. 영어 we(우리)는 wir, vi 그리고 could(할수 있었다)는 konnten, kunde와 동일한 의미이다. 이탈리아어에서는 not을 의미하는 단어가 다른 언어의 문장 방식과 달리 가장 앞에 위치하며, we

표 2.1 영어, 독일어, 스웨덴어, 이탈리아어 문장 표현

영어	We could not come
독일어	Wir konnten nicht kommen
스웨덴어	Vi kunde inte komma
이탈리아어	Non potevamo venire

에 해당하는 단어가 보이지 않는다. potevamo라는 표현이 we could를 의미한다. 예를 들어 영어 they could가 이탈리아어에서는 potevano가 된다.

언어들 사이의 유사점과 차이점은 여러 가지 측면으로 나타나며 그 이유는 1장에서 설명한 바 있다. 언어의 변화는 항상 일어나며, 같은 언어를 사용하던 집단이 여럿으로 분리·고립된 채로 시간이 지나면, 각각 독립적으로 언어가 변화하기 때문에 서로 다른 언어를 사용하게 된다. 다른 한편 언어들은 서로 영향을 주고받기 때문에, 두 개의 개별 언어를 사용하는 사람들이 오랜 기간 접촉을 하면, 비록 다른 언어라 할지라도 서로 영향을 주면서 몇 가지 점에서 비슷하게 닮아간다. 처음에는 한 단어씩 공유하는 걸로 시작해서, 시간이 흐름에 따라 또 다른 조정 과정을 거친다. 이러한 변화가 얼마나 광범위한지, 어떤 언어가 더 영향을 받는지는 집단 간에 어떤 종류의 접촉이 일어났는지 그리고 그들 각자의 힘과 영향력의 지분이 어떠한지와 상관관계가 있다. 이런 방식으로 언어의 변화는 역사와 연결된다.

언어의 변화 속도는 사람의 수명에 비해 아주 느리게 진행된다. 나이 든 사람들은 어렸을 때와 달라진 것을 불만스럽게 지적하곤 한다. 물론 이런 것들은 사소한 문제들이다. 많은 수의 외국어 어휘가 유입될 때는 그리 많은 시간이 걸리지는 않지만, 일단 차용된 어휘가 변화를 보이는 데는 상당한 시간이 소요되며, 언어의 문법구조에 변화가 일어나려면 훨씬 긴 시간이 필요하다. 또한 변화의 속도와 형태가 일정하지 않기 때문에 어떤 언어들은 분리된 채 1000년 이상의 긴 시간이 흘러도 긴밀한 유사성을 보이기도 하며 어떤 언어들은 같은 기간에 큰 차별성을 보이기도 한다.

영어, 독일어, 스웨덴어는 앞에서 말한 더딘 분화 과정을 잘 보여주는 전형적인 예이다. 대부분의 역사가들과 역사언어학자들은 위 세 언어들과 네덜란드어, 덴마크어 등이 과거 하나의 언어에서 분화되었다고 본다.

표 2.2 게르만어파 언어의 현재 단어 형태와 과거 단어 형태

영어	birds	way	go
독일어	Vögel	Weg	gehen
스웨덴어	fåglar	väg	gå
고대 영어	fugelas	weg	gan
고대 고지 독일어	fugala	uueg	gangan
고대 노르드어	fuglar	vegr	ganga

이 다섯 개 언어의 공통된 조상언어는 '게르만 조상언어(proto-Germanic languages)'지만 게르만 조상언어가 어떤 모습으로 사용되었는지는 아무도 모른다. 기록된 것도 없고 이 언어를 사용했던 사람들이나 언어를 사용한 지역과 시기도 알려진 바가 없다. 알려진 것이라고는 게르만어파 언어들의 역사적인 사실뿐이다. 남아 있는 가장 오래된 고대 영어 기록물은 약 1300년 전으로 거슬러 올라가고, 고대 독일어 기록물도 비슷한 시기의 것이 발견된다. 이 기록들을 살펴보면 수세기 동안 이 언어들이 어떻게 변화했는지를 추적할 수 있다. 스웨덴어의 경우 북게르만어군(Nordic languages)에 속하는 아이슬란드어, 덴마크어, 노르웨이어와 매우 밀접한 관련이 있고, 기원후 4~5세기에 새겨진 짧은 비문에 북게르만어군 조상언어(proto-Nordic languages)가 잘 나타나 있다. 북게르만어군 언어로 쓰인 긴 기록물 중 가장 오래된 것은 12세기경 아이슬란드어로 적힌 것이며, 학자들은 이 기록물에 쓰인 언어를 고대 노르드어(Old Norse)라고 부른다.

고대 영어, 고대 독일어, 고대 노르드어를 비교해보면 근대 영어, 독일어, 노르웨이어 사이의 유사성보다 더 큰 유사성을 보임을 알 수 있다. <표 2.2>의 어휘 예에 이런 면이 잘 나타나 있다.

표를 보면 '고대' 언어들 간에 비슷한 면이 더 많음을 분명히 알 수 있

다. 사실 영국과 스칸디나비아 출신 사람들은 대화할 때 서로 어느 정도는 이해가 가능했다.

1200년 전 유럽의 서쪽과 북쪽 언어들은 지금보다 더 유사했다. 역사언어학자와 역사학자 대부분이 약 1000년 전 이 지역의 언어 상황에 대한 확실한 증거를 찾을 수만 있다면, 그 증거는 이 지역 전체에서 똑같은 언어, 즉 게르만 조상언어가 사용되고 있었음을 보여줄 것이다.

이런 생각에 타당성이 있는 것은 사실이지만 '어떻게 한 언어가 아주 넓은 지역에서 사용될 수 있었을까?'라는 의문이 생기지 않을 수 없다. 이 장에서는 이 의문과 이와 관련된 문제들에 대한 답을 찾으려 한다. 사실상 게르만어파에 관한 의문을 직접 해결할 수 있는 자료가 충분하지 않기 때문에 그 대신 다른 어족을 바탕으로 이 질문에 대한 답을 구하려고 한다.

대부분의 유럽 언어들은 게르만어파를 포함해 세 개의 어파로 분류된다. 게르만어파의 동쪽과 남동쪽에 슬라브어파(Slavic languages)가 있다. 슬라브어파에는 사용자가 가장 많은 러시아어가 있으며 우크라이나어, 폴란드어, 벨라루스어, 체코어, 세르보-크로아티아어, 불가리아어와 그 외 여러 소수 언어들이 있다. 이 언어들은 게르만어파보다 서로 더 많이 비슷하다. 그러나 이 언어들을 기록된 문서로 보면 다른 인상을 받는다. 예를 들어 어떤 언어들은 러시아어처럼 키릴 알파벳을 사용하고, 폴란드어, 체코어 등 다른 언어들은 좀 더 익숙한 라틴 알파벳을 사용한다. 러시아어, 폴란드어, 체코어의 예들을 라틴 알파벳으로 바꿔 적으면 서로 유사점이 많다는 사실을 쉽게 알 수 있다. <표 2.3>을 보자. bread에 해당하는 러시아어 단어의 첫소리는 스코틀랜드어 단어 loch에 있는 'ch'처럼 경구개 소리이며, 폴란드어와 체코어의 첫 자음도 똑같이 발음된다.

오래된 기록물 중에는 슬라브어파의 언어로 쓰인 것도 있는데 대부분 종교적인 기록물이고 고대 교회 슬라브어(Old Church Slavonic)라고 불리

표 2.3 슬라브어파의 유사 단어

	'bread'	'sun'
러시아어	xleb	solnche
폴란드어	chleb	słońce
체코어	chléb	slunce

던 언어로 9세기 무렵 쓰인 것이다. 역사언어학 연구에 따르면 '게르만 조 상언어'처럼 슬라브어파에도 약 2000년 전쯤 사용되었던 '슬라브 조상언 어(proto-Slavic languages)'가 있다고 생각된다.

유럽을 구성하는 세 번째로 큰 어파는 로맨스어파(Romance languages) 이다. 주요 언어는 프랑스어, 스페인어, 이탈리아어, 포르투갈어이며, 주 로 유럽 남부와 서부 지역에 분포되어 있다. <표 2.4>에서 bread, son에 해 당하는 단어들을 보면 연관성을 발견할 수 있다.

프랑스어, 스페인어, 이탈리아어, 포르투갈어 단어들은 매우 유사해서 하나의 공통된 조상언어로부터 분파된 자손임을 한눈에 알 수 있다. 사실 추측할 필요도 없다. 이 언어의 초기부터 많은 기록물이 남아 있으며, 이 를 통해 우리는 이 언어들의 기원을 알 수 있다. 이 언어들은 모두 현재 로 맨스어가 사용되는 유럽의 특정 지역에서 약 2000년 전 발화 및 문자언어 로 사용된 라틴어에서 발달되었다.

로맨스어의 경우는 어떻게 한 개의 언어가 광대한 지역에서 사용될 수 있었는지 알려져 있다. 처음에는 기원전 600~700년경 로마와 주변 지역 에서만 라틴어가 사용되었다. 로마의 영토는 점차 넓어져서 기원후 100년 경에는 서유럽과 지중해 전체를 지배했다. 몇 세기 후 로마제국은 사라졌 지만 로마의 언어는 제국 서쪽의 거주민들의 모어가 되었다.

독일인들과 슬라브인들은 로마와 달리 방대한 지역을 지배하지 못했

표 2.4　로맨스어 중 4가지 언어에 나타난 유사 단어

	'bread'	'son'
프랑스어	pain	fils
스페인어	pan	hijo
이탈리아어	pane	figlio
포르투갈어	pão	filho

다. 역사적인 기록이나 고고학적인 유물에서도 확인되는 사실이다. 로마의 지배는 언어학적으로도 아주 독특했다. 슬라브어파와 게르만어파 언어의 전파는 라틴어의 경우와 달랐다. 이런 언어적 상황에 대해 잠정적인 결론이라도 도출하기 위해서는 더 많은 언어들을 끌어들여야 한다.

03. 인도 · 유럽어족 언어들

앞에서 제시한 세 개의 어파들은 서로 비슷한 점을 많이 보여준다. 물론 각각의 어파 내부에 속한 언어들 사이의 유사성보다는 적을 수도 있지만, 여러 측면에서 세 어파의 관련성을 발견할 수 있다.

게르만어파 언어에서 보았듯이 언어 간 비교를 통해 발견되는 유사성은 현대보다 고대에서 쉽게 발견된다. <표 2.5>의 예는 father, mother를 뜻하는 고대 유럽 언어의 단어와 고대 인도어, 산스크리트어 단어들이다.

산스크리트어 연구에 헌신했던 18세기의 영국 학자 윌리엄 존스(William Jones) 경은 산스크리트어가 문법적으로 유럽 지역의 언어들과 아주 놀라울 정도로 유사하다는 것을 발견했다. 존스는 1786년 캘커타 강연에서 라틴어, 그리스어, 산스크리트어, 게르만어파, 아일랜드어가 속한 켈트어파(Celtic languages)가 동일한 조상언어로부터 분파했다는 주장을 제기했다.

표 2.5 고대 언어 6가지의 유사 단어

	'father'	'mother'
라틴어	pater	mater
고대그리스어	pater	meter
고대 영어	fæder	modor
고대 스칸디나비아어	faðir	moðir
고대 아일랜드어	athir	mathir
산스크리트어	pitar	matar

   윌리엄 존스 경의 주장은 곧 역사언어학의 시작을 알리는 것이라고 할 수 있다. 19세기에 더 많은 학자들이 자신들의 연구를 바탕으로 윌리엄 존스 경이 주장한 내용의 타당성을 뒷받침했고, 더 나아가서 그의 주장이 12~13개 그룹의 하위 범주로 분류된 언어들 사이에 상호 연관성이 있음을 설명한다고 밝혔다. 여기서 제기된 그룹의 언어들은 포괄적으로 인도·유럽어족(Indo-European languages)이라는 명칭으로 불린다.

   간단히 정리해보면 인도·유럽어족은 여러 하부 어파로 분류된다. 우선 게르만어파, 슬라브어파, 이탈리아어파(라틴어, 로맨스어, 몇몇 사어 포함)가 포함되며 그리스어, 발트 지역 언어, 켈트 언어, 알바니아어 등과 같은 소수의 다른 유럽 지역 언어들, 페르시아어(파르시라고도 함)를 포함한 다수의 이란 언어들, 산스크리트어나 힌디어를 포함한 인도의 몇몇 주요 언어들이 포함되어 있다. 상당수의 인도·유럽어족은 오래된 기록에만 존재하며, 앞서 언급한 언어들 외에 덧붙인다면 예를 들어 현재의 터키 지역에서 과거에 사용했던 언어인 히타이트어가 있다.

   인도·유럽어족에 속한 언어들 사이에 연관성이 있다는 사실은 고서 등 오랜 기록물에 보존된 언어들의 사료들을 비교, 검토함으로써 증거를 찾을 수 있었다. 산스크리트어, 그리스어, 라틴어 언어들을 서로 비교하거나, 게르만 조상언어, 슬라브 조상언어처럼 역사언어학적 방법론인 재구성 방법론을 토대로 제시된 조상언어들과 앞서 언급한 세 언어들을 비교해서 말이다. 결과는 확실하다. 첫째로 언어들 사이에 분명한 유사성이 발견되었고, 둘째로 언어들 사이에 발견된 소리와 문법적 차이점들이 몇 가지의 규칙들만 설정하면 체계적으로 설명된다는 사실을 알아냈다.

이렇게 발견된 사실들을 도식화한 예가 <표 2.5>이다. 이 표를 보면 father를 가리키는 단어들이 아주 비슷한 어원을 가지고 있다고 할 수 있다. 다만 한 가지 특이점이 있다면 고대 영어와 고대 노르드어를 합친 게르만 언어들의 father를 가리키는 단어들이 둘 다 'f-'로 시작하는 반면에, 나머지 언어들의 father를 의미하는 단어들은 대체로 'p-'로 시작한다는 것이다. 이와 같은 차이점은 언어들이 모두 한 조상언어로부터 유래된 것임을 주장하는 데 약점으로 보일 수도 있지만, 조사를 더 해보면 이러한 관련성이 한 단어에서만 나타나는 게 아니라 모든 단어에 적용되는 공통된 원칙으로 나타난다는 것을 알 수 있다. 또 다른 예로 라틴어로 'piscis'인 영어의 'fish'를 들 수 있다. 결론은 원래 인도·유럽어족의 'p-'가 게르만 언어에서 'f-'로 변화된 것이다. 이것은 다른 많은 언어들에서도 발견되는 현상이다. 따라서 처음에는 불규칙하게 보였던 다양한 변이형들도 나름의 규칙적 변화라는 것이 밝혀진 것이다.

아주 오랜 기간에 걸쳐 수많은 변화가 있었고 언어들 사이에도 큰 차이가 발생했다. 영어, 페르시아어, 힌디어가 비록 모두 인도·유럽어족에 속하는 언어라고 해도 영어 화자가 페르시아어, 힌디어 단어들 중 하나라도 제대로 이해하기란 불가능할 것이다. 그 이유는 영어와 페르시아어, 힌디어가 오랜 기간 분리되어 있었고, 전혀 다른 길을 따라 발달되었기 때문이다. 하지만 인도·유럽어족의 언어들은 여전히 연계성이 있으며, 인도·유럽

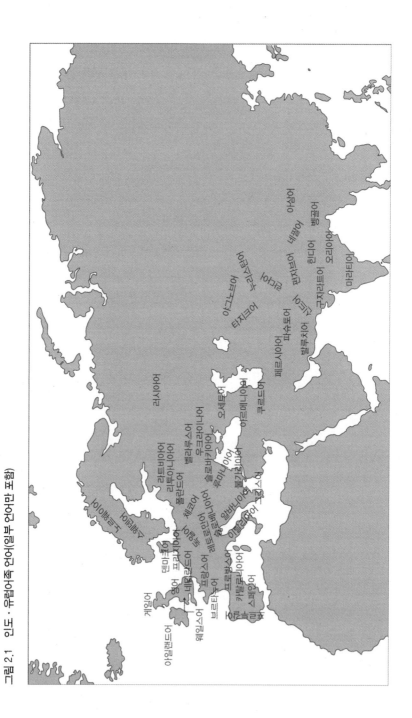

그림 2.1 인도·유럽어족 언어(일부 언어만 포함)

어족 조상언어라는 최초의 공통 언어로부터 분파되었다는 사실에는 변함이 없다.

앞에서 제기했던 문제로 돌아가자. 어떻게 이러한 언어들이 전파될 수 있었을까? 인도·유럽어족에 속한 언어들을 고려하면 답하기가 더욱 까다로워진다. 게르만어파와 슬라브어파가 아주 넓은 지역에서 발견되는 이유와 아울러 인도·유럽어족 파생어들이 유럽 지역 전체와 아시아의 넓은 지역에서 사용되는 이유는 무엇인가?

이에 대해 여러 가지 해답이 제안되었다. 어쨌든 인류의 삶의 방식이 가장 중요한 요소이다. 불과 수천 년 전에 세계 여러 지역에서 채집과 사냥을 위주로 하던 사람들의 생활 형태에 큰 변화가 있었다.

약 1만 년 전쯤 인간은 수요가 많은 식물을 씨를 뿌려서 수확하는 방식으로 활용하기 시작했다. 또한 가축을 길들여서 목축지에서 기르기 시작했다. 이러한 발달은 세계 여러 곳, 예를 들어 근동 지역, 중국, 현재의 멕시코 지역 등에서 독자적으로 발생한 것 같다. 각각 지역에 따라 재배한 식물이나 길들인 동물의 종류가 달랐다. 만일 정말로 각 지역 사이에 상호 접촉 없이 일어난 일이라면 놀라운 일이다. 반대로 각 지역 사이에 접촉이 있었다면, 특히 중앙아메리카와 아시아 사이에 상호 접촉이 어떻게 가능했는지 밝혀내기도 쉽지 않다. 이는 과거의 미스터리한 일 중 하나다. 서아프리카, 에티오피아, 뉴기니, 안데스 산맥 지역에서도 농경과 목축이 파급되었다. 농경과 목축에 대한 일반적인 개념은 수입되었으나 토착 식물이나 동물들이 사용되었다.

복잡한 사건의 연속 속에서 농경과 목축은 중심 지역에서 더 널리 퍼지기 시작했으나 전파속도가 일정했던 것은 아니었다. 고고학자들은 근동에서 발견된 분명한 농경의 흔적이 1만 년 전 것이라고 추정했으며, 중국에서 발견된 것은 그보다 조금 뒤의 것이라고 보았다. 새로운 기술이 도입

됨에 따라 여러 면에서 사람들의 생활양식에 급격한 전환이 일어났다.

무엇보다도 먼저, 농사와 목축은 많은 사람들을 부양하는 수단이 될 수 있었다. 비록 농경 수단이 원시적이었을지라도, 수렵·채집인은 농부보다 대략 열배 이상 넓은 땅이 필요했다. 따라서 농경이 도입되자 인구가 현저히 증가하기 시작했다.

이것은 갑작스러운 과정이 아니었다. 수천 년에 걸쳐 세계 여러 지역에 식량 생산 방식이 서서히 퍼졌지만 아직도 전파되지 못한 지역이 남아 있다. 그러므로 각각 다른 시대에, 각기 다른 곳에서 인구 증가 현상이 나타났다고 할 수 있다. 지중해 지역, 유럽 지역, 인도, 중국 지역은 수천 년 전에 인구 증가가 발생했고 계속 많은 인구수를 유지했다. 그러나 오스트레일리아, 북아메리카 서부에는 유럽인들이 이주한 뒤에야 농경이 도입되었기 때문에 현재에 비해 인구수가 매우 적었다. 아프리카나 남아메리카에 있는 몇몇 지역에서는 20세기 후반에도 살아가는 데 필요한 모든 것을 주로 채집과 사냥에 의존했기 때문에 현재도 그렇지만 과거의 인구수도 적었다.

둘째로 농경의 출현과 더불어 정착 생활 방식이 나타나기 시작했다. 이동하며 생활하던 적은 수의 집단이 토양과 기후 조건만 맞으면 한 장소에 계속 거주하기 시작했다. 대체로 많은 사람들이 특정 지역에 집중되었다.

셋째로 농경과 목축으로 토지와 가축의 소유 현상이 나타났다. 토지와 가축을 차지하는 것은 사람들 사이에 분쟁을 낳았고 따라서 이런 문제를 해결하는 질서유지 방식이 필요하게 되었다. 따라서 법률과 법의 집행이 생겨났으며, 이로써 사회는 더욱 복잡해졌다.

넷째로 사회를 형성하는 집단 사이의 관계가 복잡해지기 시작하면서 문제점이 나타났다. 소유가 인정되는 사회에서는 잉여생산물이 발생했다. 권력을 행사하는 자가 이 잉여생산물을 빼앗을 수 있었다. 직접적으로 물리력을 사용하거나 물리력으로 위협하는 방식으로 권력을 행사했을 것이다. 항상 폭력과 전쟁을 이용했는지는 확인할 수 없지만, 누구든 잉여생산물을 소유하는 데 폭력, 전쟁 방식이 매우 유용하다는 사실을 쉽게 알 수 있었을 것이다. 이와 더불어 새로운 기술이 개발되면서 도검과 같은 동물이 아니라 인간끼리 싸우기 위한 무기들이 나타나기 시작했다. 약 5000년 전에 말을 사육하기 시작했고, 말은 무장한 전사가 탄 전차를 끄는 데 이용되었으며, 전차는 보병을 공격하는 데 매우 효과적인 발명품이었다. 이런 과정을 거치면서 인간들 사이에 전쟁이 발발하기에 이르렀다.

농경과 목축으로 인간의 삶의 조건이 급작스럽게 바뀌면서 사람들은 정착 생활을 하게 되었다. 또한 무리를 지어 사는 사람들의 수가 증가하면서 사회가 더욱 커지고 구조화되었으며 폭력적이 되었다. 이와 같은 변혁 중에 무엇이 특정 언어나 어파가 다른 언어를 파괴하면서 널리 퍼지게 하는 데 결정적이었을까? 여기서는 주로 인도·유럽어족을 고려해서 이 문제를 살펴보지만, 다른 지역에서의 언어 변화 양상도 이 문제와 관련성이 있다고 볼 수 있다.

먼저 농경과 목축 때문에 변화를 겪은 근동 지역에 초점을 맞춰보자. 농경은 현재 이라크, 터키, 시리아, 이스라엘이 위치한 비옥한 초승달 지역에서 최초로 발생했다. 농경으로 인한 삶의 방식의 변혁이 인도·유럽어족에 어떤 영향을 미쳤는지에 대한 분석은 크게 두 가지가 있다.

첫째는 전쟁과 정복을 주요 요인으로 보는 것이다. 여러 고고학자들은 인도·유럽어족 언어의 화자들이 전투를 통해 자신들이 살고 있던 흑해 북쪽 지역으로부터 퍼져나가 유럽의 모든 지역과 아시아 지역의 절반까지 차지했다고 본다. 이런 확장은 5000년 전쯤 시작되어 짧은 시간 안에 이루어졌다. 이들에게 점령당한 지역민들은 자신들이 사용하던 고유 언어를 버리고 정복자들의 언어를 받아들였다.

이런 사건의 장면은 분명히 가능하며, 역사적으로도 비슷한 일들이 기록되어 있다. 수백 년에 걸쳐 로마인들의 지배가 이런 방식으로 확장되었다. 이슬람교도 또한 기원후 7~8세기경 북아프리카와 남서아시아를 굴복시킨 후 몇 세기가 지나자 그 지역 대부분에서 아랍어가 모어로 사용되고 있다.

5000년 전에 일어난 사건과 로마와 아랍 지역에서 발생한 사건들을 평행선상에 놓는 것이 적절하지 않을 수 있다. 로마와 아랍의 경우 학교와 문자를 갖췄고 공용어를 사용하는 강력한 국가들이었다. 이런 조건들을 토대로 언어를 전파할 수 있었다. 그러나 5세기경 아틸라(Attila)가 통치한 훈족과 13세기경 칭기즈칸(Chingiz Khan)이 통치한 몽골족의 언어는 이와 같은 조건을 갖추지 못해 언어 전파에 실패했다. 따라서 인도·유럽어족 언어가 학교, 국가 관료, 문자의 도움 없이 아주 짧은 기간에 성공적으로 유럽 지역에 광대하게 퍼진 것을 어떻게 설명할 것인가 의문을 갖지 않을 수 없다. 물론 답을 찾기가 쉽지 않기 때문에 다른 방향의 설명도 아울러 고려해야만 한다.

이런 상황은 우리를 두 번째 주요 접근으로 안내해준다. 이 시나리오에서는 결정적인 요인이 정복이 아니라 농경이다. 고고학적 자료에 따르면 농경 방식이 근동 지방에서 남동유럽까지 천천히 전파되었고 남서유럽에서 북유럽까지 퍼진 것은 겨우 수천 년 전이었다. 앞에서 이미 언급했듯이 이 기술의 도래는 인구수를 폭발적으로 증가시켰다. 농경 기술을 소개했던 사람들은 아마도 초기 인도·유럽어족 조상언어를 사용했을 것이며, 시대가 흐르면서 언어들이 지속적인 변화 과정을 거치면서 다른 모습으로 발전했다.

이런 과정이었다면 언어 변화를 설명하기 위해 큰 전쟁이나 정복을 굳이 가정할 필요가 없을 것이다. 새로운 지역으로 이주한 사람들은 훨씬 많은 인구수와 새로운 생산기술로 그저 수렵·채집인들을 몰아냈을 뿐이다. 전쟁을 통해 영토를 차지했다기보다, 농부의 자손들이 부모들의 경작지와 가까운 비경작지에 자리 잡고 농사를 지으면서 농경의 영역을 점점 늘려갔다고 보는 것이 맞을 것이다.

이런 모델로 단일한 언어에서 갈라져 나온 것으로 보이는 한 어족의 언어들이 어떻게 넓게 퍼져 나가 많은 지역에서 사용되는지 적절하게 설명할 수 있다. 사실 꽤 매력적인 제안이다. 하지만 알려진 역사적인 연대와 언어의 확장을 연관 지어서 설명해보면 문제점이 나타난다. 이것에 관한 고고학자와 역사언어학자들 사이에 격렬한 논쟁이 여전히 진행 중이다. 또한 언어의 분파와 관련해 이미 언급했던 여러 가지의 방법들과 결합된 또 다른 체계의 방법론들이 제기되기도 했다.

어쨌든 인도·유럽어족이 지난 1만 년 사이 어느 시기에 세계의 넓은 지역으로 퍼져 나간 것으로 보인다. 다음으로는 다른 다수 언어 어족들이 어떻게 나타났는지 살펴볼 것이다. 이에 대한 답을 찾기 이전에 우선적으로 아프리카 사하라사막 남쪽 지역에 퍼져 있는 또 다른 흥미로운 사례인 반투어족 언어들을 살펴볼 것이다.

04. 반투어족 언어들

목축과 농경은 유럽 지역보다 아프리카 사하라사막 남쪽 지역에서 늦게 시작되었다. 3000년 전까지 중앙 및 남부 아프리카에 흩어져 거주하던 사람들은 주로 채집과 수렵에 의존했다. 그때부터 반투어족 언어 화자들은 적도 남쪽의 아프리카 대륙 전역에 걸쳐 살아왔다.

반투어족 언어의 최초 화자들은 수가 상대적으로 적었으며 서쪽 지역에서부터 이주하기 시작해서, 아마도 동쪽으로 수천 킬로미터 이상 떨어

그림 2.2　반투어족 언어(일부 언어만 포함)

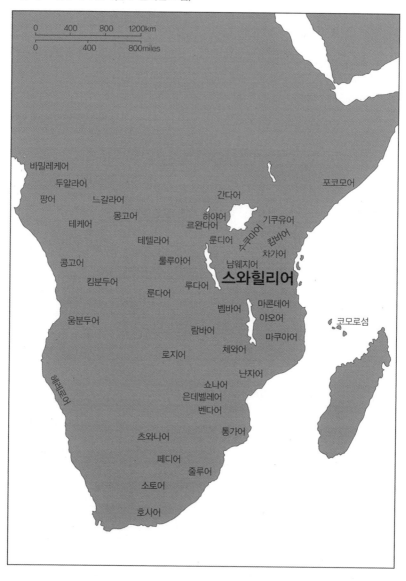

바밀레케어
두알라어
팡어　　느갈라어
테케어　　몽고어
테텔라어
콩고어　　룰루아어
킴분두어
룬다어
움분두어

간다어
하야어
르완다어　쿠마어
룬디어
남웨지어
루다어　　스와힐리어
벰바어　　마콘데어
야오어
람바어　　마쿠아어
로지어　　체와어
난자어
쇼나어
은데벨레어
벤다어
츠와나어　　통가어
페디어
줄루어
소토어
호사어

해레로어

포코모어
기쿠유어
캄바어
차가어

코모로섬

진 빅토리아 호수 근방의 카메룬 지역에 정착했을 것이다. 약 2500년 전에 이들은 북쪽으로부터 농경 및 목축에 대한 지식을 습득한 것으로 추정된다. 이때 이후로 대규모 확산이 대륙 전체에서 남쪽과 남서쪽 방향으로 일어났다. 반투 개척자들은 농사를 짓고, 몇 세대 만에 원주민보다 수가 많아지게 되었을 것이다.

현재 반투어족 언어 화자들은 약 2억 명 정도이다. 이들은 아프리카의 남북으로는 5000km, 동서로는 3000km 정도의 넓은 지역에 분포하고 있다. 농경, 목축을 기반으로 인구가 증가하면서 인도·유럽어 화자들이 유럽을 차지했을 것이라고 학자들이 주장한 내용을 반투어족 언어에도 적용할 수 있을 것 같다.

그러나 인도·유럽어족과 반투어족 사이에 차이점이 없는 것은 아니다. 반투 지역 사람들과 언어는 인도·유럽어족 화자와 언어가 전파되는 것보다 훨씬 빠르게 전파되었다. 동시에 반투어족 언어의 조상언어는 훨씬 심하게 분화되었다. 인도·유럽어족에 속한 언어의 수는 100여 개이고 각 언어의 화자들 또한 적지 않지만, 반투어족 언어의 수는 300~600개 정도이다. 반투어족에 속하는 외부에 알려진 언어는 스와힐리어, 줄루어, 호사어 정도이며, 반투어족의 대부분은 화자 수가 매우 적고 문자 기록이 없을 뿐만 아니라 학교교육에도 반영되지 않은 상태이다.

05. 반투어족 언어의 모습

반투어족 언어들의 형태는 매우 다양하지만, 아울러 많은 공통점도 있다. 모든 언어에는 단어와 함께 자음 및 모음으로 구성된 발음체계가 있다. 또한 단어들의 조합으로 문장이 구성되며 상당한 변화가 가능하다. 대다수의 영어 화자는 영어 하나만 알거나 외국어 중 프랑스어, 스페인어,

표 2.6 세츠와나어의 단수형, 복수형

뜻	영어	단수형	복수형
사람	person	motho	batho
소녀	girl	mosetsana	basetsana
선생님	teacher	moruti	baruti
물건	thing	selo	dilo
나무	tree	setlhare	ditlhare
학교	school	sekole	dikole

독일어, 라틴어 등, 인도·유럽어족에 속하는 언어 중 한두 가지를 알고 있다. 이것이 유럽인들이 다수 어족, 인도·유럽어족에서 전형적인 특징들이 세계의 모든 언어에서 발견될 것이라고 생각하기 쉬운 이유이다. 반투어족 언어의 몇 가지 예는 흥미로울 것이다.

보츠와나와 남아프리카 북부 지역에서 사용하는 츠와나어(세츠와나어)는 문자 표기가 필요한 경우, 사하라사막 남쪽에서 사용되는 아프리카 언어들과 마찬가지로 라틴문자를 이용하는 데 이런 방식은 19세기경 유럽으로부터 도입한 것이다.

츠와나어에서 '사람'은 'motho(모토)'이며, '사람들'은 'batho(바토, 단어 철자 중 'th'는 't'로 발음)'이다. '소녀'는 'mosetsana(모세차나)'이고, '소녀들'은 'basetsana(바세차나)'이다. '선생님'은 'muroti(무로티)'이고, '선생님들'은 'baruti(바루티)'이다.

단어가 'mo-'로 시작하면 단수가 되지만, 'ba-'로 시작하면 복수가 된다. 이런 특성은 영어나 다른 인도·유럽어족 언어들과 비교해보면 동질성과 이질성 양자를 발견할 수 있다. 동일한 측면이라면 영어에서도 'girl, girls'처럼 단수형, 복수형이 있다는 사실이다. 다른 점이라면 영어는 단어의 끝부분으로 구분하지만, 세츠와나어와 다른 반투어족 언어에서는 단어 앞부분으로 구분한다는 사실이다.

앞에서 본, 단수, 복수의 구분 표시가 단어의 앞부분에 나타나는 것이 바로 반투어족 언어들의 전형적인 특성 중 하나이다. 즉, 반투어족 언어들은 일반적으로 단수, 복수를 나타낼 때 단어 앞에 다른 형태의 접두사를 첨가한다. 단수 접두사 'mo-', 복수 접두사 'ba-'가 어간과 함께 사용된다. <표 2.6>을 보면 이 두 접두사 외에 다른 접두사들도 단수, 복수 표시를 위해 사용되는 것을 알 수 있다.

명사들은 크게 두 종류로 분류된다. 사람과 관련된 명사의 경우, 접두사 'mo-, ba-'로 단수, 복수를 가리키지만, 사람 이외의 의미를 가리키는 명사에는 접두사 'se-, di-'가 단수, 복수를 나타내는 기능을 한다. 물론 이와 유사한 기능의 접두사가 사용된 예들이 더 있지만, 위에 제시된 예들만으로도 일반적 개념을 잡는 데 충분할 것이다.

'학교'를 가리키는 단어는 사실 영어 'school'에서 차용한 것으로서 단수 형태에 영어 본래의 모습이 반영되어 있다. 하지만 부가적으로 'e'가 삽입되었는데 그 이유는 세츠와나어가 'sk'와 같은 소리의 연속을 허용하지 않기 때문이다. 모음 'e'의 첨가는 결과적으로 세츠와나어에서 단수형의 일반적인 형태인 'se-'로 시작하는 것과 유사한 모습을 띠게 한다. 따라서 단수형 'sekole'은 복수형이 되면 접두사 'di-'를 첨가해 'dikole'로 형태가 바뀌게 된다.

바로 앞에서 보았듯이 반투어족 언어에 영어를 받아들이는 것은 쉽지 않다. 또한 영어에 반투어족 언어를 소개하는 것도 만만한 일은 아니다. 반투어족 언어들의 명칭을 영어로 소개하는 것만으로도 그 어려움을 짐작할 수 있다. 스와힐리어, 줄루어, 호사어와 같은 언어들은 사실 본래 지역에서 불리는 명칭들이 아니다. 반투어족 언어들의 명사에 필수적으로 붙는 단수형 접두사가 영어에는 존재하지 않기 때문이다. 이 언어들의 원래 명칭은 '키스와힐리(kiswahili)' '이시줄루(isizulu)' '이시호사(isixhosa)'로서 접두사를 포함한다. 츠와나어를 가리키는 '세츠와나(setswana)'에는 접두사가 있지만, 영어 표기에서는 접두사가 생략된 '츠와나(tswana)'를 사용하기도 한다.

이처럼 반투어족 언어에는 명사와 접사에 관련된 많은 특징들이 있다. 반투어족 언어에는 명사의 수많은 굴절이 있다. 이것은 문법 특징 중 비중 있는 한 가지를 예시한 것이다. 반투어족 언어의 특징에 대한 언어학적 논의는 이 정도로 하고, 이제부터 주요 주제로 돌아가 어족에 관련된 논의를 진행하려고 한다.

06. 다른 어족들에 대해

최근의 통계에 따르면 세계에는 약 7000여 개의 언어가 존재한다고 한다. 그렇지만 인구 분포로 보면 대다수의 사람들은 다수 언어에 속하는 언어들 중 몇 가지로 의사소통을 하고 있다. 사실 이러한 다수 언어가 현재와 같은 위치를 갖게 된 것은 최근의 일이라고 할 수 있다. 예를 들어 영어, 스페인어, 포르투갈어는 유럽 지역에 속한 언어들이지만 아메리카 대륙에서는 수억 명의 사람들이 이 언어들을 사용한다. 아메리카 대륙에서 유럽인이 지배하기 이전의 언어들의 분포를 알고 싶다면 원래부터 사용되던 소수 언어들을 먼저 고려해야만 한다.

이는 매우 다양하며 때로 상당히 복잡하다. 많은 수의 소수 언어와 몇몇 다수 언어 간에 연관성이 전혀 없는 경우가 있다. 이런 언어들을 가리켜 '고립된 언어'라고 말하기도 한다.

고립된 언어들 중 대표적인 예로 일본어를 생각해볼 수 있다. 일본어는 오랜 역사를 지닌 언어로서 문자를 갖고 있으며, 현재 1억 2000만 명에 달하는 화자들이 있다. 일부 학자들은 일본어와 그룹을 형성할 수 있는 가장 적합한 대상으로 알타이어, 한국어를 제안하기도 하지만, 이 언어들 사이에 관련성을 증명할 수 있는 확실한 증거가 없다.

또 다른 잘 알려진 예로서 바스크어가 있다. 이 언어는 스페인 북쪽과 프랑스 남서 지역에서 사용되며, 인도·유럽어족에 속하는 다른 언어들에 둘러싸여 있다. 이 언어는 로마제국이 이 지역을 지배했던 2000년 전부터 사용되고 있었다. 그 이전의 역사에 대해서는 알려진 것이 별로 없다. 세계적으로 많은 고립된 언어들이 발견되고, 일반적으로 이 언어들이 오랜 역사를 가졌을 것이라 추정되지만, 상세한 상황에 대해서는 알려진 바가 거의 없다.

그렇지만 대부분의 언어는 하나의 특정 그룹, 일반적인 용어로 언어의 가족, 어족에 속한다. 물론 언어들 사이의 유사성이 인간의 가족구성원들 간에 존재하는 유사성과 근본적인 차이가 있기 때문에, '가족'이라는 용어가 오해를 가져올 소지가 있다. 따라서 언어들의 그룹을 가리킬 때는 '가족'이라는 말보다 '어족'이라는 중립적인 용어를 사용하는 것이 더 적절하다.

인도·유럽어족 언어들은 물론 반투어족 언어들은 하나의 언어에서 기원해 발달해온 것 같다. 이런 경우 흔히 부모 언어, 자식 언어라고 부른다. 주의해서 볼 점은 자식이 여럿이 있는 것이 가능하지만, 부모는 하나라는 사실이다. 많은 경우 상황은 다르게 나타난다. 상호 유사한 문법구조, 발음 체계, 어휘 구성 등으로 서로 분명히 관련이 있는 언어들을 발견하는 일은 특별한 일이 아니지만, 이런 점만으로 그들의 조상언어를 재구성하는 것은 그렇게 쉬운 일은 아니다. 방언들이나 혹은 밀접한 연관성이 있는 언어들이 오랜 기간 서로 지속적으로 영향을 미쳤을 수도 있기 때문이다.

이런 상황 하에서 언어의 부모와 자식을 구분한다는 것 자체가 불가능하거나 의미 없는 일이 될 수 있다. 딕슨의 오스트레일리아 언어에 대한 연구는 언어들 사이에 유사성이 매우 높아도 설득력 있게 조상언어를 재구성하는 것이 불가능함을 보여주고 있다. 딕슨은 이처럼 조상언어를 찾기가 쉽지 않은 현상이 수만 년에 걸친 언어들 간의 상호 접촉 때문이라고 밝혔다.

셈어파(Samitic Languages)의 경우에도 부분적이지만 비슷한 경향을 보이고 있다. 이 언어에 대한 연구자 중 누구도 적절하게 셈어파 조상언어를 제시하지 못한다. 우선 셈어파라고 입증된 언어 중 가장 오래된 언어인 아카드어(Akkadian)는 약 4000년 전에 지중해에서 페르시아 만으로 전파되었다. 약 2000년 전에 현재의 터키 남부에서 예멘에 걸친 근동 지역과 아프리카 대륙의 에리트레아와 에티오피아 지역에서 셈어파 언어들이 사용되고 있었다. 이런 양상이 발생한 이유에 대해서는 알려진 바가 별로 없다. 셈어파는 아프로·아시아어족의 하부 어파로서 아주 오래전 아프리카에서 아시아로 퍼진 것으로 알려져 있다. 셈어파에 속하는 여러 하위 어족들은 아프리카 대륙에서도 발견되고 있다.

연관된 언어들이 거리상 아주 멀리 떨어져 있는 경우도 있다. 가장 잘 알려진 예로 오스트로네시아어족의 언어들을 생각해볼 수 있다. 이 어족의 언어들은 우선 아프리카 대륙 근방의 마다가스카르 섬, 보르네오 섬, 수마트라 섬과 같은 인도네시아 지역의 큰 섬을 위시해 뉴질랜드, 하와이, 이스터 섬들과 같은 많은 도서 지역에 분포해 있다. 이 언어들이 이처럼 광대한 지역에 퍼져 있게 된 것은 해양을 통한 이동이 주된 이유라고 볼 수 있다.

또 다른 예로 우랄어족을 생각해볼 수 있다. 북유럽에 있는 가장 큰 언어는 핀란드어, 에스토니아어이고 동유럽에 있는 헝가리어도 우랄어족에 속한다. 여러 언어들이 유럽 러시아의 동부 지역과 멀리 동쪽 끝 시베리아에 산재되어 있다. 이 지역들은 서로 수천 킬로미터 이상 떨어져 있을 뿐아니라 많은 수의 인도·유럽어족의 언어들에 완전히 둘러싸여 있다. 이런 상황이 어떻게 발생하게 되었는가에 대한 분명한 역사적 기록은 없다. 여러 차례의 복잡한 이주의 결과라고 추측할 뿐이다. 다만 이런 결론도 언어학적인 상황에 맞추어 도출해본 추측일 뿐, 아직 기록상으로 확인된 것은 아니다.

그러나 대부분의 어족들은 보통 지리적으로 상당히 일치한다. 중국·티베트어족이 이 상황에 잘 맞는 예이다. 13억 5000만 명 이상이 사용하는 중국어가 가장 지배적인 언어이며, 이 어족에 속하는 400개 이상의 다른 언어들은 화자 수가 그다지 많지 않다. 최근에는 지난 한 세기 동안 일어난 대규모 이민 때문에 중국어가 세계 곳곳에서 발견되기는 하지만 중국·티베트어족의 언어들은 대부분 동아시아에 서로 인접해서 분포되어 있다.

한 언어가 이 정도로 우세하게 나타나는 현상은 다른 어족에서는 거의 나타나지 않는다. 그 대신 어족 안에서 많은 화자들이 사용하는 다수 언어와 적은 수가 사용하는 소수 언어로 구성된다. 그 예로 인도 남부 지역의 드라비다어는 다수 언어로서 타밀어, 텔루구어, 말라얄람어, 칸나다어 등이 있으며, 전체 화자 수는 2억 명에 달하지만, 동일한 어족에 속하는 80여 개의 다른 언어들과 방언의 화자 수는 1500만 명 정도에 불과하다.

언어학자들에 의해 발견된 다수 언어 어족은 대략 20개에 달한다. 물론 이런 분류에 대해서 아직도 많은 논란이 있기는 하다. 이런 상황은 한편 일부 언어들이 아직 광범위하게 연구되지 못한 것과 다른 한편으로는 언어학자들 사이에 존재하는 기존의 분류에 대한 반대 의견 때문이라고 볼 수 있다. 예를 들어 남아메리카 대륙에 서로 연관성이 없는 아메리카 인디언 언어들이 분포되어 있다고 생각하지만, 일부 언어학자들은 이 언어들도 아메리카 대륙의 중부와 북부에 분포한 인디언 언어들과 같은 어족이나 어파라고 주장하기도 한다.

그렇지만 대부분의 학자는 적은 수의 다수 언어 어족과 어떤 어족에도 속하지 않고 고립된 언어들이 몇몇 존재하는 언어 분포 현상을 인정한다. 물론 고립된 언어의 수에 대한 논쟁은 여전히 진행 중이며, 이는 언어를 어족으로 분류하는 확실한 기준이 아직 없기 때문이다. 역사적 관점에서 이런 문제는 사소한 것이며, 전체적인 상은 명확하다. 대부분의 언어는 넓은 지역에 퍼져 있는 연관된 어족 중 하나에 속한다고 볼 수 있다. 이 장의 중심 질문은 어족이 어떻게 그리고 왜 형성되었고 또 전파되었는지 알아내는 것이다.

07. 어족은 어떻게 형성되는가

언급한 인도·유럽어족과 반투어족의 경우, 한 어족의 언어가 수천 년 전 어느 시기의 특정 지역에서 우세한 위치를 점했다는 사실을 알 수 있다. 과연 이처럼 언어가 널리 전파된 현상이 인류 역사에서 특정한 시기와 상관있는 것인가? 많은 사람들이 언어의 확장을 역사적으로 특정한 시대와 연관시키려는 경향이 있는 것이 사실이지만, 언어의 영역 확장 원인은 농경과 목축의 출현으로 인한 삶의 방식의 전환이다. 물론 다른 기술의 변화도 중요한 역할을 수행했으리라 본다. 오스트로네시아 어족 언어들은 거대한 바다를 건너 퍼져 나갔다. 한 예로 6000km 이상의 거리가 있는데도 마다가스카르 지역의 언어인 말라가시어는 보르네오 섬의 마아니안어와 가장 밀접한 연관성을 보인다. 이것은 당시 사람들이 선박과 항해 기술을 갖고 있었다는 것을 의미한다.

따라서 현재 존재하는 어족들은 삶의 형태 변화로 발생한 인류의 이동과 문화 전파의 결과라고 상당히 확신할 수 있다. 이미 설명했다시피, 이와 같은 변화는 지난 5000년에서 1만 년 사이에 급격하게 이루어진 것이며, 이것이 바로 어족들이 현재와 같은 모습을 갖추는 데 걸린 역사적인 기간을 추정할 수 있도록 하는 중대한 이유 중 하나이다. 다만 변화의 시기를 이와 같이 추정하는 데에 또 다른 중요한 이유가 있다.

바로 언어의 변화 속성이 여기에 해당한다고 할 수 있다. 역사언어학자들은 고도의 방법론을 적용해, 서로 다른 언어들이 공통의 선사시대를 공유했는지를 밝히려고 하는데, 이런 방법들은 어족이 성립되는지 확인하는 데 응용되는 것들이다. 하지만 이와 같은 역사언어학자들의 방법은 언어 분석을 위한 역사를 되짚어가는 데 한계가 있다.

최근 현재 사용되는 언어들을 기초로 2000~3000년 전의 중요한 언어적 특성과 모습을 재구성하는 것이 가능해졌다. 아주 오래된 기록물을 찾을 수만 있다면, 기록된 시기부터 그 이전 시대의 언어 모습을 재구성해볼 수 있다. 그러나 초기 시대에 대한 확실한 내용이 전혀 없이 1만 년 이상의 과거를 거슬러 언어들 사이의 관계성을 추정하려는 사람들의 주장은 다시 한 번 확인해볼 필요가 있다. 이유인 즉, 언어의 관계를 적절하게 설명할 수 있는 방법이 거의 없거니와, 오랜 시간을 거치면서 언어에 존재하는 대부분의 단어가 대체되기도 하고, 때로는 원래 의미를 거의 알 수 없을 정도로 변하기 때문이다.

그렇지만 어떻게 언어가 더 이전 시기에 확산된 것이 아니라는 사실을 알 수 있을까? 간단히 말해 방법은 없다. 언어 스스로 관련된 정보를 제공하지도 못한다.

따라서 아주 먼 과거 시점에 언어가 여러 지역으로 퍼졌는지 여부를 알 수 없다. 우리 종이 아프리카로부터 겨우 10만 년 전쯤 나와서 흩어졌고, 이는 넓은 영역으로 인구가 확대되었다는 의미가 틀림없다고 할 수 있다.

이때 사용되었던 언어를 알아내기 위해 현재 사용되는 언어들의 과거를 추적하는 연구가 시도되었다. 이러한 연구로 밝혀진 내용 중 재미있는 사실 하나는, 그 당시 사람들이 주로 거주하던 지역의 언어들이 문법과 발음에서 비슷한 특성을 보인다는 것이다. 언어들 사이에 서로 오랫동안 영향을 주고받아서인지, 아니면 해당 언어들이 동일한 언어에서 파생되었기 때문인지 밝히는 것은 불가능해 보인다.

대다수의 역사언어학자는 불가능하다고 생각하지만 모든 학자가 이런 생각을 공유하는 것은 아니다. 일부 학자들은 최초 조상언어의 존재를 믿고 이에 속하는 여러 조상언어를 설정한다. 노스트레이트 조상언어, 우랄 조상언어, 아프로·아시아 조상언어가 여기에 해당하며, 특히 노스트레이트는 인도·유럽어족의 최초 조상언어라고 추정한다. 심지어 어떤 학자들은 지구상에 현존하는 모든 언어들의 연계성을 주장하면서, 이 언어들을 토대로 단 하나의 최초 조상언어의 모습을 찾을 수 있다고 주장하기도 한다. 필자가 보기에 이런 주장들은 사실에 근거해 형성되었다기보다 주장하는 사람들의 학문적 선입관 및 희망에서 비롯된 것이다. 어쩌면 이들의 주장처럼 최초 조상언어가 있었다고 해도 이 조상언어를 현존하는 언어들로부터 재구성할 수 있는 가능성은 희박하다.

비록 아주 오래전에 많은 어족들이 존재했고 따라서 많은 수의 언어가 사용되었다는 사실을 가정할 수는 있지만, 역사적 흐름 속에서 여러 사회가 변하면서 언어의 변화도 매우 컸기에 사라진 언어를 찾는 것이 불가능하다는 사실을 명심해야 한다. 바닷가의 바위가 파도에 침식되어 자갈로 변하는 과정을 생각해본다면, 초기 언어 형태를 현존하는 언어로써 재구성하는 것이 얼마나 무모한 일인지 추측하고도 남을 것이다.

반투어족의 경우 이런 변화 과정이 이미 많이 진행되었다. 지난 약 3000년 동안 반투어족에 속하는 언어들은 수백 개의 언어로 분화되었고,

각 언어를 사용하는 화자는 많지 않지만, 산족이나 다른 수렵·채집인에 비하면 그 수가 훨씬 많은 것도 사실이다. 일반적으로 농경 부족은 다른 수단으로 생계를 유지하는 부족보다 집단생활의 형태를 띠며, 사회 구조가 복잡해짐에 따라 의사소통의 중요성이 커지면서 화자 수도 많아졌다고 짐작할 수 있다. 농경 사회에서 한 언어의 화자 수는 대체로 수천 명 이상에 달한다. 물론 예외가 없는 것은 아니다. 뉴기니에는 농경을 하지만 매우 적은 수의 사람들이 사용하는 언어가 발견되기도 한다. 하지만 이 경우에는 산과 숲 때문에 농사를 지을 수 있는 지역이 협소해서 해당 언어의 화자 수가 적을 수밖에 없다고 여겨진다.

지금까지의 내용을 정리하자면, 확률적으로 보아 선사시대 이래로 수천 년 동안 화자가 수십 명 정도에서 최대 2000~3000명 정도인 언어들이 존재했을 것이다. 수천 년 전에 농경을 비롯해 여러 기술적 변화가 사람들의 삶의 형태를 바꾸었고, 일부 언어들이 신속하게 퍼지기 시작했다. 이 때문에 상당히 많은 수의 인구가 동일한 언어를 사용하는 현상이 나타나게 되었다. 비록 이런 현상이 발생하게 된 방식과 원인에 대한 설명이 충분하지는 않지만, 분명한 점은 농경 및 기술의 발달과 밀접하게 연관된 현상이라는 사실이다. 이와 같은 과정으로 생겨난 대부분의 다수 언어는 더 세분화되고, 더 작은 규모의 언어로 변모했고 이 언어들을 기반으로 현재 학자들이 제시하는 어족이 형성되기에 이르렀다. 비록 현재와 같이 언어들이 세분화되었다고 하더라도 과거 채집과 수렵을 기반으로 살던 시대에 비하면, 훨씬 많은 수의 화자들이 해당 언어들을 사용하고 있다. 지금까지 설명한 내용이 바로 이 장의 앞에서 제기했던 게르만어파의 제반 문제에 연관된 질문들에 대한 답이라고 할 수 있다.

그러나 여전히 복잡한 문제가 남아 있다. 언어들 중에는 세월이 지나도 세분화의 과정을 겪지 않는 것들도 있다. 인도·유럽어족에 속하는 언어들은 반투어족보다 훨씬 이전에 형성되었는데도 반투어족에 비해 언어의 수가 적은 편이다. 인도·유럽어족에 속하는 언어들 중 어떤 것은 화자 수가 매우 많으며, 화자 수가 수백만 명에서 수천만 명이 되는 언어들은 지난 몇천 년에 걸쳐 나타난 것들이다. 또한 화자 수가 많은 언어들이 단지 인도·유럽어족에만 국한된 것은 아니다. 중국어, 일본어, 타밀어 등은 인도·유럽어에 속하지 않으면서 화자 수가 많은 대표적인 언어들이다. 다음 장에서는 다수 언어가 발생하고 지배적인 위치를 갖게 된 과정과 원인에 대해 생각해보려고 한다.

추가 읽기 목록

✔ 총정리

이 책이 설명하려는 영역은 매우 넓다. 인간의 역사는 물론 언어에 대해서도 초기 선사시대부터 현대까지를 망라한다. 특정 시대나 지역에 관련된 좀 더 자세한 사항에 대해서는 백과사전, 세계 역사, 다른 일반 자료를 참고하라.

세계 언어에 대한 정보를 알려주는 유용한 자료가 몇 가지 있다. 특히 Crystal(2010)은 다수 언어 어족 및 고립된 언어에 대한 안내서이다. 좀 더 이해하기 쉬운 작업으로 Frawley(2003)는 대부분의 언어를 담은 언어 목록과 함께 전 세계의 어족에 대한 광대한 논의를 보여준다. Lyovin(1997)은 좀 더 자세한 언어 목록과 선별한 일부 언어의 특성들을 묘사해 놓았다. 특히 모든 국가에서 사용되는 모든 언어를 총망라한 자료가 있는데, 바로 Lewis(2009)의 『에스놀로그: 세계의 언어들(Ethnologue: Languages of the World)』이다. 온라인에서는 www.ethnologue. com을 검색하면 된다. 이 책에 제시된 언어의 수와 화자의 수는 바로 Lewis(2009)의 자료를 참조한 것이다. 단지 이 자료를 참조하면서 일러두고 싶은 것은, 해당 자료에 제시된 언어의 수가 다른 참고 자료보다 조금 많게 나타난다는 점이다.

이 책과 유사한 성격의 자료들도 있다. Fischer(1999)는 언어학적인 설명과 함께 어족에 대한 내용을 이 책보다 더 많이 담고 있고 역사적인 측면은 더 적게 다룬 책이다. Ostler(2005)는 이 책에서 다루지 않은 산스크리트어, 러시아어 등과 같은 언어들에 대해 자세히 설명했다.

✔ 1장: 무문자언어

언어의 기원에 대해서는 알려진 바가 거의 없지만, 관련된 저서들이 상당수 있다. 비교적 최근 자료 중 흥미로운 것들을 보자면 Burling(2005), Dunbar(1996), Carstairs-McCarthy(1999), Hurford et al.(1998)이 있다. Sampson et al.(2009)에서는 모든 언어가 동등하게 복잡하다는 주제를 다룬다.

코이산 언어들에 대한 자료는 많지 않다. 조사 자료로는 Güldemann and Vossen(2000), Anderson and Janson(1997)이 있고, Bleek(1939-1940), Winter

(1981)(언어 명칭 목록), Traill(1974)을 참고했다.

오스트레일리아 언어들에 대한 정보는 주로 Dixon(2002)의 자료에서 나온 것이다. 그중 렘바룬가어의 동사형은 Dixon(1980: 1)에 제시되어 있다.

선사시대 언어의 수에 대한 논의는 Dixon(1997), Nettle(1999)에 제시되어 있고, 인구수를 추정한 자료는 Biraben(1979), Hassan(1981)을 참고하라.

✔ 2장: 다수 언어 어족들

언어 간 역사적 관련성 문제는 잘 확립된 학문 분야인 역사언어학의 영역이다. 이에 대한 일반 개론서는 Aitchison(2001)가 있으며 Trask and McColl Millar(2007)와 Lehmann(1992)는 좀 더 종합적인 연구서다. Lehmann(1992)은 인도·유럽어족에 대한 자세한 설명을 제시한다.

Diamond(1997)는 목축과 농경의 기원과 전파를 깊이 있게 다루었으며 Renfrew(1987)는 채집·수렵 대 농경에 관한 영역을 뒷받침하는 연구서이다. 이 연구에서 언어가 농경의 확산과 결합되었다는 견해를 처음 밝혔다. Mallory and Adams(2006)는 인도·유럽어족 조상언어에 대한 광범위한 소개를 담고 있고 26장에는 언어의 기원에 대한 탁월한 논의가 담겨 있다.

츠와나어의 표준 문법에 대한 설명은 Cole(1955)에 있으며, 반투어족 언어에 대한 자세한 정보를 얻으려면 Nurse and Philippson(2003)을 참고하면 된다.

Nichols(1992)는 지리적으로 같은 지리적 영역에 존재하는 언어들이 어떻게 비슷한 문법적 특질을 보이는지를 연구한 자료이다.

정리 및 이해를 위한 문제

1. 2만 년 전 사람들이 복잡한 문장을 만들고 이해할 수 있었을까?
2. 산족 언어나 오스트레일리아 언어가 더 어렵게 느껴진다면 그 이유를 설명하라.
3. 세계의 모든 언어에 명칭이 있는가?
4. 서로 다른 발화 형태 두 가지가 방언인지 또는 다른 언어인지 결정하는 방법은 무엇인가?
5. 1만 년 전에 언어의 수가 현재와 비교해 더 많았을지, 더 적었을지, 아니면 비슷했을지 가늠해보라.
6. 모든 언어에는 대략 비슷한 수의 어휘가 있는가?

7. 많은 언어가 대략 1만 년 전에 널리 전파되고 수천 년 동안 지속될 수 있었던 이유는 무엇인가?
8. 언어적인 변화와 사회학적인 변화 사이의 차이점을 설명하라.
9. 이탈리아어와 포르투갈어의 기원이 된 언어는 무엇인가?
10. 슬라브어파는 어떤 한 다수 어족의 하위 그룹 중 가장 큰 그룹이다. 이 어족은 무엇인가?
11. 중국·티베트어족 내에서 가장 우세한 언어는 무엇인가?
12. 지리적으로 넓게 퍼져 분포하는 어족의 예를 두 가지 들어보라.
13. 반투어족 언어의 명사를 단수와 복수로 표시하는 방법은 무엇인가?
14. 역사언어학자들은 때로 현재 사용되는 언어들의 부모 격 언어가 가진 특성을 재구성하기도 한다. 조건이 받쳐준다면 역사적으로 어느 정도까지 거슬러 올라갈 수 있을지 생각해보라.

논의 주제

1. 언어가 존재하게 된 이유는 무엇인가?
2. 스코틀랜드어는 언어인가? 브리태니카 백과사전, 에스놀로그, 위키피디아 등의 자료를 찾아 스코틀랜드어가 언어라는 주장과 언어가 아니라는 주장으로 토론해 보라.
3. 이 책에서 수렵·채집인의 언어와 농경인의 언어를 구분했다. 이런 분류가 타당한 것인지 아니면 단순한 추정에 불과한 것인지에 대해 토론해보라.

향후 연구에 대한 제안

1. 역사적 기록이 존재하는 시대부터 현재까지 자신이 거주하는 지역에서 사람들이 사용했던 언어는 어떤 것이 있는지 찾아보라. 먼저 해당 국가와 지역의 역사를 살피고 현재 상황과 비교해보라. 최초 언어를 그대로 사용하는 사람들이 있는지 찾아보고, 없을 경우 최초 언어가 사라진 시기와 과정을 추측해보라. 또한 최초 언어가 사라졌는지, 다른 지역에서 아직 사용되고 있는지, 아니면 다른 언어로 진화한 것인지 알아보라. 또 다른 최초 언어가 있었다면 그 언어의 역사도 찾아보라.
2. Lewis(2009)『에스놀로그: 세계의 언어』를 참조해 본인이 태어난 국가

에 얼마나 많은 수의 언어들이 사용되고 있는가를 알아보라. 또한 해당 국가에서 사용되는 언어 중 주요한 다섯 개의 언어가 언제부터 사용되기 시작했는지 찾아보라.

2부

역사의 기반

역사와 문자

언어를 자유자재로 사용하는 능력은 인간의 고유한 특성이며, 그림을 그리는 것 또한 인간만의 독특한 능력이라고 할 수 있다. 가장 오래된 그림은 약 4만 년 전에 남부 유럽과 그 밖의 다른 지역에서 발견된 야생동물이 그려진 동굴벽화이다. 이런 종류의 예술 작품들은 갑자기 나타난 것처럼 보이기도 한다. 남아 있는 기록이 없어 이전에 언제 만들어졌는지 전혀 알 수 없기 때문이다. 다만 중요한 점이 있다면 오래전부터 사람들이 조소, 벽화, 새김무늬, 그림 등을 이용해 자신들이 원하는 바를 표현했다는 사실이다.

누군가 그림을 그리고 다른 사람이 그것을 그림으로 인지할 경우 이런 과정을 의사소통의 한 형태라고 볼 수 있다. 다른 사람이 보도록 무엇을 창조하는 것과 다른 사람이 듣게 하려고 무엇인가를 말하는 것의 목적은 똑같은 것이다. 의사전달을 위한 두 가지 방법 모두 유일하게 우리 인간들만 사용하는 것이다.

그림을 통한 방식과 말로써 소통하는 것은 당연히 아주 다르게 작동한다. 그중 하나는 그림을 완성하는 데 걸리는 시간이다. 보통은 말하는 것보다 오래 걸린다. '여자'라고 발음할 때는 1초도 걸리지 않지만, 그림으로 '여자'를 표현하는 것은 많은 시간이 소요된다. 반면에 그림은 계속 남아 있으나 소리는 아주 잠깐 동안만 들을 수 있다.

사람들은 오랫동안 그림과 발화를 서로 완전히 다른 분야로 여겼다. 그러나 약 5000년 전쯤 인류 역사상 아주 경이로운 발명이 일어났다. 바로 사람들이 발화에 나타나는 소리와 단어들의 연속적인 형태를 그대로 표현할 수 있는 언어의 상징 방식을 만들게 된 것이다. 이런 표현 방식은 그림을 토대로 만들어졌으며, 이전과 달리 이 그림들은 표현되는 대상만을 단순하게 가리키는 것이 아니었다.

문자는 그림과 외적인 특징을 공유한다. 문자로 기록하는 행위는 말하는 것보다 느리고 많은 시간과 노력이 요구되지만 기록물은 오래 남는다. 기록물은 필자가 죽은 뒤에도 아주 오래 남아서 다른 방법으로는 불가능했던 방식으로 정보를 전해준다. 이와 같은 기록의 특징으로 말미암아 후대 사람은 물론 아주 먼 곳에 거주하는 사람들도 기록 내용을 접할 수 있다. 기록물을 바탕으로 우리는 과거에 대한 확실한 지식을 얻을 수 있다. 이런 이유로 문자 기록이 시작된 때를 기준으로 선사시대와 역사시대의 경계를 구분한다.

대다수의 연구자들은 문자가 세 차례 각각 독립적으로 발명되었다고 믿는다. 첫째는 기원전 3000년경 티그리스 강과 유프라테스 강 유역의 메소포타미아 지역이며, 둘째는 기원전 1500년 이전 중국이고, 셋째는 기원전 3~4세기경 중앙아메리카 지역이다. 학자에 따라서는 위 세 가지 중 메소포타미아에서의 문자 발명만을 인정하기도 하는데, 세 가지 문자 체계의 기본적인 원칙이 모두 놀라울 정도로 유사하기 때문이다. 즉, 하나에서 다른 것들이 생겨났다고 볼 수도 있기 때문이다. 그렇지만 이러한 주장의 문제점은 기록 방식이 어떻게 현재 이라크 땅에서 중국 땅으로 전파되었는지, 또 어떻게 크리스토퍼 콜럼버스(Christopher Columbus)가 신대륙을 발견하기 2000년 전에 중동의 기록 방식이 대서양이나 태평양을 넘어 중앙아메리카로 전달되었는지도 설명하기가 쉽지 않다. 따라서 필자의 개인적인 견해로는 (물론 많은 학자들도 동의하기는 하지만) 세 지역에서의 문자언어 발명을 각각 독립적인 것으로 인정해야 한다.

이 책에 제시되는 내용들은 대부분 기록물에 바탕을 둔 것이다. 문자가 알려진 사회에서만 기록물이 만들어지는 것이 가능하기 때문에 기록이 없는 시기에 대해 아는 것은 거의 불가능한 일이다. 이는 모든 것이 어둠에 묻혀 있는 상황에서 소수의 밝은 지역에서부터 불빛이 시작되어서, 점차 밝은 빛이 퍼져 나가 마침내 사람이 거주하는 전 세계를 비추게 된 것과 같다고 할 수 있다. 이런 과정은 역사적인 과정을 통해 알 수 있으며, 어떤 지역에서는 이와 같은 문자 체계가 사용된 기간이 기껏해야 한 세기 정도밖에 안 된다.

언어의 역사란 바로 문자의 역사라고 볼 수 있다. 문자는 역사의 전제 조건일 뿐만 아니라 9장, 13장에서 볼 수 있듯이 문자가 실제로 언어를 생성하기도 했다.

문자 문화가 생긴 세 지역은 각각 독립적으로 거의 접촉하지 않은 채 발전해왔다. 그림을 그리는 기술은 처음 발원지에서부터 전 세계로 퍼졌지만, 메소포타미아에서 사용되었던 기록 방식은 해당 지역에 국한되어 사용되었기 때문이다. 메소포타미아 지역의 문자에 대한 정보는 16세기경 유럽인들이 중동을 침공하면서 대부분 사라졌으며, 겨우 몇십 년 전에야 그 문자를 해독할 수 있었다.

따라서 범세계적으로 볼 때 문자 체계에 대한 기원을 크게 둘로 생각할 수 있다. 중동, 유럽, 아프리카의 기록 방식은 메소포타미아 지역의 수메르 문화에서 시작된 것이며, 동아시아에서의 기록 방식은 중국에서 시작된 것이다.

이 책에서는 동아시아보다는 서양에 초점을 맞추었다. 제2부에서는 초기 시대를 다루면서 4장에서는 서쪽의 이집트를, 5장에서 동쪽의 중국을 다루고, 여기서 동양의 문자 체계 발전 과정을 대략적으로 서술한다. 그리고 중국에 관해서는 이 책의 마지막까지 거의 다뤄지지 않는다. 제6부의 16장에서 3000년의 역사 동안 동양과 서양이 어떻게 접촉해왔는지는 물론 이런 접촉을 통해서 역사 속에 어떤 변화가 생겼고, 이런 변화들이 앞으로 어떤 결과들을 만들 것인지에 대해서도 다룬다.

신성문자와 이집트

01. 강 유역과 국가들

초기 농경인들은 어떤 지역이 다른 지역보다 더욱 농경에 적합하다는 것을 발견했다. 강이 흐르는 지역에는 농지 개간을 위한 충분한 물과 아주 비옥한 토양이 있기 때문에, 이런 지리적 조건을 갖춘 나일 강 유역 및 유프라테스, 티그리스 강 주변에 많은 사람들이 밀집해 살면서 수로와 저수지를 이용해 물의 공급을 관리하며 사회를 형성했다.

땅을 경작하는 농부들은 안전하게 추수하기를 바라는 마음에서 다른 사람의 약탈로부터 자신들의 곡식을 지켜줄 사회와 규율을 신뢰하게 되었다. 더 큰 안정과 안전에 대한 사람들의 욕구는 수로 건설에 투자를 요구했다. 사람들 대다수가 육지 사이로 흐르는 수로를 건설하려 했던 것은 해당 지역에서 오랫동안 땅과 수자원을 유지하면서 안정된 삶을 살고 싶어 했기 때문이다.

결국 강이 흐르는 지역에 견고한 사회구조가 나타나기 시작했다. 이런 사회에서 문자가 등장했고, 우리는 기록물을 토대로 오래전 사회가 어떤 모습이었는지를 추측할 수 있게 되었다.

유프라테스, 티그리스 강 유역을 중심으로 살았던 수메르인들은 설형문자라는 기록 체계를 5200년 전에 처음으로 고안했다. 수세기 후 수메르인의 언어가 사라지고 아카드어로 계승되었으며 이후 아시리아어로 전해졌다. 이 언어들은 서로 달랐지만 세 언어 모두 같은 문자 체계를 사용했다. 설형문자라는 명칭은 '쐐기 형태'라는 의미로서 남아 있는 기록물을 보면 진흙으로 만든 판에 쐐기 형태로 표기한 모양이 나타나 있다.

이와 같은 기록 방식은 약 3000년 동안 사용되었으며, 약 15개의 언어에서 기록 방법으로 수용했다. 설형문자에 속하는 표식과 특색들이 변화하지 않고 지속됨으로써, 수메르어는 문자가 존재하는 한 사실상 살아 있다고 할 수 있다. 기원전 1700~1800년경 음성 표현은 완전히 사라졌지만, 기원전 6세기경 바빌론의 기록에 따르면, 당시 사람들이 수메르어를 자신들의 고유 언어와 함께 계속 배웠음을 발견할 수 있다. 여기서 분명한 점은 기록이란 음성과 달리 옛 언어 자체와 언어 모습을 보존하는 데 매우 중요하다는 사실이다.

이 책에서 우리가 관심을 갖는 것은 수메르 언어보다는 시기적으로 좀 더 후에 발달한 이집트 문자 체계이다. 이 문자는 나일 강 유역을 중심으로 형성되었던 이집트에서 사용한 기록 방식이다.

02. 국가, 언어 그리고 문자

이집트어에 관한 최초의 보존된 유물은 약 5000년 전에 기록된 것이다. 당시 이집트는 인구가 많았고, 길고 낮고 비옥한 나일 강 지역을 통치할 수 있는 강력한 국가였다. 신성문자 기록뿐만 아니라 물론 수천 개의 기념탑, 예술 작품들, 기타 유물들을 바탕으로 이 왕국을 짐작할 수 있다. 파라오는 지금까지 어떤 지배 세력보다도 강력한 힘을 소유하고 있었다. 이집트어는 약 2700년 동안 공용어로 사용되었다. 기원전 332년경 알렉산더 대왕(Alexandros the Great)이 점령하고 난 후 300년 정도의 기간을 제외하고 이집트는 계속 독립을 유지했다.

이집트는 국가 건설 초기에 피라미드와 같은 놀라운 건축물을 완성했다. 당시의 기술 수준을 생각하면 피라미드 건설을 위해서 10만 명 이상의 노동력이 동원된 듯하다. 어떻게 이런 대형 건설이 가능했을까?

우선 이런 대형 왕국을 건설하려면 넓은 영토 안에 거주하는 사람들 간에 의사소통이 되어야만 한다. 의사소통을 하려면 사람들이 모두 동일한 언어를 사용해야 한다. 이집트의 경우 인류 역사에서 수많은 사람들이 동일한 언어를 사용한 초기 또는 최초의 좋은 예라고 할 수 있다. 역사적인 자료에 의하면 3000년 후 나라가 붕괴될 때까지 이집트 사람들은 하나의 언어를 사용했음을 알 수 있다.

보통 문자가 언어보다 나중에 나타났기 때문에 하나의 언어를 공유했던 시기를 정확히 알기는 어렵다. 단지 농업이 보급되면서 어느 작은 무리의 언어가 다른 지역으로 퍼진 것이라고 추측할 수는 있지만, 그 과정이 어떻게 그리고 왜 일어났는지를 정확히 설명할 수 없다.

대규모 인구가 수천 년 동안 동일한 언어를 지속적으로 사용했다는 사실과 하나의 언어로부터 방언이 만들어지지 않았다는 것은 아주 놀라운 일이 아닐 수 없다. 이것은 언어에 대해 일반적으로 알려진 변화하고 분화하는 특성에 대한 강력한 반론이라고 할 수 있다. 물론 이집트어도 다른 언어와 마찬가지로 변화를 겪기는 했지만, 오랜 세월 동안 분화를 거쳐 다른 언어로 분리되지는 않았다. 이집트어의 이런 특이성에 대한 이유를 짚어보아야만 한다.

가장 명백한 이유로 원활히 의사소통하려는 전 국민의 욕구와 정치적인 동기가 언어 분파를 막았다는 것을 들 수 있다. 이집트 백성은 당시에 사용되던 언어 용법을 그대로 지켜야만 했으며, 이것을 바탕으로 오랜 기간 거대한 국가가 하나의 언어를 토대로 유지될 수 있었다. 결국 언어와 국가는 서로를 유지해주는 끈끈한 동맹 관계라고 볼 수 있다.

당연히 앞서 언급한 내용은 설명하려는 것의 일부분에 지나지 않는다. 이런 이유라면 왜 다른 국가는 3000년 동안 하나의 언어만을 지속적으로 사용하지 못했는지를 설명하기 어렵기 때문이다. 이런 점을 다시 한 번 살피기 위해서는 이집트의 역사와 문화를 좀 더 자세하게 살펴야만 한다. 하지만 언어와 국가 관계의 보편성을 봤을 때 어쩌면 너무도 쉽게 설명될 수도 있다. 강력한 국가는 하나의 주요 언어를 소지하기 마련이며, 강력한 지배를 바탕으로 형성된 국가는 자연스럽게 해당 언어를 지지하게 된다. 이런 관계에서 언어는 국가에 의존하게 되고, 국가 또한 언어에 의존하는 현상이 나타난다.

앞서 의문을 던졌던 이집트의 피라미드 건축 문제로 다시 돌아가 보자. 이집트에는 하나의 공통 언어가 있었다는 점 이외에도 잉여 노동력이 있었다. 경작지와 수로에서 일을 하면서 양식 문제를 해결할 수 있었던 이집트인들은 식량을 해결하는 일 말고도 다른 과업에 눈을 돌릴 수 있다.

이러한 노동력은 거국적으로 수행되었던 피라미드와 다른 공사들에 사용되었다. 국가적인 공사가 진행되는 동안 수십만 명의 노동자들은 직접 경작할 수 없었기 때문에, 국가는 농부들에게서 곡식을 걷어 공사에 투입된 노동자들에게 주었다. 다시 말해 국가적인 공사를 수행하기 위해 농부들에게 높은 세금을 걷은 것이다. 이것은 역사적으로 실제 시행된 방법이었다.

그러나 조세에는 배송 날짜, 확인 전표, 세금 품목과 납세자 명세표, 영수증 등의 체계가 갖추어져야 한다. 명세표와 영수증을 만들기 위해서 무엇이 필요했을까? 역시 기록을 위한 언어가 있어야만 했다. 대 피라미드 건설을 위한 복잡한 조직 체계에는 기록 방식이 요구되었다.

세금과 영수증의 필요성이 문자 체계 발생의 주된 원인이라고 믿는 사람들이 적지 않다. 상황으로만 본다면 이런 기록 방식은 완전한 기록 방법이 나오기 이전 단계라고 볼 수 있을 것이다. 세금과 영수증을 위해서 필요한 것은 숫자와 물건 품목을 위한 단순 기록이기 때문에, 이것으로 완전한 문장을 구성할 수 있는 것은 아니다. 하지만 설형문자나 신성문자들은 가장 초기에 쓰인 예에서도 사람들이 전달하고자 하는 바를 거의 완벽하게 전달할 수 있는 기능을 갖추고 있었다.

03. 신성문자

이집트 신성문자는 종종 그림을 도구로 기록하는 방식이라고 간주된다. 많은 상징 문자들은 실제로 특정 대상을 묘사한 것이었고, 상징의 의미 또한 묘사된 대상과 어느 정도 의미적으로 연결되어 있다. 하지만 그림으로 그려진 사물에 초점을 맞추어서는 기록물의 내용을 이해할 방법이 없었다. 사실 대부분의 상징 문자가 이집트어의 발음 소리를 가리켰고, 나머지 상징들은 추상적이거나 문법적인 의미를 전달했다.

그럼에도 이집트 문자는 그림을 바탕으로 한 회화 방식이 시작점이다. 따라서 ⊙는 '태양'을 가리키고, ▽는 '얼굴'을 가리킨다. 그러나 이런 방식은 이 언어의 작은 부분을 담당할 뿐이며 결국 다른 방식들이 고안되어야만 했다.

한 가지 중요한 방식은 사물의 그림을 사용해서 모양을 알기 어려운 추상적인 의미를 전달하는 것이다. 예를 들어 ⊙은 '태양' 이외에 '낮'을 가리킬 수도 있다. 이런 방법은 그림의 본래 의미에서 그렇게 멀리 벗어난 것이 아니다. 다른 언어에서도 같은 방식이 발견된다. 츠와나어에서 'let-satsi'는 '태양'과 '낮' 양쪽 모두를 가리킨다. 이런 방법을 이용하면 그릴 수 없는 많은 개념을 나타내는 것이 가능해진다.

또 다른 방식은 그림으로 움직임을 표시하는 것이다. 다음과 같은 기호 '𐤠'는 두 다리와 발 모양처럼 보이지만 그 의미는 '도착하다'이다. 이와 같은 의미의 전환을 토대로 우리는 많은 동사의 의미를 나타낼 수 있다.

위에서 제시한 방법만으로 언어와 관련된 모든 의미를 전달할 수는 없다. 때로는 말소리를 시각적으로 표현하는 방식이 있어야만 한다. 그 이유는 실제 상황에서 인간의 언어를 이해할 때 소리가 반드시 수반되어야 하기 때문이다.

이를 위해 이집트인들은 소리를 표현하기 위해 새로운 원칙을 적용했다. 예를 들어 ⌒와 같은 기호는 기본적으로 '입'을 가리키지만, 이집트어에서 '입'을 가리키는 발음은 'r'이다. 따라서 '입'을 가리키던 상징은 다른 의미를 가지면서 '대항하다'라는 의미를 갖는데 이 의미의 발음도 우연히 'r'이다. 결국 이런 과정을 통해 과거 주변 사물들을 나타내던 상징들은 때때로 발음을 표시하는 데 사용되게 되었다. 따라서 ⌒는 '입'을 가리키기보다는 'r'과 관련된 소리 부호로 변화되기에 이르렀다.

이처럼 상징들이 음성을 가리키는 부호로 전환되면서 개념을 전달하는 단어들을 표현할 수 있는 새로운 방법이 어렵지 않게 열리게 되었다. '이름'을 가리키는 단어는 ⌒과 ⌇로 기록되었는데, 두 상징이 가리키는 음성은 각각 'r'과 'n'이며 '이름'을 가리키는 단어를 소리 부호로 적으면 'rn'이 된다. 이런 방법은 음성 부호를 여러 개 포함한 긴 모양의 단어에도 그대로 적용되었다. 당시 '집' 의미에 해당하는 상징 ☐의 발음은 'pr'이었다. 이 상징을 't' 음성 부호인 ⌒와 같이 사용하면 '겨울'을 가리키는 단어 'prt'가 된다.

위에서 제시한 단어를 보면 특이한 점이 발견된다. 바로 모음이 없다는 것이다. 따라서 기록된 단어의 발음은 우리가 아는 바와 다를지도 모른다. 이집트의 전통적인 기록 방식에는 모음 표기가 없으며, 지금까지 이에 대해 알려진 바가 없다. 이집트 언어에 모음이 없는 것은 어쩌면 이집트어 자체에 모음이 별로 없을 뿐만 아니라, 이집트인들이 단어의 의미를 구분하는 데 모음에 별로 의존하지 않았다고 볼 수도 있다. 따라서 '입'을 가리키는 단어의 발음은 'ra, ru, ar' 등 여러 방법으로 표현이 가능하다. '이름'의 경우에도 'ran, rin' 등 다양한 형태를 생각해볼 수 있다. 고대 이집트어에 모음이 존재한는 것은 분명하다. 오늘날 여러 언어들을 보아도 모음 없이 발음을 수행하는 것은 거의 불가능하다.

일단 모음을 무시하고서도 이집트인들은 여러 상징을 이용해 어떤 단어의 소리든 표현할 수 있었다. 이처럼 그림으로 대상의 소리를 표현하는 방식을 가리켜서 '레부스(rebus) 법칙'이라고 한다. '레부스'란 단어들의 일부를 대표하도록 그림들을 조합하는 개념을 가리키는 말이다.

종종 기록에 사용된 상징들이 그림이 그려진 대상을 가리키기도 하지만, 때로는 음성을 가리키기 때문에 기록문을 분석하기 쉽지 않다. 이것이 한정사(determinative)라고 부르는 부가적인 기호들이 있는 이유이다.

예를 들어 화자가 정확하게 표현하려는 의도에서 '한정사'의 기능을 하는 단어들을 '철자화'된 단어 뒤에 첨가하는 경우가 있다. 문제는 '한정사'로 쓰이는 단어도 그림의 모양인 상징으로 나타난다는 것이다. 이 때문에 본래 의미를 가리키는 단어의 상징 부분을 정확하게 인지하기가 쉽지 않게 된다. 예를 들어 '태양'에 관련된 상징 기호는 대상물 자체보다는 '빛, 시간, 계절' 등과 관련된 의미를 전달하기 위해, 일종의 '한정사' 기호로 다른 단어에 첨가되기도 한다. 따라서 ▭과 △로 표기된 단어에 ⊙을 첨가하게 되면 '시간'에 관련된 단어가 되며, 발음으로는 'prt' 그리고 전체 의미는 '겨울'이 된다.

앞에서 살펴본 과정을 통해 상형문자를 읽고 쓰는 것이 상당한 시간을 요하는 어려운 과정이라는 것을 확인할 수 있다. 따라서 소수의 전문가들만 이 문자를 사용할 수 있었다. 고대 이집트 시대에 문자를 사용할 수 있었던 사람들은 100명 중 한 명 정도에 지나지 않았다.

이처럼 문자에 관련된 지식을 소유한 사람들은 상류 계급이라기보다 대부분 읽기와 쓰기를 직업으로 하는 서기관이나 비서관들이었다. 이들은 문자 지식을 바탕으로 세금을 처리하고, 때로는 공무에 관련된 서신 및 장부를 다루었다. 일반인들은 파라오나 다른 귀족들을 경배하는 비문들과 장례에 연관된 수많은 기념탑을 볼 수는 있었지만, 문자를 읽을 수 있는 경우는 거의 없었다.

고대 이집트 시대에 언어 상황이 어떤 모습이었는가를 알 수 있는 방법은 그다지 많지 않다. 과거 시대를 알기 위해서는 여러 정보가 후대에 전달되어야 하지만, 이집트인들의 기록은 주로 공적인 일에 국한되어 있었기 때문에 그 외의 다른 부분을 알기란 거의 불가능한 상황이다.

또한 대부분의 백성들이 거의 문맹이어서 언어가 사람들에 의해 영향을 받았다고 볼 수도 없다. 많은 사람들이 글을 읽을 수 있게 된 근대에는 문자언어가 발화 언어의 표본이라고 할 수 있지만, 글을 읽을 수 있는 사람의 수가 매우 적었던 고대에는 기록이 발화의 기준이 되는 경우가 거의 없었다.

이집트 학자들은 왕국이 3000년 동안 지속되면서 발화 언어(Spoken Language)에 많은 변화가 있었다고 주장한다. 그러나 신성문자의 기록 형태는 오랫동안 거의 동일한 모습을 그대로 유지했다. 신성문자는 기원전

3000년 중반부터 기원후 약 400년까지 큰 변화가 없었다고 알려져 있다. 당시 신성문자 외에 다른 기록 방식이 동시에 사용되었으나 신성문자는 같은 기간 계속 사용되면서 형태를 유지하고 있었다. 물론 신성문자도 처음에는 구어에 기초해 만들어졌다. 그러나 발화는 지속적으로 변화했으나 신성문자는 그 변화에 맞춰 따라가지 않았다. 문자와 발화 사이의 이러한 차이는 고착화되었고 더욱 분명해졌으며, 이집트 역사를 볼 때, 이런 간격이 더욱 벌어지게 되었다.

따라서 이집트 서기관들은 문서를 기록할 때 전통적인 신성문자를 사용하면서도 자신이 기록한 방식이 당시 어떻게 발음되며, 과거에는 어떤 소리로 읽혔는가를 아울러 확인해야만 했다. 이런 확인 과정이 없으면 전통에 맞추어 정확하게 기록하는 것이 어렵기 때문이다. 신성문자는 초기 이집트에서도 배우기가 매우 어려웠지만, 시대가 흐르면서 배워야 하는 양이 엄청나게 늘어나서 더욱 어려운 대상이 되었다. 따라서 이집트 왕국 말기에 서기관들이 습득해야 하는 양은, 현대 이집트 학자들이 학습해야 하는 양과 마찬가지였다고 볼 수 있다.

중국어
가장 오래 생존한 언어

    중국어의 자랑이라면 이집트어와 비슷한 시기에 시작되어서 지금까지 3300년 이상 이어지고 있다는 점이다. 그러나 현재 중국어를 사용하는 사람들의 상황은 신성문자를 사용했던 이집트인들과는 커다란 차이가 있다. 첫째, 중국어는 10억 명 이상이 사용하고 있고, 그 어느 때보다도 현재 더욱 역동적인 언어이다. 둘째, 문자 사용 측면에서 보면 신성문자의 기록자들이 소수에 그쳤던 것에 반해, 중국어를 일상적으로 말하고 쓸 수 있는 사람들의 수는 수억 명에 달한다. 젊은 세대에서 문맹인 사람의 비율은 영국이나 다른 유럽 국가들과 엇비슷한 수준으로 비교적 낮은 편이다.

    현대 중국어 문자(이하 한자)는 고전적 형태와 비교할 때 커다란 차이가 있다. 중국의 문자 전통은 매우 오래되었지만, 이것이 꼭 이해하기 쉽다는 뜻은 아니다. 예를 들어 영국인들은 셰익스피어 시대의 작품까지 읽을 수 있지만 중국의 젊은이들은 한 세기 전에 개정된 문자를 배웠기 때문에, 고전 한자로 기록된 문서는 최근의 문자로 재기술하거나 고전 한자를 따로 공부하기 전까지는 읽을 수가 없다. 중국에서 최근 한 세기 전에 일어났던 중요한 문자 발달 과정은 이 책 마지막 부분에서 다룬다. 여기에서는 중국어의 고전 시대에 관해 논할 것이다.

중국 문명의 발생은 이집트 문명의 발생과 아주 흡사하다. 비옥한 토양이 있는 황하 유역에서 군주 중심의 국가가 등장했다. 당시 이 지역을 중심으로 많은 수수가 재배되었으며 (이후에 벼농사가 소개되었다) 중국인들이 사용했던 언어는 바로 이집트인과 이집트어의 관계와 마찬가지로 중국어였다. 이전 시대에 어떤 언어가 있었는지에 대해서는 알려진 것이 별로 없다. 초대 국가인 상(商)왕조 시대의 기록물들은 기원전 약 1300년 전 것들로서 주로 군주와 군주를 수행하는 사람들에 대한 이야기를 담고 있다. 내용에 따르면 상왕조의 군주는 특별한 방식으로 신에게 조언을 구하며 점을 쳤다. 신에서 도움을 청하려 할 때 평평한 뼈나 거북이 껍질의 복부 부분 조각을 쪼개질 때까지 불로 가열한 뒤, 주술사가 쪼개진 모양을 해석해 왕이 신에게 구한 질문에 대한 답을 알아냈다. 이렇게 사용된 뼈들은 땅에 묻혔는데, 겨우 한 세기 전 이 유물들이 왕의 고분에서 발견될 때까지 사람들은 이런 행위에 대해 거의 알지 못했다.

예언에 사용된 뼛조각에 쓰인 글자들은 현대 한자의 옛 형태라고 할 수 있다. 일부 글자들은 현대 한자와 아주 흡사한 모습을 보이며 이를 토대로 얼마나 많은 글자들이 향후 수천 년 동안 진화 과정을 겪었는가를 추측할 수 있다. 옛것이든 현대의 것이든 글자를 구성하고 해석하는 방식은 동일하다.

언제 그리고 어떻게 중국의 문자가 만들어지게 되었는지에 대해서는 알려진 바가 거의 없다. 지금까지 전해진 기록물들은 주로 기원전 14세기쯤에 기록된 것으로 알려져 있지만, 최근 한자와 유사한 문형이 새겨진 질그릇을 기준으로 한다면 그보다 1000년 정도 앞선 것으로 볼 수도 있다.

예언에 사용된 뼈 조각들에 남아 있는 문자들은 당시 갑작스럽게 만들어진 것이 아니기 때문에 문자가 이미 오랫동안 사용된 것으로 보는 것이 마땅하다.

역사적 사실을 토대로 볼 때 중국의 문자는 이집트나 수메르에서와 같이 집중적인 농경과 강력한 중앙 권력과 함께 나타난 것이 틀림없다. 아메리카 대륙의 마야에서 발달했던 기록 방식도 강력한 군주를 중심으로 옥수수 생산을 관장했던 지배 구조에서 생겨난 것이다. 앞에서도 지적했듯이 이러한 사회에는 조직과 조세 체계가 필요하다. 왕국의 행정가들은 통치를 위해 새로운 체계를 만들고 새로운 사용자 세대를 교육시키기 위한 자원을 가지고 있었다. 기록 방식을 발명하는 것만으로는 충분하지 않다. 많은 사람들이 문자를 읽고 쓸 필요를 느껴야만 한다. 즉, 문명사회를 만드는 데 가장 어려운 문제는 기본적인 원리를 우연히 발견하는 것이 아니라, 많은 사람들이 문자 사용의 필요성을 느끼고 교육하는 방법을 조직하는 것이다.

01. 또 하나의 기록 방법

이집트 문자의 기원과 마찬가지로 한자는 그림을 본뜬 것이었다. 앞서 언급했던 예언에 사용된 뼛조각들과 유사한 시기의 청동 그릇 표면에 새겨진 글자들이 바로 그 증거이다. <그림 5.1>에서 볼 수 있는 것처럼 다리가 묶인 신생아의 모습을 본뜬 '子(아이)'라는 글자와 물고기의 모습을 본뜬 '魚(물고기)'라는 글자들은 모두 여러 사물을 본뜬 것이다. 하지만 모든 한자들이 이처럼 주변의 사물을 그대로 본뜬 것만은 아니다.

이집트문자의 경우 묘사하려는 글자가 존재하지 않을 때는 기존의 글자들 중 말소리(주로 자음)를 가리키는 글자들을 조합해 사용했다. 중국어

그림 5.1 두 가지의 중국어 한자 발달 과정

위: '어린 아이'. 아래: '물고기'. 가장 왼쪽 형상은 청동기 초기 시대의 형태이며 가장 오른쪽 형상은 한자의 전형적인 글자 형태이다.

는 이집트어 및 다른 유럽의 언어와 분명한 차이가 있기 때문에 동일한 방식을 그대로 사용할 수 없었다. 중국어는 글자 하나가 하나의 음절이며 하나의 뜻을 담고 있다. 이집트문자와 다르게 글자 일부분을 분리해 자음을 위한 별도의 글자로 사용하는 것이 불가능하다. 영어의 경우 글자가 하나하나 어우러져 그 결과로 만들어진 하나의 음절이 의미를 가진다. 예를 들어 'cow'는 세 글자로 구성된 한 음절이며 소를 뜻한다. 만일 여러 마리 소를 가리킬 때는 'cow-s'이며 복수의 개념을 나타내는 's'를 별도로 첨가해 의미를 보충한다. 중국어에서 복수의 뜻을 더할 때는 해당 기능을 가진 대명사를 선택해 사용하거나 별도의 음절문자를 보태는 것이 일반적이다. 음절은 이 언어에서 나눌 수 없는 원소이며, 따라서 문자는 한 개의 자음이 아닌 음절 단위로 의미가 전달된다. 따라서 영어나 다른 유럽 언어들에서는 자음과 모음을 조합해서 많은 수의 음절을 형성하는 것이 가능하기 때문에 무한한 수의 음절을 생성할 수 있기 때문에 음소를 나타내는 글자가 없는 문자 체계는 거의 사용할 수 없다.

다른 한편 중국어는 음절 수가 영어에 비해 상대적으로 적다. 근대 중국어에는 성조를 제외한 순수 음절 수만 420개 정도로 추산된다. 성조를 포함한다 해도 그 수는 1300개가 넘지 않는다. 한 음절은 모음 앞에 오는 자음 하나와 모음 뒤에 오는 자음 하나로 구성되는데, 중국어에서는 음절 뒤에 붙는 자음들이 '-m, -ng, -r'로 한정되기 때문에 영어에 비해 음절의 종류가 현저하게 적다. 다양한 의미를 표현하기에 수적으로 부족하기 때문에 결과적으로 한 음절이 상호 관련이 없는 여러 의미를 표현하게 되었다.

영어에도 이런 일이 없는 것이 아니다. 영어에서는 'lime'이라는 음절이 '열대 과일, 린덴 나무, 석회석' 등을 동시에 가리키지만, 중국어에서는 한 음절 단어들의 대부분이 이처럼 다양한 뜻을 나타낸다. 따라서 한자는 중국어에 존재하는 모든 음절을 표시할 수 있는 방법은 물론 서로 다른 의미를 구분할 수 있도록 글자를 구성하는 체계를 갖추어야만 한다. 한자의 체계 속에 이러한 기능이 둘 다 들어 있다.

이런 방식으로 작동한다. '양(yáng)'이라는 음절은 '양(동물), 바다, ~인 체하다, 용해, 쌀벌레' 등을 가리킨다. 글자 '羊'은 '양(동물)'만 가리키게 된다. 하지만 이 글자도 뜻에 대한 암시를 하는 다른 글자와 조합해서 사용할 경우에는 다른 의미를 나타내기도 한다. 예를 들어 '바다'를 가리키는 '洋'은 발음을 알려주는 '양(동물)'이라는 글자와 '물'의 의미를 가진 글자가 조합되어 있다. 물질이 녹는다는 뜻의 '용해' 글자 '烊'에는 발음을 나타내는 글자는 똑같이 사용되고 '불'을 뜻하는 '火'라는 글자가 조합되어 있다. '~인 체하다, 쌀벌레'라는 뜻의 '佯, 蛘'들도 같은 원칙으로 구성된다. 발음 양을 뜻하는 글자는 똑같고 다른 영역에서 의미를 표시하는 글자를 조합해서 글자를 만든다.

이러한 글자 체계는 신성문자에서 사용하는 한정사 표현과 유사하다.

중국어에서 사용하던 의미 전환용 기표들은 단순한 한정사라기보다 수학에서 사용되는 근호(根號)와 같은 종류로 볼 수 있다.

앞서 살펴본 한자의 조합 방식은 엄청난 수의 글자를 만드는 잠재력이 있다. 이 글자를 배우는 것은 그렇게 쉬운 일이 아니지만 기본적인 글자는 한정된 숫자이다. 근대 중국어에는 200종류의 부수가 사용되고 있으며 발음의 수인 1000여 개보다 훨씬 적다.

소리를 표시하는 글자들도 각자 의미를 갖고 있기 때문에 뜻을 나타내는 단어로 사용되기도 한다(예외도 있다). 또 이 음절들을 다른 음절들과 조합해 합성어를 만들 수도 있다. 한 음절에 한 글자씩 기록된다. 예를 들어 중국의 수도 '베이징'은 한자로 '北京'인데 단어 내부의 '北'은 'bey'로 읽히고 '북쪽'을 가리키며, '京'은 'jing'으로 발음되고 '수도'를 가리킨다. 글자 구성으로만 본다면 '북쪽에 위치한 수도'를 뜻한다.

이와 같은 기록 방법은 아주 오래전에 고안된 것이며 지금도 거의 변함없이 사용된다. 현대 중국어에서도 동일한 규칙이 그대로 존속되고 있다. 그러나 본래 한자들과 변형된 많은 글자들, 그 외 여러 요건들이 합쳐져서 엄청난 규모의 글자 수를 갖추게 되었다. 또한 수천 년 동안 기록과 발음 간에도 커다란 변화가 생겼다. 이 책에서는 이 부분을 비중 있게 다루지는 않을 것이다. 그 대신 다음 부분에서는 중국 사회에서 기록의 역할이 무엇이었는지에 대한 논의에 초점을 둘 것이다.

02. 문화 그리고 국가

중국은 오랜 역사를 지니고 있다. 문자 기록의 기능 중 하나는 지나간 시대에 대한 사실을 남겨두는 것이다. 중국에서는 이미 오래전부터 역사적인 사실을 기록했다. 기록된 사실에 따르면 국가가 번성하고 확장되기도 했지만, 때로 멸망의 위기에 빠지기도 했다. 그러나 중국이라는 실체는 그대로 존속되었다. 현대의 중국은 황하 유역에 거주하면서 중국어를 사용하는 사람들을 아우르며, 뼛조각으로 점을 치던 왕이 통치하던 국가와 정확히 같은 정치적인 실체를 가리킨다. 역사적 시대를 통괄해 중간에 여러 통치 국가들이 있었으며, 지금의 통치권자들 또한 과거의 권력자와 같은 선상에 있다고 간주할 수 있다.

다만 시대별 통치 국가 간에는 규모면에서 차이가 있다. 역대 통치 국가를 통틀어서 현대 중국의 규모가 역사 속 어느 국가보다도 크다는 것을 알아야 한다. 정확하게 얼마나 커졌는지 비교하는 것은 거의 불가능하다. 예를 들어 상왕조의 경우, 실제로 그 규모가 어땠는지 역사적 기록에만 의존해서는 크기를 확실히 알 수 없기 때문이다. 비록 시대가 흐르면서 국가의 영토는 확장과 축소를 반복했지만, 역사 전체를 보면 중국의 영토와 중국어 사용 인구수는 지속적으로 확대되었다.

역사적으로 수천 년 동안 지속된 국가를 찾기란 그리 쉬운 일이 아니다. 3000년 이상 지속된 국가를 든다면 아마 이집트와 중국 정도일 것이다. 이 두 국가 중에서도 중국은 영토나 인구의 규모가 훨씬 크다. 오늘날에도 중국은 세계에서 가장 많은 인구수를 자랑하며, 시간적으로도 가장 오랜 역사를 보여준다. 따라서 인류 역사 속에서 지속성을 기준으로 가장 성공적인 국가를 들라고 한다면 단연 중국을 이야기하지 않을 수 없다.

그렇다면 이와 같은 성공의 이유는 무엇일까? 그럴듯한 이유 하나는 중국이 탄생하기 시작한 시기부터 같은 언어를 사용하는 사람들의 수가 많았을 것이라는 추측이다. 인구가 많았던 이유를 분명하게 규명하는 것이 쉽지는 않지만, 인구수의 증가가 풍부한 식량 공급과 밀접한 관련이 있을 것이라고 생각해볼 수 있다. 중국 초기의 통치자들은 일찍이 새로운 기록 방식을 통치에서뿐만 아니라 공통된 사상과 가치관을 퍼트리는 데 응용했다.

중국은 이집트와 달리 훨씬 다양한 목적으로 문자 기록을 응용했다. 초기 기록들을 살펴보면 역사적인 사실뿐만 아니라 문학적인 시문은 물론 정치 분야에 관련된 기록들이 많이 남아 있음을 알 수 있다.

기원전 1000년 초기에는 주(周)왕조가 중국을 다스렸다. 기원전 8세기에 이르자 변경 지역의 제후들이 실질적인 권력을 갖게 되었다. 외관상으로는 왕이 주된 권력자였지만, 실상은 각 지방의 소규모 제후들에게 권력이 분산되어 있었고, 많은 제후 국가들은 이웃 국가와 전쟁으로 국력을 소모하고 있었다.

놀라운 사실은 이런 분쟁 시기가 중국 문화를 형성하는 데 지대한 공헌을 한 시기이기도 하다는 점이다. 중국 문화의 발전에 공헌한 대표적인 인물을 든다면 단연코 '공자(孔子: 서양에서는 Confucius라고 함 - 옮긴이)'일 것이다. 철학자, 정치학자, 역사학자 등으로 알려진 '공자'의 사상은 지금도 중국에서뿐만 아니라 세계 다른 국가에도 엄청난 영향을 끼치고 있다. 또 다른 인물로는 공자의 제자였던 유학자 '맹자(孟子)'와 도교를 창시한 신비적 존재인 '노자(老子)'가 있다.

이런 위대한 사상가들이 갑자기 하늘에서 뚝 떨어진 것이 아니다. 이들이 살았던 시대에는 위대한 사상가들이 정신적으로 성장할 수 있도록 도움을 주었던 스승들이 있었으며, 아울러 위대한 학설이 발달할 수 있는 학문적 환경이 조성되어 있었다. 기원전 몇백 년에는 상당한 양의 저술들이 존재했으며 학자들이 모여서 읽고, 사고하고, 기록하는 전통이 형성되어 있었다. 자연스럽게 앞서 언급한 사상가들은 학교 교육을 받았고 자신의 교육과 사상을 연구하는 데 엄청난 시간을 할애했다.

'공자'의 일생을 보면 이러한 사상가들의 자취를 쉽게 알 수 있다. 과거 기록에 따르면 공자는 유복한 집안에서 다양한 교육의 혜택을 받았으며,

당시 중국을 지배했던 소규모 제후국들 중 한 국가에서 높은 공직에 몸을 담고 있었다. 이후 공자는 자신의 지위에서 물러나 여러 국가들을 순회했고 여생을 자신의 제자들과 함께 조용히 보냈다.

당시에는 교육을 담당하던 교육기관이 있었으며 통치자들 사이에서는 교육을 잘 받은 인재에 대한 수요가 높았다. 누구든지 교육을 받으려는 의지와 경제적인 조건을 갖춘 사람은 조정에 출사해 영향력을 발휘하는 것은 물론, 꽤 높은 녹봉을 받을 수 있었다. 소규모 제후국들로 인해 많은 권력자가 있다는 사실이 그렇게 불리한 것만은 아니었다. 오히려 조정에 채워야 할 자리가 많아졌을 뿐만 아니라, 누구든 자신이 원하는 자리를 찾아 여러 곳을 다닐 수 있었다. 또한 어디서나 교육의 혜택을 받을 수 있었다. 모든 곳에서 중국어를 사용했고 대부분의 지역에서 사서삼경(四書三經) 등 똑같은 교재를 사용했다.

차이점을 굳이 말한다면 기록하는 방식의 기준이나 이야기하는 방식의 기준이 다름을 들 수 있을 것이다. 사실 이야기하는 방식의 차이에 대해서 우리가 아는 바는 거의 없다. 국가에 따라서 해당 지역에 국한된 문자 변형 및 다른 문자를 사용하면서 별도의 기록 방식 규율을 만들기 시작했다. 만일 이와 같은 별도의 전통을 생성한 국가들이 역사적으로 존속했다면 여러 국가가 나름대로 발달시킨 기록 방식들이 다양하게 발전했겠지만, 이런 일이 실제로 일어나지는 않았다. 역사적으로 중국의 여러 시대를 관찰해보면 다양한 기록 방법이 발견되기도 한다. 역사적 흐름 속에서 정치적 분열이 언어적인 분화를 발생시키는 원인이 되기도 했지만, 정치적 통합이 중국 전체에 언어적인 동질성을 유지하는 데 중요한 토대가 되었다.

03. 거대한 국가

기원전 4~5세기 진(秦)왕조가 당시 중국 대륙 여러 곳에서 패권을 다투던 다른 국가들을 하나씩 복속시켜 나갔다. 기원전 221년에는 중국이 다시 통일되었다. 진왕조의 통치자는 스스로를 최초의 '황제'라고 선언했다. '황제'는 왕을 가리키는 두 가지의 글자를 합친 것으로 보통 절대군주라고 번역된다.

최초의 황제는 많은 업적을 이루었다. 우선 자신의 공을 기리는 엄청난 규모의 무덤을 조성했는데, 그 안에 수많은 병마 형상들을 만들어 넣었다. 이 유물들은 불과 수십 년 전에 발굴되었다. 그러나 진시황의 진정한 업적은 중국 전역을 통치하는 엄격한 법률을 제정한 것이라고 할 수 있다. 진시황은 중앙 통제권을 강화했고 국가 운영을 위한 행정 체제를 재구성했으며, 화폐를 통일해 경제 부분을 운영했다. 같은 맥락에서 황제는 문자 기준을 설정했다.

첫째로 글자 모양을 규정했다. 글자들의 외형적 형상을 소전(小篆)으로 통일해 이 글자체를 문학, 비명, 봉인 등을 기록하는 데 적용했다. 소전은 나중에 한자의 초서체와 해서체가 발달하는 데 중요한 기준이 되었다. 그러나 이보다 더 중요한 것은 지방에서 단어나 구, 숙어 등을 표현하는 데 주로 쓰였던 다른 많은 표기 방식들이 제거된 것이다. 결국 중국 전역에 표준화된 기록 방식이 고착되기 시작했다.

이런 변화는 지금까지 그대로 남아 있다. 진왕조라는 최초의 통일국가가 사라지면서 이후 4세기 동안 한(漢)왕조가 뛰어난 관료들의 도움을 받아 중국을 통치했다. 한왕조가 다스리는 동안 국가 내부에 학문에 대한 수요가 높았으며, 문자 기록 방식을 하나로 표준화하려는 많은 노력들이 구체적으로 시행되었다. 이런 과정으로 말미암아 20세기까지 한자를 쓰는 방식이 큰 변화 없이 그대로 유지되었다.

역사를 보면 발전된 관료 체계를 갖춘 대국에는 상당한 양의 서류와 서적뿐만 아니라 이런 자료들을 수월하게 처리할 수 있는 인재가 반드시 있어야 한다는 사실을 알 수 있다. 기록의 수월성은 기원후 1세기경 종이의 발명으로 더욱 향상되기에 이르렀다. 종이는 대나무나 비단의 불편함과 비용에 대한 부담을 덜어주면서 기록 분야에 새로운 혁신을 가져다주었다.

기원전 1세기경에는 자질을 갖춘 관료를 얻기 위해 과거 제도라는 시험 방식을 만들어 적합한 인재를 선발했으며, 과거제도는 향후 수세기 동안 인재 선발을 위한 제도로 변함없이 유지되었다. 시험 내용은 주로 유교와 중국 문학 및 철학에 대한 것이었고 응시생들의 통찰력을 묻는 방식으로 진행되었다. 과거 시험 응시자들 중 일부는 국가를 운영하는 관료로서 영향력을 행사하거나 경제적으로 안정된 직위를 얻는 것에 합격의 목표를 두기도 했다.

때로 역사적 연속성이 중요한 역할을 담당하기도 했다. 통일국가를 중심으로 시행되었던 과거제도는 근대까지 거의 유사한 형태로 계속해서 시행되었다. 19세기에도 고위 관료로 등용되기 위해서는 11세기나 심지어 2세기 때의 과거 제도 때와 같이 유교 사상을 담은 한시와 인용문들을 공부해야 했다. 사실 근대 중국의 지배자였던 마오쩌둥(毛澤東)도 20세기 중반에 한시를 즐겨 쓰곤 했는데 주로 11~12세기에 유행했던 형식을 그대로 따른 것이었다.

중국의 긴 역사 동안 모든 지식인들은 유사한 기록 방식을 그대로 따랐다. 거의 2000년 동안 글자는 물론 관련된 의미와 독특한 숙어적 표현들이 그대로 답습되었다. 때로는 새로운 개념을 가리키려는 의도로 기존의 글자들을 합성해 신개념의 단어들을 만들기도 했지만, 그런 과정조차도 과거에 사용되었던 방식을 그대로 따르고 있었다. 기존의 방식을 변

그림 5.2   중국: 국경 지역의 주변 국가들과 중국의 지명

경하는 것이 거의 누구에게도 용납되지 않았기 때문에 후대 학자들은 어떤 시대에 속하는 기록이든지 어렵지 않게 읽고 이해할 수 있었다. 이집트 신성문자도 중국의 경우와 동일했다. 하지만 이처럼 기록 방식이 과거부터 오랜 기간 그대로 유지된다는 것은 다시 말해 기록과 발화 간의 많은 차이가 있다는 것을 의미한다. 한자나 신성문자와 달리 소리글자인 알파벳 체계에서는 소리의 변화가 기록에 반영되어야 하기 때문에 과거에 사용되었던 최초의 철자 체계를 시대가 흐르면서 똑같이 유지하는 것이 불가능하다.

04. 통일과 분열

첫 번째 통일국가였던 진왕조가 글자 체계를 통일하고자 강압적인 정책을 수행했다는 사실을 미루어볼 때 당시에 지역적인 차이가 있었다는

점을 짐작할 수 있다. 이런 차이는 기록에도 나타나지만, 주로 발화에서 분명하게 나타난다. 정치적인 분열도 부분적으로 원인이 되었겠지만 주로 당시에는 교통과 통신이 별로 원활하지 못했던 것에서 이유를 찾을 수 있다. 의사소통의 기회가 적을수록 상대방의 발화를 들을 기회가 적어서 서로 다른 방향으로 발전할 수밖에 달리 도리가 없기 때문이다.

이것은 수렵에 의존하던 시대에도 흔히 발생했던 상황이며, 비록 다양한 발화가 있기는 했지만 각자의 언어를 사용하던 사람들의 수는 그리 많지 않았다. 하지만 중국의 경우 이런 성향이 그렇게 분명하게 발생한 것 같지는 않다. 문자언어가 중국 초기부터 현재까지 동일하게 유지되었기 때문이다. 중국은 물론 이집트를 보더라도 정치와 통일된 기록 방식 간 연계성이 아주 강했기 때문에 지역적으로 독자적인 표현이 발달하기 어려웠다. 하지만 발화 표현에는 상당한 변화가 있었다. 발화 언어의 변화는 수시로 그리고 광범위한 지역에서 발생했다. 따라서 발화와 기록 사이에 큰 격차가 생기기 시작했다.

이집트의 경우 지역에서 발달한 방언에 대해 알 수 있는 방법이 거의 없었다. 주로 표준어로 기록이 이루어졌기 때문이다. 중국에서도 상황은 그리 다르지 않았다. 지역 방언에 대한 기록이 없어, 현재 사용되는 표현들로 이 지역의 발화 형식에 대한 내용을 짐작할 수밖에 없다. 현재 중국 전역에서 모두 동일한 기록 방식을 사용하지만, 발화 양상이 서로 달라서 의사소통이 불가능한 경우도 있다. 이처럼 지역에서 발달한 방언들의 다양성은 마치 인도·유럽어족에 속하는 프랑스어, 포르투갈어, 이탈리아어 등이 라틴어에서 발달하면서 다른 모습을 갖추게 된 것과 유사하다고 볼 수 있다.

현대 유럽 언어의 현황은 16장에서 자세히 다룰 것이다. 여기서 보여주고자 한 바는 비록 지역에 따라 아주 다른 발화 표현 방식들이 존재했지만, 그런 차이점들이 기록에 거의 반영되지 못했다는 사실이다. 문자언어와 발화 언어는 평행적으로 동시에 발달되지 않는다. 또한 같은 문자언어를 사용하는 사람들끼리도 서로 대화하면서 반드시 모두 이해하는 것은 아니다. 수천 년 동안 중국어 발화 언어는 계속 변모한 반면, 한자는 같은 형태로 일관되게 유지되었다.

05. 다른 언어 파괴

진왕조가 광대한 지역을 통치하기는 했지만 규모로는 현대 중국에 미치지 못했다. 진왕조의 영토는 현대 중국 영토 중 북동쪽 일부에 지나지 않는 크기였다. 따라서 과거부터 지금까지 영토 확장과 더불어 중국어가 꾸준히 팽창했다고 볼 수 있다.

중국어 확장은 문화적·정치적 영향력의 확장을 의미하기도 한다. 그 기간에 중국은 정복하기도 정복당하기도 했고, 분열되기도 통일되기도 했지만 모든 지배계급들은 한결같이 중국어를 고수했고, 사회적 변화 속에서도 중국어의 위상은 그대로 존속되었다.

군사적인 정복이 있었다 하더라도 이것이 언어의 변화를 발생시키는 충분한 조건은 되지 못했기 때문이다. 때로 정복자들조차 자신들이 본래 사용하던 언어를 버리고 중국어를 받아들이기까지 했다. 바로 이 점이 중국어의 특이한 부분이다. 중국이 침략을 일으켜 영토를 확장하든, 다른 언어를 사용하던 정복자들에 의해 지배를 받든 어떤 경우에도 중국어는 국가 통치를 위한 핵심 요소였다.

역사적인 기록을 살펴보면 이러한 점들을 잘 이해할 수 있다. 기원전 약 200~300년쯤에 중국 군대가 현재의 중국 남부와 베트남 북부 지역을 정복했다. 이 지역은 공식적으로는 중국 황제의 조공국이 되었으나 실질적으로는 독립국이었다. 처음에는 소수의 지배 엘리트들만 중국어를 사용했고 대중들은 타이어나 크메르어 등 지역 언어를 사용했다. 몇 세기에 걸친 정치적 불안과 중국인들의 지속적인 이주로 지역 언어가 중국어로 변화되기에 이르렀다. 현재에도 이 지역의 대표 언어는 중국어이다. 처음에는 상층계급에서만 중국어를 사용했지만 차츰 그 범위가 하층계급까지 퍼져 나갔다.

반대의 경우는 중국의 북쪽에서 찾을 수 있다. 중국의 중원 지역은 북방 및 서방 외세로부터 수차례 공격을 받았다. 4세기경에 흉노가 당시 중국의 수도였던 낙양을 정복하고, 이후 5세기경에는 '탁발[Tabgach, 중국어로는 Tuoba(拓拔)]'이라고 불리던 종족이 정복해 주변 지역을 약 150년 이상 지배했다. 그러나 이 두 지배 세력은 서서히 자신의 색채를 버리고 중국 문화에 젖어들기 시작하면서 자신의 언어를 잃어버렸다. 이후 10세기에 거란족이 다시 중국 북쪽 지역을 정복하고, 약 200년 이상을 지배했다. 이들도 중국 문화에 젖어들면서 자신의 언어를 포기하게 되었다. 만주족도 17세기에 청(淸)왕조를 세우고 1911년까지 중국을 지배했지만, 만주족은 완전히 중국 사회에 통합되었고 그들의 고유어를 포기했다.

결국 중국어는 어떤 상황에서도 중국의 중심어로서 위치를 굳건히 지켜 나갔다. 역사를 이야기할 때 다음에 일어날 일에 대한 결과를 그려보는 것이 현명한 일은 아니지만, 몇 가지 중국에 유리한 환경을 지적해보는 것은 가능하다.

첫째 이유는 중국의 광대함이라고 할 수 있다. 비록 예외가 있긴 하나, 대부분의 경우 여러 종족이 접촉하면서 규모가 큰 종족의 언어가 지배력을 갖는 것이 당연하다. 따라서 엄청난 수의 화자를 보유한 중국어가 다른 민족의 언어를 지배하게 된 것은 당연한 결과로 볼 수 있다.

둘째 이유로 지배 언어가 화자에게 이득을 주는 것을 들 수 있다. 자신들이 사용하는 언어가 지배적인 위치에 놓이게 되면 많은 화자들은 이 언어에 연관된 부가적인 혜택에 대해 관심을 갖지 않을 수 없다. 중국 문화는 수준이 매우 탁월했기 때문에 문화 속에 포함된 농경, 기술, 과학 분야는 물론이거니와 철학 및 문학 등도 사람들에게 큰 관심 대상이 되었다. 따라서 문화를 제대로 이해하기 위해 중국어를 배우는 것은 어쩌면 당연한 일이었다.

셋째 이유는 중국어가 발화 표현과 함께 기록 형태를 갖추고 있다는 점이다. 문화적 진보에는 문자로 소통할 수 있고 중요한 문헌을 읽을 수 있는 것이 필수적인 요소이다. 따라서 당시 동아시아에서 최초이면서 오랫동안 유일한 기록 방식이었던 한자는 문화 전달을 위한 중요한 수단이었다. 한자는 인류 문명의 시작부터 지금까지 세계에 소개된 기록 방식 중 대표적인 수단으로서 그 위상을 유지하고 있다.

06. 주변 국가들

중국 근방의 사람들과 국가들은 중국으로부터 꾸준히 문화적인 영향을 받는 상황에 놓여 있었다. 뛰어난 문화가 다른 지역에 영향을 미치는 것은 당연한 현상으로 기술적 혁신뿐만 아니라 사회 유형, 철학, 종교적 사상 등 모든 것을 전파했다. 주변 국가들의 중요한 사람들 대부분은 중국어에 대한 확실한 지식을 가지고 있었고, 중국어로 중국의 문화와 철학, 그리고 문학에 대한 지식을 교육받았다.

지금의 베트남 북쪽 지역은 한때 중국에 속했다. 이들 지역 사람들은 프랑스에 점령당하기 전까지 중국과 우호적인 관계를 지속해왔다. 문자언어로도 중국어를 계속 사용했다. 따라서 베트남 언어가 중국어와 계통상 커다란 차이가 있기는 하지만, 소리 구조가 비슷해서 베트남어 기록에 한자를 변형해서 적용하는 데 큰 어려움이 없었다. 14세기 베트남 전역에 해당 기록 방식이 통용되었고, 사람들 사이에서 'Nôm'이라고 불렸다. 프랑스가 베트남을 점령한 후 한자를 변형한 방식을 대체해서 라틴 알파벳을 이용한 베트남어 기록 방식이 도입되었고, 현재는 유일한 베트남어 기록 방식이 되었다.

중국 북동쪽에 위치한 한국은 타민족으로부터 아주 오랜 기간 지배를 받지는 않았지만, 역사적으로는 남서쪽 방향으로부터 많은 문화적 영향을 받았다. 한국어와 중국어의 언어적인 계통은 다르지만, 기원후 5세기부터 한국은 문자기록 방식으로서 한자를 받아들였다. 몇 세기 후에는 한국어에만 있고 중국어에는 없는 수많은 어미와 문법적인 표현을 표시하기 위한 전체 체계가 만들어졌다. 한국인들은 문서를 기록할 때 내용을 한자 표기하고 표현들 사이마다 조사를 위한 특수 표기를 사용하는 방식을 사용했다.

15세기에 드디어 순수하게 음절적인 한국어 문자가 고안되었다. 언어학자들 사이에서는 이 문자가 소리를 가장 잘 기호화하는 정교하고 우아한 체계라고 평가된다. 이 문자의 명칭은 '한글'이며 한자와 동시에 사용되었지만 나중에는 한자 대신 모든 기록을 수행하기에 이르렀다. 현재 북한에서는 한글만 허용되지만, 한국에서는 특별한 맥락에서 한자가 함께 사용된다.

한국의 남동쪽에 있는 일본의 경우 초기에는 한국을 거쳐 중국 문화를 받아들였지만, 기원 후 7세기부터 일본은 중국과 직접 교역로를 마련했는데, 그 이유는 당시 중국으로부터 전파된 불교가 당시 일본의 지배적인 종교가 되었기 때문이다. 이후 중국 문화, 중국어, 한자를 받아들이면서 비록 중국어와 언어 계통은 다르지만 한자를 기초로 자신들만의 기록 방식인 일본 문자를 만들었다. 일본 문자는 한자와 동일하게 음절 구조 중심으로 되어 있으며, 한글과 달리 히라가나, 가타카나, 간지(한자)와 같이 복잡한 기록 구조를 갖고 있다.

앞서 예시한 세 종류의 문자들은 중국어의 강력한 영향을 반영한 것이라고 볼 수 있다. 이 주변 국가들은 중국을 통해 기술, 학술적 관념, 어휘, 문자 등을 지속적으로 수용했다. 베트남의 초기 시대를 제외하고 세 국가에는 중국어를 사용하는 소수민족이 존재하지 않았지만, 고도로 발달한 중국은 계속 중국어를 바탕으로 많은 중요한 요소들을 수출했고 주변 지역들은 지속해서 이를 자신의 문화로 받아들였다.

07. 기록과 사회

사회가 얼마나 오래되었고 얼마나 오래 갈 수 있는지에 대한 내용은 앞서 언급했던 이집트와 중국을 보면 잘 알 수 있다. 두 국가 모두 약 3000년 이상 존속했기 때문이다. 때로 이 국가들이 타민족에 정복되었던 역사적인 기록 때문에 학자들 사이에 기간에 대한 논란이 있기는 하지만, 현대 중국은 여전히 유교 문화의 영향권에 있으며, 이집트는 고대 이집트 시대와 마찬가지로 신성문자를 사용하면서 망자를 경배하는 문화를 유지하고 있다.

사회 구조와 전통은 아주 긴 시간 유지될 수 있지만 기록 없이는 이런 역사적인 존속이 불가능함을 알아야만 한다. 기록이 있어야만 과거 지식과 사상 및 업적들이 비로소 계승될 수 있다. 문자언어를 보유한 국가만이 자신들의 경험과 관련된 자료를 보존할 수 있으며, 향후 시간이 흘러 이런 정보 내용을 활용하고 개선할 수 있는 잠재력이 생길 수 있다. 이와 같은 자료는 다른 언어를 쓰는 다른 사회에도 매우 유용한 정보가 되는데, 바로 중국 주변에 위치한 국가들이 이에 해당한다고 볼 수 있다.

이집트와 특히 중국은 1장에서 언급한 수렵·채집 사회와 정반대의 경우라고 보아야 한다. 수렵·채집 사회의 언어 사용자는 매우 제한적이었고, 젊은이는 나이든 사람이 말하는 것을 듣고 필요한 지식을 습득해야만 했다. 이런 긴밀한 사회에서 집단 정체성과 소속감이 강해질 수 있었지만 역사가 흐르면서 다양한 모습으로 발전하거나 오랫동안 지속되는 것은 거의 불가능했다. 기록 방식 없이 제한된 수의 화자로 전통 및 자신들의 지식을 유지하고 전승하는 것은 매우 어려운 일이다.

이와 달리 이집트와 중국은 과거 경험의 축적 및 계승이 가능했다. 이 두 국가의 지속성은 매우 탁월했다. 어떤 사람은 수천 년 동안 변화를 거치지 않고 국가의 형태가 유지되는 것을 가리켜 '보수주의'라고 지적하기도 한다. 중국어로 국가를 가리키는 단어인 '中國'을 보면 '중앙, 중심'을 의미하는 '中'과 '나라, 국가'를 의미하는 '國'으로 되어 있다. 중국 역사 초기에는 '중심 국가'라는 개념을 지녔으며, 영어로 번역될 때는 '중앙 왕국'이었다. '중국(zhongguo)'이라는 명칭은 2000년 이상 널리 사용되었고 언어의 명칭으로도 오랜 기간 사용되기도 했으며, 중국을 중심으로 발달한 여러 개념들도 '중국'이라는 명칭에 포함되어왔다.

이것은 많은 이점이 있지만 변화의 가능성이 열려 있는 것이 꼭 나쁜 것만은 아니며 좋은 일일 수도 있다고 생각할 것이다. 중국에서 지난 한 세기는 언어적인 측면에서도 격동의 시기였다. 이에 대해서는 나중에 따로 다룰 것이다. 좀 더 일반적으로 모든 문제가 책을 참고하는 것만으로 풀리지는 않는다. 수렵·채집인들은 선조들이 전해주는 한정된 지식의 창고에서 끌어내는 지식뿐 아니라, 예상하지 못했던 행운을 탐험하면서 많은 경험을 쌓기도 했다. 이처럼 새로운 경험은 모든 사회에서 필요한 일이지만, 기록 문화가 강한 지역에서 이와 같이 능력을 발휘하는 것이 방해 받을 가능성이 있다.

이런 견해는 상당히 일반적이며, 많은 서양학자들이 이집트어와 중국어의 문자 체계를 근거로 변화를 가로막는 기록 문화의 예로 특히 이집트와 중국을 들었다. 이 문자들은 소리를 표현하기보다 한 글자가 한 단어를 표시하는 기록 방식이었기 때문에 언어에 당연히 발생하는 변화들이 민감하게 반영되지 않았다. 따라서 기록을 토대로 과거의 사실을 의미와 개념의 혼동 없이 그대로 전달할 수 있었다. 그러나 이들이 사용했던 문자는 습득하기가 매우 어려웠다. 이 문자들을 자유자재로 사용하기 위해서 한참 동안의 교육과 훈련 기간이 요구되었다. 이런 교육 방식은 보수성을 중시하면서 암기 위주로 진행되고, 창의성을 방해하는 경향이 있다.

이런 점을 간과할 수는 없지만 그렇다고 이집트와 중국의 교육이 반드시 그랬다는 결정적인 증거가 있는 것은 아니다. 어쨌든 이집트와 중국은 오랫동안 체계를 잘 유지했다. 다만 많은 학자들이 이 두 국가의 문자와 다른 문자를 비교하면서 신성문자와 한자의 기능을 여러 가지 측면에서 조사했지만, 아직까지 확실한 설명이 제시되지는 못했다. 모든 체계에는 장단점이 있다. 문자를 언급할 때 언어와 문화를 별도로 분리할 수 없기에, 문자만을 독립시켜서 다른 문자들과 비교하는 것은 그렇게 성공적인 방법이 아니다. 예를 들어 한자를 사용해서 영어를 표현할 수 있는 가와 같은 시도는 의미 없는 일이다.

이제부터 영어를 사용하는 화자들의 기록 방식인 알파벳 체계에 관해 알아보자.

추가 읽기 목록

✔ 3장: 역사와 문자

문자 체계에 대한 연구는 우선 Fischer(2001)를 보면 된다. 문자 체계들의 특징은 Coulmas(2003)에 실려 있고, Coulmas(1996)는 주요 문자 체계에 대한 자세한 안내서이다.

✔ 4장: 신성문자와 이집트

이 책에 실린 신성문자의 예는 이집트 문자에 대한 간단한 개론서인 Davies(1987)에서 가져온 것이다. Collier and Manley(1998)는 이집트 문자에 관한 훌륭한 교재이다.

✔ 5장: 중국어-가장 오래 생존한 언어

중국어에 대한 훌륭한 조사를 보려면 Norman(1988)을 보면 된다. Moore (2000)는 중국 초기 시대의 한자와 예언에 사용된 뼛조각과 청동기에 초점을 둔 중국어 문자 체계에 대한 본적인 개론서이다. 중국 역사에 대한 방대한 조사는 Ebrey(2010)에 잘 제시되어 있다.

정리 및 이해를 위한 문제

1. 선사시대와 역사시대를 구분 짓는 일반적인 기준은 무엇인가?
2. 처음으로 기록 방식이 발생한 지역은 어디인가?
3. 기록 방식이 발생하는 데 가장 적절한 환경은 무엇인가?
4. '레부스 법칙'이란 무엇인가?
5. 신성문자 체계에서 '한정사'의 사용에 대해 설명하라.
6. 한자는 얼마나 오래되었나?
7. 이집트 문자의 일부는 자음을 가리킬 수 있는데 한자는 왜 불가능한가?
8. 중국어가 수세기 동안 더 많은 화자를 갖게 된 이유는 무엇인지 설명하라.
9. 한자 기록 방식에 관한 법칙을 처음으로 제정한 사람은 누구이며, 그 시기는 언제인가?

10. 일본에서 사용하는 문자는 어떤 종류인가?

논의 주제

1. 의사소통 수단으로서 그림과 소리의 장점 및 단점을 논하고, 생산자와 수령자가 의사소통을 진행하는 것에 초점을 맞추어 논의해보라.
2. 중국에서 과거 제도는 오랜 기간 지속되었다. 이 시험 제도가 사회적으로 사람들 사이에 어떤 영향을 끼쳤는지 생각해보라.

향후 연구에 대한 제안

1. 이집트 문자는 다음 장에서 다룰 그리스 알파벳의 먼 선조라고 알려져 있다. 이런 영향력이 어떻게 수행되었고, 이집트 문자로부터 그리스 문자까지 발달하는 과정에서 중간 형태가 어떠했는지 생각해보라.
2. 중국 근방에 위치했다고 해도 모든 지역에서 중국의 기록 방식을 수용한 것은 아니다. 흥미로운 예로 티베트는 한자가 아니라 별도의 문자를 소유하고 있다. 연구를 통해 티베트 문자에 영향력을 행사했던 원천과 티베트 문자가 발전하는 데 모태가 되었던 최초의 문자가 무엇인지 생각해보라.

3부
언어의 팽창

Greek - conquest and culture

그리스어
정복과 문화

이 부분에서는 유명한 세 언어(그리스어, 라틴어, 아랍어)가 각각 무엇이며 어떤 과정으로 전파되었고 언어들 사이에 차이점은 무엇인가를 살펴보려고 한다. 언어가 확장된 이유는 여러 가지가 있을 수 있으며, 이유에 따라서 나타나는 결과가 다르다. 언어들 중 일부는 다수 언어로 성장해 살아남기도 하고, 다른 일부는 축소되거나 심지어 완전히 사라지기도 한다. 8장 끝 부분에 언어의 이러한 현상을 확인하기 위한 비교 및 결론을 제시할 것이다.

01. 언어와 알파벳 체계

The Pleiads have left the sky, and

the moon has vanished. It's midnight:

the time for meeting is over.

And me - I am lying, lonely.

> 플레이아데스들이 하늘을 떠났다. 그리고
> 달이 사라졌다. 바로 자정이 되었구나.
> 이제 만남의 시간도 끝나고 말았다.
> 또한 나, 나만이 홀로 외로이 누워 있다.

이것은 2600년 전의 그리스 시를 번역한 내용이다. 그리스어에 따르면 마지막 행의 '나'는 여자이다. 시인의 이름은 사포(Sappho)이며 그리스의 소국 중 하나였던 레스보스 섬에 살았다.

이 시를 보면 이 책에서 지금까지 다루었던 용도가 아닌 다른 어떤 것을 위해 언어를 사용하고 있음을 짐작할 수 있다. 언어를 사용해서 수렵 모임을 만들거나 수로를 건설하지 않았으며 세금을 징수하거나 지도자, 신들의 업적을 기리지도 않았다. 이 시는 인간의 경험을 예술적으로 표현하려는 내용뿐이다. 이 시는 바로 서양 문명에 나타난 최초의 서정시 중 하나이다.

이 책의 목적은 시를 말하려는 것이 아니라, 언어와 역사의 관계를 설명하는 것이다. 하지만 그리스어에서는 예술적인 언어가 바로 역사의 중요한 부분을 보여준다. 그리스는 처음부터 큰 규모의 제국으로 시작하지 않았다. 이집트나 중국처럼 확고한 언어와 핵심적인 문화를 생성하면서 주변에 영향을 미친 것도 아니었다. 오히려 그리스어가 몇몇 중요한 제국들에서 유행하기 훨씬 오래전부터 그리스 문화는 문학, 철학, 예술 등에서 상당한 업적을 보여주었다.

그리스어의 괄목할 만한 역사는 호메로스(Homeros)의 서사시에서 시작된다. 이 문학작품은 그리스 알파벳 기록 방식의 발명 덕에 후대에 널리 알려지게 되었다. 알파벳 체계는 셈어(Semitic)의 문자를 모델로 해 발전한 글자 체계이다. 시인 사포는 알파벳으로 기록했는데 당시 그녀가 사용했던 알파벳 체계는 겨우 약 200년 전에 고안된 것이었다.

그리스 알파벳은 영어의 모태가 된 라틴어와 매우 흡사한 모습을 갖추고 있었다. 사실 라틴 알파벳 자체가 그리스어 알파벳에서 고안된 것이기 때문에 둘 사이에 유사점을 찾는 것이 그렇게 어렵지 않다. 다음은 앞에 나왔던 시를 그리스어와 라틴어의 알파벳으로 기록한 것이다.

ΔΕΔΥΚΕ ΜΕΝ Α ΣΕΛΑΝΝΑ

ΚΑΙ ΠΛΗΙΑΔΕΣ. ΜΕΣΑΙ ΔΕ

ΝΥΚΤΕΣ. ΠΑΡΑ Δ' ΕΡΧΕΤ' ΩΡΑ.

ΕΓΩ ΔΕ ΜΟΝΑ ΚΑΤΕΥ ΔΩ.

(그리스 알파벳)

DEDUKE MEN A SELANNA

KAI PLEIADES. MESAI DE

NUKTES. PARA D' ERKHET' ORA.

EGO DE MONA KATEUDO.

(라틴 알파벳)

알파벳 체계의 장점은 시의 각운을 보여줄 수 있다는 것이다. 그리스어를 모르는 사람도 이 시의 첫 행이 8개의 음절로 구성되어 있다는 것을 발견할 수 있다. 이런 특징은 다른 행에서도 마찬가지이다. 각 행에서 두 번째, 다섯 번째, 일곱 번째에 나타난 음절의 특이성은 라틴 알파벳으로 번역된 내용에 그대로 반영되고 있다.

그리스어 알파벳과 라틴 알파벳은 원리가 유사하다. 특히 두 언어에는 T, M, N과 같은 동일한 철자들이 사용된다. 차이를 보이는 대부분은 같은 소리를 가리키는 글자의 모양들이다. *Δ*(= D), *Γ*(= G) 등이 바로 대표적인 예라고 할 수 있다. 모음인 I, E, A, O는 그리스어, 라틴어에서 모두 동일한 모양으로 사용된다. 이 모음들은 라틴어, 스페인어, 이탈리아어 모두에서 동일한 소리로 발음된다. 영어에서는 모음의 발음이 다르게 나타나기도 하는데, 아마도 영어에서 발생했던 역사적인 변화와 관계가 있는 듯하다. 물론 그리스어와 라틴 알파벳에 복잡한 차이가 있기는 하지만, 여기서는 이 부분을 크게 다루지 않으려 한다.

그리스어와 라틴 알파벳이 대문자로 쓰일 때는 아주 흡사한 모습을 보인다. 두 언어의 알파벳 글자들의 원래 형태는 대문자 모양에 잘 나타난다. 수학자와 기타 분야의 전문가들은 영어 기록물에 종종 그리스어 소문자를 사용한다. 시를 그리스어 소문자로 적으면 마치 다른 시처럼 보이기도 한다. 다음에는 그리스 기록자들이 흔히 사용하던 강세 표식과 발음 구별 부호를 포함했다.

> *δεδυκε μεν α σελαννα*
>
> *και πληιαδες. μεσαι δε*
>
> *νυκτες. παρα δ' ερΧετ' ωρα.*
>
> *εγω δε μονα κατευδω.*

(그리스 알파벳 소문자)

그리스인들은 문자를 이용해 의미는 물론 언어의 소리까지 표현할 수 있었다. 따라서 기록자들은 자신들이 적은 내용을 토대로 자신의 방식으로 음성 소리를 발화하는 방법까지도 상당 부분 의도한 대로 표현할 수 있었다. 독자는 이런 기록을 토대로 각 단어마다 작가가 소리에 대해 갖고 있었던 의도까지 파악할 수 있었다. 신성문자, 한자, 선형문자 B(그리스 초기에 사용되었던 음절 중심 문자) 등에서는 일반적으로 이런 표현이 불가능했다. 게다가 이 알파벳 글자 체계는 초기부터 다른 문자 체계보다 훨씬 쉽게 배울 수 있었기 때문에, 일부 관료에만 국한되지 않고 많은 사람들이 배워서 널리 사용할 수 있었다.

문자가 소리를 나타낼 수 있고 특히 학습하기 아주 쉽다는 사실은 언어 사용자 수를 늘리는 데 매우 중요한 요인이었다. 비록 그리스어를 사용한 전체 인구는 적었지만, 그리스 문화는 여전히 상당한 영향력을 끼치고 있다. 이는 어떤 이전의 문화보다도 가장 큰 영향력일 것이다. 그리스 문자로 기록된 최초의 장편 기록물은 기원전 700년 호메로스의 서사시 「일리아드(Iliad)」와 「오디세이(Odyssey)」이다. 얼마 지나지 않아 여러 가지 다른 종류의 기록물이 나타났다. 기원전 7세기경 사포 등이 서정시를 썼고 이외에도 행정 문서나 공문서, 법률, 공문, 추모 묘비명 등에 관련된 공식적인 기록들이 남아 있다.

유사한 시기에 그리스인들은 과학, 철학에 대해서도 기록하기 시작했다. 그리스 초기에 이 분야들은 서아시아, 이집트의 선진 문화에 영향을 많이 받았다. 이런 역사적인 사실은 19세기 이후, 세계 패권을 쥐고 있던 유럽 지역의 학자들 사이에서는 달갑지 않은 사실이었다. 그러나 향후 그리스는 지속적인 발전을 거듭하면서 이전에 우수했던 문화들을 더욱 발전시키고 자신의 문화적인 업적을 누구도 넘을 수 없는 수준으로 올려놓아서 세계 문화의 중심을 차지하게 되었다. 기원전 4세기경 여러 종류의 글을 남긴 플라톤(Platon), 아리스토텔레스(Aristoteles) 등의 저자들은 아직도 엄청난 직간접적 영향력을 보여준다. 중국에서 이러한 영향력을 가진 사상가는 공자뿐이다.

02. 창의와 언어의 역할

시인들, 철학자들, 과학자들이 그리스어를 사용함에 따라 언어 자체에 변화가 일어나기 시작했다고 볼 수 있다. 창의적인 생각을 하는 사람들은 항상 새로운 표현, 기존 단어들의 합성어, 신조어 등을 갈망한다. 그리스인들의 수많은 창의적인 사고들로 말미암아 이를 표현하는 많은 단어가 생성되었다. 기록 방식으로 여전히 알파벳을 사용했기 때문에 신조어들 또한 동일한 글자로 기록되고 보존되었다. 이런 과정을 반복하면서 그리스어는 방대한 양의 단어를 갖추게 되었고, 이를 바탕으로 다른 언어에서는 전혀 찾아볼 수 없었던 개념들을 표현할 수 있게 되었다. 그리스 작가들은 훌륭한 작품을 썼을 뿐만 아니라 그리스어의 표현력과 다양성을 발전시키는 데에도 큰 역할을 했다.

학문이 발전하기 위해서 기록이 필수적인 것은 아니다. 소크라테스 (Socrates)는 어떤 글도 남기지 않았지만 현재까지 많은 사람들에게 위대한 철학자로 추앙 받는다. 비록 소크라테스 자신도 철학에 대한 과거 주장이나 문제점을 독서를 통해 접했지만, 플라톤이 소크라테스에 대해 기록을 남기지 않았다면 소크라테스 자신은 물론 그의 사상에 대한 내용을 알기가 불가능했을 것이다. 지금도 많은 사람들이 플라톤과 아리스토텔레스의 글을 읽는다. 두 철학자가 지금도 추앙 받는 것은 그들이 작가이기 때문만이 아니다. 수천의 다른 작가들이 많은 글을 썼지만 지금은 모두 잊혔다. 이들의 사상이 매우 획기적이었기에 지금까지도 사람들 사이에 회자되는 것이다. 당시에 그리스어로 기록된 자료들은 이후 많은 사람들의 노력에 힘입어 오늘날 유럽의 문화적 전통에 중요한 축을 이루게 되었다. 그리스어 기록에 포함된 어휘와 개념들은 영어와 기타 언어로 번역되어 현재까지 우리 곁에 남아 있다.

그리스어가 학문적인 영역에 반영된 대표적인 예로는 역사(historia), 수학(mathematike), 물리학(phusike), 지리학(geographia), 철학(philosophia) 등이 있다. 현재 많이 사용되는 정치학(politike), 민주주의(demokratia), 경제(oikonomia), 미학(aisthetika), 극장(theatron), 음악(mousike) 등도 그리스어의 어원에 따른 영어 단어들이다.

영어든 다른 유럽 언어든 어휘 측면에서 엄청난 수의 그리스어 차용어가 포함되어 있다. 영어와 같은 근대 언어들은 과거 여러 언어로부터 어휘를 차용했으나, 그중에서 그리스어 차용어들은 특별하다고 할 수 있다. 그리스어 어원 단어들은 현실과 연관된 여러 현상(phenomena: 그리스어로 phainomena)을 분류하는(categories: 그리스어로 kategoriai) 방법을 제공해줌으로써 인간의 존재에 대한 논리적 사고를 구축하는 데 중요한 계기를 마련해주었다.

03. 언어들은 동등한가

그리스어의 중요성과 탁월함이 부각되면서 사람들은 다음과 같은 의문을 갖게 되었다. 그리스어가 당시의 다른 언어들보다 심지어 이전의 어떤 언어들보다 우수한 언어인가? 만약 그렇다면 얼마나 뛰어나고 어떤 면에서 뛰어난가? 또한 언어는 변화뿐 아니라 진화도 할 수 있을까? 언어들에 순위를 매길 수 있는가? 어떤 근거로 순위를 결정할 것인가?

이 질문들이 새로운 것은 아니다. 고대부터 사람들은 언어의 상대적인 가치에 대한 많은 생각들을 내놓았다. 20세기 이전에는 대다수의 사람들이 비록 기준이 매우 다양하기는 해도 언어들 사이에 순위가 존재한다고 믿었다. 어떤 이들은 훌륭한 문학과 방대한 어휘가 언어의 순위를 결정한다고 보았다. 또 어떤 이들은 강력한 제국이나 많은 화자 수가 결정적인 요인이라고 믿었다. 언어의 순위를 매길 때 종교적인 해석이 따르기도 했다. 즉, 구약에 제시된 바벨탑 건설 이전에 존재했던 본래의 언어를 가장 높은 순위에 놓아야 한다고 본 것이다. 이런 의견을 가진 일부학자는 현존하는 언어들 중 히브리어가 가장 적절한 언어라고 주장한다.

식민주의 시대였던 19세기 유럽에서는 어떤 언어는 문명화되고 발달된 반면, 어떤 언어는 야만적이고 원시적이라는 생각이 지배적이었고 이 견해는 반복해서 제기되었다. 예를 들어 식민지에 거주하는 원주민의 언어를 원시적 수준의 언어로 본 반면, 식민지 개척자들의 언어였던 프랑스어와 영어는 선진화된 언어로 분류했다.

20세기 초에 프란츠 보아스(Franz Boas) 등 많은 언어학자들은 이 주장에 반하는 언어학적 사실을 토대로 반박에 나섰다. 언어학자들의 분석에 따르면 '원시인'들이 사용하는 북아메리카의 '인디언' 언어, 남아프리카 '부시맨'어, 오스트레일리아 '애버리지니'어가 전혀 원시적이지 않음을 확실하게 알 수 있다. 어휘적 측면은 물론 통사적 복잡성, 형태론적 치밀성, 음성적 체계에서도 이 언어의 수준은 '선진화'된 유럽 언어와 별로 큰 차이를 보이지 않았다. 새로운 사상을 표현하고 새로운 개념을 형성하는 데 필요한 잠재력도, 사실 대부분의 언어에서 흔히 발견되는 요소이기 때문에 이런 특성 정도는 언어의 분류 기준이 되지 못한다.

따라서 발전된 문화와 미묘한 어감을 표현하기에 적절하지 않을 것이라는 믿음만으로 특정 언어를 원시적이라고 분류할 수는 없다. 모든 언어는 문화와 어감을 표현하는 데 충분한 가능성을 갖추고 있다. 다만 언어마다 갖고 있는 문법적인 특이성으로 인해 특정 표현을 발화에 포함시키고 제외시키는 방법에 차이가 있을 뿐이다. 각각의 언어가 가진 개념의 집합들을 통해 현실을 아주 다른 방식으로 보여줄 수 있다. 그러므로 한 언어로 표현 가능한 것을 다른 언어로도 똑같이 표현할 수 있다는 명제가 반드시 참인 것은 아니다. 그러나 그리스어, 중국어, 영어는 서로 다른 표현 방식을 갖고 있기 때문에 이들 중 한 언어가 특별히 고급 사상 표현에 적합하다고 언급하는 것은 옳지 않다.

일반적으로 현대 언어학자들은 모든 언어가 동등한 가치를 지닌다고 본다. 이런 관점은 모든 인간은 동등한 가치를 지닌다는 믿음에 부합할 뿐만 아니라 유일하게 합리적인 관점이다. 모든 언어는 누군가의 모어이며 모든 인류에게 모어는 개인적 정체성의 매우 중요한 한 부분이다. 결국 언어 간에 순위를 매겨 한 언어가 다른 언어보다 수준이 낮다고 주장하는 것은 결국 해당 언어를 사용하는 민족을 경멸하는 결과를 낳게 된다. 따라서 모든 언어는 각각의 화자에게 가장 적절한 모어이며, 또한 이런 관점에서 모든 언어들이 동등하게 존중되어야만 한다.

그러나 인간의 동등성을 인정하면서도 한 가지 잊지 말아야 할 점이 있다. 바로 사람들이 각자의 능력, 재능, 운명에 따라 달라질 수 있듯이 언어도 다양한 모습으로 나타날 수 있다는 점이다. 플라톤이나 공자가 사용한 언어가 우연하게도 그리스어, 중국어였기 때문에 이 두 학자의 위대한 사고로 말미암아 두 언어는 이전보다 더욱 발전된 모습을 갖출 수가 있었다. 당연히 이런 행운을 만나지 못한 언어들은 발전이 더디고 능력이 줄어들 수밖에 없었다.

모든 언어는 독창적이면서도 구조에 따른 내적 가치를 소유하고 있다. 그러나 모든 언어가 주변 사항들을 모두 똑같이 잘 표현할 수 있는 것은 아니다. 언어의 잠재성은 언어적인 기능 수행과 사상의 표현에 그대로 반영되기는 하지만, 일부 언어는 이런 능력을 수행하는 데 한계를 보이기도 한다. 마치 모든 사람들이 잠재력을 지니고 있지만, 일을 수행할 때 차이를 보이는 것과 같다.

언어의 잠재성이 발현되는 정도의 차이는 앞에서 언급했던 산족 언어의 어휘를 보면 이해할 수 있다. 어휘는 해당 언어를 사용하는 문화가 필요로 하는 영역을 반영하기 때문에 문화의 수준에 따라 서로 다른 어휘들이 상대방의 언어에 영향을 미치게 된다. 일단 한 언어권에서 특정한 문화를 표현하기 위해 생성된 단어를 다른 언어권에서 받아들이는 상황이 발생하면, 해당 단어의 의미만 전달되는 것이 아니라 단어와 연관된 문화까지 전달된다. 또한 이렇게 수용된 문화는 변형 과정을 겪게 된다. 선진 문화가 어휘를 토대로 주변 지역에 퍼지는 과정을 확실히 볼 수 있다. 이처럼 수용 과정을 거친 어휘를 가리켜 '차용어'라고 한다. 분명한 점은 '차용'이라는 용어가 마치 나중에 돌려주어야만 할 것 같은 오해를 불러일으키기도 하지만, 수용 과정이 끝나면 새로운 언어와 문화에 완벽히 포함된다는 사실이다.

그렇다면 '차용'이라는 과정이 바람직한 현상인지 생각해보아야 한다. 이 질문에 관해 여러 의견들이 있는데 많은 사람들은 되도록 자신들의 고유 언어와 문화를 외부 영향으로부터 지켜야 한다고 믿는다. 이러한 사람들은 자신들의 언어가 독특한 문화에 의한 성취라고 보기 때문에 다른 언어의 어휘를 차용어로 받아들여 이 언어들 간에 차이가 줄어들면 모어의 독특함을 유지하는 데 해를 끼친다고 생각한다.

이런 생각에는 모순이 있다. 일단 새로운 어휘는 해당 언어를 풍부하게 할 뿐만 아니라 기능성 향상에도 중요하게 작용한다. 만약 '차용어'가 동일한 의미를 가진 본래의 어휘를 대체해서 완전히 사라지게 한다면, 앞서 언급했던 염려가 타당할 수도 있다. 그러나 그런 일은 거의 일어나지 않는다. 대체로 새 단어들은 언어에 가능성을 향상시키며 추가될 뿐이다.

결론적으로 언어는 모두 잠재성 측면에서 궁극적으로 서로 동등하지만, 실제로 표현을 수행할 때는 풍부한 어휘, 숙어, 구 등의 양적 차이로 인해 차이가 나타날 수도 있다. 때로는 다른 언어에서 단어, 구 등을 받아들여서 언어의 표현 범위를 획기적으로 향상시키기도 한다. 그리스어는 수용자보다는 기여자였고, 그리스 주변 언어들은 그리스어의 상당한 혜택을 받으면서 나름대로 발달의 기틀을 마련할 수 있었다. 이제부터 그리스어에 관련된 다른 측면들도 차례로 살펴보고자 한다.

04. 알파벳 체계와 방언

소리를 바탕으로 고안된 문자는 읽기, 쓰기가 편리하다. 그러나 기록자들이 서로 다른 지역 출신이라서 서로 다른 방언을 사용할 경우, 특히 표준화된 기록 방식과 철자 체계가 없다면 동일한 의미를 다른 형태로 적는 일이 발생하게 된다.

그리스 초기에는 방언에 따라 기록에 상당한 차이를 보였다. 기록자들이 제멋대로 철자를 정해 표기한 것이 아니라 기록자들이 각자 태어난 지역이 달라서 자연스럽게 표기에 차이가 있는 것이다.

당시 그리스에는 다양한 방언이 있었으나 그래도 서로 소통할 수는 있었다. 초기 문학작품은 지역 방언으로 기록되었는데 사포는 레스보스 섬의 아이올리스 방언을 사용했고, 아테네에 거주했던 플라톤은 아티카 방언을 사용했다.

지금의 관점에서 보아도 당시에 방언을 사용한 것은 아주 놀라운 일이다. 지금도 영어권의 작가들 중에는 문학적인 목적을 위해 작품 안에 방언을 사용하는 경우가 있다. 하지만 이런 경우도 일관되게 방언을 사용하는 일은 아주 드물고 대부분 대화나 시, 단편소설과 같은 곳에서만 쓰인다. 일반적으로는 방언보다 표준어로 기록한다.

그러나 초기 그리스에는 표준어가 없었다. 표준어를 설정하기 위한 교육 권위자, 출판인, 정확한 표현을 결정하는 사람도 없었고, 하려야 할 수도 없었다. 당시 그리스 자체가 정치적으로 하나의 국가가 아니었기 때문에 표준어를 결정할 수 있는 상황이 아니었다. 그리스어 화자들은 작은 단위로 분리된 여러 소규모 독립국가에 분산되어 있었으며, 이 국가들 중 어느 곳도 절대적인 권력을 갖지 못했다. 이런 상황은 중국 역사의 초기 주 왕조 시대와 유사하다고 할 수 있다. 그러나 그리스와 중국에는 근본적인 차이가 있었다. 중국에는 이전에 통일된 국가가 있었지만, 그리스에서는 그런 경우가 전혀 없었다.

그럼에도 그리스인들은 자신들을 '헬레네스(Hellenes)'라고 부르면서 그리스인으로서의 정체성을 가지고 있었다. 헬레네스는 오늘날에도 그리스인들이 자신들을 가리킬 때 사용하는 말이다. 우리가 그리스인들을 가리킬 때 헬레네스보다 그리스인이라는 말을 더 많이 사용하는 이유는 로마인들의 전통을 따르기 때문이다. 헬레네스란 그리스 신과 영웅을 알고, 델포이에서 예언을 듣고, 올림픽 게임에 참석하고, 그리스어(그리스어로 'hellenike glossa')를 사용하는 사람들을 가리킨다. '헬레네스'의 반대말은 그리스어로 '바르바로이(barbaroi, 야만인)'라고 하는데 알아듣지 못할 언어를 쓰는 사람들을 의미한다. 이 단어는 아마도 알아듣기 힘든 외국어의 발화 소리를 흉내 낸 것이라고 볼 수 있다. 그리스인들에게 외국어가 마치 '바-바-바' 하는 소리로 들렸을 것이다.

따라서 한 언어, 한 국가가 사람들로 하여금 항상 하나라는 느낌을 갖게 하는 것은 아닌 것 같다. 물론 한 국가에 공통된 민족 언어가 있다고 해서 평화가 유지되는 것도 아니다. 비록 '헬레네스'라는 말로 문화적인 동질성을 인지하고는 있었지만, 그리스 국가들 간에 공동의 적에 맞서 상호 협력하는 경우보다 서로 패권을 다투는 경우가 더 많았다. 비록 국가 간 충돌이 있었지만, 그런 와중에도 다른 국가의 작가가 저술한 책을 읽으면서 그들의 방언을 배우기도 했다.

방언들이 서로 다르기는 해도, 차이가 그렇게 심하지는 않았다. 예를 들면 아이올리스 방언을 사용한 사포의 시를 보면 '달'을 'selanna'라고 썼는데 아티카 방언에서는 'selene'으로 표기된다. 사포는 '홀로'라는 그리스 단어를 'mona(문법적으로 여성형)'라고 적었지만, 아티카에서는 'mone'로 표기되었다. 두 방언을 자세히 살펴보면 체계적인 차이를 발견할 수 있다. 아티카 방언에서는 단어 끝에 주로 'e' 모음을 사용했지만, 아이올리스 방언에서는 주로 'a' 모음을 사용했다. 이러한 차이도 배우기 그리 어렵지 않았다. 놀랍게도 작가들은 때로 다른 방언을 습득해 자신의 방언이 아닌 방언으로 저술하기도 했다. 그 당시 합창을 하기 위한 노래는 가사를 도리아 방언으로 써야 한다는 전통이 있었기 때문에 아티카 등 다른 지역 작가는 합창을 위한 노래 가사를 도리아 방언으로 작사했다. 이 때문에 아이스킬로스(Aeschylus), 소포클레스(Sophocles), 에우리피데스(Euripides) 등 유명한 작가들이 쓴 비극 작품에 특이한 상황이 연출되었다. 이들은 모두 아테네 사람들이었기 때문에 작품은 당연히 아티카 방언으로 기록되었다. 합창은 도리아 방언으로 상연되어야 했기 때문에 작가들은 노래 부분을 도리아 방언(또는 그 비슷하게)으로 썼다. 그러므로 한 작가가 같은 작품 안에서 때로는 이 방언 때로는 저 방언을 번갈아 사용한 것이다.

그리스에는 통일된 문자가 있기는 했지만, 문자를 운용하는 방법에는 차이가 있었다. 방언에 따른 다양한 형태의 기록을 보면 알 수 있다. 그리스 내의 국가(polis)들은 모두 독립된 단위였기에 각각의 방언들은 자연스럽게 동등한 위상과 유용성을 가졌다. 하지만 모두가 그렇듯 이러한 상황에도 변화가 일기 시작했다.

05. 도시국가에서 제국으로

기원전 5세기 그리스에서 아테네가 가장 강력한 세력으로 성장했다. 아 티카 방언의 위상도 더불어 상승했다. 그렇지만 얼마 지나지 않아 아테네가 정치적 영향력을 상실하면서, 기원전 330년 결정적인 변화가 발생하게 되었다.

그리스 북방에 위치한 마케도니아가 빠르게 세력을 확장하면서 그리스 전역과 터키부터 이집트까지의 지중해 동부, 이라크와 이란을 점령했고 잠시였지만 아프가니스탄 등 동쪽에 위치한 국가들까지 자신의 지배력 안에 복속시켰다. 마케도니아의 세력은 인도의 국경인 인더스 강까지 확장되었다.

비록 마케도니아는 그리스어를 사용하지 않았고 고유의 언어를 사용했다고 전해지지만 이에 대해서 아직 분명하게 알려진 바가 없다. 그러나 마케도니아의 지배층은 그리스 문화로부터 깊은 영향을 받았으며, 마케도니아의 가장 유명한 알렉산더 대왕은 다른 귀족들처럼 어릴 적부터 그리스어 교육을 받았다. 알렉산더 대왕의 스승은 유명한 철학자인 아리스토텔레스였다. 알렉산더 대왕은 장군들과 함께 그리스어를 마케도니아가 점령한 광대한 지역에 정치·행정을 위한 언어로 도입했다.

알렉산더 대왕 사후에 그가 설립했던 제국은 이집트 지역과 터키·이란에 걸친 지역, 그리고 원래 그리스와 마케도니아 영토로 분열되었다. 그러나 이 세 지역의 공통어는 여전히 그리스어였으며, 당시의 군사·행정 엘리트들은 모두 그리스어를 사용했다.

이 세 지역에서 사용하던 그리스어는 아티카 방언이었고 시간이 흐르면서 아티카 방언 형식이 수정되고 수정된 기록 방식이 전 지역에서 대표적인 지위를 갖게 되었다. 사람들은 이것을 '공통'이라는 뜻인 '코이네'라

그림 6.1　기원전 324년경 알렉산더 제국

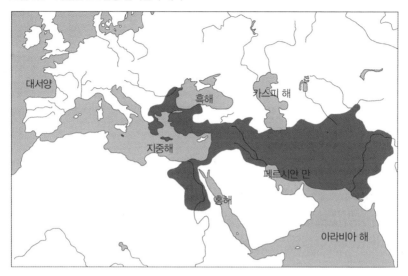

고 불렀다. 이러한 행정 공용어가 표준화되자 과거 그리스어 방언들이 내몰리기 시작했다. 2~3세기 정도의 시간이 흐르자, 많은 방언 기록이 사라졌고, 사람들도 더 이상 그리스 방언을 사용하지 않게 되었다.

이런 과정을 겪으면서 그리스어는 여러 지역의 다양한 방언 기록이 공존하던 언어에서 몇 개의 커다란 세력에 의해 사용되는 유일한 공용어가 되었다. 또한 애초에 그리스어를 전혀 사용하지 않았던 곳에서조차 그리스어를 사용하기에 이르렀다. 당시 그리스어의 지위는 영어가 식민지 시대 인도와 아프리카 일부에서 누리던 영향력과 흡사하다고 할 수 있다.

그리스는 여러 차례 변형을 겪어야 했지만 그리스어는 공용어로서 위상을 아주 오래 누렸다. 알렉산더 대왕 사후 한 세기도 지나지 않아 로마 제국의 세력이 지중해 동쪽까지 미치기 시작했다. 로마는 200년 이상 확장을 계속했고 마침내 기원전 1세기에는 그리스 모든 지역과 이집트 및 주변 국가들을 자신의 세력권 안에 포함시켰다.

로마는 서쪽으로는 체계적인 방식으로 자신들의 언어 영역을 넓혀갔지만, 동쪽 지역에서는 상황이 아주 달랐다. 그리스어는 로마 지배 시기에도 행정을 위한 언어로서 위력을 유지했다. 따라서 로마제국의 서쪽에서는 라틴어가 공용어였지만, 동쪽 지역에서는 그리스어가 공용어로서의 지위를 유지했다.

로마 시대 때 그리스어는 이 외에도 아주 중요한 역할이 있었는데 바로 기독교 성경이 그리스어로 쓰인 것이다. 예수는 원래 아람어를 사용했지만, 신약 기록은 그리스어로 기록되었을 뿐만 아니라 현재까지도 그리스어는 기독교의 가장 중요 언어로 자리 잡고 있다. 다만 초기 기독교 시대에는 언어에 구애받지 않았다. 당시 로마 서부에서 라틴어는 교회의 핵심적인 언어였다. 동쪽 지방에서는 지역에 따라 아람어 외에도 아르메니아어, 시리아어, 콥트어 등으로 중요한 문헌들이 번역되었다.

행정을 위한 언어의 차이와 로마제국의 동쪽과 서쪽의 역사적 발달의 차이로 로마제국은 결국 둘로 나뉘게 되었다. 로마가 동쪽 지방을 점령한 후 300년가량 지난 기원후 330년에 콘스탄티누스(Constantinus) 황제는 콘스탄티노플이라는 도시를 보스포루스 근방에 세우고 로마와 동등한 두 번째 수도로 삼았다. 기원후 395년 로마제국은 끝내 서로마와 동로마로 분리되었고, 동로마는 콘스탄티노플을 수도로 그리스어를 공용어로 사용했다.

그리스어의 위상을 확고히 하는 데 콘스탄티누스 황제의 동로마 지배가 중요한 역할을 담당했다. 기독교가 여러 종교 중 하나에 불과했던 한계를 넘어, 제국의 공식적인 종교로 위상이 높아지면서 그리스어가 교회의 언어로서 중요한 위치를 갖게 되었기 때문이다.

비잔틴제국이라고도 불리는 동로마제국은 큰 규모의 국가로서 오랫동안 지속되었다. 시간이 흐르면서 이슬람 세력의 영향력 확대로 서서히 세력이 축소되었으나, 기원후 1453년 투르크에 패할 때까지 제국의 명맥을 유지했다. 이 당시 공용어는 코이네 형식의 그리스어였다. 따라서 알렉산더 대왕 사후부터 15세기 중반까지 약 1700년 이상 사용된 것이다.

06. 신 그리스어

콘스탄티노플이 점령되고 나서도 그리스어는 살아남았다. 그리스가 오스만 제국에 정복당한 15세기부터 18세기 동안에도 그리스인들은 여전히 그리스어를 사용했다. 19세기 초 그리스가 독립하면서 그리스어는 다시 한 번 공용어로서 위상을 갖게 되었다.

그러나 이 시기에 과거에 사용하던 방식 그대로 문자 기록 방식을 부활시키는 것은 불가능했다. 당시 그리스어에 많은 변화가 있었고 고대 그리스어 기록 방식 그대로 사용하는 것은 비현실적이었다. 시간이 흐르면서 많은 언어적 변화가 있었고, 무엇보다 19세기 이후의 새로운 그리스는 고대 제국을 계승한 것이 아니었다. 이 당시 그리스어에는 '디모티키(dimo-tiki, 통속어)'와 '카타레부사(katharevousa, 고전어)'라는 두 가지 대표적인 기록 방식이 사용되고 있었다.

이 두 가지 기록 방식은 오랜 기간 문학, 교육, 행정 등에서 경쟁 관계였다. 언어 문제는 매우 예민한 사안이었고 정치적인 부담이기도 했다. '고전어'가 보수층과 관련 있다면 '통속어'는 진보층의 의견이었다. '고전어'가 득세했던 시기는 군사정부 시절까지였다. 1967년 '고전어' 방식은 교육의 필수 언어로 선포되었다. 그 얼마 후 1976년 군사정부가 무너지고 '통속어'가 유일한 공용어 형태로 인정된 이후 현재까지 그대로 사용되고 있다. 하지만 두 기록 방식 모두 2500년 전에 도입된 알파벳 모양을 그대로 사용하고 있으며 고대 그리스어와 많은 공통점이 있다.

한 가지 흥미로운 사실은 그리스인들이 부르는 그리스어 명칭과 다른 나라 사람들이 부르는 명칭에 차이가 있다는 점이다. 고대 또는 비잔틴 그리스어와 구분해서 현대 그리스어를 표기할 때 영어는 modern Greek, 프랑스는 Grec moderne, 독일어는 Neugre chisch라고 한다. 그렇지만 그리스인들은 보통 자신들의 언어를 'Elliniki Glossa(헬라어)'라고 부른다. 이 명칭은 이미 2400년 전에 위대한 철학자 플라톤이 활동했던 시기에 사용되었던 것과 같다. 당연히 근대 그리스어와 고대 그리스어가 똑같지 않다는 것을 모든 사람이 알고 있지만, 같은 명칭을 사용함으로써 그리스어의 강한 역사적 연속성을 보여주는 것이다.

07. 그리스어에서 배우는 교훈

그리스어의 길고도 놀라운 역사를 보면 언어의 커다란 순환성을 확인할 수 있다. 그리스어의 초기에는 현대 그리스 국토에 한정되어 사용되었지만, 시간이 흐르고 국가의 위세가 성장하면서 언어 사용의 범위가 지중해 동부로 확장되었고 1000년 이상 그 위상을 유지했다. 이후 그리스 세력이 쇠퇴하면서, 그리스가 다른 거대한 제국에 복속되자 언어 또한 몇 지역에서 백성들만 사용하는 발화 언어로 전락했다. 이후 그리스어가 처음 나타난 지 3000년이 지난 지금 그리스어는 다시 생명을 얻고 이 지역에서 공용어로 쓰이고 있다. 이와 같은 한 언어의 순환적 역사는 언어라는 대상에 대해 우리에게 몇 가지 사실을 시사해준다. 첫째는 언어의 미래가 어떻게 변모될지 확신할 수 없다는 것이다. 만약 기원전 400년에 그리스어가 당시 알려진 세계의 절반에서 사용될 것이라고 예측했다면 (실제로 그렇게 되었지만) 사람들은 아마도 아주 기이한 생각이라고 했을 것이다. 이런 측면으로 볼 때 언어의 운명과 국가의 운명은 같은 수레바퀴 위에 있는 듯하다.

둘째로 방언의 발달 과정을 잊지 말아야 한다. 시간의 흐름과 함께 언어의 다양화는 당연한 것이며, 이로 인한 방언의 발생 또한 자연스럽게 받아들여야만 한다. 앞서 살펴본 게르만어파 발달 과정을 보면 초기에 게르만어 조상언어가 있었고, 시간이 흘러 언어 분화가 발생하면서 방언이 생겨나기 시작했다. 여러 방언들은 각각의 지역에서 발전을 거듭하면서 각자 분리된 언어로서의 위상을 갖게 되었다. 게르만어파뿐 아니라 인도·유럽어족에 속한 다른 언어들에서도 이와 유사한 과정이 발견되었다. 특히 인도·유럽어족의 경우에는 기록이 많이 남아 있기 때문에 언어들의 이와 같은 발달 과정을 다른 지역의 어떤 언어들보다도 정확하게 확인할 수 있다.

그리스어의 경우 게르만어파나 다른 인도·유럽어족 언어들의 발달 과정과 조금 다른 모습을 보인다. 2000년 전 고대 그리스어가 지역에 따라서 발음과 발화 측면에서 여러 개의 방언으로 분화되었으나 게르만어파의 언어들과 달리 별도의 독립 언어로 발전하지는 않았다. 그 대신 발화와 표기의 일반 형식이 확립되고 널리 퍼져서, 다른 방언을 거의 완전히 몰아냈다. 방언은 표기 방식뿐 아니라 발화 형식에서도 사라졌다. 근대 그리스어에도 방언이 있지만 이 방언들은 코이네 형식의 변형일 뿐, 고대 아이올리스 방언이나 도리아 방언을 계승한 것이 아니다.

다만 흥미로운 예외로 펠로폰네소스 지역의 차코이네 언어를 사용하는 사람들은 다른 그리스어 사용자들과 의사소통이 불가능하다. 기원을 본다면 아마도 고대 도리아 방언 계통이 아닌가 싶다. 만일 고대 방언들이 좀 더 일반적으로 살아남았다면 아마도 독립 언어로 발전했을 것이 분명하다. 그러나 강력한 제국의 권력에 힘입은 지배적인 형태는 방언들을 서서히 말려 죽였다.

그러므로 언어가 여러 방언으로 분파되어 새로운 언어로 발달한다는 것은 자연의 법칙이 아니다. 특정 지역 사람들이 대거 이주할 경우, 언어는 분화를 거쳐 방언이 생기고, 새로운 언어 태동의 모태가 되기도 한다. 그러나 만약 한 국가가 특정한 언어의 형태를 선호하고 이 언어로 국가를 다스리면, 다른 방언들이 서서히 그 힘을 잃어가는 것은 어쩌면 당연한 일인지도 모른다. 따라서 언어 변화 과정을 언어 사용 과정과 분리해서 생각해서는 안 된다. 이를 고려하면 언어 안에서의 변화는 언어가 속한 지역의 정치적·사회적 현상에 영향을 받는다고 할 수 있다.

강력한 국가의 권위가 수반될 수만 있다면 공통 기록 방식의 적용은 방언의 차이를 약화시키는 것이 분명하다. 한 지역에서 언어가 수천 년 동안 분화를 거치지 않고 지속될 수 있다는 것을 그리스어의 예로 알 수 있다. 앞서 언급했던 이집트에서도 비슷한 과정이 있었지만, 방언의 발달 과정에 대한 자료가 많이 있는 그리스어가 더 확실한 예가 될 수 있다.

최근 '디모티키'와 '카타레부사'의 대립에서 보듯 언어는 다른 방식에서도 정치와 관련이 있다. 비록 '카타레부사' 방식이 지금의 그리스어 발화와 대립하지만, 정치 지배층은 '카타레부사' 방식을 고수하려고 했다. 결국 보수와 혁신의 대립은 언어 현상에 그대로 반영되었다. 언어적인 보수성과 정치적인 보수성이 항상 일치하는 것은 아니지만, 그리스에서는 정치적 입장과 언어적 입장이 일치했다. 이런 상황은 그리스뿐 아니라 여러 지역에서 발생했다.

그러나 가장 중요한 점은 그리스어가 역사적인 변혁 과정을 겪기는 했지만 그리스어는 그리스 문화의 가교라는 점이다. 고대 그리스에서 처음 표현된 사상이 서구 전통의 기초를 만들었다. 고대 그리스인들이 서사시나 희곡과 같은 문학 장르를 만들었고, 고대 그리스어로 작품을 썼다. 그리스어로 쓰인 다양한 내용과 수많은 기록물은 특히 엄청난 규모의 어휘와 수없이 많은 기록물로 말미암아, 언어를 인간 활동에 활용할 수 있는 극히 다양한 용도와 유용한 도구로 발달시켰다.

이처럼 그리스어로 축적된 문화는 마케도니아가 제국의 공통어로 그리스어를 선택한 중요한 이유였다. 국가 형성 초기부터 그리스어의 영향 하에 있었던 로마제국도, 제국의 동쪽에서 그리스어를 공용어로 정했으며, 나아가 제국 전체에서 그리스어를 문화의 중심 언어로 인정했다. 권력을 가진 사람들은 그리스어에 어울리는 다른 것을 도입하지 못했으며, 자신들의 목적을 위해서만 그리스어를 활용했다. 그 후 그리스어는 기독교를 대표하는 성경의 구약과 신약의 언어가 되면서 그 위상이 점차 높아졌다.

역사를 통틀어 그리스어는 높은 문화적 위상을 누렸으며 제국의 성쇠를 거치면서도 그 지위를 유지했다. 그리스어는 언어가 정치적 힘보다 우위에 있을 수 있음을 확인시켜주는 대표적인 예라고 할 수 있다.

Latin - conquest and order

라틴어
정복과 지배

01. 제국과 언어

로마여 백성과 국가를 지배하는 것은 그대의 운명이러니!

위에 제시된 표현은 로마가 오랫동안 간직해온 마음가짐을 가장 훌륭하게 대변하는 내용이라고 할 수 있다. 이 문장은 푸블리우스 베르길리우스(Publius Vergilius)가 아우구스투스(Augustus) 황제를 선동하려는 의도로 지은 서사시 「아에네이드(Aeneid)」의 핵심 문장이다.

이 표현은 이후 다른 제국주의자들에게 많이 인용되기도 했다. 내가 읽은 베르길리우스의 시집은 파시스트가 지배하던 1930년대 이탈리아에서 출간된 것으로, 바로 위의 표현이 그 책 표지에 두드러지게 찍혀 있었다.

엄청난 규모의 제국을 건설했던 로마인에 비한다면 이탈리아를 통치했던 베니토 무솔리니(Benito Mussolini)는 서투른 아마추어에 불과하다. 근대의 나폴레옹 보나파르트(Napoléon Bonaparte)라는 대단한 정복자도 로마에 비하면 무색해질 수밖에 없다. 비록 정복하는 과정이 나폴레옹에 비해 매우 더뎠으나 로마제국은 훨씬 견고했다. 이처럼 로마가 역사적으로 장기적인 지배를 지속할 수 있었던 것은 바로 라틴어의 전파력 덕분이라고 할 수 있다.

로마는 이탈리아 반도의 중부에 위치한 보잘것없는 도시국가로 시작되었다. 로마 기록에는 기원전 753년 로마가 건국되었다고 한다. 현대의 역사학자나 고고학자도 그 사실을 인정한다. 건국 후 상당 기간 로마를 중심으로 국가 형태를 유지했으며, 로마인의 언어인 라틴어도 로마 안에서만 사용되었다. 주변에는 유사한 종류의 언어를 사용하는 국가들이 위치해 있었다.

얼마 후 로마인들은 주변 국가들을 정복하고 영토를 확장하려는 의도를 보였으며, 정복에 의한 영토 확장을 통해 몇 세기에 걸쳐 영향력이 차츰 강화되었다. 기원전 4세기 이탈리아 반도 전체를 아우르는 강력한 힘을 갖게 되면서 기원전 3세기 말엽에 이르러서는 시칠리아를 포함해 이탈리아 전역에서 가장 강력한 힘을 지닌 국가가 되었다. 로마제국은 동쪽과 서쪽 방향으로 체계적으로 영토를 확장했고, 기원후 100년에 라인 강 서쪽(스코틀랜드, 아일랜드 제외)과 다뉴브 강 남쪽의 모든 유럽 지역과 이집트를 포함해 북아프리카 전 지역, 지금의 팔레스타인, 시리아, 터키, 그리스, 알바니아 등을 아우르는 거대한 국가를 형성했다. 지중해 지역 전체와 함께 그 외의 다른 지역들을 포함한 거대한 영토를 5세기 제국이 동서로 분리될 때까지 그대로 유지했다.

라틴어는 기원전 600년의 비문들에서 발견된다. 기원전 600년에 이미 이탈리아에는 다른 언어뿐 아니라 라틴어 문자 형태를 갖추고 있었다. 로마인들은 이웃 국가 에트루리아에서 문자 기록 방식을 받아들인 것으로

그림 7.1 기원후 100년 로마제국

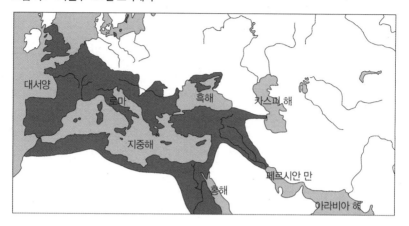

그림 7.1 기원후 100년 로마제국

보인다. 기원전 5세기까지 이탈리아 중부를 지배했던 에트루리아인들은 기록 방식으로 그리스어의 알파벳 체계를 받아들였다. 로마인들이 나중에 에트루리아 알파벳을 일부 수정해서 라틴 알파벳을 만들어냈다. 로마 시대를 거치면서 라틴문자는 여러 지역의 언어를 표기하는 방식에 사용되었고, 영어 알파벳도 라틴 알파벳과 별반 차이가 없다고 할 수 있다.

기원전 300년 이전의 라틴어 기록은 비문이 몇 개 남아 있을 뿐이다. 사실 당시의 로마인들은 주로 농부나 군인들이어서 글을 많이 쓰는 사람들이 아니었다. 하지만 기원전 3세기 이후 로마가 지중해 주변 그리스어를 사용하던 도시들과 무역을 수행하면서 경제의 중심지로 대두되자, 라틴어 또한 문학적인 언어로서 새롭게 자리매김하기 시작했다.

이런 점에서 처음에는 당연히 로마인들이 그리스의 문학 형식을 비슷하게 따랐지만, 곧 로마인만을 위한 문학 형식이 나타나기 시작했고, 기원전 1세기부터 기원후 1세기까지 전성기를 맞이하게 되었다. 마르쿠스 키케로(Marcus Cicero), 율리우스 카이사르(Julius Caesar)와 같은 산문 작가들과 베르길리우스, 퀸투스 호라티우스(Quintus Horatius) 등의 시인들이 등장하면서 지금도 많은 사람들이 읽는 유명한 문학작품들을 남겼으며, 2000년 전에 완성된 이들의 작품에 나타난 문학적 표현들과 장르들은 지금까지도 유럽 작가들에게 문학의 모델 역할을 수행한다.

그러나 로마의 기록과 문학의 근원은 그리스와 많은 차이가 있다. 첫째로 로마인들은 처음부터 하나의 언어로서 기록을 남겼지만, 그리스에는 많은 방언과 방언 기록이 있었다는 점이다. 로마의 경우 로마 지역을 중심으로 사용되던 라틴어로 기록이 이루어졌기 때문에 기록과 로마인들의 대화가 일치했다. 이는 로마가 반론의 여지없이 정치와 정보의 중심이었다는 점을 반영하며 나머지 지역은 단지 주변에 불과했다.

둘째로는 로마 작가들이 모두 로마제국의 중심지인 로마에 모여 살았고, 지위 또한 상류층이라는 점이다. 키케로와 카이사르는 로마제국의 지도자였으며, 역사학자인 가이우스 살루스티우스(Gaius Sallustius), 푸블리우스 타키투스(Publius Tacitus)는 군대 지휘관이자 행정가였고, 철학자 루키우스 세네카(Lucius Seneca)는 네로 게르마니쿠스(Nero Germanicus) 황제의 조언자이면서 스승이었다. 시인 베르길리우스, 호라티우스는 비록 권력자는 아니었지만, 아우구스투스 황제의 피보호자(protégé)였다고 할 수 있다. 이처럼 로마제국의 권력 중심에 가까웠던 사람들이 바로 로마 문학의 싹을 틔운 핵심 인물들이다.

그러나 상류계층 사람들은 읽고 말하는 데 능숙했기 때문에 사회적으로 특별한 자리를 어느 정도 차지할 수 있었다. 로마에서는 대중들 앞에서 설득력 있게 연설하는 능력을 매우 중요하게 생각했다. 사회적으로 유복한 집안에서는 아이들이 연설을 잘할 수 있도록 오랜 기간 교육을 시켰으며, 당시 로마 교육 내용을 보아도 수사학에 많은 시간이 할애되었음을 어렵지 않게 발견할 수 있다. 학생들은 언어능력을 향상시키기 위한 독서 교육을 받았고, 아울러 작문과 연설을 위해 체계적인 훈련을 받았다. 결과적으로 로마에서 출세하기 위해서는 라틴어 작문과 웅변에 아주 뛰어나야 했다.

로마제국은 라틴어를 정확하게 사용하기 위한 표준을 설정하는 데 큰 관심을 보였다. 또 모든 사람이 로마의 최고 연설가나 작가처럼 말하고 쓰려고 했다. 철자법, 발음법, 단어 형태, 단어 선정, 문체 수준 등 문법과 수사학의 거의 모든 법칙을 배웠다.

로마에서 국가의 권력은 라틴어와 밀접한 관계를 맺고 있었으며, 따라서 아주 엄격하게 언어의 형식이 정해졌다. 기록으로 남아 있는 모든 문헌들이 철저하게 표준화된 언어로 기록되어 있기 때문에 라틴어의 방언 및 다른 문체에 대해 알기가 어려운 실정이다. 일부 남아 있는 낙서나 일상 회화를 모방하기 위해 기록된 문헌 등을 중심으로 일부 변형된 모습들을 추측해보는 것이 전부이다. 물론 일반들이 모두 키케로, 카이사르처럼 언어를 사용한 것은 아니었겠지만, 로마제국이 지속되는 동안 다른 방언이 발생했다는 증거가 거의 없다. 대체로 라틴어는 우리가 아는 것처럼 변이가 거의 없다.

그렇다면 로마 바깥의 다른 지방에 살던 사람들의 언어는 어떠했을까? 앞서 말했듯이 라틴어는 초기에 로마 주변에 국한되어 사용되었다. 시대가 흐르면서 라틴어 사용 범위가 넓어졌고 주변 모든 지역에서 기록과 발화의 중심 언어로 발전했다. 이런 발전의 세세한 과정을 다 좇을 순 없지만 라틴어가 널리 퍼진 사실만은 분명하다. 기원전 수백 년 동안 이탈리아 지역에서는 라틴어 외에 여러 언어들이 사용되고 있었으며 기록 체계도 잘 갖추고 있었다. 일부 언어의 사용자들은 아마도 라틴어 화자들보다 많았을 것이다. 당시 사용되었던 에트루리아어, 오스칸어, 움브리아어로 쓰인 여러 기록들이 남아 있는 것을 보면 이 언어들의 위세를 어느 정도 가늠해볼 수 있다. 수세기에 걸쳐 이 언어들로 기록된 비명이나 문헌들이 수적으로 줄어들었고 기원후 100년에 이르러서는 이 언어들은 기록보다 발화에 주로 사용되었다. 결국 역사적으로 보면 고대 로마 시대를 거치면서 이 언어들이 사라져버렸고, 이후 라틴어로 대체되었다.

이와 유사한 상황이 서유럽의 많은 지역에서 발견된다. 고대 로마가 기원전 2세기에 프랑스, 스페인, 포르투갈, 시칠리아, 사르디니아를 정복할 당시만 해도 그곳 지역의 사람들은 자신들의 언어를 사용하고 있었다. 그러나 로마의 통치를 받는 동안 대다수는 고유 언어를 버리고 일찌감치 라틴어로 전환했다. 현재 해당 지역에서는 라틴어를 계승한 언어들이 모어로 쓰인다. 스페인 북쪽과 프랑스 남서쪽에 거주하는 바스크인, 브르타뉴의 브르타뉴인 등 두 세 민족들만이 자신들의 고유 언어 원형을 유지할 뿐이다. 다만 브르타뉴인의 경우, 본래부터 유럽의 골(Gaul) 지방에서 로마인들로부터 자신들의 언어를 지키려 했던 켈트인이라기보다 고대에 브리튼에서 유럽으로 이주한 켈트인들의 후손으로 보인다.

당시 그토록 많은 사람들이 대규모로 라틴어로 언어를 전환하는 일이 어떻게 일어날 수 있었을까? 여기서 한 가지 짚어야 할 점은 대다수의 민족들은 다른 언어를 쓰는 나라에 의해 장기간 점령당하고 정치적으로 지배를 받는다 하더라도 쉽게 자신들의 모어를 저버리지 않는다는 사실이다. 이미 많은 역사적인 기록들이 이런 경향을 증명한다. 한 예로 웨일스어는 현재에도 영국 웨일스 지방의 대표 언어로서 굳건히 위상을 유지하고 있다. 700년 이상 영어가 표준어로서 영국을 대표했음에도 이런 상황은 전혀 변하지 않았다. 역사적으로 이런 현상은 매우 흔한 일이다. 따라서 로마제국에서 대규모 언어 전환이 발생한 상황에 대해서는 반드시 적절한 설명이 있어야만 한다.

여러 가지 이유들 중 하나로 정치형태를 생각해볼 수 있다. 로마는 엄청난 정복을 감행했지만, 일단 자신들이 평정한 지역에 대해서는 효율적인 행정을 최우선으로 삼았다. 일단 점령하고 나면 중앙에서 지역을 다스리는 총독, 군인, 세금징수원, 판사, 조사관, 세관원 등을 파견했다. 무역 중심의 상업은 행정적 기득권을 가진 로마 상인들이 주도했다.

이런 상황에서 그 지역에서 출세를 꿈꾸거나 자신의 지위를 고수하려는 사람들은 누구든 당연히 라틴어를 사용할 수 있어야 했다. 라틴어를 구사하는 것이 거의 모든 사회적 성공에 반드시 필요했다. 게다가 로마는 해당 지역에 자신들의 군대를 주둔시키고 있었고, 당시 군인들의 공용어는 라틴어였다. 군인이 되려면 라틴어를 배워야했기 때문에 많은 젊은이들이 라틴어를 배웠다. 공식적인 교육으로서 학교 수업에는 라틴어만 사용되었다(그리스어는 고급 과정에 사용되었다).

지역민들이 자신들의 언어를 모어에서 라틴어로 바꾸는 데 몇 세대가 지나지 않았다. 비록 일부 지방에서 지역의 고유 언어가 상당 기간 지속되었지만, 결국 라틴어는 로마제국 전체로 퍼져 나갔다. 오랫동안 라틴어에 저항하던 집단에도 라틴어가 전파된 또 다른 이유는 라틴어가 새로운 종교인 기독교와 밀접하게 연관되어 있었기 때문이다.

로마에 기독교는 꽤 일찍 소개되었다. 기원후 64년 로마 화재 사건 때 새로운 종교인 기독교를 믿는 사람들이 방화를 주도했다고 누명을 썼고, 이를 구실로 네로 황제는 기독교인들을 고문하고 처형하는 일을 서슴지 않고 자행했다. 복음서와 다른 신앙서들이 기독교 전파 초기에 모두 그리스어에서 라틴어로 번역되었고, 그 이후 로마제국 서쪽 지역의 기독교인들은 교회 활동에 계속해서 라틴어를 사용했다. 이후 기독교의 세력은 계속 확대되어 4세기경에는 콘스탄티누스 황제가 기독교로 개종하고 국교로 인정하기에 이르렀다. 따라서 교회의 권위는 이전과 차원이 달라지게 되었고, 어떤 국가기관보다 더 큰 참여와 헌신을 요구했다.

기독교의 위세와 함께 유럽 남서쪽 지역 사람들도 라틴어를 사용하게 되었으며 알제리, 튀니지, 리비아 등지에서도 라틴어를 사용하게 되었다. 그렇지만 얼마 지나지 않아 아랍 세력이 새로이 이 지역을 정복했다. 이 지역이 아랍 지배와 이슬람 종교 권역에 들게 되자, 아랍어가 중심적인 역할을 대신하게 되었다. 이 지역을 중심으로 성행했던 라틴어는 결국 사라지게 되었다.

로마제국의 지배하에 있었다고 하더라도 모든 로마 영토에서 라틴어를 계속 사용한 것은 아니다. 로마가 분리되면서 동로마에서는 그리스어를 사용했다. 로마제국이 영국 영토를 점령한 것은 로마가 쇠하기 시작할 무렵인 제국 후반기였다. 영국이 지리적으로 로마에서 멀리 떨어져 있었기 때문에 로마인들이 이곳으로 이주하기를 꺼렸다. 로마의 이주민 수가 적고 점령한 기간도 길지 않아서 라틴어가 영국에서 터전을 잡을 시간이 부족했다. 이처럼 로마와의 밀접한 관계와 라틴어의 꾸준한 영향력이 부족했던 상황을 고려한다면 영국 영토에서 라틴어가 아닌 영어가 살아남게 된 것은 어쩌면 당연한 현상이 아닐까 싶다.

02. 언어의 전환과 언어의 소멸

기원후 5세기 서로마가 붕괴될 당시 유럽 남서 지방에서는 극소수의 다른 언어들이 남아 있기는 했으나, 대부분은 라틴어를 사용했다. 그러나 1000년 전 로마가 막 건국되던 시기에는 100개가 넘는 언어가 소수의 화자들에 의해서 다양하게 사용되고 있었다.

이집트와 중국처럼 국가와 언어가 매우 밀접한 관계를 맺는 경우도 있지만, 이집트와 중국은 언어와 국가가 그대로 유지된 반면, 라틴어는 로마제국과 함께 엄청난 확장 과정을 겪었다는 차이가 있다. 국가를 유지하는 데 필요한 모든 방법 및 수단을 동반한 중앙 권력은 다른 지역의 사람들에게 라틴어를 모어로 받아들이게 하는 중요한 요인이 되었다.

언어의 전환 과정은 역사에서 꽤 많이 반복되어 나타난 현상이다. 그러나 역사 속에서 정치적 지배 집단이 바뀐 경우는 많지만, 새로운 지배 집단이 매번 언어의 전환을 가져온 것은 아니다.

자신의 언어를 바꾸지 않으려고 하는 이유는, 우선 사람들은 언어를 단지 의사소통 수단으로만 여기는 것이 아니라, 자신과 남을 구별 짓는 아주 중요한 요소라고 여기기 때문이다. 부모로부터 배운 언어는 그 언어를 사용하는 사람들 간에 강한 유대관계를 만드는 핵심적인 매개체가 되며, 이 때문에 웬만해서는 자신의 모어를 다른 언어로 바꾸려 하지 않는다.

그러나 때로는 과감하게 앞으로 나아가기도 한다. 로마제국의 예가 바로 이에 해당한다고 할 수 있다. 나라의 국력과 경제력, 때로는 공식 종교가 사람들의 언어에 결정적인 역할을 수행하는 경우도 있다.

로마제국 시대 언어 전환의 장기적인 영향으로 많은 언어들이 소멸되었다. 전에도 언급했듯이 이것은 지난 수천 년 동안 세계 역사에서 대체적인 추세였다. 화자들이 사용하던 언어에서 다른 언어로 점차적으로 바뀜으로서 언어가 사라지는 일반적인 방식은 로마 시대에도 일어났을 것이다. 첫 단계로 가족들 중 두 개 언어를 모두 사용할 수 있는 이중 언어 사용자가 생기고, 다음 세대의 어린아이는 원래 언어 대신 새로운 언어를 첫 번째 언어로 습득하게 된다. 마침내는 모든 사람들이 자신의 원래 언어를 더 이상 배우지 않게 된다.

이런 현상은 바람직한가, 아닌가? 분명한 답은 없다. 다만 언어가 사라지는 것은 해당 언어로 인해 축적되었던 문화도 아울러 사라짐을 의미한다. 단어, 표현, 문법, 음성 등 언어의 제반 요소들이 어우러져 하나의 언어를 형성하는 데에는 오랜 세월이 걸린다. 이런 형성 과정은 수많은 사람들이 지속적으로 참여하면서 통합적인 모습을 창조하는 단계들의 통합이라고 할 수 있다. 따라서 언어 생성에 참여하는 사람들의 경험과 사고들이 언어에 녹아드는 것이다. 만일 이런 언어가 사라진다면 앞서 언급한 모든 것들도 함께 사라진다는 것을 의미한다.

또 한편 언어는 박물관의 전시품이 아니다. 이 말은 언어란 하나의 도구이며 사람들이 필요에 따라 새로운 도구를 택하고 이전 것을 버리듯이, 새로운 표현을 위한 도구로 새로운 언어로 전환하게 된다. 라틴어와 중국어는 언어 사용자에 의해 언어가 도구처럼 교체되었다는 측면에서 유사하다. 일반적으로 교육, 문화, 종교, 사회적으로 중요한 인사들과 교류 및 접촉하기, 업무, 금전과 같은 조건들은 언어를 선택하는 데 매우 중요한 요인이다. 시대를 막론하고 세력이 크고 넓은 언어를 사용하는 것이 작고 힘없는 언어를 사용하는 것보다 유리했다. 이런 이유로 사람들은 자신의 모어를 쉽게 포기하기도 한다.

언어의 전환과 언어의 소멸은 오늘날에도 흔히 일어난다. 이 점에 대해서는 다음 장에서 몇 가지 예를 들면서 다시 한 번 생각해보려고 한다. 그렇지만 라틴어의 이후 역사는 언어의 소멸에 반대되는 경우로서 새로운 언어의 탄생이 발생한 예이다. 이 주제는 9장에서 다룰 것이며, 이번 장에서는 유럽에서의 라틴어의 영향력에 대해 살펴보고자 한다.

03. 국제 언어로서의 라틴어

5세기경 서로마는 동고트족, 서고트족, 수에비족, 반달족, 부르군트족, 프랑크족과 같은 게르만족의 침공을 받았다. 이들은 로마제국의 각 지역에서 득세했다. 서로마는 여러 지역으로 분열되었고, 기원후 467년 서로마 최후의 통치자가 폐위되기에 이르렀다.

이와 같은 정치적인 혼란이 처음부터 언어적인 변화를 유발시킨 것은 아니다. 사람들은 당분간 라틴어를 그대로 사용했다. 특히 게르만족 출신들의 수가 많지 않았고, 상류층의 수도 적어서 피지배자들에게 정복자의 언어를 받아들이게 하기에는 역부족이었다. 반대로 게르만족의 언어가 흔적도 없이 사라지는 모습이 나타났다. 고트어는 문자 체계를 갖추고 있었으며 5세기경에 손으로 기록한 ─주로 성경을 번역한 것─ 이 아직도 남아 있다. 그러나 발화 언어로서의 고트어는 다른 게르만 침략자들의 언어와 마찬가지로 흔적도 없이 사라졌다. 유일하게 게르만 침략자가 자신의 언어를 유지할 수 있었던 지역은 영국이었다. 이에 대해서는 뒤에서 다룰 것이다. 유럽 대륙에서는 게르만족들이 지배력이 약화되지 않았음에도 자신들의 언어를 버리고 피지배자들의 언어인 라틴어를 선택했다.

이처럼 게르만족이 언어를 전환한 이유는 게르만족의 정복과 로마제국의 정복에 근본적인 차이가 있기 때문이다. 게르만족은 전쟁에 능숙한 전사들이었지만, 지역을 통치하는 행정, 세금 징수, 상인, 토목공학, 종교 등을 운영하는 데 충분한 능력을 갖추지 못했다. 법률과 경제적인 측면에서도 라틴어를 대신할 수 있는 기록 방식을 갖추지 못했다. 군사적인 정복에 성공했지만 사람들의 일상생활은 로마 방식을 어느 정도 유지했다.

이런 식으로 본다면 결과적으로 라틴어와 로마가 게르만족을 완파했다고 말할 수 있다. 그렇다고 해서 라틴어와 로마가 완전한 승리를 거둔 것은 아니다. 서로마가 게르만족에게 정복되면서 많은 변화가 생겼다. 제국이 여러 작은 왕국이나 그보다도 더 작은 공국, 심지어 영지 규모로 해체되었다. 광범위 통신과 무역이 감소했고, 도시와 마을이 쇠퇴하면서 인구가 감소했다. 따라서 많은 지역에서 읽고 쓸 수 있는 사람들의 수가 격감했다. 수도원이나 교회에 속한 학교들만 살아남았으며, 경제 규모도 자급자족에 지나지 않았고 여러 지역에서 유일하고 실제적으로 중요한 정치적 실체는 지역 영주와 영지에 불과했다. 7세기의 서유럽은 교회를 제외한다면 강력한 권력도 조직도 없는 빈 공간과도 같았다.

이런 상황은 언어에 결정적 영향을 미쳤다. 7세기에는 거의 남아 있는 기록이 없기 때문에 이에 대한 직접적 증거는 물론 없다. 그러나 이 시기에 어떤 일이 일어났는지 정보에 입각한 추측은 가능하다.

어쨌든 당시 문서는 모두 라틴어로 기록되었다. 비록 로마제국은 붕괴되었지만 오랫동안 과거 영토였던 광대한 지역에서 라틴어가 유일한 기록 수단으로 쓰였다. 6세기 내내 비교적 많은 기록이 이루어졌고, 당시 작가들도 글을 적는 방법을 로마 시대 방식으로 배웠다. 7~8세기에는 기록물이 거의 없었고 당시 언어들을 보아도 상당히 이상한 모습을 보인다. 작가들은 전통적인 방식으로 기록하려고 했지만, 교육이 부족해서 올바르게 기록하지 못했고, 심지어 이해할 수 없게 쓴 부분도 발견된다.

6~7세기 동안 발화에도 중대한 변화가 나타났다. 지역에 강한 영향을 미치던 로마의 중앙 권력이 사라지면서 군대가 없어졌으며, 이에 따라 학교도 문을 닫았고, 문화의 교류를 담당하던 상인들마저 로마와 각 지방을 연결하는 역할을 잃게 되었다. 각각의 작은 영지들은 홀로 남았고, 외부와의 접촉은 최소화되었다. 이렇게 해서 상황은 로마제국의 지배를 받기 이전으로 돌아가게 되었다.

이 상황이 라틴어에 미친 심각한 결과는 예상할 수 있는 것들이었다. 로마제국의 지배를 받던 각 지역에서 라틴어의 발화 형태가 빠르게 분화되기 시작했다. 각 지역에서 고유한 발화 습관을 형성했다. 로마제국 시기에는 라틴어에 거의 변형이 없었지만, 제국이 무너지자 몇 세기 만에 단일했던 제국의 언어가 여러 지역 및 지방 방언으로 분화되었다. 그러나 이런 변화를 억제할 수 있는 수단이 없었다.

이런 변화의 경향을 지금 우리가 알 수 있는 것은, 라틴어가 그 후 어떻게 되었는지를 알고 있고, 과거 제국의 영토였던 여러 지방에 라틴어에 대한 기록이 남아 있기 때문이다. 그러나 새로운 문자언어가 나타나는 데는 긴 시간이 걸렸다. 7~8세기경에도 무엇인가 기록을 남기려고 하는 사람은 할 수 있는 한 최선을 다해 라틴어로 기록했고, 이 기록을 남긴 자들은 예외 없이 성직자나 수도사였다.

하지만 800년 즈음 상황이 바뀌기 시작했다. 교회가 설립한 학교들이 개편·발전됨에 따라 더 많은 사람들이 라틴어를 읽고 쓰고 배울 수 있게 되었다. 12세기에는 라틴어가 유럽 지역에서 광범위하게 사용되기에 이르렀다. 이전에 로마제국에 속하지 않았던 독일, 폴란드, 덴마크 지역에서도 라틴어를 사용하기 시작했다. 당시 유럽의 많은 나라에는 문자언어가 전혀 없었기 때문에 라틴어가 지배적인 문자언어가 되었다. 분명히 이 시기에는 라틴어를 모어로 배우는 사람은 없었음에도, 교회 안의 학교에서 라틴어를 말하고 쓰는 것을 배운 사람들은 많은 상황에서 라틴어로 대화했다.

수세기 동안 라틴어는 유럽의 공통 문자언어였다. 다른 문자언어들과 경쟁이 심화되어도 라틴어는 오랫동안 자신의 위치를 지켜왔고, 라틴어의 입지는 아주 서서히 감소했다. 이런 현상에 대한 자세한 설명은 뒤에서 다룰 것이다.

교회 내에서 라틴어의 위치는 절대적이었으나 16세기 종교개혁이 발생하고 신교도들이 라틴어 대신 지역 언어로 예배하면서 라틴어의 위상이 흔들리게 되었다. 하지만 가톨릭교회는 라틴어 사용을 고수했고, 1960년대에 각국의 가톨릭교회에서 언어를 바꾸기 전까지 계속 사용되었다.

라틴어는 발화 및 문자언어로 아주 오랫동안 종교뿐 아니라 과학 및 고등교육에서 사용되었다. 라틴어 외의 다른 언어로 과학 문헌이나 학술적 문헌을 기록하는 것은 18세기 이후에야 가능한 일이었다. 그 이전 시대의 유명한 철학자들인 르네 데카르트(René Descartes, 프랑스), 아이작 뉴턴

(Isaac Newton, 영국), 고트프리트 라이프니츠(Gottfried Leibniz, 독일) 등은 라틴어로 자신의 저서를 남겼다.

라틴어가 모어로 더 이상 사용되지 않는다고 해도 문자언어와 학습 언어로서의 기능을 모두 잃은 것은 아니다. 수세기에 걸쳐 사람들은 각자 다른 언어를 사용하면서도 라틴어를 기록 매체로 사용했다. 하지만 시간이 흐르면서 라틴어에 대한 의존도가 조금씩 줄어들기 시작했다. 지금은 가톨릭교회와 의학, 생물학과 같은 과학 분야에서 국제적인 전문 용어로 사용되고 있다.

역사적으로 영국인을 포함해 교육받은 유럽인들은 자신의 모어와 라틴어를 동시에 사용할 수 있는 이중 언어 화자였다. 대다수 사람들은 모어로 말을 하면서도 학교에서는 라틴어로 읽고 쓰는 것을 배웠다. 사실 당시 대부분의 학교에서 이것은 골치 아픈 문제였다. 그러나 일단 라틴어를 배우면 누구든지 유럽 지역 어디서든 글과 말을 통해 의사소통할 수 있었다. 현재 세계 속에서 영어가 바로 라틴어의 모습과 비슷하다고 할 수 있다. 영어의 이런 기능은 나중에 다룰 것이다. 현재 영어는 6~7세기 전의 라틴어만큼 국제 언어로서 확립되지는 못했다.

라틴어가 유럽에서 큰 영향력을 갖게 된 데는 교회의 역할이 매우 컸다고 할 수 있다. 오랜 기간 기독교 신앙이 사회를 지탱하는 절대적인 기초였으며 교회의 위상도 매우 높았다. 서방 교회의 성립 초기부터 라틴어를 선택했고 계속 이어졌다. 거의 100년이나 교회가 공식 교육의 중심이었기 때문에 학습 언어로도 당연히 라틴어가 선택되었다.

사람들이 주로 말하는 언어와 일치하는 문자언어가 필요하지 않은 시대였기 때문에 어린이들은 모어를 배우고 난 한참 후에 학교에서 문자언어의 기틀이었던 라틴어를 말하고 읽고 쓰는 법을 배워야 했다. 발화 언어를 문자로 적는 것을 배우는 것이 아니라, 완전히 다른 언어를 문자언어로

택해 배울 수도 있었던 것이다. 이런 이유로 유럽에서는 중세까지 라틴어가 기록을 주도할 수 있었다. 현재 아프리카와 아시아 지역에 분포한 수억 명의 사람들도 과거 유럽의 라틴어 사용 상황과 유사한 경험을 하고 있다. 이러한 지역에서는 영어, 프랑스어, 포르투갈어 등이 라틴어와 유사한 상황에 있기 때문이다.

04. 라틴어의 영향

라틴어는 오랜 기간 광활한 지역에서 사용되었기 때문에 유럽에서 사용되는 주요 언어에도 상당한 영향을 주었다. 이 언어들을 서로 유사한 단어들을 포함하고 있음을 발견할 수 있다. 주로 라틴어 단어와 그리스어에서 차용한 라틴어 단어들도 다수 포함되어 있다. 영어에도 많은 라틴어 어휘를 찾을 수 있는데 이 라틴어 어휘들은 주로 프랑스어에 차용된 라틴어를 그대로 받아들인 것이다.

이 장 제일 앞에 제시했던 베르길리우스의 시를 다음과 같이 라틴어로 적을 수 있다.

Tu regere imperio populos, Romane, memento!

이 시행을 문자대로 영어로 해석하면 "You, Roman, remember to rule the peoples in empire!(너, 로마여, 제국의 민중들에 대한 통치를 기억하라!)"가 되는데 시행 안에 있는 각 단어들은 모두 영어의 한두 단어의 어근이다. 두 번째 단어 'regere'는 지배하다(govern)라는 뜻으로 regent(섭정), regiment(연대)와 같은 원형이다. 'regere'의 분사형인 'rectus(governed)'는 correct(정확한), direct(직접적)의 어간이다. 영어의 reign(통치)는 라틴어 단어 'regnare'와 연관성을 보인다. 시행의 세 번째 단어 'imperio'는 영어 단어 empire(제국)의 기원이면서, imperialism(제국주의), imperialist(제국주의자)와 같은 수많은 단어를 양산했다. 시행 중간에 있는 'populos (peoples)'는 프랑스어를 통해서 영어로 전파되었으며, 영어 단어 population(인구), populist(인기영합주의자) 등은 라틴어에서 직접 만들어진 단어들이다. 로마인을 가리키는 'romane'은 로마도시 명칭을 라틴어로 적은 것이다. 영어 단어 형태를 보면 romance(낭만), romania(루마니아)'와 같은 단어들이 로마의 라틴어 이름으로부터 직간접적인 영향을 받은 것을 알 수 있다. 시행 마지막에 있는 'memento(기억하라)'는 그대로 영어 단어가 되었는데 'reminder(상기시키는 것)'의 의미이다. 이 단어 어근으로 'memory(기억)', 'memorize(암기하다)', 'remember(기억하다)'와 같은 단어들이 형성되었다.

요컨대 위의 라틴어 시행의 각 단어들은 모두 일상적으로 사용하는 영어 단어와 연결된다. 이 단어들은 직접 차용되기도 하고 프랑스어를 통해, 아주 드물게는 현대 이탈리아어를 통해 간접적으로 차용되었다. 단 한 가지 예외는 시행 제일 앞에 있는 'tu'인데, 영어에 이 단어에 해당하는 단어가 전혀 없는 것은 아니다. 비록 현대 영어에서는 사용하고 있지 않지만, '당신'을 가리키는 'thou'가 존재한다. 그러나 이것은 같은 조상언어에서 물려받은 단어이다. 즉, 라틴어와 영어 형태는 모두 인도·유럽어족 조상언어로부터 유래된 후손 언어이다.

따라서 라틴어 단어가 영어에 미친 영향은 직접적이든 간접적이든 매우 크다고 보아야 한다. 라틴어 단어들 중에는 구체적인 사실이나 대상을 가리키는 것보다 추상적인 개념을 의미하는 경우가 더 많다. 라틴어와 그리스어는 현실을 묘사하고 이해하는 데 필수적인 단어와 개념적 틀을 수없이 제공해준다. 개념들이 없다면 세상은 혼돈 속에 머물렀을 것이다. 다

른 한편으로 개념은 그 자체로는 존재할 수 없지만 현실에 대한 이해를 제
공한다. 결국 이 두 언어가 제시하는 개념들이 자체적으로 논리적 일관성
을 갖고 있어서 우리들이 현실을 이해하는 데 좀 더 확실한 방향을 제공한
다고 보아야 할 것이다. 어쨌든 우리들은 라틴어와 그리스어에서 유래된
단어들이 주변에 전개되는 현실의 특성을 관찰하고 파악할 때 매우 중요
한 관찰 수단을 제공해준다는 것을 명심해야 한다.

아랍어
정복과 종교

01. 침략과 언어들

611년경 아라비아반도의 언어는 아랍어였으며, 이슬람교는 출현하기 전이었다. 711년에는 아랍어를 쓰는 이슬람교도들이 스페인의 대부분을 정복했고 동쪽으로 6000km 떨어진 신드 지역(현재 파키스탄)에서 전투를 하고 있었다. 그 중간에 위치한 지역들은 이미 이슬람교도들의 지배를 받고 있었다.

역사 기록에 이토록 급작스러운 변화는 많지 않으며 심지어 이처럼 대규모 언어 전환을 이끈 사건은 더 드물다. 아랍의 정복자들은 영토와 권력뿐만 아니라 종교를 전파한다는 사명을 추구한 매우 특이한 경우이다.

여러 언어들은 종교와 이러저러한 연관이 있다. 히브리어의 경우 애초부터 유대교의 언어였고 아직도 그러하다. 히브리어 기록들 중 일부는 기독교와 이슬람교에서 성스럽게 다루어진다. 산스크리트어는 힌두교의 핵

그림 8.1　750년경의 아랍 영토

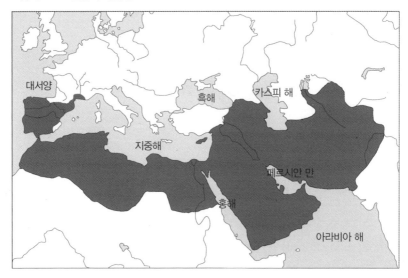

심 언어이며, 팔리어와 산스크리트어 모두 불교에서 중요한 언어이다. 그리스어와 라틴어는 모두 기독교에서 매우 중요한 위치를 차지하고 있으며, 이는 이미 이야기한 바 있다. 이 언어들은 해당 지역에서 모어로서 더 이상 사용되고 있지 않음에도, 종교적인 내용을 기록하고 발화하는 데 쓰이고 있다. 아랍어의 경우는 이들과 조금 다르다. 아랍은 아주 많은 인구를 대상으로 빠르게 이슬람교를 전파하는 데 성공했으며, 얼마 후 많은 사람들이 아랍어를 자신들의 모어로 받아들였다. 문자언어로서 아랍어는 7세기경 코란이 기록된 이후로 거의 변화를 겪지 않았다.

이슬람교의 창시자 무함마드(Muhammad)는 그의 믿음을 전파하려는 의욕이 컸던 정치적 지도자였다. 그가 죽을 당시에도 상당수의 추종자들이 있었고, 이들은 종교를 전파하는 데 필요한 군대의 지휘를 맡았다. 이 아랍 전사들은 국내외에서 전투를 치른 경험이 풍부했다.

그럼에도 사막에서 온 전사들이 엄청난 규모의 영토를 불과 몇십 년 만에 차지한 과정은 놀랄 만하다. 이에 대한 설명 중 하나는 이들이 곤경에 빠진 지역을 그대로 장악했기 때문이라는 것이다. 아라비아반도에서 인도까지 넓은 지역을 통치하던 페르시아제국은 북쪽과 서쪽으로 비잔틴제국과 국경을 맞대고 있었다. 7세기 초에 두 제국은 오랜 전쟁으로 이미 피폐한 지경에 이른 상황이었다. 페르시아제국이 비잔틴제국의 영토 중 많은 지역을 20년 동안 차지하고 있던 중, 비잔틴 황제가 반격을 가해 페르시아의 수도 크테시폰을 포위하는 상황에 이르렀다.

640년 아랍이 페르시아제국을 공격했을 때 제국은 이미 쇠락한 상태였고, 결정적인 패배 이후 국가를 지탱하기 어려운 지경이었다. 비잔틴제국도 상황이 그리 좋은 편은 아니었다. 페르시아와의 전쟁에서 승리를 쟁취하기는 했으나 경제는 이미 무너져버렸고, 국가의 행정도 기능을 상실한 상태였다. 거대한 두 제국이 서로를 공격하느라 모든 자원을 소진해버린 것은 정치, 군사 어떤 관점에서 보더라도 아랍에 기회가 아닐 수 없었다.

동쪽의 페르시아제국이 완전히 몰락하자, 아랍은 페르시아의 영토를 모두 차지했다. 비잔틴제국은 일단 살아남기는 했지만 이미 위세가 상당이 기울어서, 현재의 터키와 남유럽으로 영토가 축소되었다. 아랍은 이미 시리아, 팔레스타인, 이집트를 합병한 상태였고 아프리카 북쪽 해안을 따라 서쪽으로 진군하면서 지중해부터 대서양까지 전 영토를 차지했고, 해협을 건너 스페인 땅도 대부분 점령했다. 또한 서로마제국이 지배했던 영토의 많은 부분들을 자신들의 지배하에 두었다.

수세기 동안 광대한 규모의 지역이 '칼리프(caliph)'라는 절대적 지도자의 지휘 아래 정치적으로 통일되어 있었다. 그러나 모든 지역과 영역을 통치하는 중앙행정기구가 존재하지 않았고, 사실상 여러 지역들은 각자 독립적인 지위를 갖고 있었다. 지역 간에 갈등이 나타나면서 일부 지역들은 별도의 국가를 형성했다. 결국 아랍의 정복은 영속하는 제국으로 이어지지 못했다.

한편 아랍은 정복을 바탕으로 자신들의 종교인 이슬람교를 널리 전파했고 이를 계기로 이슬람교는 현재까지 세계의 핵심 종교로서 많은 신자를 확보하고 있다. 심지어 이후에도 이들의 종교 전파가 아주 다양한 방향으로 진행되었다. 동아시아에서는 현재의 방글라데시, 인도네시아가 이슬람교를 믿는 대표적인 국가들이며 아프리카 대륙 사하라사막 남쪽에서도 이슬람교는 중요한 종교이다. 이와 같은 종교 확장은 군사적인 정복보다 의미 있고 존속성이 높은 일이었다.

그렇지만 아랍어의 확장은 종교의 전파만큼 효율적이지 않았다. 이미 앞 장에서 언급했듯이 정치적 전환은 언어의 전환보다 더 빠르게 일어나는 편이고, 극적인 정복이 항상 언어적인 상황을 바꾸는 것은 아니다. 종교의 경전은 특정한 언어와 결부된 것이 분명하지만 특정 언어가 반드시 종교와 함께 확장되는 것은 아니다.

기원후 6세기까지 아랍어는 아라비아반도에 거주한 유목민과 거주민들의 언어였으며 히브리어, 페니키아어와 함께 셈어파에 속한 언어였다. 이 언어들은 지금까지도 페니키아어에서 사용되던 알파벳을 사용한다. 페니키아어는 바로 그리스어 알파벳 체계의 토대였기 때문에, 아랍어와 그리스어 글자 체계는 원리적으로 볼 때 동일한 것으로 볼 수도 있다. 그러나 아랍어는 오른쪽에서 왼쪽으로 글자를 적고 글자 모양이 단어에서 사용되는 위치에 따라 약간씩 다르다. 이슬람교 이전의 아랍어 글자 체계는 그렇게 널리 사용되지 않았지만, 유목민인 베두인족이 지은 아름다운 시들이 초기 아랍 문자로 기록된 문서들 중 하나로 남아 있다. 무함마드는 자신의 사상을 받아 적게 해, 코란이라는 경전을 만들었다. 이처럼 아름다운 시와 경전의 기록들은 고전 아랍어 기록의 표준이 되었다. 정치와 문화의 폭발적인 발전으로 인해 이 기록 방식은 새롭게 등장한 제국의 종교,

행정, 문화의 중심 언어로 대두되기에 이르렀다.

발화 수단으로서의 아랍어도 아랍권 내에서 입지를 마련했다. 역사적으로 얼마나 많은 아랍인이 군인 또는 거주자로서 새로운 국가로 이주했는지는 정확하게 알 수 없지만, 분명한 사실은 대부분의 지역에서 처음부터 아랍인들이 소수 집단을 이룰 정도였다는 것이다. 그리고 이주민들이 대부분 새로운 지역에 정착했고, 아랍으로 되돌아오는 일은 거의 없었다. 당시 아라비아반도는 인구 과잉 때문에 시달렸던 것 같다. 정복이 이뤄지기 오래 전부터 아랍인들은 시리아, 이라크 지역으로 이주하는 경우가 있었다. 이후 아랍인들은 정복한 지역을 중심으로 확고한 터전을 구축하기 시작했다. 아랍인들은 우선 군사 주둔 지역으로 이주했고 머지않아 주둔 지역의 정착민들이 새로운 마을을 이루었다. 이 마을에서는 주로 아랍어를 사용했으며, 언어가 전파되는 데 핵심적인 거점 역할을 수행했다. 오래 전에 잘 확립된 도시들은 지도자들에게 맡겨졌으며, 이 지역을 통치하는 데 아랍어와 이슬람교가 도입되었다. 이런 과정을 통해 일부 도시는 비교적 짧은 기간에 아랍어를 주로 사용하게 되었다.

그러나 페르시아제국에 속했던 지역과 비잔틴제국에 속했던 지역 사이에는 눈에 띄는 차이점이 있다. 아랍어는 오늘날의 이란과 페르시아 제국 지역에 파고들어 가는 데 거의 성공하지 못했다. 페르시아어는 확고히 자리 잡은 역동적인 문화의 언어였고 도시와 지방에서 전반적으로 사용되었다. 아랍어는 몇몇 지역에 침투하여 지배적인 언어가 되었고, 고대 페르시아 문자언어는 더 이상 사용되지 않게 되었다. 그러나 대다수의 사람들은 페르시아 발화 언어를 사용했고 10세기에 페르시아어는 진정한 부활기를 맞이했다. 이제는 페르시아 발화 언어가 아랍어 문자로 기록되고 다른 방향으로도 영향을 받았다. 그러나 페르시아어가 문자언어와 발화 언어로서 위상을 다시 찾게 되면서 아랍어는 더 이상 동쪽 지역에서 주요 언어로서의 기능을 수행하지 못하게 되었다.

지금의 이라크에 해당하는 메소포타미아의 상황은 아주 달랐다. 페르시아어는 통치, 행정의 중심 언어였지만 빠르게 사라졌다. 수많은 아랍인들이 이 지역에 이주하면서 도시에서 우위를 점했고 오래 지나지 않아 아랍어가 여러 도시와 지역을 대표하는 언어가 되었다. 그런 와중에 지방 사람들의 언어도 아람어에서 아랍어로 전환되었다. 그러나 북부 지역에 거주하는 쿠르드족은 종교는 이슬람교를 선택했지만, 언어는 아랍어가 아닌 자신들의 고유 언어를 그대로 사용했고 현재까지 이어지고 있다.

동로마제국의 영토 중 시리아, 팔레스타인, 이집트 지역은 기원전 4세기 알렉산더 대왕이 이 지역을 침공한 이래로 거의 1000년 동안 그리스어가 지배층과 관료들의 언어였다. 그뿐만 아니라 도시에 살았던 상당한 비율의 인구도 그리스어를 사용했을 것이다. 그러나 대부분의 사람들, 특히 지방에서는 사정이 달랐다. 시리아와 팔레스타인에서는 시리아어와 아람어를 썼으며, 이집트에서는 이집트어(이후 콥트어라고 함)를 사용했다.

이 지역에서도 아랍인들이 아랍어를 공용어로 도입했다. 그리스어는 축출되고 200년이 채 지나지 않아서 완전히 사라진 것으로 보인다. 그리스어가 더 이상 정치적인 지원을 받지 못하자 사용자들이 그리스어를 버린 것이다. 이 나라들에서 소수지만 종교적인 이유로 특정 언어가 사용되는 일이 있었는데 대부분 그리스도교에서였다. 시리아 교회에서는 시리아어를 사용했고, 이집트에서는 콥트어를 사용했다. 비잔틴제국의 지배에서 벗어나자 그리스어는 지역에서 완전히 사라져버렸다.

초기에는 아랍어가 그리스어와 비슷한 역할을 했으나 이전부터 이 지역에 이주한 아랍어 사용자들의 수가 아주 많았다. 아랍어는 곧 도시 바깥에서도 사용되었으나 아랍어가 절대적인 위치를 갖기까지는 꽤 많은 시간이 필요했다. 아랍인들의 지배가 400년 정도 진행되고 난 후, 11세기경 콥트어를 쓰는 기독교인들이 서서히 아랍어로 문서를 기록하기 시작했다. 대부분의 사람들이 아랍어로 언어를 전환했기 때문일 것이다. 콥트어도 꽤 오랜 기간 사용된 언어이지만, 지금까지 수백 년이 넘도록 모어로 사용되지 않았다. 단지 교회에서 예배를 보거나 기록을 남길 때 사용되는 언어로 남아 있을 뿐이다. 결과적으로 콥트어는 종교의 개종과 상관없이 언어 역할의 변화가 발생한 경우이다.

아프리카 북쪽 해안에 위치한 도시들에서는 아랍어가 라틴어, 그리스어를 대신하게 되었다. 처음에는 인구밀도가 높은 지역을 중심으로 아랍어가 퍼졌고 아주 천천히, 사람들 사이에 일반화되었다. 이처럼 아랍어의 전파가 지역에 따라 차이를 보이는 것은 사람들의 이주 속도와 관련이 있다. 아랍인들의 첫 이주는 아주 미미했지만 11세기에 이르러 두 번째 이주 물결은 매우 획기적인 규모였다. 이런 이주에 의해서 지방 소도시와 비옥한 농경 지역도 아랍어를 받아들이게 되었다.

북아프리카에서 아주 오래전부터 사용된 언어가 있었다. 바로 베르베르어이다. 북아프리카 인구의 대다수는 베르베르어를 유지했는데, 태곳적부터 페니키아어, 그리스어, 라틴어, 아랍어가 유입되기 훨씬 전부터 사람들 사이에서 이 언어가 사용되고 있었다. 베르베르족 사람들은 주로 내륙에 거주했으며 대다수가 유목민이었다. 아랍인들이 이 지역을 침공했을 때 많은 베르베르인들이 아랍인과 동맹을 맺었으며, 이후 아랍의 확장으로 인해 새롭게 건립되는 국가들 내에서 중요한 역할을 수행했다. 이들은 이슬람교는 받아들였으나 아랍어를 모어로 받아들이지는 않았다. 베르베르족 사이에 아랍어가 천천히 자리를 잡기는 했지만, 여전히 베르베르어를 사용하는 사람들이 적지 않았다. 현재에도 모로코, 알제리의 여러 소수집단을 중심으로 베르베르어가 사용되고 있다.

7세기 아랍의 격변의 시대가 언어에 남긴 궁극적 결과는 다음과 같다.

이라크와 지중해 연안의 국가들, 현재의 시리아에서 레바논, 모로코가 아랍어를 사용하는 나라가 되었다. 아랍어가 지방에까지 확산되는 데는 오랜 시간이 걸렸고 최소 400~500년 정도가 지났음에도 몇몇 지방에서는 아직도 일부 종족이 자신들의 원래 모어를 그대로 사용하고 있다.

이런 현상을 보면서 몇 가지 의문이 들지 않을 수 없다. 어떤 이유로 아랍어가 이라크를 제외하고 과거 페르시아가 지배했던 지역이 아닌 로마가 지배했던 지역에서 더 강세를 보이는가? 이것에 대한 답으로 페르시아에서는 페르시아어를 모든 지역에 걸쳐서 많은 인구가 모어로 사용했다는 사실을 생각해볼 수 있다. 아랍어가 페르시아 영토에 속했던 일부 도시에서 중요한 언어로서 역할을 담당하고는 있었지만, 인구수로는 페르시아어를 대체하기에 역부족이었다. 로마제국이 통치했던 서쪽 지역에서는 도시에 거주하는 소수의 지배층은 지방에 사는 사람들이 사용하지 않는 언어를 사용했다. 200년 전까지 도시의 인구와 지방의 인구 비율이 대략 1대 10 정도로 지방의 인구가 많았다는 것을 고려하면 지방보다 도시의 언어 전환 속도가 빨랐을 뿐만 아니라 횟수도 훨씬 많았다. 따라서 이 지역을 지배했던 그리스어와 라틴어의 흔적은 거의 사라졌다. 그러나 아랍어의 경우 이주민과 언어가 함께 이동했기 때문에 도시든 지방이든 상관없이 아랍어가 영향을 미칠 수 있었다. 아랍 이주민의 수가 그리스, 로마인들의 이주민 수보다 압도적으로 많았기 때문에 아랍어가 대부분의 지역에서 우세한 위치를 점한 것은 당연한 현상이다.

종교의 경우를 보아도 아랍이 정복한 지역에서 이슬람교로 개종하는 일이 활발했기 때문에 아랍어의 전파에 중요한 요인이 된 것은 틀림없지만, 종교의 선택이 곧 언어의 전환은 아니라는 것을 명심할 필요가 있다. 비록 이슬람교를 종교로 선택했어도 언어만은 모어를 그대로 사용하는 사람들이 적지 않았다. 콥트인들은 종교를 지키고 대신 그들의 언어를 포

기했으며 페르시아인, 쿠르드인, 베르베르인 등은 이슬람교도가 된 후에
도 자신의 언어를 유지했다. 변화의 두 형태는 매우 다르다. 개인은 심사
숙고 끝에 선택하던 어떤 입회 절차를 통해서든 어느 정도 즉각적으로 새
로운 종교를 받아들일 수 있다. 하지만 언어를 전환하는 것은 혼자서 완성
할 수 없다. 자신의 첫 번째 언어를 잊는 것은 불가능하기 때문이다. 아이
들이 부모들의 첫 번째 언어와는 다른 언어를 배우게 될 때가 결정적인 순
간이다. 이는 이중 언어 사용자 집단에서 일어나는 일이다.

이런 이유로 언어의 전환은 일반적으로 여러 언어의 모어 화자들 간에
긴밀한 접촉이 있을수록 쉽게 일어난다. 이런 경우는 지방보다 도시에서
훨씬 빈번해서, 도시에서 전환을 주도하는 것이 당연하다. 인구밀도가 높
은 나일 강 유역의 콥트어 사용자는 아랍어를 받아들인 반면 인구수가 매
우 적은 사하라사막 주변의 베르베르어 사용자는 그렇게 하지 않았다는
것은 그다지 놀랄 일이 아니다.

02. 고급문화의 언어로서 아랍어

아랍 문화권의 확장이 성공적으로 이뤄진 후 몇 세기 동안 아랍 문학의
발전은 놀라울 정도였다. 이슬람교와 코란이 아랍 문화권 내에서 중요한
자리를 차지한 것은 사실이지만 일반적인 교육은 물론 지식의 팽창도 그
에 못지않게 중요한 부분이었다. 아랍어는 과거 발화 위주의 언어였으나
얼마 지나지 않아 종교는 물론 당시 아랍 문화권 내에서 모든 기록을 주도
하는 핵심 언어가 되었다. 행정, 사업, 군사 등에서뿐만 아니라 문학작품,
철학, 과학 분야에서도 사용되었다. 다른 언어로 기록된 문헌에 아랍어 해
석을 다는, 예전부터 사용되던 방식이 더욱 광범위하게 적용되었다.

이라크의 바그다드와 스페인의 코르도바 등이 모든 정보의 중요 거점

도시였으며, 이곳을 중심으로 여러 지역의 문화가 흡수되고 변형되었다. 비잔틴에서는 동시대의 기술과 과학 지식을 제공했고, 이와 더불어 고대 그리스의 문학과 철학도 전해주었다. 동쪽 지역에는 뛰어난 페르시아 작가들이 있었고, 학식이 높은 유대인들도 이슬람 세계에 한 몫을 했다. 동쪽으로 더 진출하면서 아랍 문화는 인도 문명과 접촉하기에 이르렀고, 스페인과의 교류를 통해 가톨릭교회와 함께 라틴어로 쓰인 글들을 접했다. 이 시기가 바로 아랍 문화의 전성기였다. 이때 유럽에서는 초기 중세를 맞이했다.

이처럼 역동적인 환경에서 수많은 유명 아랍 작가들이 아랍어를 문자언어로써 일구어냈다. 글의 표본이 된 것은 바로 코란과 오래전에 쓰인 시들이었으며 일찍이 문법, 규칙, 교정에 대한 논의가 진행되고 있었다. 당시 작가들은 글을 쓸 때 당연히 코란의 양식과 무함마드 시대 베두인족의 언어형식을 따라야 했다. 아랍어 글자의 표준은 라틴어와 마찬가지로 확고하고 거의 변화를 허용하지 않았다. 게다가 아랍어에는 코란이라는 교범이 되어주는 경전이 있었다. 아랍의 초등교육은 코란을 읽는 것을 통해 표준화된 형식의 언어와 종교 교육을 시켰다. 이런 교육은 '마드라사(madrasa)'라는 이슬람교 고등교육에도 이어졌다.

발화 언어는 변하기 마련이다. 하지만 거대한 제국이 존재하는 동안은 지역 간 접촉이 빈번하고 이에 따라 방언의 차이가 벌어지는 것이 지연된다. 예상할 수 있겠지만 이는 정치적 상황에 의해 변화했다.

03. 쇠퇴, 분열 그리고 방언들

이슬람교 국가들은 12세기 이래로 줄곧 정치적으로 심각한 문제에 직면했다. 바그다드를 중심으로 아랍 문화권 전체를 관장하던 칼리프의 중앙 권력이 사실상 무너지자 이슬람 문화권에서는 이슬람교를 국교로 하는 독립국이 생기기 시작했다. 게다가 외국 침략자도 있었다. 유럽 기독교인들이 십자군과 함께 도착해서 지중해 유역의 동쪽 지역을 차지하고 한 세기 이상 유지했다. 동쪽에서 온 터키인들(이슬람교도가 된 사람들)도 중동의 넓은 지역을 차지했다. 몽골 제국은 13세기에 북동쪽에서 침입했다. 그러나 터키는 몽골을 물리쳤고 13세기 말에는 오스만 제국이 건국되었다. 터키어를 사용하는 이슬람 국가인 오스만 제국은 아랍 문화권의 많은 국가를 다스렸고, 동쪽에 일부 남아 있던 비잔틴제국을 완전히 멸망시켰다. 오스만제국은 제1차 세계대전의 후유증으로 멸망할 때까지 아주 장기간 이 지역을 지배했다.

대다수의 아랍어 화자들은 오랜 기간 터키가 지배하는 국가에 살았다. 터키의 통치로 아랍어는 과거의 특권을 잃었고 모로코 같은 일부 독립 국가들은 아랍의 다른 지역과 활발히 교류하지 못했다. 또한 17세기에 이르러 오스만제국이 정치적·경제적으로 쇠퇴하자 오스만제국 통치하에 있던 국가들은 중앙의 도움 없이 스스로를 지켜야 했다.

19세기부터 확장하고 있던 유럽 세력은 지중해 서쪽과 동쪽의 국가에서 자국의 이익을 추구했다. 이에 모로코, 튀니지는 프랑스 보호국으로, 알제리는 완전한 식민지로 프랑스의 지배를 받게 되었다. 이집트에 있는 수에즈운하는 영국의 중요한 전략적 요충지였고 이후 영국이 이집트를 수십 년간 통치하게 된 원인이 되었다. 제1차 세계대전 이후 이라크와 현재의 요르단은 영국의 통치하에, 시리아와 레바논은 프랑스의 통치하에 놓였다.

지난 몇 세기 동안 아랍어 화자들은 대부분 타지의 지배자에 의해 지배당하는 여러 분리된 국가와 지역에 살고 있었다. 이 지역들에서는 터키어, 프랑스어, 영어가 오랜 기간 아랍어를 제치고 행정과 교육의 핵심 언어로서의 지위를 누렸다.

04. 하나의 언어인가 다수의 언어인가

아랍 지역의 국가들은 20세기 중반에서야 정치적인 안정과 경제적인 개선이 이루어졌다. 프랑스 지배하에 있던 북아프리카 지역의 모로코, 튀니지, 알제리, 리비아(한때 이탈리아의 식민지) 등이 다른 유럽 국가의 지배를 받던 이집트, 시리아와 마찬가지로 독립국으로서의 위상을 갖게 되었다. 아라비아반도 근처의 여러 국가들도 경제적으로 극히 부유하게 되었으며, 따라서 대부분의 아랍 국가들이 독자적으로 학교와 언어 사용을 관장할 수 있게 되었다.

아랍 국가마다 정치적인 상황, 일반적인 교육 수준 및 경제적인 자원이 매우 다르지만, 모두 언어정책만큼은 모든 아랍 국가들이 아랍어를 고수한다. 프랑스가 지배할 당시만 하더라도 프랑스어가 교육, 행정의 많은 영역을 차지했지만 새롭게 독립한 정부들은 정도의 차이는 있지만 아랍어를 부흥시키려 노력했다. 오늘날 이 국가들은 아랍어로 교육을 실시한다. 일부 상류층 아이들은 과거에 그랬듯이 영어, 프랑스어 학교에서 교육을 받는다. 하지만 국가 전체에서는 아랍어가 행정과 교육의 중심이며 신문, 라디오, 텔레비전 등 모든 대중매체에서도 아랍어를 사용한다. 거의 모든 아랍 국가들은 아랍어가 중심이 되어야 한다는 것에 동의한다.

그러나 문제는 아랍어 중 어떤 것을 기본으로 하느냐이다. 문자언어로서의 아랍어는 많은 문제점을 보이고 있다. 물론 경전에 사용된 고전 아랍어는 21세기의 사용법에 맞게 수정 및 확장되어야 한다. 지난 약 100년 동안 현대적인 사물과 개념을 표현하는 수많은 새로운 단어들을 도입하는 것이 긴요해졌다. 이런 과정에서 수용된 단어들의 형태가 지역에 따라 달랐다. 비록 각 국가에 언어를 일관되게 유지시킬 수 있는 기관과 학술원이 있지만, 아랍 국가 전체를 아우르는 최고 기관이 존재하지 않기 때문에 아랍어의 현대 어휘는 나라마다 상당한 차이를 보인다.

더욱 큰 문제점은 바로 발화에 사용하는 현대 아랍어와 7세기 아랍어의 문법에 매우 심각한 차이가 있다는 사실이다. 아랍어 문자언어에서는 명사를 사용할 때, 격어미가 사용되지만 현대 아랍어 발화 언어에서는 전혀 사용되지 않는다. 아이들은 읽기를 배울 때 자신들이 말을 하면서 배운 아랍어와 아주 다른 아랍어를 읽도록 훈련받는다. 이런 문제는 문법, 어휘 모든 측면에서 발생할 수 있다. 읽기와 쓰기를 배우는 것이 마치 다른 언어를 배우는 것 같다는 점이, 많은 어린 학생이 글쓰기를 제대로 배우지 못하는 이유이며, 이는 교육상 큰 문제가 된다.

국가 정책적으로 쓰기를 간편하게 하자는 논의는 있었으나 지금까지 실제로 실행된 적은 없다. 이것이 놀랄 일도 아닌 것은 변화를 도입하는 것은 결국 코란과 같은 옛 문헌을 읽는 것이 어려워진다는 뜻이고, 많은 종교 지도자들이 이런 정책을 극력 반대하고 있기 때문이다. 그리고 모든 아랍 국가를 이끌 정치적, 문화적 또는 종교적 리더십이 존재하지 않기 때문에 아무도 전 세계적인 개혁을 이끌 수 없다.

아랍어 발화 형태와 문자언어는 차이가 너무 크고 발화 형태는 지역적인 특성이 너무 강하다. 따라서 국가마다 발화 방식이 따로 있다고 해도 과언이 아니다. 국가 간 거리에 따라서 서로 유사성의 정도가 다르다. 만일 두 국가의 거리가 지리적으로 많이 떨어져 있으면 언어의 형태에도 상당한 차이가 발생한다.

아랍인들은 각자의 방언을 일상적으로 사용하면서도 더욱 권위 있는 형태의 언어도 유창하게 말할 수 있다. 아이들은 학교에서 문자언어 아랍어로 말하는 법을 배우는데, 이때 배우는 아랍어는 공용어이자 전체 지역에서 통일된 발화 형태이다. 코란을 인용해서 이야기할 때는 반드시 기록 중심의 아랍어로 말해야 한다. 이런 점에서 지역마다 아랍어가 달라도 아랍 지역 사람들 간에 서로 의사소통이 가능하다는 장점이 있지만, 기록 아랍어는 배우기가 어려울 뿐 아니라 충분히 교육받지 못한 사람은 이 장점을 누릴 수 없다.

그렇다면 방언 아랍어와 공식적인 발화 아랍어를 사용하는 경우가 어떻게 다른지 알아볼 필요가 있다. 일반인보다 공적인 자리에서 발언할 경우가 많은 이들에게 선택하기 쉽지 않은 문제다. 지역 방언이 상대적으로 친밀감, 친숙함을 잘 나타낼 수 있는 대신 공식적인 발화 아랍어는 권위를 상징할 수 있다. 청중의 수가 많아질수록 선택은 더욱 어려워진다. 영화, 라디오, 텔레비전과 같은 매체는 아랍어를 사용하는 여러 국가의 사람들에게 전달되어야 하는데 화자가 특정 방언을 사용하게 되면 많은 시청자들이 잘 알아듣지 못할 뿐만 아니라 말하는 사람을 무식하다고 생각할지도 모른다. 화자는 여러 측면을 고려해서 어떤 언어로 말할지 선택해야 한다. 따라서 말을 이어갈 때 방언과 공식적인 발화 아랍어 둘 다를 참조하면서 적절한 어휘와 표현을 선택하지 않으면 안 된다.

아랍어 사용 국가에서는 공통된 아주 낡은 문자언어가 공통의 공식적인 발화 아랍어의 모델이 된다. 동시에 모든 사람들은 대개 자신의 지역 방언으로 말하는데, 이와 같은 지역 방언들은 아랍어 문자언어와도 많은 차이를 보일 뿐 아니라 지역 방언 간에도 차이가 크고, 공식적인 발화 아랍어와도 매우 다르다. 아랍어의 이런 상황은 12세기 남부 유럽의 언어 환경과 다소 흡사하다. 당시 유럽에서 발화에 사용된 지역 방언은 문자언어인 라틴어와 많은 차이를 보였다. 발화 중심의 라틴어가 있기는 했지만 주로 교회와 수도원에서 사용되는 언어였으며 대중의 말과 달랐다. 따라서 일부 성직자들은 원칙적으로는 교회에서 배운 언어를 사용해야 하지만 일반인들과 대화할 때 어휘, 숙어 등을 일상 언어에서 차용하기도 했다. 다음 장에서 언급하겠지만, 프랑스어, 이탈리아어는 당시 발화 중심의 라틴어에서 발전된 것들이다. 시대가 흘러 이 언어들은 라틴어를 대신하게 되었다.

예를 들어 아랍 세계에도 비슷한 결과를 예측해볼 수 있다. 이집트인이나 모로코인의 발화 언어에 기초한 새로운 문자언어가 나타날 것인가?

미래는 누구도 예측할 수 없다. 그렇지만 위에서 제시한 유럽과 아랍의 공통점과 차이점을 생각해볼 수는 있을 것이다. 라틴어가 가톨릭교회와 밀접하게 연관되어 있다면, 아랍어는 코란의 언어로서 이슬람교와 긴밀하게 연계되어 있다. 유럽에서 교회가 교육의 중심이었다면, 이슬람권에서도 종교는 특히 초등교육의 기반이었다. 종교와 교육면에서 중요한 유사점이 있다. 유럽 전역에서 교회가 권위를 잃기 시작하면서 라틴어의 중요성도 그 빛을 잃기 시작했다.

유럽과 아랍은 이런 비슷한 상황에도 불구하고 정치적으로는 꽤 다른 모습을 보여주었다. 중세 절정기에는 유럽에 산재해 있던 독립국들이 빠르게 영향력을 넓히고 있었다. 정치와 문화 모든 면에서 다른 국가들과 패권을 다투면서 각자가 자주적인 행위자라는 지위를 나타내기 위해 각자의 문자언어를 사용했다. 최근 성립된 아랍 국가 대부분은 현재 많은 문제점을 안고 있는 실정이다. 이 아랍 국가들의 최대 관심사는 아랍 국가 간에 패권을 다투는 것보다 유럽, 미국과 같은 서방의 영향력에서 벗어나는 것이다. 아랍 국가의 국민들은 '범아랍주의'라는 견해에 더 큰 관심을 보인다. 이런 상황에서 아랍 지도자 중 그 누구도 자국만을 위한 기록 방식을 제창해야 한다는 생각을 바람직하게 여기지 않을 것이다.

물론 정치가보다 작가 또는 교육자가 기록 방식을 만드는 것이 당연하다. 정치적인 결정은 이런 사람들의 제안이 있고 난 뒤 생각해보아야 할 것이다. 어떤 새로운 집단이 필요성을 느낄 때에야 새로운 기록 방식이 생겨난다. 이제 유럽 지역에서 왜 새로운 기록 방식이 필요했는지에 대해 논의하려고 한다. 최소한 지금까지 아랍 국가에서 중요한 작가들은 주로 고전 아랍어로 쓰고 있고, 문학 작품에 새로운 기록 방식의 필요성에 대한 대중적 요구도 없다. 발화에 가까운 기록 방식이 꼭 필요하다고 주장하는 교육자가 거의 없다.

따라서 새로운 기록 방식이 나타난다고 해서 반드시 공식적으로 인정되는 것은 결코 아니다. 그래도 언어적인 상황은 확실히 변화할 것이다. 현재 고전 아랍어 기록 방식은 문해력이 높아지고 사회가 변화함에 따라 이전보다 훨씬 많이 실제 언어 생활에 응용되고 있다. 기록의 표준 형태는 영향을 받지 않고 남아 있을 수 없다. 새로운 화자와 새로운 종류의 발화자들에 맞추어야 할 것이다. 벌써 새로운 문제가 생겼다는 증거가 있다. 전자메일, 인터넷 블로그 등에서 문자언어 형식이 개발되고 있다. 이런 요소들이 언어에 어떤 변화를 초래할지에 대해서는 누구라도 쉽게 추측할 수 있다.

대중적이고 공식적인 발화 언어에는 특별한 관심을 가질 필요가 있다. 현대 대중매체인 텔레비전은 시청자들이 다른 국가의 아랍어 화자가 말하는 내용을 보고 듣는 것을 가능하게 한다. 아마도 이처럼 국경을 넘어 전달되는 초국가적인 발화 형태는 고전 아랍어와는 다른 모습일 것이고, 현대에 쓰이는 어휘, 표현 등을 허용하게 될 것이다. 특히 아랍 지역에서 선도적인 대중매체를 가지고 있는 이집트어 화자가 사용하는 방식과 여러 표현들이 현대 아랍어에 큰 영향력을 미칠지도 모른다. 이런 상황이 지속된다면 아랍 권역의 모든 사람들이 듣고 이해할 수 있는 아랍어 발화 형식이 생길 수도 있다. 하지만 이런 생각은 아직 희망에 불과하다.

현재 아랍권 전체에서 소통이 가능한 아랍어의 발화 형태는 하나도 없다. 그렇다면 아랍어는 하나의 언어인가 아니면 여러 언어인가? 이 답을 찾기 위해서 우리는 언어에 대한 정의부터 다시 한 번 짚어나갈 필요가 있다. 아랍어 이외의 언어를 사용하는 외부 관찰자 입장에서는 아랍인들이 7세기경에 확립된 기록 수단으로 상호 소통하면서도 동일한 언어를 소유하고 있다고 여기는 모습이 놀랍게 보일 것이다. 그러나 아랍인들은 오래된 기록 수단을 토대로 동일한 언어를 사용하고 있다고 믿고 있으며, 해당 문자의 유래가 어떻든 과거의 발화가 지금과 동일할 것이라고 생각한다. 이런 현상은 중동은 물론 북아프리카에도 동일하게 나타난다. 마치 오스트리아와 유럽을 언어적 측면에서 하나로 보는 것과 같다. 아랍인들이 이렇게 하나의 언어를 공유하고 있다고 믿는 것은 서로의 말을 이해하는 것에 초점을 두기 때문이다. 아랍어 화자들이 이렇게 믿는 한 아랍어는 계속 하나의 언어로 남을 것이다.

현대 아랍어와 현대 중국어(16장 참조)는 흡사한 상황이다. 중국을 보면 아랍어보다 더 다양한 방언이 존재하지만 하나의 기록 방식이 통용된다. 사용자들 중에는 발화 중국어도 하나라고 주장하는 사람들도 있다. 정치적으로 통일된 중국의 중앙정부는 표준 발화 중국어가 어느 곳에서든 통용될 수 있도록 급진적인 언어 개혁을 단행하고 있다. 그러나 아랍어에서는 중국과 같은 개혁을 생각조차 할 수 없다. 정치적인 통일이 선행되지 않는 한 언어적인 통일도 불가능한 일이기 때문이다.

앞서 서술한 장들에서 세 가지 중요 언어들의 팽창과 확산에 대해 서술했다. 다른 시대적 상황과 사건들이 언어의 확산에 수반되었다. 이 내용을 보면 언어가 어떻게 전파되고, 새로운 지역에 뿌리를 내리게 되는지에 대해 잘 알 수 있다.

그리스어, 라틴어, 아랍어는 군사적인 정복과 함께 여러 지역으로 퍼져나갔다. 때로는 전쟁이 아니라 이주를 통해 언어가 넓은 지역으로 퍼지기도 했다. 그러나 역사적인 기록에 따르면 사람들은 인간이 전혀 살지 않는 지역으로는 이주하지 않는다. 물론 1100년 전 아이슬란드의 경우와 같이 예외가 있기는 하다. 따라서 언어가 전파된다는 사실은 이미 다른 언어가 사용되는 지역에 새로운 언어가 사용되게 된다는 것을 의미한다. 이처럼 언어는 사람이 사용하는 것이다. 그러므로 기존 언어를 사용하는 사람이 추방되거나, 말살되거나, 새로운 언어를 사용하거나, 기존 언어를 사용하는 소수집단으로서 남아 있는 것을 허락받아야 한다. 원주민 대부분은 이런 강요를 달갑게 여기지 않기 때문에 보통 충돌이 일어난다.

이주는 필연적인가? 이론적으로 사람들이 침략을 당하지 않더라도 이주민들의 언어를 받아들이는 경우를 가정해볼 수 있다. 하지만 실제 서로 다른 종족이 같은 지역에 거주하면서 두 언어를 같이 사용하는 이중 언어 사용자가 되고 이 사람들 중에서 언어 전환이 일어난다.

이 책에서 언급한 그리스어, 라틴어, 아랍어는 정복자의 언어로서 정복한 지역에 영향을 미친 예들이다. 정복자들은 다른 민족을 말살하는 정책을 사용하지 않았다. 살아남은 피정복자들은 달리 갈 곳이 없었기 때문에 본래 살던 곳에 남아 있었다. 세 언어 모두 당시 대규모 언어 전환이 가능한 잠재력을 가지고 있었다. 그렇다고 해도 모든 곳에서 전환이 일어난 것은 아니다.

알렉산더 대왕의 승전과 함께 그리스어는 광대한 지역의 정치, 교육 언어로서 수백 년 동안 그 지위를 유지했다. 아랍이 정복한 지역에 아랍어를 도입했을 때 기존 지역에서 사용되던 그리스어는 흔적조차 남기지 않고 사라지는 운명을 맞이했다. 터키가 비잔틴제국이 다스리던 지역을 통합할 적에도 똑같은 상황이 재현되었다. 그리스어는 오직 본래부터 그리스어를 사용하던 반도 지역에 국한되어 소수민족 언어로 남았다. 이런 점에서 분명히 알 수 있는 것은, 그리스의 경우 알렉산더 대왕이 정복했던 지역으로 그리스인들이 대거 이주하지 않았다는 사실이다.

로마제국의 경우 이탈리아 반도와 함께 유럽 전역을 수백 년 동안 통치하면서, 새 언어를 사용하는 사람들이 식민지에 그들의 언어를 퍼뜨리고 영토를 확보할 시간적 여유가 있었다. 이런 수단으로 인해 라틴어는 입지를 확보했고 기존 지역에 거주하던 사람들이 점차 새롭게 유입되는 이주민들의 언어를 받아들이는 현상이 발생했다. 통치 지역 중 동쪽 지역의 정복 속도는 더욱 빨랐으나 이주는 적었다. 로마 정복자들이 그리스 전통을 추구하는 것에 만족했기 때문이다.

아랍은 종교와 다른 여러 가지 이유로 언어의 영역을 넓히고자 노력했다. 그렇지만 실질적인 성공은 아라비아반도로부터의 이주 정책 덕분이라고 하는 것이 맞을 것이다. 아랍인들의 이주는 이슬람교 성립 이전에 시작되었으며, 상당히 오랫동안 이어졌다. 이집트를 포함해 북아프리카에는 11세기에 새로운 대규모 이주가 있었다. 이에 따라 아랍어가 자리 잡고 500여 년 동안 이어질 수 있었다.

정리하자면 정복은 언어가 전파되는 데 결정적인 역할을 하지만, 반드시 이주라는 과정이 수반되어야 한다. 이들 두 요인이 합쳐져서 정복자의 언어가 새로운 지역에 소개되고, 원주민들이 새로운 언어로 전환할 필요성을 느끼게 된다는 사실을 알아야 할 것이다.

추가 읽기 목록

✔ 6장: 그리스어 – 정복과 문화

이 장은 물론이고 앞으로 언급할 고대 그리스어와 고대 라틴어 작가들이 기술한 자료들은 '러브 고전 도서관(Loeb Classical Library)'에 소장되어 있다(한 면에는 고전어, 원본 다른 면에는 영어 번역이 실려 있다).

그리스어의 시작부터 최근까지 그리스어의 역사에 대한 모든 논의는 Horrocks(1997)에 있다. 그리스어의 초기 방언 사이의 관련성에 대한 분석은 Morpurgo(1987)를 보라. 문해력에 관한 설명과 함께 일반적으로 고대 그리스 시대에 문해력의 사회적 역할에 대한 설명은 Bowman and Woolf(1994)를 보라. 이집트와 동방 지역의 문화가 초기 그리스 문화에 미친 영향을 어떻게 서구 학자들이 부정하는지에 대해서는 Bernal(1987)을 보면된다. 특히 이 책에는 그리스의 영향력에 대한 논쟁의 여지가 많은 주장이 전개된다.

✔ 7장: 라틴어 – 정복과 지배

라틴어에 대한 설명과 라틴어의 역사에 대한 광범위한 조사는 Janson(2004)을 보면 된다. Adams(2003)는 라틴어와 로마제국에 분포한 여러 언어들과의 연관성에 대한 종합적인 연구서이다.

✔ 8장: 아랍어 – 정복과 종교

아랍어의 역사에 대한 적인 저서는 바로 Versteegh(2001)이다. 역사적인 측면을 알고 싶으면 Lewis(1995)의 저서를 보면 된다.

정리 및 이해를 위한 문제

1. 그리스 알파벳에 가장 가까운 모형을 제공한 문자는 무엇인가?
2. 그리스어를 오랜 기간 공용어로서 사용했으나 현재는 사용하지 않는 대표적인 국가 세 곳을 제시하라.
3. '코이네'에 대해 간략하게 서술하라.

4. 스페인과 프랑스에서 로마 통치가 끝난 시기는 언제인가?

5. 지금의 알제리 지역에서 기원후 4세기에 사용되던 언어 두 가지를 제시하라.

6. 기원후 11세기 프랑스에서 일반적으로 사용하던 문자언어는 무엇인가?

7. 아랍이 이집트를 정복한 것은 몇 세기인가? 그리고 몇 세기부터 이집트 지역에서 아랍어가 주요한 언어로서 역할을 수행하게 되었나?

8. 아랍어의 발화 형태가 달라진 이유는 무엇인가?

9. 현대 아랍어의 문법 및 철자 방식의 기준을 제시하는 기록물은 무엇인가?

10. 아랍어가 이란이 아닌 이라크에서 발화 언어로서 역할을 수행하게 된 이유를 설명하라.

논의 주제

1. 기능에 따라 언어에 순위를 매길 수 있는 논리적인 기준이 있는가? 또한 이런 순위를 실제로 설정하는 데 타당한 방법이 있는가?

2. 현재 세계에 분포해 있는 대표적인 종교들(기독교, 이슬람교, 불교 등)은 각자 매우 권위 있고 성스러운 내용을 담은 기록물들을 갖고 있다. 각 종교의 신자들이 자신의 신앙을 위해 경전을 원어로 읽을 필요가 있는지, 그것이 중요한지, 중요하지 않은지 생각해보라.

향후 연구에 대한 제안

1. 서로 다른 형식의 영어로 된 책에서 짧은 기록물 두 개를 골라 — 예를 들어 대학교 교과서에서 하나, 소설에서 하나 — 분석해보라. 비슷한 표본, 예를 들어 두 책의 100쪽에서 단어 25개씩을 표본으로 선택하라. 이 표본의 단어를 영어 사전에서 어원에 대한 정보를 참조하라. 라틴어, 그리스어, 아랍어에서 유래한 단어가 각 표본마다 몇 개씩 있는가? 차용어의 수가 표본에 따라 차이를 보이는가? 만약 그렇다면 설명을 생각해보라. 만약 설명을 생각했으면 그 설명을 어떻게 검증할 수 있는지도 고려해보라.

2. Ethnologue 웹 사이트를 포함한 신뢰할 수 있는 참고문헌을 이용해 현재까지 발견된 베르베르어의 수가 얼마나 되며, 또 어느 국가에서 베르베르어를 발화 언어로써 사용하는지 찾아보라.

4부

언어와 국가

단테는 이탈리아어로 저술했을까?

01. 언어가 언어가 되는 방법에 대해

라틴어는 마침내 발화 언어는 물론 문자언어로서도 사라졌고 다른 언어들이 그 자리를 차지했다. 어떻게 이런 일이 발생했을까? 많은 사람들이 이 질문에 대해 숙고했고, 이와 관련한 많은 연구가 있었다. 그러나 아직도 무슨 일들이 일어났는지 설명하기 어려운데, 때로 사건의 순서를 규명하기가 쉽지 않기 때문이다. 문제의 핵심은 언어라는 개념 자체에 자리잡고 있다. 언어가 생성되는 시점은 언제인가? 어떤 순간에 다른 언어가 되는가? 언어란 무엇인가?

특히 '언어란 무엇인가'라는 마지막 질문은 코이산 언어와 연관해 논의했었다. 누구나 처음에는 이 문제가 별로 복잡해보이지 않는다고 생각하지만, 생각하면 할수록 문제가 점점 더 까다로워진다. 언어학자들과 철학자들이 수세기에 걸쳐 언어에 대한 많은 정의를 제시했지만, 만족스러운 해답에 도달하지는 못했다. 도리어 오늘날에는 '언어'라는 용어가 다양한 방식으로, 또 다양한 현상을 지시하는 데 사용된다는 것을 대부분 인정할 것이다.

우선 여기에서는 발화 언어에 대해서만 다룰 것이다. 청각장애인이나 심각한 장애를 안고 있는 사람들을 제외하면 대부분의 사람들은 통상적으로 최소 하나의 언어를 말한다. 그리고 언어를 말한다는 것은 혼자서 이야기하는 것을 가리키는 것이 아니며, 각 언어는 한 집단의 사람들에 의해 말해진다.

만일 명확하게 구분되는 집단들만 존재하고, 각 집단이 서로 구분되는 고유 언어로 소통한다면 문제가 없다. 그러나 그런 일은 거의 없다. 실제로는 집단의 수와 집단이 소유한 언어가 그렇게 간단하게만 구성되지 않는다. 때로 여러 집단이 서로 흡사한 언어를 사용하거나, 동일한 집단에 속한 사람들이라도 서로 다른 언어를 사용하는 예를 발견하기가 별로 어렵지 않다. 그렇다면 어디까지가 한 집단일까?

이런 질문에 대한 답을 찾기 위해 사람들이 말하는 방식을 조사하고 그들이 서로를 이해할 수 있는지를 알아내는 것만으로는 부족하다. 사람들이 자신의 언어로 말해서 서로 이해가 가능하면 동일한 언어이며, 이해가 되지 않는 경우에는 서로 다른 언어라고 믿는 경향이 있다. 그러나 늘 이렇게 간단한 것은 아니다. 언어를 사용하는 사람의 의견에 따라 달라질 수 있기 때문이다.

한 예로 스칸디나비아에서 사용되는 상호 이해 가능한 언어들을 찾을 수 있다. 스웨덴 사람들과 노르웨이 사람들은 서로 원활하게 의사소통한다. 그러나 스웨덴인이나 노르웨이인은 모두 스웨덴어와 노르웨이어가 서로 다른 언어라고 생각한다. 세계의 어느 곳에서든 스웨덴어와 노르웨이어가 다른 언어라는 사실을 대체로 인정할 것이다.

반대의 사례는 앞에서도 언급했듯이 중국에서 발견된다. 사람들은 각자 상호 의사소통할 수 없는 많은 발화 형태를 사용하지만, 그들은 모두 자신이 중국어의 방언을 쓰는 사람이라고 주장한다. 이것도 상황에 대한 언어 사용자의 관점이 일반적으로 인정받은 경우이다. 이런 점들을 고려하면, 중요한 것은 사람들이 자신이 말하는 방식에 대해 가지고 있는 믿음이지, 언어의 유사성 정도에 달려 있는 것은 아님을 알 수 있다.

과거에도 이는 사실이었다. 라틴어가 더 이상 발화 언어로 사용되지 않게 된 것은 사람들이 더 이상 자신이 쓰는 언어가 라틴어가 아니라고 생각했을 때부터이다. 라틴어는 변화했기 때문에 사라진 것이 아니고 발화자들이 자신들의 언어를 다른 무엇인가로 부르기 시작했기 때문에 사라진 것이다.

모든 언어학자들이 바로 이런 관점에 동의하는 것은 아니다. 어쩌면 다른 사람들도 이 의견에 대해 똑같은 방향으로 생각하지 않을지 모른다. 많은 글과 책에는 라틴어의 음성체계나 어휘에 어떤 변화가 일어났던 특정한 한 시점에 스페인어나 프랑스어로 변화했다는 주장이 실려 있다.

그렇지만 라틴어와 스페인어, 프랑스어의 관계를 시작과 결과로만 보는 관점에는 문제가 많다. 소리, 어휘, 언어적 체계 등을 단순 비교해서는 한 언어가 다른 언어로 완전하게 변모했다는 것을 증명하기 어렵다. 이는 객관적인 방법이 아니라 발화자들이 스스로 결정할 문제이다. 일방적으로 스웨덴 사람에게 본인이 실제로는 노르웨이어를 말하고 있다고 지적하는 것은 그다지 적절한 방법이 아니다.

역사학자들은 사용자들의 반대를 무릅쓰지 않고도 어떤 언어가 사용되는지 결론지을 획기적인 아이디어를 제안할지도 모른다. 한 예로 로마의 발화 언어는 고대 로마 시대에 상당한 규모로 변화했다. 그래서 현재의 이탈리아어, 스페인어, 프랑스어 등 로맨스어에서도 발견되는 특징들이 이

때 만들어졌다. 즉, 기원후 150년에 이미 로마인들은 라틴어가 아니라 로맨스어를 말하고 있었던 것이다. 그러나 로마제국의 사람들은 자신이 제국의 힘을 상징하는 언어인 라틴어를 말하고 있다고 믿었다.

하나의 언어는 얼마나 오래 지속될까? 언어의 계속되는 변화 때문에 쉽게 답을 내리기가 어려울 수도 있다. 일단 언어적인 변화가 수세기에 걸쳐 시대의 흐름과 함께 발생하면서 결국, 초기의 언어로 기록된 내용을 이해하는 것이 더 이상 불가능한 상황까지 전개되기도 한다. 그렇다면 이는 똑같은 언어인가 서로 다른 언어인가?

이는 결국 화자들 자신의 관점에 달려 있다. 이탈리아, 프랑스, 스페인 사람들이 스스로 라틴어를 말한다고 생각하지 않게 되면서 결국 라틴어는 사라졌다. 그러나 중국인들은 지금도 자신들이 중국어를 사용한다고 믿기 때문에 여전히 중국어가 존재하는 것이다. 이 문제에 관한 사람들의 견해는 분명히 언어 소리가 어떠한지, 누가 이해하는지와 상관이 있다. 그러나 이것들은 단지 관련 사실을 의미할 뿐이며, 가장 중요하고 필수불가결한 요소는 아니다.

02. 라틴어와 프랑스어

기원후 800년 유럽 역사에서 뭔가 특별한 사건이 발생했다. 이 사건은 언어의 역사에 중대한 결과를 초래한다. 당시 카롤루스 대제(Carolus Magnus)는 현재 프랑스 지역, 독일 지역 및 주변 지역을 합쳐 거대한 제국을 건설했다. 또한 교육을 개혁해 많은 이들, 주로 성직자들이 정확하게 읽고 쓰는 것을 배웠다. 그들이 숙달해야 하는 언어는 당연히 라틴어였고 그들의 표준은 8세기 전에 로마에서 사용되던 고전 문자언어였다. 하지만 이 개혁이 있기 2세기 전에 작성된 소수의 기록들이 발화 언어에 훨씬 더 가까웠다.

그 결과 읽고 쓰기를 배우는 사람은 발화 언어와 문자언어 사이에 많은 차이점이 있음을 알게 되었다. 교육 개혁이 있기 전에는 발화 형태와 기록 형태 사이의 연관이 당연한 것으로 받아들여졌는데, 문자언어가 오래되고 낯선 모형에 고착되자 문제가 되기 시작했다. 얼마 지나지 않아 사람들은 모호하고 유사하지만 부정확한 고전 라틴어 대신 실제로 말하는 것을 적어야 할 필요를 느꼈다.

840년대에 일어난 사건 때문에 이러한 필요성이 제기되었다. 당시 다른 모든 문서와 마찬가지로 이 사건도 라틴어로 쓰였다. 니타르트(Nithard)라는 이름의 작가가 쓴 기원후 842년의 역사적 사건에 대한 기록을 살펴보자. 루트비히 1세(Louis the Pious, 일명 경건 왕)의 두 아들이었던 루트비히 2세(Louis the German, 일명 독일 왕)와 카를 2세(Charles the Bald, 일명 대머리왕)의 회합에 대한 기록이다. 이들은 병력을 하나로 합쳐서 자신들의 형제이자 루트비히 1세 경건왕의 또 다른 아들인 로타르 1세(Lotharius I)와 전쟁을 결의했다. 로타르 1세가 통치하던 카롤링거 제국을 두 사람이 나누어 갖기 위해서였다. 카를 2세 대머리왕은 프랑스에서, 루트비히 2세는 독일에서 병력을 이끌고 와서 스트라스부르에서 조우했다. 두 사람은 군대 앞에서 전쟁을 앞두고 엄숙한 선서를 했는데, 루트비히 2세가 카를 2세 대머리왕 병사들이 이해할 수 있도록 프랑스어로 맹세하자, 카를 2세 대머리왕 역시 화답으로 루트비히 2세의 병사들에게 독일어로 선언했다. 이런 광경은 아주 드문 일이었기에 이 사건에 대한 기록에도 두 사람이 선언한 말 그대로 남게 되었다. 이 기록을 토대로 9세기 프랑스어의 발화 형태가 당시 모습 그대로 보존될 수 있었다. 루트비히 2세가 병사들에게 했던 선언은 다음과 같이 기록되어 있다.

D'ist di in avant, in quant Deus savir et podir me dunat, si salvarai eo cist
meon fradre Karlo

학자들도 이 글에 대해 많은 연구를 했다. 이 글을 고대 라틴어로 쓴다
면 다음과 같을 것이다.

De isto die inantea, in quantum mihi Deus scire et posse donaverit, sic
salvabo istum meum fratrem Karolum

영어로 옮기면 다음과 같다.

From this day onwards, in so far as God gives me knowledge and cap-
acity, I will support this brother of mine Charles.

지금부터 앞으로 신이 내게 지식과 능력을 주는 한 나는 내 형제인 카를을
지지할 것입니다.

맹세 선언문에 적힌 글이 라틴어와 상당한 차이를 보이는 것을 쉽게 알
수 있다. 어휘는 거의 같지만 라틴어에는 명사, 형용사에 더욱 복잡한 어
미 체계가 붙는다. 이 체계는 극적으로 변화되었다. 우선 라틴어 'ist-o
di-e'는 두 단어 모두 어미가 붙어 있으나, 이에 해당하는 'ist di'에는 어떤
어미도 없다. 동사의 변화형도 상당히 달라졌다. '나는 지지할 것이다'라
는 뜻의 'salvarai'의 형태는 특별히 주목할 만하다. 이것은 라틴어 동사인
'salvabo'에 해당하는 것으로 선언문에 적힌 것은 라틴어로 표기하면
'salvare habeo'의 두 단어로부터 유래한 것이다. 루트비히 2세의 선언문

에 고전 라틴어와 유사한 형태의 단어들이 다수 포함된 것이 사실이지만, 굴절 어미 등 문법적 측면에서 볼 때 고전 라틴어와 상당한 차이를 보인다. 당시 라틴어 문자언어는 이미 발화 언어와 큰 차이가 있었다.

학자들 중에는 스트라스부르 선언이 새로운 언어인 고대 프랑스어의 최초 예라고 주장하는 사람들도 있다. 이점에 대해서는 생각해볼 것이 있다. 언어적인 측면에서 선언문의 기록은 라틴어보다는 프랑스어에 더 가깝다. 이것은 프랑스어의 역사를 9세기까지 끌어올리는 데 중요한 증거가 되기도 한다. 이렇게 본다면 최초의 프랑스어 기록에 나온 발화자가 현재의 독일 지역을 지배했던 루트비히인 것이 아주 흥미롭다. 카롤링거 제국을 유럽연합의 전신으로 보기도 하는 것은 우연이 아니다.

반면 루트비히 2세와 카를 2세 두 사람과 군인들 모두 라틴어와 발화 언어를 완전히 개별적인 언어라고 생각했다고 간주해서는 안 된다. 독일에서 사용하는 언어(라틴어로 'theotisca lingua'라고 함)와 프랑스에서 사용하는 발화 언어(보통 라틴어라고 기록되는)는 분명히 다르다. 이런 경우 글을 읽을 줄 몰랐던 백성들도 이해할 수 있는 방식으로 루트비히가 정확히 어떻게 말했는지 알 필요가 있다. 또한 이것이 루트비히가 말한 방식을 니타르트가 그대로 받아 적은 이유이다. 그러나 이것이 프랑스에 라틴어가 아닌 다른 언어가 존재했다는 것을 암시하지는 않는다.

상당한 시간이 흐른 후, 11세기 초에 프랑스의 몇몇 작가들은 라틴어와 분명히 구별되는 형태의 언어로 글을 썼으며, 그로부터 얼마 후 이 언어에 명칭이 생겼다. 때로는 '로만(Roman)', 때로는 '프랑수아(françois)'라고 불렀다. 프랑스어가 이때 나타났다고 보는 것이 옳다. 프랑스어의 등장은 언어 변화가 오랜 세월 누적되어 생긴 것도, 새로운 사회적 역할을 맡아서 생긴 것도 아니다. 둘 다 프랑스어의 발생에 기여했으나 그 원인은 아니다. 가장 핵심적인 사건은 언어에 새로운 명칭이 나타난 것이다. 즉, 사람들이 자신이 사용하는 언어가 옛 언어와 다른 어떤 것이라고 말하고 적기 시작한 것이다. 이것은 언어적 변화도 사회적 변화도 아니다. 언어적 실체에 대해 생각하고 말하는 방식이 변화한 메타 언어학적 변화라고 불러야 한다.

어떤 이유로 새로운 언어가 사용되기 시작했는가에 대해 의문이 생길 수 있다. 한 가지 답은 라틴어와 사람들 사이에 사용되던 발화 언어 간 격차가 두드러졌기 때문이라고 할 수 있다. 그러나 더욱 중요한 이유는 이 시기에 장래의 새로운 독자층이 떠오른 것이다.

로마제국이 무너지기 시작한 5세기부터 11세기까지 600년 가까이 유럽은 경제는 물론이거니와 교육, 문화에서 암울한 시대였다. 로마제국 시대에 발달했던 크고 작은 도시들과 대대적으로 건설되었던 도로들이 모두 폐허로 전락했고, 사람들은 가난한 농부가 되어 변두리 지역에 모여 살아야만 했다. 이런 환경에서 학교는 모두 교회에 속해 있었고 그곳에서 교육을 받을 수 있었던 소수의 지식인들만이 글을 읽고 쓸 수 있었다. 이들이 사용하던 언어는 라틴어였다.

그렇지만 11세기 후반 장기간에 걸쳐 성장이 시작되었다. 경제 수준이 향상되고 통신이 발달했다. 부의 축적으로 교육에 대한 욕구는 높아졌으나 교회에 봉사하는 데는 관심이 없는 사람들이 생겨났다. 그들은 재물과 시간이 풍족한 귀족들로 주로 성이나 대저택에서 살았다. 고등교육을 받은 귀족들의 독서 욕구는 커졌지만, 성경이나 성자의 삶에는 별로 관심이 없었다. 이런 환경에서 중세를 풍미했던 사랑 노래, 영웅 전설이 태어났고, 곧이어 모험 서사시도 나타났다. 이 이야기들은 모두 프랑스어로 기록되었다.

그러나 처음에는 계약서, 법률 등 공문서에 프랑스어가 사용되지 않았다. 중요한 것은 당시 사람들이 이러한 문서들을 이해할 필요가 있었다는

그림 9.1　로맨스어 사용 범위(이중 언어 사용 지역 포함)

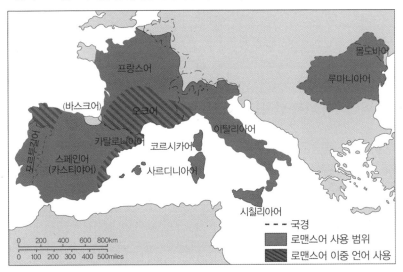

사실이다. 따라서 이들은 앞서 언급한 문서들이 프랑스어로 기록되기를 희망했고, 더욱이 문서를 기록하는 형태가 당시까지 사용되었던 프랑스어의 구어적 표현에 가깝기를 바랐다. 그러나 라틴어는 이미 오래전부터 이런 조건들을 충분히 만족시키고 있었고, 이미 사업 분야 및 법원에서 충분히 역할을 잘 수행하고 있었기 때문에 다른 언어가 끼어들기 쉽지 않았다. 이처럼 당시의 라틴어는 분명하게 자리를 잡고 사회에서 충실하게 제역할을 수행하고 있었다.

프랑스어가 언제 나타났는가라는 질문으로 돌아가 보자. 프랑스어라는 명칭은 문자언어로서 프랑스어를 지칭할 때 처음 사용되었다. 프랑스어로 쓰인 기록에는 프랑스어, 프랑수아라는 명칭도 나타난다. 사람들은 수백 년 동안 라틴어와 별로 비슷하지 않은 언어로 말해왔지만 별도의 문자언어로 존재하기 전까지 이 언어는 자기 명칭을 얻지 못했다.

이와 동시에 라틴어가 사라졌을까? 전혀 아니다. 이후로도 수백 년 이

상 프랑스와 여러 나라에서 계속 라틴어가 읽고 쓰였다. 또한 '프랑수아'
는 프랑스 북부의 언어를 가리키는 명칭이었으며, 공식적으로는 라틴어
를 말하는 지역이 훨씬 넓었다. 이제 다른 나라들을 살펴볼 시간이다.

03. 지역마다 다른 단어들: Oc, oil, si

프랑스 북부를 중심으로 프랑스어가 문자언어로 쓰이고, 지금의 프랑
스 남부에도 새로운 문자언어가 생겼다. 당시에 이 문자언어는 '오크어
(occitan)'라고 불렸으며, 주로 프로방스어(provençal) 방언에 기반을 두었
다. 사실 두 명칭은 같은 뜻으로 사용되었다. 중세 수백 년간 오크어가 기
록에 사용되었고, 근대에 이르러서 19세기경에 다시 부활하기도 했다. 현
재 이 기록 형태는 얼마 되지 않는 규모로 발견되는 것이 고작이다. 발화
언어로서도 오크어는 국가의 공용어인 프랑스어 때문에 위축되고 있다.

중세의 기록물들은 주로 음유시인의 시나, 사랑의 시를 다룬 것이었고
이 작품들은 복잡한 패턴을 갖춘 수준 높은 미적 언어로 지어진 것들이었
다. 음유시인과 시를 경청하던 청중들은 주로 여왕, 공작, 백작 등 궁정 인
사들 및 프로방스 지역의 유명 인사였다. 당시 음유 시는 새로우면서도 세
련되고 품위 있는 삶의 방식을 연상시켰으며 유럽 지역의 모든 사람들이
이런 시 작품에 열광했고, 시의 형식을 모방하려고 애썼다. 누구나 음유시
인을 꿈꾸었고, 결코 쟁취할 수 없는 여인을 열망하거나 음유시인의 열망
하는 여인이 되기를 소원했다.

두 가지 로맨스어의 문자언어는 거의 동시에 나타났다. 프랑스 북부의
프랑스어와 프랑스 남부의 프로방스어(오크어)가 바로 그것이다. 이 언어
들은 12~13세기 동안 발전기와 안정기를 거쳤다. 13세기에 새로운 로맨
스어 문자언어가 나타났는데, 바로 오늘날의 이탈리아어이다.

그러나 이 세 번째 로맨스어는 처음에 전혀 다른 명칭으로 불렸다. 13세기 초 이탈리아에서 주로 '시칠리아' 섬, 북부 팔레르모의 프리드리히 2세(Friedrich II)의 유명한 궁정에 있던 사람들이 새로운 언어로 글을 남겼다. 이 지역을 중심으로 지금은 잊힌 많은 음유시인들이 시칠리아어로 프로방스 형식의 시를 지었다. 2~3세대 후에 살았던, 이탈리아를 대표하는 시인인 단테 알리기에리(Dante Alighieri)는 당시의 시를 설명하면서 "이탈리아인이 쓴 시들은 모두 시칠리안이라고 한다. 시를 기록하는 데 사용된 언어는 '시칠리아 속어(sicilianum vulgare)'이다"라고 했다. 단테는 이 언어가 앞으로도 계속 시칠리아어라고 불릴 거라고 믿었다. 그리고 단테가 나타나지 않았다면 여전히 이탈리아어를 시칠리아어라고 불렀을지도 모른다.

고전문학의 대표라고 할 수 있는 『신곡(La Divina Commedia)』을 지은 유명한 시인 단테(1265~1321)는 언어에 대해 지대한 관심을 보인 사람이다. 그는 현재 이탈리아어라고 불리는 언어로 많은 시를 지었고 라틴어로도 많은 책을 남겼다. 그의 책 중에 『속어론(De vulgari eloquentia)』은 해석하면 '대중의 언어로 작문하는 방법론'이라는 뜻이다.

단테는 자신이 본 대로 언어 상황을 기록했으며 이탈리아에 가장 적절한 문자언어가 무엇인지를 밝히려 했다. 프랑스어, 프로방스어에 이어 세 번째 로맨스어 문자언어의 성립이 무르익은 시기였고, 단테는 바로 자신이 그 일을 할 사람임을 깨달았다. 그의 논문은 어떻게 한 사람이 문자언어를 선택하고 바로 그 사람에 의해 문자언어가 구성되는지를 보여준다.

단테는 세계의 언어를 조사하는 데 성경의 창조론에 많이 의존했다. 그의 조사를 보면 단테는 언어를 최초로 사용한 인간이 아담이 아니라 뱀의 유혹의 말에 대답한 하와라는 사실을 쉽게 받아들이지 못했음을 알 수 있다. 즉, 언어의 시작을 여성이 아닌 남성으로 믿고 싶었기 때문에 단테는 성경에서 하와가 뱀과 이야기를 나눈 부분을 인정하지 않으려 했다. 더욱

이 그는 창조주로부터 최초로 언어능력을 부여받은 사람이 아담일 것이라고 굳게 믿었다.

바벨탑 건설 이후 언어가 복잡해졌다는 성경 이야기에 따라 단테는 유럽에는 처음에 언어가 세 개 있었다고 주장했다. 그리고 그는 이 세 언어를 그리스어로 '이디오마타(idyomata)'라고 불렀다. 이 용어는 영어 단어 '이디옴(idiom, 말)'이다. 단테에 따르면 첫 번째 언어는 그리스어이고, 두 번째 언어는 동쪽과 서쪽으로 퍼지면서 다양한 모습으로 변화해 독일어, 영어, 슬라브어, 헝가리어가 되었다. 이 언어들 사이에 분명하고 중요한 차이가 있으나 단테는 확실하게 알지 못했던 것 같다. 세 번째 '이디옴'은 유럽 서쪽에서 주로 사용되던 것으로 단테는 이 언어에 대해 깊은 지식을 갖고 있었다.

단테에 따르면 이 언어는 비록 각각 다른 세 개의 언어로 보이지만 사실은 하나이며 똑같은 언어이다. 거의 모든 어휘를 공유한다는 사실에서 이 언어가 기본적으로 하나의 언어인 것이 분명하다. 그러나 세 언어에 일부 차이점이 있는데 그중 하나는 '예'라는 뜻으로 스페인어에서는 'oc'로 표현되고, 프랑크어에서는 'oïl', 이탈리아어에서는 'si'로 표현된다.

이것이 세 가지 로맨스어 발화형태의 차이를 최초로 기술한 예이다. 그러나 이 글에서 몇 가지 잘못된 점을 쉽게 찾을 수 있다. 우선 앞의 글 속의 스페인어는 우리가 아는 스페인어와 전혀 다르다는 것을 분명히 알 수 있다. 단테가 스페인인(Yspani)이라고 불렀던 사람들은 그에 의하면 주로 제노바 서쪽 지방인 남부 유럽(주로 이탈리아 북서 지방을 가리킴)에 사는 사람들이었다. 이 지방의 언어는 '오크어'이며, 단테는 한 번도 가본 적 없는 이베리아반도 전체에서 이 언어가 사용된다고 믿었다. 프로방스어에서 '예'를 뜻하는 말이 '오크(oc)'라는 것을 보면 알 수 있듯이 바로 이 사실 때문에 이 언어를 오크어(occitan)라고 부르는 것이다.

단테가 프랑크 지역 언어라고 한 것은 사실 프랑스어였다. 그가 보기에 프랑스어는 문학의 언어로서 잘 발달된 언어였다. 그러나 처음에는 그렇게 보여도, 실제 단테가 발화 방식의 차이를 반영해서 구분한 것은 아니었다. 그는 지역을 새로운 문자언어에 따라 구분했다. 프랑스어는 문자언어로서 상당한 수준에 이른 언어였기에 당연히 한 자리를 차지했다. 프로방스어도 프랑스어 못지않은 수준의 언어였지만, 단테가 취한 언어 위상에 대한 평가의 측면에서는 너무 과한 면이 없지 않다. 단테가 끝까지 유보하면서 고민했던 세 번째 언어는 단테 자신이 기록하는 데 직접 사용한 문자언어였으며, 이탈리아 전 지역에서 막 받아들일 준비를 갖춘 언어였다.

단테는 세 언어 형태를 통틀어 '속어(vulgare)'라고 불렀다. 이 용어는 대략 대중이 사용하는 '통속어' 또는 '방언'을 가리킨다. 세 언어를 가리키기 위해 언어(ydioma)라는 용어를 사용하지는 않았다.

단테가 쓴 논문의 주된 주제는 '이탈리아에서 문자언어는 어떤 모습이어야 하는가'였다. 그는 예비 단계로서 이탈리아 각 지방의 발화 언어를 조사했다. 필자가 아는 한 이것은 최초의 방언 조사였다. 또한 매우 만족스럽고 즐거운 과정이었다. 단테는 조사의 첫 단계로 로마 지역 사람들처럼 발음하는 것이 옳지 않음을 지적하면서 이렇게 말하는 형태를 "이탈리아어의 방언 중 가장 부끄러운 형태"라고 비판했다. 또 중요한 점은 사르디니아어가 라틴어와 너무 비슷하다는 점을 지적한 것이다. 심지어 사르디니아어를 라틴어를 흉내 내는 원숭이에 비유했다. 이 언어를 제외한 이탈리아 지방에 산재되어 있는 방언 중 시칠리아어, 토스카나어(단테가 사용하던 언어), 볼로냐어 등은 문자언어로서 일정 수준에 이른 언어들로 평가했다.

단테는 결론적으로 문자언어가 되기 위해서는 이탈리아의 방언 중 어떤 것도 그대로 사용할 수 없다고 보았다. 그리고 '표준 통속어(vulgare illustre)'로서 가장 적절한 문자언어는 모든 사람들에게 공통적이면서도 일부만을 대표하는 특이한 변이형을 포함하지 않아야 한다고 주장했다.

언뜻 보기에 이런 주장은 별로 특별하다고 여겨지지 않을 수도 있다. 단테의 이런 주장과 유사하게 많은 지역에서 문자언어를 결정할 생각을 한 사람들이 이후에도 있었으나, 문자언어의 기준을 제시한 것은 단테가 최초였다. 또한 단테는 후대의 언어 정책 입안자들과 상이한 입장이었다. 이전의 언어 기획자들은 주로 교육자였으며 강력한 국가를 배경으로 언어와 연관된 계획을 수립하고 수행한 반면, 단테는 그저 예술가이자 지식인이었다. 그는 이탈리아의 작은 소국에서 피난 온 신세였고, 작은 국가들을 전전하면서 생을 이어갔다. 단테 이전에는 이런 작은 소국들에 이탈리아 전체를 아우르는 공통 언어의 필요성을 역설한 사람이 거의 없었다.

그러나 우리는 단테의 주장이 환경에 휩쓸린 것이 아니라, 순수하게 자신이 내놓은 견해라는 것을 잊지 말아야 한다. 이런 점에서 볼 때 단테는 언어학자이자 예술가였고, 정치인인 동시에 뛰어난 이론가였다. 그는 공통 언어에 대한 필요성을 제안한 것에서 멈추지 않고, 이탈리아 영토 전체를 재능 있는 신하들이 보필하는 훌륭한 황제가 통치하게 되기를 꿈꾸었다. 이와 같은 통치의 중심인 궁정에서 사용되는 언어가, 바로 단테가 제안한 언어의 모습이라고 할 수 있다. 통치의 원활함을 위해서 공통 언어인 '표준 통속어'의 존재는 필수 불가결한 요소이기 때문이다. 이런 상황은 프로방스어와 프랑스어에서도 찾아볼 수 있었다. 단테는 이탈리아에 새로운 언어가 그 정도 수준에 도달하려면, 이탈리아에도 황제와 그 수행원들처럼 정말 중요한 통치자가 있어야 한다고 주장했다.

지금까지 언급한 내용을 바탕으로 단테는 물론 그의 사회적·학문적 위치를 잘 알 수 있을 것이다. 그의 주장을 토대로 새롭게 탄생한 로맨스어의 기능 및 위상과 함께 이 언어들이 역사 속에서 나타나게 된 이유도 잘 알 수 있다.

문제는 프랑스어, 프로방스어, 이탈리아어와 같은 명칭이 새로 대두된 뒤에 사람들이 그들의 언어를 일반적인 라틴어가 아닌 프랑스어, 프로방스어, 이탈리아어라고 부른 것이 아니라는 사실이다. 중세에 살던 사람들이 자신들의 언어를 어떻게 명명했는지에 대해서는 많은 자료가 남아 있지 않기 때문에 정확히 알기 어렵다. 현재 우리가 보유한 기록에서는 거의 이 문제를 다루지 않았다. 기록에는 옛 기록 방식인 라틴어, 그리스어, 히브리어가 언급되어 있고, 후대에 프랑스어 등 근대 언어들이 쓰이기 시작한 뒤에는 그 언어의 명칭이 언급되어 있는 정도이다. 그러나 당시 일반인에게 그들의 발화 언어에 관해 질문을 던지면 우리가 현재 알고 있는 명칭들이 아니라, 단테가 제시한 것처럼 지명을 딴 방언의 명칭을 대지 않을까 한다. 단테는 당시 이탈리아에 산재한 방언들의 명칭을 지명을 따서 풀리아어, 볼로냐어, 시칠리아어라고 불렀다.

이와 같이 새 언어는 주로 다양한 방언에서 시작되었지만, 이 언어가 독립적으로 발전한 것은 바로 언어적으로 세련된 사람들, 라틴어에 능숙한 사람들 덕분이었다. 이러한 과정은 프랑스 북부와 프로방스 지역에서 가장 먼저 일어났고 이후에 이탈리아, 스페인, 포르투갈에서도 뒤를 이었으며 마지막은 루마니아에서 나타났다.

필연적으로 발생하는 변화와 발화 수행 방식에 특별히 큰 차이점이 생겨서 로맨스어가 분리된 것은 아니다. 그 대신 당시 정치 중심지였던 궁정을 중심으로 활동한 작가들과 교육받은 여러 지식인들이 예술적 표현을 위해 새로운 문자언어를 고안했다. 이들은 주로 궁정을 드나들며 정치적 중심에 가까이 있었다.

이처럼 새롭게 탄생한 언어들은 문학 표현의 주요 수단이 되었을 뿐만 아니라 정치권력의 표현 도구로서도 중요한 위치를 갖게 되었다. 한 예로 프랑스 왕조의 세력이 강했을 때 프랑스인들이 자신의 의견을 피력하기 위해, 강력한 교회와 특별한 관계인 국제 언어로서의 라틴어가 아니라 그들의 고유 언어인 프랑스어로 기록한 것은 상당히 고무적인 일이다. 이처럼 새로운 언어로 표현하는 방식은 교회의 권위가 막강하던 시절에 답답함을 느끼던 사람들에게는 새로운 돌파구였다.

단테는 이탈리아를 위한 새로운 언어가 창조되길 바랐다. 정확하게는 새롭고 정치적으로 통일된 국가를 바랐기 때문이다. 그는 어떤 면에서는 성공했다. 새로운 국가에 대한 그의 생각 때문이 아니라, 그가 위대한 예술적 걸작들을 새로운 언어로 기록했기 때문일 것이다. 단테의 대표작인 『신곡』은 언어적인 표준이었을 뿐만 아니라 이탈리아어의 위상을 주요한 유럽 언어들 중 하나로 올려놓는 계기를 마련해주었다. 이탈리아가 공통 문자언어와 문학적인 유산을 소유할 수 있게 된 것은, 사실 이후 몇 세기 동안 이탈리아도 하나의 정치적 실체가 되어야 한다는 생각을 강하게 지지했다. 알다시피 이탈리아는 19세기 중반, 단테 시대에서 500년이나 지난 후에 통일되었다.

04. 문자언어와 언어의 명칭

단테는 최초의 위대한 이탈리아 작가이기는 하지만, 그가 사용한 언어가 이탈리아어였는지는 의문이다. 하지만 분명한 사실은 단테가 신중하게 새로운 언어의 규칙을 고안하고 문학작품에 사용했다는 점이다. 문제는 단테가 이 새로운 언어를 자신의 작품에 사용하면서도 정작 언어의 명칭을 정하지 않았다는 사실이다.

단테는 이탈리아에서 사용되던 언어들의 명칭을 라틴어로 적을 때는 '통속어(vulgare)'라고 통칭했다. 이 명칭에는 세 가지 종류의 언어가 포함되어 있다. 첫째는 '라틴 통속어(Latium vulgare)'로 '대중이 사용하는 라틴어'라는 의미이다. 이탈리아 사람들을 가리킬 때는 '이탈리(Ytali)'라고 명명했지만, 언어를 가리키는 용어로 사용하지는 않았다. 단테는 특이하게도 자신이 배운 라틴어를 가리킬 경우에는 '그라마티카(Grammatica)'라고 부르곤 했다. 이 단어의 원래 의미는 '문법'이다. 단테가 이탈리아어로 기록할 때는 또 다른 놀라운 명칭을 붙였는데, 바로 '라티노(Latino)'이다. 이 단어의 본래 의미는 '라틴어'이다.

이처럼 단테가 말하는 언어 명칭은 우리들을 매우 곤혹스럽게 한다. 단테가 붙인 명칭에 따르면 라틴어와 이탈리아어는 서로 다른 언어가 아니다. 그의 판단에 따르면 이탈리아에는 오직 한 개의 언어만 존재한다. 이 언어는 당시까지 남아 있던 기록물의 바탕인 라틴어 문자언어이자 동시에 대중들이 사용하는 통속어 문자언어이다. 하지만 단테는 라틴어를 통속어의 기원으로 보기보다 방언적 차이에 영향을 받지 않는 글쓰기의 일반적 형태로 이해했다. 이런 점에서 볼 때 그의 접근은 몰역사적이다.

그렇지만 단테 이후의 학자들은 생각이 달랐다. 단테의 문자언어는 후대의 표본이 되었으며, 그의 사후에 새로운 언어의 명칭으로 '이탈리아노(Italiano 이탈리아어)' 또는 '이탈리아 언어(Lingua Italiana 이탈리아 언어)'가 사람들 사이에 통용되었다. 이처럼 단테와 그 이전 사람들이 새로운 언어가 생기는 데 크게 일조했지만, 새로이 만들어진 언어에는 한동안 명칭이 붙지 않았다.

이탈리아어의 이런 처지는 프랑스어, 프로방스어에서도 나타난다. 프랑스어 문자언어는 사람들이 이 언어의 명칭을 알기 이전부터 널리 사용되고 있었다. 상당히 긴 시간 동안 이 언어는 '로망(Roman)'과 '프랑수아(François)'로 불리다가 이후 프랑수아가 우세해지기 시작했다. 프로방스 지역에서는 새로운 언어의 명칭에 대한 공통된 의견이 없었으며, 오늘날까지도 해당 언어를 '프로방스어' '오크어' '오크의 언어' 등 여러 명칭으로 부르고 있다.

언어의 정확한 명칭을 결정한다는 것 자체가 매우 까다로운 일이기는 하다. 하지만 이미 앞서 언급한 적 있듯이 언어의 존재를 결정짓는 가장 핵심적인 요인은 바로 사람들 스스로 언어의 존재를 의식하고 있는지의 여부이다. 이 요인이 정확한 판단의 근거라고 한다면 언어의 명칭은 무엇보다도 중요한 사안이다. 그 이유는 사람들이 이름도 없는 무엇인가로 의사소통한다고 믿지 않을 것이고, 따라서 이런 언어가 존재한다고 보지 않을 것이기 때문이다. 특정 언어가 무엇인지 명칭을 이야기할 수 없다면 그 언어는 사람들 사이에서 언어로서 거의 어떠한 존재 가치도 부여받지 못하게 된다. 따라서 새로운 언어는 새 이름을 갖게 될 때 메타언어적인 변화를 통해서 존재하게 된다.*

따라서 '이탈리아노'라는 명칭이 일반적으로 사용되기 전까지 이탈리아어는 존재하지 않았다는 것이 필자의 견해이다. 이탈리아어라는 명칭이 사용되기 시작한 것은 14세기 중반 또는 조금 이른 시기로, 단테가 활동하던 시기로부터 한 세대 후이다. 누가 '이탈리아어'를 언어 명칭으로 사용했을까? 이탈리아의 부유한 상업 도시에서 소수집단을 이루고 살면서 이 언어를 읽고 쓸 줄 알았던 사람들이 아닐까 싶다. 일반인들은 상당히 오랫동안 새로운 언어에 대해 들어보지도 못했을 뿐만 아니라, 자신들의 언어를 'Mantovano(만토바 방언)'으로 불렸던 것처럼 단지 지역 방언으

---

* 언어의 명칭은 단순히 언어 자체만으로 결정되는 것이 아니다. 언어 이외의 '초언어적인 영역'에 속하는 여러 요인들(사회, 역사, 지역 등) 사이에 발생하는 다양한 변화들이 명칭의 결정에 영향력을 행사하는 과정이 있고 나서야 최종적인 결정에 다다르게 된다. 언어에 명칭이 부여될 때에는 이와 같은 과정이 있기 때문에 언어와 명칭의 관련성에 대해 이야기할 때는 반드시 앞에서 언급한 요인들의 역할을 우선적으로 살피고 이해하는 것이 매우 중요하다(옮긴이).

로 여겼을 뿐이다. 물론 이때의 문자언어는 이전과 마찬가지로 여전히 라틴어였다.

그러나 서서히 변화해서 이탈리아 지역의 거주민 대다수가 오늘날과 마찬가지로 자신들의 소통 수단을 '이탈리아어'로 여기기 시작했다. 이런 자의식이 발생한 시기에 대한 자세한 기록은 없지만, 언어에 대한 대중의 인식은 아주 천천히 그리고 점차적으로 진행된 것이 틀림없다. 문자언어로서 이탈리아어의 위상이 강화되기 시작하면서 사람들 사이에서 점차 이탈리아어가 기록과 발화의 중요 수단으로 인식되었다.

우선 문자언어가 고안되었으며 다음으로 이 문자언어가 '이탈리아어'라는 명칭을 획득한 뒤에는 마침내 발화 언어도 동일한 명칭으로 불리게 되었다. 언어의 대체적인 특성에 따르면 발화 언어가 발생된 후 이것을 본뜬 문자언어가 발달하는 것이 일반적인 통례이다. 하지만 새로운 문자언어가 고안되고 나서야, 사람들이 자신들의 발화 언어를 별도의 독립 언어로 보게 된다는 사실도 반드시 짚고 넘어가야만 한다.

이처럼 문자언어와 언어 인식에 관련된 과정은 이탈리아어뿐만 아니라 로맨스어 계통 언어에 모두 해당된다. 또한 문자언어가 대중들의 언어 인식에 지대한 영향력을 미친다. 요약하자면 독자적인 문자언어가 존재하면 독립적인 언어이며, 문자언어가 없으면 곧 언어가 없는 것이라고 정리해볼 수 있다. 또한 이런 판단 기준은 과거는 물론 오늘날까지도 여전히 사람들 사이에서 수용되고 있다.

게르만어에서 현대 영어까지

01. 영국에서의 영어 유입 과정

영어는 앞서 설명했던 로맨스어 계통의 언어들보다 더 일찍 분리된 언어로 나타났다. 그 이유는 로마제국 쇠퇴 후의 영국 상황과 밀접하게 연관된다. 이제부터 이 시기 영국의 상황이 어떠했는지 살펴보자.

로마제국은 기원후 1세기에 영국을 정복한 뒤 300년 넘게 지배했다. 전에도 언급했지만 영국에서는 라틴어가 프랑스, 스페인, 포르투갈과 달리 지배적인 언어가 되지는 못했다. 이에 대한 이유는 분명하지 않다. 영국에 있던 대부분의 사람들이 자신들의 고유 언어를 유지했다. 당시 이들은 인도·유럽어족 계통의 켈트어파의 언어를 주로 사용했다. 이 언어는 오늘날 종종 '브리티시(British)' 또는 '브리소닉(Brythonic)'으로 불린다. 현재 웨일스어와 콘월어 등이 이 언어에서 유래된 것으로 알려져 있다. 하지만 콘월어는 1800년대 이후 더 이상 사용되지 않는다.

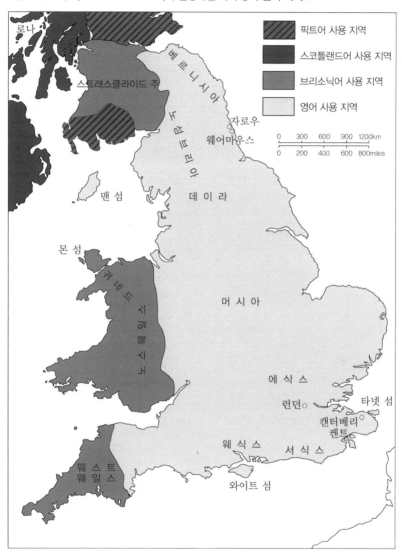

그림 10.1 비드(the Venerable Bede)가 활동하던 때의 영국 언어 배치도

기원후 400년 로마제국 내부의 문제가 심각해지자 영국에 주둔했던 로마제국 군대가 본토로 소환되었다. 영국에서 로마 집정관, 로마 군인, 로

10장 게르만어에서 현대 영어까지 • 203

마 세금징수원에 대해서 더 이상 들을 수 없게 되었다. 이런 상황에 이르자 브리튼족들은 외부 침략으로부터 자신들을 스스로 지켜야만 했다. 하지만 5세기의 격동 속에서 스스로를 지키는 것은 그렇게 만만한 일이 아니었다. 로마제국의 통치에서 벗어나자 영국은 두 방향에서 집중적인 침략을 받아 위기에 처했다. 우선 로마가 점령하지 않았던 영국의 북부 지역으로 서쪽 해안지대를 켈트어파의 상당히 다른 언어를 쓰는 아일랜드족이 차지하고 영역을 점차 늘려갔다. 현재 이 지역의 아일랜드 계열 언어를 게일어(Gaelic)라고 부른다. 또한 픽트족(Pict)도 침략했는데, 픽트족들에 대해서는 알려진 바가 그리 많지 않지만, 이 종족도 나름대로 별도의 언어를 사용했다.

이보다 더 극적인 침략이 동쪽에서부터 일어났다. 바로 북해의 남쪽, 동쪽 해안에 살던 게르만족이 침공한 것이다. 게르만족은 로마제국의 영국 지배가 매우 불안정한 상황을 이용해 이곳으로 이주했다. 이에 대해 브리튼족들의 저항은 크지 않았다. 실제로 최초로 영국 땅을 방문한 게르만족들은 침공이 아닌 북쪽과 서쪽으로부터 아일랜드족의 위협을 염려하던 브리튼족들에 의해 초청된 것으로 알려져 있다. 이들이 세 척의 배를 나누어 타고 영국에 도착한 시기는 기원후 449년이다.

그 이후로 더 많은 게르만족이 영국으로 건너왔다. 초기 영국에 이주한 사람들은 대부분 앵글족, 색슨족이었다. 그들은 섬 안으로 빠르게 퍼져 나갔으며 수많은 소왕국을 건설했다. 이후 약 150년이 지나 기원후 600년경 게르만족은 잉글랜드 지역 전체를 지배하게 되었다. 본래 그곳에 살았던 브리튼 사람들은 웨일스, 콘월 지역으로 밀려났고, 북부 스코틀랜드 지역은 아일랜드 후손인 스코틀랜드족 사람들이 차지했다.

이런 와중에 놀라운 사실은 정복한 지역에서 언어가 빠르게 전환되었다는 사실이다. 게르만 침략자들은 로마인들이 해내지 못한 일을 300년도

안 되는 기간에 해낸 것이다. 그렇다면 이와 같은 언어 전환이 가능했던 이유는 무엇일까? 영국으로 이주한 게르만 사람들은 그 수가 아주 많았고, 이들은 영국 땅에 자리를 잡고 경작하려는 욕구가 강했다. 사실인지 아닌지는 확인할 수 없지만, 어쩌면 게르만족이 조직적으로 브리튼 사람들을 쫓아내거나 죽였다고 볼 수도 있을 것이다. 분명한 것은 게르만족이 건설한 국가에서는 로마인들과 브리튼족의 흔적을 거의 찾을 수 없었고, 완벽하게 게르만족의 왕국이었다는 사실이다.

영국에서 게르만족의 활동과 관련된 사항들은 피터버러 연대표(앵글로·색슨 연대기의 여러 판 중 하나로서, 10세기에 기록된 것으로 알려져 있음) 앞부분에 잘 정리되어 있다.

Brittene igland is ehta hund mila lang & twa hund brad, & her sind on þis iglande fif gebeode: Englisc & Brittisc ... & Scyttisc & Pyhtisc & Boc Leden.

(고대 영어)

Britain's island is eight hundred miles long and two hundred broad, and there are on this island five languages: English and British ... and Scottish and Pictish, and Book Latin.

(현대 영어)

위 내용을 번역하면 다음과 같다.

영국 섬은 남북으로는 800마일이며 동서로는 200마일 너비에 이른다. 이 영토에는 다섯 개의 언어인 영어(English), 브리튼어, ······ 스코틀랜드어, 픽트어, 라틴어 기록이 존재한다.

고서의 내용은 번역이 없는 한 이해하기가 쉽지 않지만 내용을 잘 살펴보면 옛 기록과 현대 영어 사이에 서로 연관된 단어가 있는 것을 어렵지 않게 발견할 수 있다. 이와 같은 고대 기록을 보면 영어의 옛 형태를 발견할 수 있으며, 당시 연대표 기록자들은 이 언어를 가리켜서 '잉글리쉬(Englisc)'라고 명명했다.

영어는 명칭을 가지고 있었으며 프랑스어, 이탈리아어가 생기기 수백 년 전부터 문자언어로 사용되기 시작했다. 하지만 이에 대한 답을 찾기 이전에, 우선 영국에 이주한 게르만족들의 배경과 그들이 영국 땅에 방문했을 당시의 상황에 대해 좀 더 자세하게 살펴보아야 한다.

02. 게르만족, 앵글족, 색슨족

로마인들이 유럽 남쪽과 서쪽에 제국을 건설할 때 가장 많이 부딪쳤던 종족이 바로 게르만족이다. 이들은 주로 유럽의 동쪽, 북쪽에서 생활했다. 기원전 50년 골 지방을 정복했던 율리우스 카이사르는 라인 강 서쪽 지역까지 영토를 넓혀 나갔다. 당시 라인 강은 로마인과 게르만족을 가르는 국경 역할을 담당했다. 지금도 라인 강을 중심으로 로맨스어와 게르만어가 분리된 것도 이런 역사적 상황과 무관하지 않다.

게르만족은 하나로 뭉치는 대신 여러 작은 부족으로 나뉘어서 여러 곳에 흩어져 살았다. 게르만족의 삶과 통치 단위에 대한 설명은 라틴어, 그리스어 기록에 잘 나타나 있다. 이 중에서 게르만족에 관한 대표적인 기록은 로마의 역사가 타키투스가 기원후 98년에 남긴 것이다. 타키투스는 영국 지역에서 장군으로 수년을 근무한 자신의 장인인 그나이우스 아그리콜라(Gnaeus Agricola)에 관한 전기를 쓴 사람으로서 영국 내에서는 아주 유명하다.

그는 앵글족과 지금은 사라진 그 이웃 부족에 대해 언급했다. 타키투스는 "이들은 지금의 북해와 남서 발트 해 해안 지역에 위치한 지금의 슐레스비히와 메클렌부르크라는 지역에 살던 사람들이다(Reudigni …… et Aviones et Anglii et Varini et Eudoses et Suardones et Nuitones)"라고 기록했다. 그의 설명에 따르면 이들 중에는 특별히 주목할 만한 집단은 따로 없었으나 북유럽 종교로 알려진 네르투스('Mother Earth', 대지의 어머니)를 숭배하는 풍습을 공유하고 있었다.

타키투스의 기록이 옳다는 전제하에 우리가 앵글족에 관해 알 수 있는 사실은 이들이 당시에는 별로 주목할 만한 종족이 아니었고, 근처의 다른 비슷한 여섯 종족들과 마찬가지로 작은 지역에 살았다는 사실이다. 그들의 인구도 매우 적어서 추측건대 수천 명에 불과했을 것이다.

타키투스의 기록에는 색슨족에 관한 언급이 없다. 그 대신 다른 기록을 보아야만 한다. 타키투스보다 거의 한 세기 후에 기록된 내용들이다. 색슨족의 국가는 몇몇 작은 집단들의 연맹이었을 것이다. 4세기에 이르자 색슨족은 로마제국이 통치했던 골 지방에서 침략자로 명성이 자자했다. 당시 색슨족이 침략했던 골 지역은 라인 강부터 루아르 강에 이른다.

따라서 간략하게 정리하자면 앵글족과 색슨족은 게르만족에 속한 종족들로서 다른 게르만족 종족과 함께 이웃을 이루면서 북해 해안에 흩어져 살았다. 그렇다면 이 두 종족의 언어가 무엇이었는지 자세하게 살펴보아야 한다.

타키투스를 중심으로 다른 저자들도 게르만족의 언어에 관해 거의 언급하지 않았다. 그러나 지금까지 남아 있는 다양한 기록을 토대로 볼 때, 게르만족은 지역에 따라 방언을 사용하기는 했지만 대체적으로 유사한 언어를 사용했을 것이다. 당시 게르만족의 거주지는 현재의 독일, 네덜란드, 남부 스칸디나비아이다. 이때 대다수의 게르만족이 사용한 공통 언어를 게르만어 또는 게르만 조상언어라고 한다.

당시 게르만족 공통 언어의 명칭이 있었는지에 대한 질문에는 아마도 '아니오'라고 답하는 것이 맞을 성싶다. 라틴어 기록에는 '게르마니아 (Germania)' 또는 '게르마니(Germani)'란 용어들이 표기되어 있기는 하지만, 게르만족 사람들이 실제로 이 명칭을 사용해 자신들의 언어를 지칭했는지는 분명하게 명시된 것이 없다. 게르마니아라는 단어의 기원도 알려지지 않았다. 게다가 당시 게르만어를 사용하는 여러 종족의 사람들이 스스로 하나의 집단이라고 생각했는지에 대해서도 확실한 기록이 없다. 만일 이처럼 게르만족이 하나의 종족이 아니라면, 게르만족 공통 언어의 명칭에 대해서 고민할 필요가 없을 것이다.

03. 앵글족, 색슨족의 언어

색슨족은 영국 남쪽에 이주하자마자 영국 해협 방면 해안가에 에섹스 (Essex), 서섹스(Sussex), 웨섹스(Wessex) 세 왕국을 건설했다. 앵글족은 주로 템스 강 북쪽을 지배했고 동앵글리아(East Anglia), 중앙 앵글리아(Middle Anglia), 머시아(Mercia), 노섬브리아(Northumbria)를 건국했다. 노섬브리아는 이후 북쪽으로 영토를 넓혀서 포스만(지금의 스코틀랜드 포스 강 유역)까지 지배했다.

게르만족들과 함께 유입된 언어가 과연 무엇인지 궁금하지 않을 수 없다. 이 언어들은 앵글어와 색슨어였을까, 아니면 앵글로·색슨어였을까. 모두 아니었던 것 같다. 앵글어나 색슨어나 완전하게 다른 언어라고 할 만한 근거가 없기 때문이다. 많은 기록에 의하면 앵글족과 색슨족이 사용했던 언어들은 큰 차이가 없었으며, 게르만족이 차지한 지역 전체에서 종족들 간에 얼마든지 상호 소통할 수 있었다. 두 종족은 유럽 대륙에 살 때는 서로 완전하게 분리되어 있었지만, 영국으로 이주한 뒤에 상호 통합하기 시작했다. 따라서 이 두 종족의 언어를 완전한 별도의 언어로 보기에는 다소 문제가 있다. 앵글족과 색슨족 이외에도 주트족이 영국 침공에 가담했다. 이들은 주로 켄트와 와이트 섬을 차지하고 이 지역을 중심으로 활동한 종족이었고, 논쟁의 여지가 있지만 유틀란트 반도로부터 왔을 것이라고 추정된다. 최근 학자들은 게르만족 이주민 중에 프리지아 사람들이 많이 포함되어 있었다고 보는 경향이 있다.

이런 점을 고려한다면 영국에 유입된 게르만어가 특정 종족의 언어가 아님을 어렵지 않게 이해할 수 있다. 게르만어는 북해 해안에 걸쳐 넓게 사용된 언어들였다. 좀 더 자세하게 살펴보면 이들 지역에 게르만어의 다양한 방언들이 많이 분포되어 있음을 알 수 있다. 또한 남쪽, 동쪽, 북쪽 방향으로 아주 넓게 퍼진 인접한 방언들의 일부였다.

다시 말해 영국에 온 게르만족이 이전에 살았던 지역 주변에 사는 부족들은 대체로 비슷한 언어를 사용했고, 이런 상황에서 언어는 부족을 구분하는 데 핵심적인 기준이 되지 못했다. 하지만 이런 상황은 영국으로 이주한 후에는 달라졌다.

게르만족 이전에 영국에 살던 사람들은 이미 브리튼어, 스코틀랜드어, 픽트어를 사용하고 있었다. 세 언어는 서로 매우 다를 뿐 아니라 게르만어와는 확연하게 다른 언어였다. 영국에 이주한 게르만족은 우선 자신들만의 문화와 정치적인 야망을 가지고 집단을 형성했다. 집단 안에서의 방언 차이는 방언들 사이의 대단히 큰 유사점에 비해 대수롭지 않았다. 다른 언어들을 사용하는 사람들에게 게르만족은 단일한 침략자 집단이었다. 브리튼족에 대항해 이들 스스로도 여러 면에서 하나의 집단이라고 생각했다. 그러나 다른 한편, 그들은 정치적으로 통일되지 않았고 여러 개의 작고 독립적인 왕국으로 나뉘어 있었다.

영국 땅에 사는 사람들이 게르만족 언어를 그들 고유의 언어로 생각하게 되었다는 의미에서 언제 영어가 탄생했는가 하는 질문에 대한 답은, 앞서 로맨스어들이 자신의 정체성을 획득하는 과정을 살펴본 것처럼, 문자언어가 만들어짐과 동시에 또는 조금 늦게 언어에 명칭이 붙여지는 때라고 볼 수 있다. 영국에서도 같은 과정을 확인해볼 수 있다.

그러나 상황은 좀 더 복잡하다. 두 개의 서로 다른 문자언어가 만들어졌다. 하나는 먼저 만들어진 룬문자이고 또 하나는 라틴문자를 도입한 문자이다.

04. 영국에서의 룬문자

게르만족은 자신들을 하나의 통일된 종족으로 여기지 않았지만, 이들 모두 그들의 언어를 표기할 때는 룬문자를 사용했다. 최근 연구에 따르면 룬문자는 기원후 1세기 정도에 설정된 문자이다. 문자의 구성을 보면 우선 알파벳 체계를 따르는 것을 알 수 있다. 이 알파벳 체계가 어떻게 시작되었는지에 관해 일반적으로 라틴 알파벳에서 기원했다거나, 이탈리아나 그리스 지역에서 사용되었던 알파벳에서 기원했다고 논리적으로 추정한다. 그러나 룬문자 형태는 그보다 자유롭게 각색된 것 같다. 룬문자 알파벳은 기본적으로 직선으로 구성된다. 이것은 글자를 나무에 새기는 데 매우 편리한 구조이다. 일부 글자들 중 ᛒ, ᛏ 등은 라틴문자인 B, T 등의 모양과 흡사하기도 하지만 ᚠ, ᛞ와 F, D의 경우처럼 심하게 변형된 형태이거나 아주 다른 것도 있다. 또한 룬문자 중 어떤 글자들은 라틴문자에서 해당하는 글자를 찾을 수 없다. 예를 들어 thing의 밑줄 친 부분의 소리를 말하는 치간음을 표기하는 ᚦ와, we의 밑줄 친 부분의 소리를 말하는 연구개활음을 표기하는 ᚹ가 있다.

가장 오래된 룬문자 유물은 기원후 200년에 만들어진 것이다. 룬문자의 역사는 매우 길며, 특히 스칸디나비아 지역을 중심으로 1000년 이상 사용되기도 했다.

영국에 온 초기 게르만 침략자 중에 룬문자를 아는 사람이 있었다. 영국에서 새로운 언어에 관한 최초의 증거는 약 4~5세기경 고대 유골함 안에서 발견된 사슴의 뼈에 기록된 명문이다. 룬문자로 ᚱᚨᛁᚺᚨᚾ이다. 이 글자를 알파벳으로 전환하면 'raihan'이 된다. 하지만 애석하게도 의미를 알 수 있는 단서는 없다. 단지 글자들의 배열을 보고 아마도 게르만 단어를 표기한 것이 아닐까 하고 추측할 뿐이다.

650년까지 약 200년 동안 룬문자로 기록된 유물들은 영국의 남서 또는 남쪽 지역인 동앵글리아, 켄트 지역에서 주로 발견되었다. 영국에서 발견된 룬문자 유물은 유럽 대륙에서 일반적으로 사용된 룬문자와 달랐다. 아마도 유럽 대륙에서 영국으로 문자가 건너오면서 기록은 물론 발화를 반영하기 위해 변모했기 때문일 것이다. 그래서 앵글로·색슨 룬문자는 독특한 모습을 갖고 있었다.

영국 남쪽과 남서쪽 지역에서는 시간이 흐르면서 룬문자의 사용이 뜸해지기 시작했다. 650년 이후부터는 룬문자 대신 라틴문자가 더 많이 사용되었기 때문이다. 이것은 그리 놀라운 일이 아닌데 그 이유는 차차 설명하겠다.

노섬브리아 지역인 영국 중부와 북부에서 룬문자는 7세기부터 11세기까지 기독교 기록에 자주 사용되었다. 이에 대한 자연스러운 해석은 이 지역의 교회가 포교를 위해 고대 룬문자를 채택했기 때문이라는 것이다. 거기에는 충분한 이유가 있다. 가장 그럴듯한 이유는 기독교가 전파될 당시 자기 언어를 룬문자로 읽을 줄 아는 사람들이 라틴문자로 쓰인 것을 이해하지 못했다는 것이다. 특히 주술적인 종교 행위와 연관된 룬문자를 교회가 채택함으로써 전통적인 종교를 기독교가 대체하고, 교세를 확고히 할 수 있다고 생각했을 것이다.

문제는 앵글로·색슨 룬문자 형식이 과연 영어의 전신인가에 관한 것이다. 이에 대해 역사적으로 확고한 사실을 바탕으로 '그렇다'라고 답하기는 쉽지 않다. 분명한 사실은 룬문자를 사용하는 게르만족이 영국에 오기 전에 이미 영국에서 라틴문자를 사용하고 있었다는 사실이다. 하지만 앵글로·색슨 룬문자를 영어로 볼 수 있는 것인지에 대해서는 생각할 여지가 많다. 룬문자가 처음 사용되었을 때 영국에 이주한 게르만족 사람들은 자신들이 소통에 사용하는 언어가 하나로 통일된 것이라고 여기지 않았다. 게다가 영국의 게르만어를 유럽의 게르만족이 사용하던 언어와 분리된 것이라고 여기지도 않았다. 룬문자를 기록 수단으로 더 이상 사용하지 않게 되기 전에 사람들 사이에 이 언어가 별개의 언어라는 관념이 분명하고 확고하게 정립되었다. 그러나 그 과정에 룬문자를 사용한 것이 중요한 영향을 미치지는 못했다. 룬 문자는 많이 쓰이지 않았고 영국의 남서 지역에서는 거의 사용되지 않았다. 전체적으로 룬문자는 미미한 현상일 뿐이었고 문자 영어는 다른 방식으로 성립되었다.

05. 로마 문자와 영어

450년경 침략 이후 라틴어는 게르만족이 거주하는 영국의 일부 지역에서 사실상 사라지고 있었다. 아일랜드인들과 브리튼 사람들 지역에서는 교회를 중심으로 라틴어가 계속 사용되었던 반면, 이교도인 게르만족이 세운 왕국들에서는 라틴어가 사용될 곳이 없었다. 당연히 라틴문자도 사용되지 않았고 그 대신 게르만족의 문자인 룬문자가 한 세기 이상 그 지역에서 사용되었다.

로마에서 기독교 선교사들이 처음 이 지역에 왔을 때, 이들은 종교와 라
틴어뿐 아니라 라틴문자, 양피지, 펜 등도 전달했다. 이 새로운 기술을 활
용해 룬문자로는 기록이 불가능한 긴 내용의 기록물도 비교적 쉽게 만들
수 있었다. 곧 사람들은 새로운 문자로 토착어를 기록하는 것이 유용하다
는 것을 알아차렸다.

597년에 교황 그레고리우스 1세(Gregorius PP. I)는 선교를 위해 고위 성
직자 오거스틴(Augustinus Cantuariensis)을 수행원들과 함께 영국으로 파
견했다. 기독교 신자였던 켄트 왕 에설버트(Ethelbert)는 이들을 환영했다.
그의 부인 베르타(Bertha)는 프랑크족 혈통으로서 메로빙거왕조의 공주였
는데, 자신의 종교를 위해 파리에서 기독교 사제와 함께 영국으로 건너왔
다. 에설버트는 기독교로 개종하고 오거스틴을 켄트의 수도에 위치한 캔
터베리 사원의 최초 주교로 임명했다.

오거스틴과 그의 일행은 로마와 교회의 언어인 라틴어를 사용하던 사
람들이었다. 오거스틴은 영국에 파견된 이후에도 그레고리우스 교황과
지속적으로 서신을 주고받았다. 그중에는 교황이 에설버트 왕에게 보내
는 편지도 포함되어 있었다. 캔터베리는 라틴어의 교두보가 되었다. 이런
소박한 시작이 곧 영국 전체에 라틴어와 기독교 신앙을 퍼뜨려 약 한 세기
에 걸쳐 영국 전역에 굳건히 확립되었다. 그러나 선교의 가장 놀라운 언어
적 결과는 라틴어 형식의 문자 사용이 거의 즉시 켄트의 방언에 적용된 것
이다.

라틴문자로 기록된 최초의 영어 기록물은 에설버트 왕 통치시기에 만
들어진 법령이다. 이 기록은 빠르면 선교사들이 도착한 지 몇 년 지나지
않은 603년에서, 늦어도 에설버트가 죽은 해인 616년 사이에 만들어진 것
으로 보인다. 이 기록은 12세기에 필사된 것이 남아 있다. 안타깝게도 현
대화된 형태로 쓰여 있다. 내용은 상당히 짧고, 주로 범법 행위에 대한 벌

금을 기록한 것들이다. 예를 들어 다음과 같다.

Gif man frigne man gebindeþ, XX scill' gebete.
자유민을 구속한 사람은 벌금 20실링을 부여한다.

이에 대해 몇 가지 의문이 든다. 첫째로 에설버트 왕은 왜 성문법을 제정하려 했는가. 둘째로 이 법령의 혜택은 누구에게 돌아가는가. 셋째로 법령이 왜 라틴어가 아닌 켄트 지역의 방언으로 기록되었는가. 넷째로 법령을 기록한 새로운 문자언어는 어떻게 만들어졌는가이다. 비록 우리가 당시의 왕과 왕국에 대해 자세하게 알 수 없지만, 이 질문의 답을 찾을 수 있을지도 모르겠다.

성문화된 법령을 제정한 것은 에설버트 왕 때만 있었던 일이 아니다. 로마제국에도 성문법이 있었고, 게르만족의 경우를 보더라도 위에 제시된 법이 최초로 성문화된 법은 아니었다. 많은 게르만 문화권에는 이전부터 비슷한 내용의 법령이 구전으로 전해지고 있었다. 하지만 일부 게르만족 사람들이 로마제국에 편입되었고, 그들의 새 고향인 로마에서 사용하는 문자인 라틴어로 법전을 만들 필요성을 느꼈다. 게르만족의 가장 유명한 법을 들자면 바로 살리 프랑크족의 법령이다. 500년에 만들어졌으며 라틴어로 기록된 것이었다. 에설버트 왕의 왕비이자 프랑크의 공주였던 베르타는 분명히 이 법령을 전부터 알고 있었을 것이다.

법령의 공표는 정치적인 행위이며 반드시 목적이 있기 마련이다. 에설버트 왕의 법령 공표로 누가 이익을 얻는지 알아보는 것은 어렵지 않다. 법의 대부분은 잘 정돈된 규정들로 구성되어 있었다. 하지만 법령의 첫 단락에서 다소 특이한 점이 발견된다. 바로 법령이 교회, 주교, 성직자들에게 죄를 짓는 행위에 대해 과도한 벌금을 제시한다는 점이다. 교회가 생긴

지 겨우 몇 년밖에 되지 않았던 곳에서 이 법을 따라야 했던 백성들은 교회와 새로운 종교에 더 큰 관심을 갖게 되었다.

왕 자신도 혜택을 받는 부분이 있었다. 왕은 통치자로서 이 법령을 반포할 때 왕과 자문협의회(witan)의 이름을 포함시켰다. 게르만 국가에서 법령은 통치자가 칙령을 발표해서 만들어지는 것이 아니라 일반 사람들의 전통에서 기원했다. 예를 들어 살리족의 법은 지방의 유지들 중 선발된 네 명의 대표자들에 의해서 수집된 전통적인 법을 근거로 만들어졌다. 에설버트 왕은 성문화된 법령에 처음으로 자신의 이름을 올린 게르만 왕이었다. 이것은 에설버트 왕의 위신을 위한 목적이자 나아가 왕과 자문협의회와의 관계를 위한 것이 분명했다.

에설버트가 반포한 법령은 교회의 언어인 라틴어로 기록되지 않았다. 글을 읽을 수 있는 사람이 거의 존재하지 않은 상황에서 의미 없는 행동일 수도 있는데 어째서 이렇게 발표했는지 이유가 궁금할 것이다. 영어로 발표한 것은 커뮤니케이션 측면에서 문제가 있었다. 영어를 읽는 훈련을 받은 사람이 있으려면 먼저 영어로 된 문서가 존재해야 한다. 룬문자에 익숙한 소수의 켄트 사람들은 영어를 배우는 과정이 좀 더 쉬웠을지도 모른다. 그럼에도 불구하고 교회에서 (라틴어를) 교육받는 것은 필수적이었다. 소수의 전문가만이 법령을 처음부터 읽을 수 있었을 것이다. 그러나 법령을 영어로 발표했고, 이 선구자적 행동이 중대한 결과를 낳았다. 당시 법령이 영어로 성문화된 것은 영어가 '발화 언어'에서 '문자언어'로 도약하게 된 중요한 전환점이 되었다.

새로운 문자언어가 태동한 경위를 보면 새로운 언어의 탄생이 그리 어려운 일이 아님을 알 수 있다. 라틴문자 체계는 영어 소리를 표기하는 데 사용될 수 있었다. 우리는 누가 처음으로 기록을 했는지 알 수는 없지만 영어의 탄생은 선교사의 독해 능력과 법에 관심을 가졌던 켄트 사람들의 노력이 어우러진 결과라고 볼 수 있을 것이다. 다만 아쉬운 점은 켄트인들의 기록들이 원본 그대로 남아 있는 것이 없기 때문에 당시 글들이 어떤 철자 체계를 갖추고 있었는지를 알기가 거의 불가능하다는 사실이다. 고대 영어 문헌은 일반적으로 지금과 마찬가지로 라틴문자 체계를 그대로 따랐지만, 지금과 주요한 차이점은 일부 글자들을 룬문자에서 차용해서 라틴어에 없는 소리를 표기한 것이다. 이미 앞서 예시한 Þ(thing), Þ(w), ð(them)처럼 세 문자가 여기에 속한다고 할 수 있다.

앞서 설명한 법령은 영국에 살았던 게르만족의 게르만어 내용을 소리가 나는 대로 라틴문자로 기록한 최초의 문서였다. 법령의 설립을 주도했던 에설버트 왕은 영어 기록의 아버지라고 주장할 만한 존재였다. 비록 왕이 직접 글을 작성하지 않았더라도, 심지어 읽을 수 없었더라도 그는 적절한 명령을 내렸고, 그럼으로써 에설버트 법령이 만들어진 것이다. 그 배경에 중요한 외국인 두 사람, 오거스틴 대주교와 왕비 베르타의 공로도 잊지 말아야 할 것이다.

06. 초창기의 영어 문헌

영국에 영어가 새로운 언어로서 처음부터 빈번히 사용된 것은 아니었다. 7세기 동안 켄트 왕국에서 최초의 법령 외에 법적인 문서가 두 건이 더 만들어졌고 7세기 말에 웨섹스 왕국의 이네 왕(King Ine)이 법을 제정했다. 이후 200년 가까이 법에 관련된 기록이 없었고, 일부 행정적인 서류 정도가 기록물로 남아 있을 뿐이다.

통치 문서와 달리 문학에서는 기록 활동이 활발했다. 7세기에는 적어도 한 사람이 영어로 시를 썼으며, 그 이후 시대에는 작자 미상의 중요한 시들이 이 방식을 따랐다. 이 시들 대부분은 1000년쯤에 필사된 것이 남아 있어서 실제로 시를 지었던 정확한 시기를 측정할 수 없다. 따라서 최고의 작품들이 얼마나 오래된 것인지를 밝히기는 어렵다. 또한 작가가 그 시를 직접 지은 것인지 또는 구전되는 시를 옮겨 적은 것인지도 분명치 않다.

이 시들은 라틴어 시에서는 찾아볼 수 없는 운율 형식을 따르고 있으며, 게르만 시의 오랜 구전 전통을 따르고 있다. 기독교적인 주제를 다루는 것이 대부분이었지만, 일부는 게르만 설화 내용을 담고 있다. 그중에 단연코 가장 유명한 것을 들자면 예어트족에 관한 시를 들 수 있다. 이 시는 스웨덴 북쪽 예탈란드 출신의 예어트인에 관한 내용을 담고 있다. 이 작품을 지은 스웨덴 작가의 말에 따르자면 그렇다는 것이다. 이 시에서 주인공 예어트족 사람의 이름은 300개 이상의 행을 읽고 나서야 처음으로 드러난다. 아래 인용된 부분은 예어트족 영웅이 일행과 함께 데인족의 왕이 거처하는 궁궐에 도착해, 왕을 알현하면서 이야기를 나누는 내용이다.

　　　　　　　　　　We synt Higelaces

beodgeneatas; Beowulf is min nama.

Wille ic asecgan sunu Healfdenes,

mærum þeodne, min ærende.

　　　　　　　　　'We are Hygelac's

table-companions; Beowulf is my name.

I wish to say to the son of Halfdane,

the famous ruler, my errand.'

　　　　　　　우리는 히엘락의

동반자입니다. 내 이름은 베오울프입니다.

나는 위대한 지도자 할프데인의 아드님께

　　내가 해드릴 일에 관해 말씀드리고 싶습니다.

　　주인공이 자신을 장황하게 소개하는 모습은 초기 영어 시의 형식을 잘 보여주는 예이다. 시의 모든 행은 두 부분으로 구성되어 있으며, 두 부분 사이에는 잠시 멈추는 부분이 있고 각 부분마다 핵심적으로 강세를 받는 음절이 두 개씩 있다. 예를 들어 mærum péodne, mín ǽrende 등을 보면 잘 알 수 있다. 또한 각 행의 분리된 두 부분에는 각각 동일한 자음으로 시작하는 단어가 위치해야 한다. 이런 현상을 시적 언어로 두운 일치라고 한다. 앞서 예를 든 시를 보면 'mærum péodne, mín ǽrende'에서 mærum, mín이 'm'으로 두운 일치를 보이는 것을 발견할 수 있다.

　　이 시에 영웅은 데인족을 괴롭히는 그렌델이라는 괴물과 싸우겠다고 자원한다. 이 시는 형식에서뿐만 아니라 시의 상황, 이야기, 분위기와 운율 면에서 기독교 선교사들의 라틴 문화에는 낯선 것이었다. 베오울프의 작가가 결국 기독인이었을지라도 말이다. 이 새로운 문자언어는 기록 체계를 도입한 종교에서 영감을 받은 것이 아닌 예술 작품들을 전파하는 데 사용되었다.

　　초기 몇 세기 동안 영국 문학은 주로 법령과 시에 집중되어 있었다. 법령과 시의 기록들은 둘 다 라틴어로 된 것들과 형식적으로 독자적인 것이다. 영시 중 기독교적인 믿음으로부터 영감을 받아 쓰인 것도 많이 있지만, 정작 시의 구성과 운율을 보면 라틴어 시의 영향을 전혀 받지 않았다. 이런 차이에도 불구하고 당시 시인들은 다른 곳이 없었으므로 모두 교회에 속한 학교에서 교육을 받았다. 그러나 라틴어 학습이 결코 그들을 완전히 지배하지 못한 것이 분명하다.

　　이런 사람들은 통치권에 있는 사람들과 관계가 있었을 것이다. 통치자들이야말로 법률을 책임지는 사람들이고 조상 때부터 전래된 옛 이야기들을 암기하고 다음 세대로 전달할 충분한 시간적 여유를 가진 사람들이었기 때문이다. 동시에 이들은 교회와 밀접한 관계를 형성했다. 켄트, 웨섹스, 머시아 등과 같은 게르만 왕국의 왕들은 모두 이런 환경 속에 있던 사람들이었다. 이러한 정치적 중심인물들과 교회는 서로의 이득을 위해 상호 돈독한 관계를 맺었다. 따라서 로마에서 파견된 선교사 중심의 전도는 지도층에서 시작되었다고 보아도 과언이 아니다. 왕족 출신 수도원장들이 여러 수도원을 운영했으며, 수도원은 당시 교육의 중심지가 되었다.

영국 땅에 게르만족 왕국이 존재했던 시절에 뚜렷한 중앙 권력은 없었지만 왕국 간에 문화적인 단일성을 인식하고 있었기 때문에, 브리튼족에 대항해 전쟁할 때는 서로 협조하기도 했다. 이런 협조가 문서 작성에 영향을 미쳤다. 일부 작가들 중에는 서로 안면이 있는 경우도 있었지만, 그렇다고 해서 그들 사이에 문자언어의 표준형을 설정하려는 시도까지 있었던 것은 아니다. 오히려 작가들은 각자 자신이 살던 지역의 방언인 켄트어, 웨스트 색슨어, 노섬브리아어 등으로 글을 썼다.

영국의 이런 상황은 마케도니아의 침략을 받기 전의 그리스와 흡사하며 어떤 면에서는 단테 이전의 이탈리아와도 유사하다. 정치적인 통합이 없는 곳에서는 문자언어의 공통 표준화가 쉽게 이루어지지 않는다. 비록 영국 작가들이 라틴어로 된 작품에서 문자언어의 표준형을 인식했다 하더라도 이와 유사한 기준을 인위적으로 설정하려고 하지는 않았다. 어쩌면 영국 작가들은 오히려 자신들의 방언을 표준으로 만들려고 노력했는지도 모른다. 노섬브리아어, 켄트어 등으로 쓰인 작품들을 보면 알 수 있다. 이런 경향은 마치 그리스 작가들이 도리아 방언, 이오니아 방언, 아이올리스 방언으로 작품을 쓴 것과 같다. 그러나 역사는 다른 방향으로 흘러갔다.

07. 비드, 라틴어, 영어

597년에 오거스틴이 영국에 도착한 후 한 세기도 채 지나지 않아서 모든 게르만족 국가들은 적어도 명목상으로는 기독교를 국교로 정했다. 이에 대한 자세한 이야기는 비드가 730년에 완성한『영국 교회사(Ecclesiastical History of the English People)』에 수록되어 있다. 비드는 영국 북동쪽에 위치한 몽크웨어마우스와 자로(현재 뉴캐슬어폰타인에 해당하는 지역)에 위치한 수도원에서 수도사와 사제로 종사했다.

비드는 라틴어로 저술했으며 상당히 수준 높은 라틴어를 구사했다. 비드는 다작한 작가로서 대표작인『영국 교회사』외에도 성경의 모든 낱권에 주석서를 썼으며 다른 분야에 연관된 글도 많이 남겼다. 역사적으로 비드는 매우 탁월한 사람이었다. 그의 글들은 8세기 초 주로 노섬브리아에 위치한 수도원에서 완성되었다. 비드가 이처럼 라틴어를 기초로 작품을 쓴 과정을 통해 당시 앵글로·색슨이 지배하는 영국에서 일반적으로 라틴어의 위상이 여전했음을 분명하게 확인할 수 있다.

그러나 많은 사람들이 라틴어를 읽고 말하고 쓸 수 있었다는 뜻은 아니다. 비록 일부 사람들이 라틴어를 알고 있었다고 해도 대다수는 성직자들이었다. 영국에서 사용되는 모든 언어들은 라틴어와 전혀 달랐기 때문에, 당시 교회 안에 있는 학교에서 이 언어에 대한 교육을 따로 받지 않는 한, 라틴어를 사용하는 것은 불가능했다.

기독교 교리와 라틴어는 영국 땅에 동시에 수입되었고 둘은 항상 서로 의존했다. 교회에서 신도들에게 설교할 때는 지역 언어를 사용했지만 성경, 예배, 찬송, 종교학적 평론, 그리고 다른 모든 종교적 기록들에는 라틴어가 사용되었다. 기독교 신앙은 바로 라틴어 기록에 기반을 두고 있다. 이와 같은 라틴어의 기능은 피터버러 연대기에 있는 단어 표현에 잘 요약

되어 있다. 즉, 'boc leden(Book Latin)'이 대표적인 예라고 할 수 있다.

비드가 저술한 『영국 교회사』는 영국 역사 중 7세기와 8세기 초의 모습을 가장 잘 보여주는 자료이다. 또한 영국 내에서 통용되었던 언어들에 대해서도 값진 정보를 제공해준다. 비드가 영국 상황에 대해 기술한 내용은 피터버러 연대기에 기술된 내용과 많은 부분에서 서로 일치한다. 실제로 연대기에 기술된 단락들은 어느 정도 비드의 저서를 요약, 번역한 것이다. 비드의 주장에 따르면 당시 영국에서는 5개의 언어가 사용되고 있었다. 첫째는 'lingua Anglorum'으로서 '앵글족 언어'를 가리킨다. 이 언어는 연대기에 'Englisc'라고 수정되어 기록되었다. 비드는 영어를 고유한 명칭을 가진 별도의 언어라고 확신했다.

비드는 영어 기록에 대해 수차례 언급한 바 있다. 그는 자신의 글에 에설버트의 법령을 언급하면서 라틴어로 "앵글족 말을 적은 것(conscripta Anglorum sermone)"이라고 기록했다. 이 외에도 비드는 7세기 말엽에 노섬브리아에서 활약했던 최초의 영어 시인인 캐드먼(Caedmon)에 관해 언급했다. 그의 기록에 따르면 시인 캐드먼은 기독교인의 믿음에 관한 시를 '앵글족의 언어(Anglorum lingua)'로 노래할 수 있는 재능을 하늘로부터 부여받은 사람이었다.

또한 비드는 캐드먼의 시와 에설버트의 법령 모두 그들의 모어인 영어로 기록되었다고 여겼다. 분명 어느 정도 다른 방언임에도 적어도 그 시기부터 영국 땅에 영어는 발화 및 문자언어 모두에서 하나의 언어라는 관점이 바뀌지 않았다.

이쯤에서 영국을 침공한 게르만족의 언어가 어떤 이유로 앵글어라고 불리게 되었는지 살펴보지 않을 수 없다. 이에 대해서 확실한 답을 찾기가 어렵긴 하지만, 비드의 기록 때문에 사람들이 이런 믿음을 갖게 된 것이라고 추측해볼 수 있다. 비드는 영국의 게르만족을 가리켜 '영국인(gens

Anglorum)'이라고 명명한 최초의 작가이다. 그의 기록에서 '영국의 언어 (lingua Anglorum)'라는 표현이 여러 차례 사용된 것이 큰 영향력을 미친 것 같다.

비드 이전에 활동했던 라틴어 작가들은 앵글족(Angli)이라는 말보다 색슨족(Saxones)이라는 말을 더 많이 사용했다. 비드는 그의 저서에서 항상 같은 용어만 사용하지는 않았다. 'lingua Anglorum'이라는 용어를 여러 번 사용했으며 앵글 왕국과 켄트 왕국 사이에서 발생한 사건들을 서술할 때 응용하기도 했다. 그러나 때로 웨섹스 왕국, 에섹스 왕국을 언급할 때에는 또 다른 용어인 'lingua Saxonum(색슨족의 언어)'을 사용했다. 이런 특성은 비드가 남긴 다른 문서에도 그대로 적용되었다. 그가 살던 시대에 색슨족 언어는 색슨 언어로 그리고 영어는 앵글족이 사용하는 언어로 여겨졌던 것 같다. 그러나 앵글족 사람으로서 평생을 노섬브리아에서 산 비드가 영국 전체의 언어를 가리키는 말로 'lingua Anglorum'을 쓴 것은 자연스러운 일이라고 볼 수 있다. 비드의 이와 같은 기록 덕분에 '잉글리시'라는 명칭이 '색슨'이란 명칭 대신 사용된 것이 아닌가 한다.

08. 앨프레드 대왕과 웨스트 색슨

비드 이후 한 세기 반 동안 영국 내에서 비드만큼 일생을 바쳐 기록에 매진한 사람을 찾기란 거의 불가능했다. 라틴어든 영어든 이 시기의 기록물들이 거의 남아 있지 않았다. 특히 이 시기는 9세기 초부터 시작된 바이킹의 침공으로 인해 매우 불안정한 시기였다.

앨프레드 대왕(Alfred the Great)은 영국 문학에 새로운 전기를 마련했다. 그는 웨섹스의 웨스트 색슨 왕국의 통치자로서 웨섹스뿐만 아니라 잉글랜드 전체를 이끌어서 덴마크 지역에서 영국으로 침공을 감행한 바이킹에 맞서는 데 성공했다. 바이킹들은 잉글랜드의 동쪽에 정착했고 섬 전체의 통치권을 위협하고 있었다.

앨프레드 대왕은 군사, 정치에서뿐만 아니라 방대한 범위의 중요한 문학적 활동에도 큰 업적이 있다. 어려서 영어를 읽고 쓰는 교육을 받았고 커서는 라틴어를 습득했다. 두 언어를 모두 배운 사람은 당시에 매우 드물었다. 왕이 직접 한 말에 따르면 그 시기에 험버 강 남쪽에는 라틴어 서신을 영어로 번역할 수 있는 사람이 거의 없었고, 북쪽 지방에도 많지 않았다. 이처럼 학식 있는 사람이 감소한 것은 바로 바이킹들의 무자비한 파괴 때문이었다. 바이킹은 수도원과 교회를 황폐화시키고 수많은 지식인들을 무수히 살해했다. 이런 상황에서 체계적인 교육 환경도 대부분 심대한 타격을 입게 되었다.

앨프레드 대왕은 독실한 기독교인이면서 뛰어난 행정가였다. 젊은 시절에 로마를 방문하기도 하면서 세상을 돌아볼 기회를 가졌다. 그는 이런 경험을 통해 많은 사람들이 글을 읽을 줄 아는 것이 무엇보다도 중요하다는 사실을 깨달았다. 이런 환경에서 그는 라틴어 교육 전통이 허약한 곳에 새로 전통을 쌓는 것이 어려울 뿐만 아니라 실용성도 없다는 사실을 알게 되었다. 그는 라틴어로 기술된 주요 저서들을 영어로 번역하는 야심찬 정책을 대대적으로 실행했다. 일부 라틴어 저서는 앨프레드 대왕이 직접 번역했고, 다른 저서는 왕의 글을 본보기로 삼아 번역되었다. 또한 그는 자신의 권한이 미치는 범위에서 많은 법률을 제정했다. 이런 노력 덕택에 영국 내에서 영어 기록물의 수가 크게 증가했다.

웨섹스 왕이 이와 같은 노력을 경주한 이유를 살펴보아야 한다. 앨프레드 대왕이 글자에 대한 순수한 애정과 굳건한 신앙심에서 이러한 노력을 기울인 것은 의심의 여지가 없다. 그러나 앨프레드 대왕은 잉글랜드 전체를 연합해 데인족에 맞서 싸우려는 자신의 정치적 야망을 위해, 잉글랜드 전체를 아우를 수 있는 공통적인 '영어 문자언어'를 만든 것이다.

앞서 보았듯이 앨프레드 대왕 이전에 영어로 쓰인 몇몇 문헌들은 각자의 방언으로 쓰여 있었다. 이런 전통이 없어진 것은 아니지만 앨프레드 시기에는 대부분의 영어 문헌이 웨섹스 왕국의 웨스트 색슨 방언으로 쓰였다. 이어지는 몇 세기에 걸쳐 웨스트 색슨 언어가 점차 표준 문자 형식으로 부상했다. 이런 위상의 변화는 웨섹스가 정치적으로 지배적인 힘을 갖게 된 것과 발맞추어 발생했으며, 앨프레드 대왕 사후에 그의 자손들이 잉글랜드 전체의 왕이 된 것과 무관하지 않았다.

세월이 흘러 10세기 후반에 이르자 잉글랜드는 비교적 안정과 번영을 찾기 시작했고, 교회 내부의 개혁 운동 결과로 영어로 쓰인 문헌들이 대거 양산되기 시작했다. 이 작품들은 대부분 설교집, 성인의 전기, 라틴어 성경의 번역본 등이었다. 또한 영어로 쓰인 많은 초기 작품들이 수집되고 복사되었으며 대부분은 표준 웨스트 색슨 방언으로 다시 쓰였다. 그때까지 남아 있던 대부분의 초기 영어 문헌들은 사실 수십 년간 쓰이고 복사된 것이었다. 1000년 전후로 영어는 잉글랜드 왕국 안에서 표준 기록 형태가 되었다.

영어가 시작된 후 1066년까지 영어의 초기 형태를 지금은 고대 영어(Old English)라고 부른다. 앞에서는 고대 영어라는 용어를 사용하지 않으려 했다. 당시 언어 화자들은 우리들이 보는 관점과는 달랐다는 것을 상기하기 위해서였다. 당시 사람들의 관점에서 아주 오랫동안 사용되면서 높은 위상을 갖고 있었던 라틴어에 비하면 영어는 새롭게 기록 형태가 확립된 언어였다.*

---

* 따라서 고대 영어라는 용어를 사용하게 되면 영어가 마치 당시의 라틴어와 비슷하게 오랜 역사적 배경을 갖고 있는 언어로 오인될 여지가 있기 때문에 이전에는 이 용어를 사용하는 것을 자제

후에 고대 영어라고 불리게 된 이 표준 문자언어는 법이나 헌장뿐 아니라 문학(주로 종교적인 것)과 다른 여러 목적으로 사용되었다. 이 문자언어는 라틴어와 경쟁하면서 새로 성립된 잉글랜드 왕국 안에서만 사용되었다. 이 문자언어의 사용자는 세속적·종교적 엘리트였는데 왕족, 귀족들과 추기경, 수도원장, 수도사 등 성직자들이었다. 하지만 이후 다른 종족이 나라를 침략해 기존의 지도자들이 제거되자 고대 영어라는 표준 언어도 사라지는 운명을 맞이하게 되었다.

09. 노르만족과 프랑스어

노르만족의 잉글랜드 침략은 언어에 획기적인 전환을 가져온 역사적인 사건이다. 1066년 이후 영어로 소통했던 상류층 인사들이 노르만족에 의해 축출되거나 살해되었고, 이들의 자리를 예외 없이 프랑스어를 사용하는 노르만인들이 차지했다. 라틴어와 프랑스어가 문자언어로 쓰이게 된 것이다. 프랑스어는 궁정과 새로운 지배층이 있는 곳 어디에서나 발화 언어로 사용되었다. 이로 인해 프랑스어와 영어, 두 발화 언어는 사회적으로 각자 다른 영역의 언어로 발전했다. 이렇게 2~3세대가 지나자 영국의 상류층 사람들은 자신의 조상이 누구였는지 상관없이 프랑스어로 말했고, 하류층의 보통 사람들은 여전히 영어를 썼으며 프랑스어는 거의 전혀 몰랐다.

이런 방식으로 사회에서 영어의 역할과 위상이 갑작스럽게 달라졌다. 노르만족이 영국 영토를 점령하기 전까지 잉글랜드는 놀랄 만큼 동질적인 언어를 사용했다. 켈트어파 언어는 잉글랜드 바깥에서 주로 사용되었

햇던 것이다(옮긴이).

고, 9세기 이후 이주해온 데인족과 스칸디나비아인들은 언어적으로 영어에 흡수되었다. 그 결과 잉글랜드 안에서 주민의 절대 다수는 영어만 사용했다. 게다가 앞서 살펴본 것처럼 표준 문자언어도 발달되고 있었다. 그러나 한두 세대 만에 상층 계급이 프랑스어로 말하고 라틴어와 프랑스어로 기록하자, 영어는 그 특권을 잃고 힘없는 자들의 언어가 되었다.

이는 다른 언어의 역사에서도 흔히 볼 수 있는 일이며, 몇몇 사례는 이미 언급했다. 로마제국이 골 지역을 점령하고 통치하고 난 뒤, 즉각 켈트족에게 라틴어를 사용하도록 강요했다. 세월이 흐른 뒤 게르만 침략자들은 라틴어 사용자들을 예속했다.

이 두 사례에서 보듯이 이런 상황의 결과는 미리 예정된 것이 아니다. 로마인들은 라틴어를 그들의 제국에서 지배적인 언어로 만들었지만, 영국에서는 라틴어가 모어의 위치에 전혀 도달하지 못했다. 이와 대조적으로 프랑크족, 부르군트족 등 골 지역의 다른 게르만족들은 자신들의 모어를 잃어버렸다. 프랑스어를 사용하는 노르만족의 후손들이 영국에서 자기 언어를 잃어버린 것과 마찬가지다. 한 나라 안에서 두 개의 언어가 모두 살아남는 경우도 있다. 한 예로 스웨덴인이 핀란드어를 쓰는 핀란드인의 땅을 12세기에 점령해서 약 600년 정도 유지한 것을 들 수 있다. 스웨덴의 지배는 1809년에 끝났는데 그 시기에 소수의 사람들만 스웨덴어를 썼고, 다수는 핀란드어를 사용했다. 지금 핀란드에서는 두 언어 모두 사용되고 있다.

우리가 알다시피, 영국에서 프랑스어는 결국 사라졌으나 오랫동안 이런 일이 일어날 것이라고는 예상할 수 없었다. 13세기 초에 프랑스어는 더욱 지배적이었으며, 그 당시 영국과 프랑스 지배층은 하나로 통합된 상태였다. 영국의 왕들은 프랑스에서 공작으로서 영지를 여러 개 차지하고 있었고, 몇몇 왕들은 대부분의 시간을 프랑스에서 보냈다. 더욱이 그들은 영어를 거의 모르거나 전혀 몰랐다. 이런 상황은 왕들뿐만이 아니었다. 대지주들도 영국과 유럽 대륙 양쪽에 영지를 소유하고 있었다.

사실 영국 왕들이 프랑스에서도 강력한 권력을 행사하는 것은 양국 사이에 중대한 문제가 되었다. 영국의 존 왕(John Lackland)은 1204년에 프랑스 노르망디 지역에 소유하고 있던 영지를 박탈당했는데, 이 사건이 전환의 시작이었다. 일련의 정치적인 사건들이 영국과 프랑스 사이의 적대감을 조성했다. 영국의 왕과 귀족들은 영국 편이든 프랑스 편이든 한 쪽을 선택해야만 했다. 영국과 프랑스 사이에 일어난 정치적 분쟁이 증폭되어 1337년 전쟁으로 번졌고, 이로써 1453년까지 백년전쟁(Hundred Years' War)이라 불리는 100년보다 더 긴 전쟁을 치르게 되었다.

영국과 프랑스의 정치적 균열이 언어에 즉각적인 영향을 준 것은 아니다. 그러나 전쟁이 오래 지속됨으로써 결과적으로 큰 영향이 되었다. 영국의 지배계급 구성원은 13세기 동안 프랑스와의 직접적·개인적 관계를 잃었다. 한동안 그들의 첫 번째 언어는 프랑스어였지만 영어를 말하는 평민들과의 관계 때문에 대부분 두 가지 언어를 다 배워야만 했다. 점점 영어만이 영국 왕국과 관련된 언어가 되었다. 영어는 14세기 초 군대와 법정에서 발화 언어로 사용되기 시작했고, 이후 14세기 후반에는 행정에도 주로 사용하는 문자언어가 되었다. 15세기 프랑스와 오랜 전쟁이 끝난 뒤, 영국에서는 프랑스어가 발화 언어로서 모어의 지위를 잃게 되었다.

10. 영어의 변형

노르만족이 점령한 뒤부터 한 세기 반 동안 영어로 작성된 문서가 거의 발견되지 않는다. 주로 과거에 특정한 시기에 작성된 문헌들을 통해 그 시기의 언어에 대해 알 수 있는데 발견된 문헌이 거의 없어서 노르만 점령

후 한 세기 반 동안 영어에 어떤 변화가 있었는지 말하기 어렵다. 1200년 이후부터 영어로 된 기록물들이 조금씩 나타나기 시작했다. 그렇지만 이 시기의 문서들은 노르만 정복 이전에 쓰인 영어와 상당히 달랐다. 우선 표준 문자언어를 사용하지 않았다. 10~11세기에 주도적이었던 웨스트 색슨 발화 언어에 기초한 매우 통일된 철자와 문법이 모두 사라졌다. 그 대신 이 시기의 작가들은 각자 자신이 사용하는 지역의 방언에 기초해 철자를 쓰고 글을 적은 것처럼 보인다. 이런 상황이 약 200년 동안 지속되자 다양한 방언이 반영된 수많은 문서들이 나타났는데, 이것은 문자 영어의 초기에 나타난 양상과 비슷하다고 볼 수 있다.*

그러나 이렇게 된 원인은 과거와 똑같지 않다. 초기 앵글로·색슨 시기의 서로 다른 기록 형태는 각각 다른 왕국과 관련되어 있었고 서로 공용어로서 경쟁했다. 13세기와 14세기 초까지 노르만 점령 시기 영국은 하나의 통일된 국가였고, 공용어는 프랑스어와 라틴어였다. 영어를 기록하는 방법은 궁정이나 기타 권력자의 관심사가 아니었고 영어로 글을 쓰는 많은 작가들은 대부분 아주 적은 수의 지역적인 독자들을 상대했다.

게다가 이 시기에 영어에 커다란 변혁이 발생했다. 역사의 발달 과정에서 언어의 변화는 당연한 현상이지만, 변화의 속도는 일정하지 않다. 1066년 노르만 정복 후 3세기 동안 영어에 닥친 변화는 정말 획기적이었다. 일반적인 원인은 분명하다. 영어가 사회에서 권력층과 분리되었으며 지배계층은 영어를 전혀 사용하지 않게 되었다. 지역의 발화 방식은 중앙이나

---

* 하지만 1200년 이후 문서에 나타난 특성과 영국 초기 문서들에 나타난 특성에는 커다란 차이점이 있다. 영국 역사 초기인 앵글로·색슨 시기의 언어가 서로 차이를 보인 것은 당시 영국을 구성했던 왕국들과 밀접한 관련이 있다. 비록 여러 왕국이 선택한 언어가 모두 게르만어라는 동일한 뿌리에서 시작된 것이지만, 왕국에 따라서 각자 선택한 공용어가 달랐기 때문에, 이를 토대로 작성된 문서들의 기록 방식이 서로 다른 것은 당연한 현상이다(옮긴이).

공통 표준의 어떤 영향도 받지 않았다. 반대로 많은 영어 사용자들이 라틴어와 프랑스어 같은 다른 언어도 사용했다.

영어는 문법과 어휘에서 커다란 변화를 겪었다. 영문법의 특기할 만한 변화를 든다면 굴절 어미가 현저하게 사라진 것을 들 수 있다. 초기 영어에서는 단어들의 어미를 변형하는 방법으로 여러 의미를 전달했다. 예를 들어 현대 영어는 명사의 단어 끝에 -s를 첨가해 단수와 복수 의미를 구분한다. 단수형 'son'을 복수의 의미로 바꾸려면 'sons'처럼 단어 끝에 -s를 첨가하면 된다. 이처럼 명사의 경우 단어 끝에 다른 어미를 붙여서 '격(case)'이나 문법적 기능을 가리킬 수도 있었다. 하지만 현대 영어에는 격 표시 중 소유격을 위한 's만 남아 있다.

동사에는 명사보다 더 많은 굴절 어미가 있었다. 앞서 예로 제시한 '베오울프'에서 'wille'의 어미 '-e'는 주격 'I'를 가리키고 'asecgan'의 어미 '-an'은 동사의 부정사형인 'to say'를 가리키는 형태이다.

이러한 어미변화 체계가 1050년부터 과거의 체계가 완전히 축출된 1350년 사이에 상당 부분 자취를 감추었고, 현대 영어와 거의 같은 어미의 모습이 나타났다.

독일어와 같은 게르만어들에는 대부분 굴절 어미가 인도·유럽어족 조상언어에서 물려받은 상태로 남아 있는 데 반해, 영어는 왜 그렇게 철저히 변했을까? 어떤 사람들은 영어가 더 쉽고 효율적이며 지역에 맞는다고 주장하면서, 독일어 같은 언어는 어렵고 비효율적이라고 암시한다. 많은 언어학자는 그런 기준으로 언어에 순위를 매기는 것을 부정하는 편이며 부정하는 것에는 충분한 근거도 있다. 실제 언어는 그와 같이 지나치게 단순한 방법으로 평가하려는 시도가 소용없을 정도로 매우 복잡하다. 게다가 가장 완벽한 언어 모델로 여겨지던 라틴어와 그리스어의 강력한 영향력 아래에 있던 동안은, 활용어미가 많을수록 탁월한 언어라고 여겨졌다.

다른 언어들의 강한 영향을 받아 굴절어미가 사라지는 일도 빈번했다. 앞으로 살펴보겠지만 남아프리카공화국의 아프리칸스어(Afrikaans)는 바로 이런 측면을 잘 보여주는 예이다. 이것은 분명히 영어와 관련이 있다. 영어의 어미들이 사라지기 시작한 지역은 주로 데인족의 영향력이 아주 강력했던 영국 중부의 북쪽과 동쪽 지방이다. 이것은 데인족 언어가 영향을 받지 않았기 때문이 아니다. 당시 데인족 언어에도 나름대로 여러 변형들이 있었다. 데인족이 영국에 이주한 이후에 원주민들이 이들의 언어를 배우면서 이중 언어 사용자가 등장하기 시작했다. 그러나 관련된 언어들의 이중 언어 사용은 언어 체계에 혼동을 일으키고 마침내 체계를 파괴한다. 양쪽 언어의 변형이 매우 복잡했기 때문에 실제로 언어를 사용할 때 변형 형태가 많이 누락되었다. 이런 과정이 지속적으로 반복되면서 누락된 형태가 원래의 모습인 양 사람들 사이에서 통용되기 시작했고, 이런 과정을 통해 언어에 변화가 일어났다.

어휘에 관해서는 같은 시기 프랑스어와 라틴어 단어들이 밀려 들어와 영어를 순수한 게르만 언어에서 게르만 언어의 기본적인 구조에 비게르만 언어의 단어가 결합된 언어로 변화시켰다.* 영어 사전에 실린 어휘들의 90% 이상은 어원적으로 프랑스어, 라틴어, 그리스어에서 온 것이다. 발화 언어를 기록한 문서와 발화의 녹취록을 수집해서 단어 사용 빈도를 살펴보면, 게르만어 단어는 사용 빈도가 매우 높고 가장 자주 사용되는 단

---

* 영어에 많은 변화가 생겼음을 쉽게 발견할 수 있다. 이 시기는 영국이 정치적·문화적으로 앞선 국가가 아니었다. 따라서 사람들은 로마와 파리의 앞선 문화를 받아들이기 시작했다. 이런 과정에서 라틴어, 프랑스어 단어들의 유입은 너무나 당연한 일이었다. 비록 영어가 구조적으로는 게르만어에 속하는 형태를 유지하고 있지만, 문화의 대량 유입으로 인해 게르만어에 속하지 않았던 많은 어휘를 포함하게 되었다. 이런 모습만 본다면 영어를 더 이상 게르만어 계통 언어로만 보기는 어려울 것이다(옮긴이).

어들인 데 반해, 사전에 실린 차용어들은 드물게 사용되고 학습된 단어들이다. 그래도 차용어의 규모는 비정상적으로 크다.

새로운 어휘가 유입되는 과정은 크게 두 가지로 볼 수 있다. 첫 번째는 정복자들이 자신의 언어에서 자주 쓰이는 표현들과 수많은 사물 및 개념을 가리키는 용어들을 가져오는 경우다. 이러한 예로는 '지배(sovereign)'와 '백성(peasant)', '소고기(beef)'와 '젤리(jelly)', '저택(mansion)'과 '오두막집(cabin)' 등이다. 이와 같은 차용어는 사람들의 언어 행위에 지대한 영향을 미쳤다. 유입된 차용어 중에는 영어에 이미 존재하는 어휘와 유사한 의미를 가진 것들도 적지 않다. 이런 새로운 단어들은 특정 단어의 '동의어'로 사용되기도 하지만, 때로 미묘한 의미를 구분하는 데 이용된다. 그래서 당시 노르만·프랑스어에서 유입된 새로운 단어 'mansion'은 옛 영어의 'house'와 약간 비슷한 의미를 가지고 있었다. 이런 방식으로 언어를 차용하는 것은 프랑스어를 사용하는 상위 계층이 존재했던 11세기부터 15세기까지 꾸준히 진행되었다.

어휘 유입의 두 번째 과정은 새로운 개념에 대한 학술적 단어를 도입한 것이다. 이 과정은 노르만 정복 이전부터 시작되어 현재도 진행되고 있다. 기원후 600년 오거스틴이 로마에서 켄트로 왔을 때 종교와 관련된 새로운 개념들을 소개하면서 단어들도 함께 도입되었다. 예를 들면 '찬송가(psalm)', '순교자(martyr)' 등이 대표적인 예라고 할 수 있다. 하지만 13세기에 이르자 영어 어휘는 고대 그리스·로마 시대의 모든 지적 유산을 도입하고, 이후 발달한 지식들에 관련된 개념을 표현할 수 있는 수준으로 발달하기 시작했다. 이로써 영어로 '삼각형(triangles)', '의학(medicine)', '회화(paintings)'는 물론 '철학(philosophy)' 등을 논하고 기록할 수 있게 되었다. 그 당시 유럽은 더욱 복잡해져서 좀 더 복잡한 개념을 표현하기 위해 '법안(bill)', '임명(investiture)'과 같은 어휘들이 생겼으며 곧 영어에 유입되었다. 자연스럽게 대부분의 단어는 프랑스어를 통해 영어에 도입되는 과정을 밟았다. 때로는 라틴어 단어에서 직접 차용하기도 했다.

앞에서 본 어휘 유입 과정 중, 첫째 경우는 영어에만 있는 것으로서 프랑스어가 지배적이던 시절에 나타났다. 두 번째 경우는 문화와 과학에 관한 유럽 공통의 개념 틀이 점진적으로 형성, 발전되는 과정의 작은 일부였다. 그리스어에서 '음악(music)', '수학(mathematics)' 같은 단어를 차용하던 때부터 이어져서 차용어의 양은 계속해서 증가했다. 오늘날에도 포스트모더니즘(postmodernism)이나 인터넷(internet)처럼 추가되고 있다. 우리가 논의하던 기간에 영어는 다른 언어에서 차용된 수천의 단어를 받아들임으로써 유럽의 유산에 동화되었고 그때부터 그 전통의 확장과 수정 과정이 시작되었다.

지금까지의 설명을 정리하면 영어에서 문법과 어휘는 11세기 중반부터 14세기 중반까지 300년 동안 엄청난 변화를 겪었다. 초기 영어인 웨스트 색슨의 표준 문자언어는 자취를 감추었고, 그 대신 다양한 방언들이 영어의 문자언어로 등장했다.

11. 새로운 표준어

1350년까지 영국 사회에서 영어는 공적인 서류나 학교교육에 거의 사용되지 못했다. 하지만 이때부터 영어가 학교교육에서 프랑스어를 대신했고, 국가의 기관들을 중심으로 영어를 발화와 문자언어로서 여러 방면에 도입하기 시작했다.

이처럼 몹시 갑작스러운 지위의 변화는 급격한 문자언어의 발달과 동시에 일어났다. 기록자들은 자신의 방언으로 글을 쓰는 경향이 줄어들었고, 한 세기 동안 공통적으로 사용될 수 있는 문어적 숙어들이 서서히 만들어졌다. 이 숙어들은 주로 권력의 중심지였던 런던에서 사용된 발화 언어에 뿌리를 두고 있었다.

이러한 발전의 중요한 양상 중 하나는 수준 높은 대중 문학작품의 출현이라고 할 수 있다. 바로 제프리 초서(Geoffrey Chaucer)의 『캔터베리 이야기(The Canterbury Tales)』가 대표적인 예이다. 이 작품은 1390년도에 쓰인 것으로서 이후 다른 작품에 중대한 영향을 미쳤으며, 영국 런던 근방의 '이스트미들랜즈' 방언으로 기록되었다.

이 당시 영어 기록의 더 중요한 변혁은 공문서보관소에서 일어났다. 헨리 5세(Henry V)가 자신의 공식적인 서한 기록을 1417년에 프랑스어에서 영어로 바꾼 것이 중요한 전환점이었다. 물론 왕의 비서가 기록했겠지만, 왕이 영어로 기록한 이 방법은 향후 영어 기록문들의 중요한 표본이 되었다. 15세기 중반에 들어서자 왕실 관료들은 런던 중심의 방언에 기초한 상당히 표준화된 영어로 기록했다. 그들의 글쓰기 방식은 결국 영국 안에서 글쓰기 방법의 표본이 되었다.

마침내 영어로 된 책을 인쇄하는 최초의 인쇄소가 세워졌다. 인쇄업자인 윌리엄 캑스턴(William Caxton)은 상당히 잘 확립된 표준 영어로 쓰인 수많은 책을 출간했다. 이렇게 인쇄된 문서가 출현한 것은 표준 언어가 아닌 다른 방언으로 기록하는 것에 종지부를 찍었다. 철자 체계 등의 세부 사항에서는 상당한 변이형들이 있지만, 널리 인식된 글쓰기 표준이 생겨난 것이다. 비록 표준형이라고 해도 시대가 흐르면서 변형이 있었으나 큰 틀에서는 거의 똑같았다. 그들이 말할 때 사용하는 방언은 다를지라도 영어 작가들은 누구든 철자와 문법의 공통 표준을 지키려고 했다.

12. 민족국가와 민족 언어

14세기에 들어서자 영어는 다시 영국의 주요 언어로 부활했다. 그러나 1066년 이전의 상황과 15세기의 상황은 달랐다. 노르만 정복 이전에는 잉글랜드가 통일 왕국이 된 지 얼마 되지 않았고 데인족이 영토의 많은 부분을 통치했다. 영어가 오랜 시간 문화적인 결속의 도구 역할을 한 것은 사실이지만, 여러 왕국의 언어가 아니라 단 하나의 국가 언어가 된 것은 최근의 일이다.

노르만 정복 이후 15세기에 들어서자 영국은 단 한 명의 왕에 의해 지배를 받는 국가로 변모하게 되었다. 이 당시 영국은 법, 질서 면에서도 정연한 모습을 갖추었을 뿐만 아니라 영어를 사용하는 영역과 일치하는 명확한 국경을 가지고 있었다. 이때부터 영어는 나라 안에서 확실히 지배적인 언어가 되었고 언어와 국가의 관계는 정복 이전보다 더욱 밀접해졌다.

사실 영어의 부상은 영국을 봉건적 왕국에서 하나의 국민국가로 변모시킨 요소 중 하나다. 영국과 유럽 대륙에 살던 초기 노르만 왕국의 백성들은 단지 그들의 영주인 봉신(vassal)들이 왕을 섬긴다는 사실 때문에 통합되었다. 중세 말엽에 이르자 봉건적 지배 구조는 서서히 무너지기 시작했고, 이런 현상은 유럽은 물론 영국에서도 동일하게 발생했다. 이런 상황에서 국가는 왕과 백성으로 이루어져 있다는 관념이 나타났다. 국가를 형성하기 위한 가장 이상적인 조건은 바로 하나의 민족, 하나의 문화와 전통이라는 요건으로서, 이때 하나의 문화와 전통의 가장 중요한 바탕은 공통 언어였으며, 이러한 문화를 갖춘 민족이야말로 독자적인 정체성을 가질 수 있었다. 영어가 프랑스어에 승리하면서 영국은 이상적인 국가의 조건에 가까워졌다.

유럽 국가 중에서 국가가 형성되는 데 언어가 절대적인 역할을 담당했던 경우가 영국만은 아니었다. 사실 영국에서 일어난 일은 11세기 이후에 유럽 대륙의 다른 국가에서 발생한 사건들의 전형적인 사례는 아니다. 앞서 언급한 프랑스에서의 프랑스어, 이탈리아에서의 이탈리아어가 몇 가지 전형적인 사례이다. 유럽 국가 대부분에서 순수하게 민족 언어라고 부를 수 있는 언어들은 늦어도 16세기 이전에 출현했다. 그러나 어떤 지역에서는 이러한 발전이 아주 늦게 일어났다. 민족 언어가 발달한 곳에는 몇 가지 공통된 경향이 있다.

첫째, 유럽의 새로운 언어들이 발화, 문자언어로 사용되었으며 모두 라틴문자로 기록되었다. 게다가 새로운 언어들과 문자언어로서의 라틴어의 아주 오랜 경쟁 끝에, 결국 새로운 언어가 라틴어를 서서히 대체하면서 대표적인 문자언어로 부상했다. 이런 과정은 중세 유럽의 특수한 현상이었다. 고대 로마 시대에는 새로운 언어를 기록하는 데 심하게 변형된 알파벳이 개발되어 사용되었다. 이런 점에서 라틴 알파벳은 그리스 및 에트루리아 알파벳과 커다란 차이가 있다. 이후 게르만 룬문자와 아일랜드 오검문자와 같은 알파벳 글자들도 라틴 알파벳 모델과 매우 다르다. 이처럼 유럽 초기에 개발된 문자들은 서부 유럽 지역에서 차츰 사라져버렸고 라틴 알파벳만 여전히 사용되고 있다. 이처럼 라틴어와 라틴 알파벳이 남을 수 있었던 것은 바로 교회에 속한 학교를 중심으로 실시되었던 체계적인 언어 교육 때문이었으며, 이런 점에서 유럽의 어떤 언어도 라틴어의 적수가 되지 못했다.

두 번째 공통점은 새로운 문자언어가 성공할 수 있었던 배경에 강력한 정치적인 힘이 있었다는 사실이다. 영어가 10세기와 11세기에 꽃을 피울 수 있었던 것은 바로 앨프레드 대왕과 그 이후 왕들이 영어 사용을 촉진했기 때문이다. 노르만족의 시기를 거쳐서 14세기에 영어가 다시 부흥할 수 있었던 것은 국민국가 형성과 밀접한 연관성이 있다. 11세기부터 14세기까지는 프랑스어가 엘리트들의 언어였고, 대다수의 사람들이 영어를 발화 언어로만 사용했다. 프랑스어의 영향력이 약화되면서 영어가 곧바로 다시 문자언어의 위치를 점하게 되었다.

세 번째 공통점은 새로운 언어의 명칭이 보통 문자언어의 출현보다 조금 늦게 정해졌다는 것이다. 이미 이런 과정에 대해서는 프랑스어와 이탈리아어가 명칭을 갖게 된 과정을 설명하면서 언급한 바 있고, 영어라는 명칭도 앞서 제시한 언어들과 다르지 않았다. 영어로 기록된 최초의 문서는 7세기 초 에설버트 왕 시절에 제정된 법령이지만 'Englisc'란 명칭은 9세기에 이르러 나타났다. 8세기에 라틴어의 'lingua Anglorum'이 영어에 해당하는 말이었다. 이런 명칭은 발화 언어뿐만 아니라 문자언어도 의미하기 때문에 매우 중요하다.

이후 유럽에 많은 문자언어들이 생겼고 이들 중 일부는 지금도 여전히 의사소통 수단으로서 활발하게 사용되고 있다. 프랑스어, 영어, 스웨덴어, 이탈리아어 등이 대표적인 예들이다. 과거에 전성기가 있었으나 지금은 쇠퇴하거나 사라진 오크어나 프리지아어 같은 언어도 있다. 길게 보아서 모든 국가가 기록을 위한 별도의 민족 언어를 갖게 되었다.

따라서 11세기부터 16세기까지 유럽에서 발생한 일반적인 흐름 중 하나는 유럽 모든 지역에서 사용되었던 대표적인 문자언어인 라틴어가 유럽 각 지역에 건립된 민족국가들 내에서 각 국가의 민족 언어에 자리를 내준 것이었다. 다음 장에서는 유럽에서 이 언어들이 발달한 과정을 좀 더 자세하게 살펴볼 것이다.

민족 언어의 시대

헨리 5세가 자신의 서신을 프랑스어 대신 영어로 적었을 때 많은 사람들의 주목을 받았다. 왕의 이런 행동은 프랑스에 대항해 강하고 독립된 영국 국가라는 생각을 전파하려는 여러 방법 중 하나라고 해석되었다. 이런 해석은 자주 인용되었던 1422년 런던의 어느 양조업 길드가 쓴 결정문에서 분명하게 볼 수 있다.

우리의 모어, 정확히 말해서 영어는 자랑스럽게도 오늘날 그 영역이 넓어지고 많은 사람들에게 사랑받게 되었다. 우리의 가장 위대하신 왕 헨리 5세께서 편지는 물론, 직접 관장하는 다양한 사무에서 자신의 의지를 좀 더 흔쾌히 밝히셨다. 또 백성들이 좀 더 이해하기 쉽도록 시간을 아끼지 않았고 다른 모든 일을 뒤로하면서까지 평민들의 말을 어렵게 구하고(배우고) 쓰기를 실행함으로써 칭송받았다. 우리 양조 기술자들 중에 흔히 상용되는 영어를 읽고 쓸 수 있는 사람들은 많이 있지만, 사실 이전 시대부터 사용되던 라틴어와 프랑스어는 전혀 이해하지 못했다. 수많은 귀족과 믿을 만한 백성들이 어떤 방식으로 그들의 사정을 모국어로 기록할지가 문제였다. 이런 이유 때문에 우리는 주어진 능력을 다해 예의를 갖추어 귀족의 길을 따르면서, 우리 자신에게 관련된 필요한 사항들을 암기하겠다는 결정을 밝힌다.

왕이 영어로 언어 전환을 결정한 것과 그에 대한 양조 기술자들의 반응은 주요한 발전 과정 속의 한 부분이었으며 이런 양상은 비단 영국에만 국한된 것이 아니었다. 헨리 5세는 유럽에서 민족국가를 건설한 여러 지도자들 중 한 사람일 따름이었다. 국가와 민족은 다르지만 다른 사건들이 연속되어 놀랍게도 유사한 결과가 나타났다. 다양한 일들이 다른 시점에 발생했다. 왕과 지도자들이 전쟁을 하거나 동맹을 맺으면서 국경을 확장하고 다른 국가를 합병했다. 주민들은 민란을 일으키거나 나라를 장악하기도 하지만, 때로는 권력에 의해 압박을 받기도 한다. 10세기에 시작해서 19세기에 끝날 때까지 이런 똑같은 사건들이 유럽 전역에서 발생한 것을 확인할 수 있다. 이 시기에 수많은 소국들이 사라지기도 하는데, 대부분 구어로는 독자적인 언어를 가지고 있었지만, 문자언어는 대부분 라틴어를 사용했다. 많은 소국들이 무너지고 그 지역에 훨씬 적은 수의 국가들이 일어났다. 이 국가들은 모두 자국의 언어를 가진 국민국가였다.

영국은 앞에서 언급했듯이 유럽 어떤 국가들보다도 힘든 과정을 겪었다. 11세기에 영국의 모든 소규모 국가들이 하나로 통일되었지만, 노르만 정복으로 영어가 명실상부한 민족 언어가 되기까지 수백 년이 걸렸다. 다른 나라에서는 이 과정이 훨씬 단순했다. 이베리아반도의 경우, 1200년경에 8개의 분리된 국가들이 있었다. 당시 남쪽 지역은 북아프리카 지역 대부분을 다스리고 있었던 이슬람교도 알모하드 왕조의 통치하에 있었다. 반도의 북쪽은 포르투갈(현재보다 훨씬 작았다), 갈리시아, 아스투리아스,

레온, 카스티야, 나바라, 아라곤 등 여러 정치 단위로 쪼개져 있었다. 이 지역에서는 다양한 이베로·로맨스어 방언들과 언어가 각각 사용되었다. 그러나 이 지역의 문자언어는 단연코 라틴어였다. 물론 남쪽에서는 아랍어를 문자언어로 사용했다. 400년이 지나 1600년에 들어서자, 포르투갈과 스페인 두 나라는 현재와 같은 모습의 국경을 갖게 되었고, 포르투갈어와 스페인어라고도 하는 카스티야어는 둘 다 두 국가의 지배적인 문자언어로 확립되었다. 그에 반해 아라곤어와 카탈루냐어는 종속된 위치가 되었다(하지만 근자에 들어서는 이 언어들도 다시 부흥의 기회를 맞이하게 되었다).

이 장에서 모든 국가의 경우를 상세하게 다룰 수는 없고, 몇 가지 중요한 사안들만 살펴보려 한다. 새로운 국가의 공용어는 자연히 발생하는 것이 아니라, 많은 노력의 결과를 바탕으로 창조된다. 일단 새로운 국가가 생겨날 때에도 이미 발화 언어 형태들이 존재한다. 하지만 문제는 그중 한 언어를 어떻게 높은 권위를 갖춘 표준 문자언어로 만드는가이다. 이 목표를 위해서 두 단계를 거쳐야 한다. 첫째는 이 언어를 학교교육 과정에 정식으로 도입하는 단계이며, 둘째는 이 언어로 기록하도록 작가들을 장려하는 단계이다.

01. 국가, 학교, 언어

누가 어린이들을 위한 학교를 고안했는지는 알 수 없지만 그리스·로마 시대에 현대의 학교와 유사한 교육기관이 있었다는 역사적인 기록이 남아 있다. 그리스의 학생들은 그리스어로 읽고 쓰는 법을 배웠지만 로마의 상류층 아이들은 로마제국의 공용어였던 라틴어와 그리스어 둘 다 배워야 했다.

또한 서로마제국이 쇠퇴하고 기독교가 제도적인 교육을 관장하게 되었다. 9세기까지 수도원, 교회에서 운영하던 학교는 규모 면에서 볼 때 아주 평범한 수준이었다. 이후에 교육기관은 지속적으로 확대되었고 드디어 12세기에 유럽에서 대학이 설립되었다. 학교에서 배우는 언어는 라틴어였으며, 로마제국 이후에 어느 곳에서도 라틴어를 모어로 사용하지 않았기 때문에, 이 언어로 읽고 쓰는 것을 배우는 데에는 상당한 시간과 노력이 필요했다. 상급 수준의 교육과정에 이른 사람들은 라틴어를 자유자재로 사용할 수 있는 경지에 도달할 수 있었다. 고등교육은 주로 라틴어로만 이루어졌으며 국제적인 관계에서도 라틴어를 사용하는 것이 관례였다.

시대가 흘러 발화 언어가 새로운 문자언어가 되자 언어를 읽고 쓸 줄 아는 사람이 필요해졌다. 하지만 이런 인재들은 수백 년 동안 비공식적인 통로로 선발되었다. 학교의 교과과정은 변화되지 않았다. 새로운 언어는 상당히 오랫동안 학교에서 쓰이지도 교육되지도 않았다.

물론 13세기에 기록된 극소수의 사료에 따르면 아주 특별한 경우 새로운 언어에 대한 교육이 실시된 것으로 보인다. 그러나 새로운 언어에 관한 독해, 문법, 사전 등과 같은 자세한 사항들은 16세기에 이르러서야 교육과정에 반영되기 시작했다. 따라서 새로운 언어에 관심이 있었던 사람들은 두 가지 방법으로 이 언어를 습득할 수 있었다. 첫째는 아이들이 교회에 속한 학교에 다니지 않고 집에서 새 언어를 배우는 것이다. 이 아이들은 부유한 부모나 주변의 여러 친족들로부터 언어교육을 받을 수 있었다. 때로는 개인 교사를 고용해 아이들을 교육시키기도 했다. 두 번째는 학교에서 라틴어 수업을 모두 이수한 뒤, 새로운 언어를 배울 기회를 갖는 것이다. 일단 한 언어에 대한 독해와 작문을 완수하면, 동일한 지식을 바탕으로 다른 언어를 배우는 것이 그렇게 어려운 일이 아니다.

새로운 언어가 계약, 서신, 공문서 등 사회 각 분야에서 사용되기 시작하자, 14~15세기에 이르러 학교 현장에서 이 언어에 대한 교육과정이 본격적으로 시작되었다. 그러나 진짜 돌파구는 북유럽에서 시작된 종교개혁 때문에 일어났다. 종교개혁자들은 당시 일반인들이 의사소통에 사용하는 언어로 설교와 종교의식을 해야 한다고 주장했다. 종교의 중심이 되는 문서들도 사람들이 사용하는 언어로 쓰여야 한다는 것이었다. 가톨릭 교회에서는 이전부터 이런 주장을 지속적으로 반대해왔고, 라틴어만이 유일한 언어라는 기본 강령을 절대 바꾸지 않았다. 이로 인해 종교개혁자들과 가톨릭교회 사이에 언어를 사이에 두고 분쟁이 일어났다. 예를 들면 14세기에 영어를 사용하자는 존 위클리프(John Wycliffe)의 청원과 후대의 종교개혁자인 마르틴 루터(Martin Luther)나 울리히 츠빙글리(Ulrich Zwingli)의 견해도 비슷했다.

유럽 북쪽의 국가였던 영국, 덴마크, 스웨덴은 교회가 교황이 아닌 국왕에게 충성을 다해야 한다고 보았다. 한 예로 영국의 헨리 8세(Henry VIII)는 로마 교회가 자신의 이혼을 반대하자 대폭적인 종교 전환을 시도했다. 또한 국가 통치자들이 선언한 종교개혁은 자동적으로 국가 언어에 긍정적인 영향을 미치게 되었다. 교회의 설교는 물론 성경까지 영어와 덴마크어 등 지역 언어로 전환되면서 유럽의 새로운 언어들은 문자언어로서 라틴어를 대체하며 새롭게 입지를 굳히는 기회를 얻었다.

그러나 한 가지 알아야 할 점은 새로운 언어의 부각에도 불구하고 라틴어의 위상이 여전히 굳건했다는 사실이다. 왕들은 물론 종교개혁자들도 고등 교육을 위한 언어로서 라틴어가 필요하다는 생각에는 공통된 입장을 갖고 있었다. 루터는 종교개혁을 주장하던 초기에 학교와 교회에서 자신의 모어인 독일어를 사용할 것을 역설했지만, 후기에는 서서히 라틴어로 방향을 전환했다.

따라서 이 국가들이 곧바로 라틴어를 버리고 새로운 언어를 선택했다기보다는 영국의 예에서 보았듯이 새로운 언어가 발화 언어에서 또 하나의 문자언어로 부상했다고 보는 것이 옳다. 이 언어들은 라틴어의 권위까지 도달하지는 못했지만 대신해서 사용할 수 있는 언어가 되었다. 그러나 이는 아주 중요한 진전이었고, 16세기부터 라틴어가 주도적이었던 분야가 하나하나 축소되고 마침내 언어적 소통 수단의 기능을 완전히 상실할 때까지 수많은 사건들이 이어지게 되었다. 그러나 이 사건이 완료된 것은 1960년으로 제2바티칸 공의회가 라틴어 대신 다른 언어 사용할 수 있다고 결정한 때이다. 이 선언으로 예배를 영어로 진행할 수 있었고, 이후 사제들도 라틴어를 배워야만 한다는 의무감을 갖지 않게 되었다. 현재 가톨릭교회 내에서 라틴어는 국제적인 공통어로서의 기능을 완전히 상실했다.

16세기에 와서 학교 안에서 새로운 언어가 많이 사용되지는 않았지만, 새로운 언어를 위한 사회적 기반이 만들어졌다. 언어교육에는 잘 정의된 표준이 필요하다. 학생들은 올바른 철자와 표현을 배워야 하고 그를 위한 철자법 규칙과 문법, 그리고 사전이 필요하다. 라틴어에는 이런 모든 것이 과거부터 잘 갖추어져 있었다.

유럽의 새로운 문자언어를 위한 이런 도구들은 16~17세기에 주로 개발되었다. 1492년에 스페인어 문법서가 처음 발간되었고 이후 20~30년 지나서 프랑스어, 이탈리아어에 관한 문법 규정도 등장했다. 16세기에는 외국인을 위한 단순한 영어 문법서가 출간되었고 1604년에는 영어로만 쓰인 최초의 사전이 편찬되었다.

17세기에 접어들면서 각 국가의 민족 언어가 학교교육을 위한 언어와 공용어 자리를 두고 라틴어와 경쟁했다. 유럽 국가들은 그 어느 때보다도 강하고 중앙집권적으로 성장했다. 왕과 통치자들은 라틴어 대신 민족 언어를 더욱 지원했다. 분명하게 말하자면 가톨릭교회와 관련되어 사용되는 라틴어는 다른 영역에서도 점차 약화되었다.

중요한 사실은 국가가 민족 언어를 모든 행정 수단으로 사용하게 된 것이다. 세금 징수, 부기, 서신 등 모든 분야에서 민족 언어가 널리 사용되기에 이르렀다. 강한 국가일수록 이런 업무가 더 많았고, 모든 계급에서 민족 언어를 읽고, 다양한 서류를 작성할 수 있는 능력을 갖춘 사람들이 필요해졌다. 수세기 동안 글을 읽고 쓸 줄 아는 사람들은 사제뿐이었으나 더이상은 이들에게만 의존할 수 없었다.

문제는 학교 체계가 이와 같은 사회적인 추세를 따라가지 못했다는 사실이다. 본래 매우 보수적인 기관인 학교는 오랜 기간 라틴어를 여전히 중요한 언어로 다루었다. 영국에서 일찍이 영어 교육의 필요성이 대두되었고, 여러 종교개혁자들이 영어를 더 중요한 지위에 놓아야 한다고 주장했다. 특히 청교도들이 이 주장에 찬성했다. 그럼에도 라틴어는 계속 교과과정의 중심이었다. 특히 고등교육으로 갈수록 라틴어 교육 비중이 훨씬 높아졌다.

그렇지만 이와 같은 현상은 시대가 흐르자 조금씩 달라지기 시작했다. 학교는 라틴어, 그리스어를 중심으로 전통 문법 교육을 오랜 기간 진행했지만, 민족 언어가 교육에서 새로운 영역을 차지하기 시작했다. 첫째로 더많은 사람들이 민족 언어로 읽고 쓰기를 초등교육으로 받게 되었다. 둘째로 전문직을 위한 이론적 직업교육의 필요성이 대두되었다. 민족 언어는이 분야에도 적용되었는데, 특히 무역 및 상업 분야에서 이러한 경향이 뚜렷하게 나타났다. 군사 분야에서도 지휘관을 교육하는 데 민족 언어가 중요한 역할을 했다. 한 예로 17세기에 유럽의 여러 국가들이 '기사 육성 학교'를 설립해 젊은 귀족들을 향후 군사 전문가로 양성한 것을 들 수 있는데, 이때 학교에서 훈련을 위해 사용한 언어도 라틴어가 아닌 민족 언어였다.

라틴어가 후퇴하고 다른 언어들이 그 자리를 차지하자, 타국에서 사용하는 언어를 학습할 필요가 생겨났다. 외국을 여행하고 외국 사람들과 교류하기 위해서는 다른 나라의 민족 언어를 배워야만 했다. 17세기부터 영국에는 프랑스어 학교, 스웨덴에는 독일어 학교 등이 설립되었다. 사실 외국어교육은 일부 제한된 계급의 사람들만을 위해 운용되었지만, 시간이 흐르면서 많은 나라에서 근대적 학교의 일반 교과과정으로 자리 잡았다.

이 모든 것의 영향으로 유럽의 민족 언어들은 활동 영역들 하나하나에서 라틴어를 따라잡고 마침내 능가하게 되었다. 또한 새로운 언어들은 라틴어의 지위를 하나하나 넘겨받게 되었다. 라틴어는 문자언어로서 라틴 알파벳으로 기록되었다. 그리고 새로운 문자언어도 똑같았다. 라틴어는 문법과 철자법이 잘 정립되어 있는 언어이다. 유럽의 새로운 언어들 또한 이런 법칙들을 갖추게 되었다. 라틴어는 학교에서 중요한 교과목이었고. 라틴어 교육에는 엄격한 문법과 철자 체계 훈련이 따랐다. 유럽의 새로운 언어들도 라틴 문자를 선택하면서 교육 방법에 이와 같은 특성을 반영했으며, 마침내 학교에서도 이런 지위를 인정받았다.

02. 민족 언어와 민족 시인

라틴어의 중요한 자산은 이 언어로 지은 많은 문학작품들이 있다는 사실이다. 베르길리우스, 키케로 등 여러 로마 작자들의 작품이 학교에서뿐 아니라 문학가를 꿈꾸는 사람들에게 많이 읽혔다. 이런 사례들은 오랫동안 계속되었다. 하지만 새로운 언어들의 위상이 높아지면서 새로운 언어로 문학작품들이 저작되기 시작했다. 이런 상황에서 각 국가를 대표하는 작가들이 등장하기 시작했고, 학교에서 이 국민적 작가들에 대한 학습이 중요한 몫을 차지하게 되었다. 새로운 신들이 옛 신들을 대체한 것이다.

앞 장에서 이탈리아를 대표하는 국가적인 작가로서 단테를 이미 언급한 바 있다. 단테는 14세기 초부터 자신의 작품을 남기기 시작했으며, 이탈리아 문학을 대표하는 독보적인 인물이었다. 이와 같은 단테의 발자취를 그대로 따르는 사람으로서 시인 프란체스코 페트라르카(Francesco Petrarca)와 산문작가 조반니 보카치오(Giovanni Boccaccio)가 있다. 이 세 사람은 이탈리아 문학의 대표 작가들로서 많은 사람들이 이들의 작품을 읽고 존경하고 호평했다. 예를 들면 보카치오는 오랜 기간 단테의 작품에 주해를 달았다. 이와 같은 문화적 현상은 이탈리아어가 유럽의 다른 언어들보다 가장 먼저 고전의 지위를 갖는 데 중요한 요인이 되었다.

유럽의 다른 국가에서는 수백 년 동안 이탈리아 작가들에 버금가는 저술가들을 찾을 수가 없었다. 비록 프랑스어가 이탈리아어보다 먼저 문자언어가 되었는데도 프랑수아 라블레(François Rabelais)와 미셸 몽테뉴(Michel Montaigne) 같은 아주 중요한 작가가 나타난 것은 16세기 후반이다. 두 사람 모두 많은 사람들로부터 추앙을 받았으며 많이 읽혔지만, 학교교육에서 그들의 언어와 문체는 높게 평가되지 못했다. 하지만 17세기 비극 작가 피에르 코르네유(Pierre Corneille), 장 라신(Jean Racine) 그리고 희극 작가 몰리에르(Molière)에 대한 평가는 달랐다. 언어와 표현형식들이 학교교육 과정에 중요한 모델이 되었으며, 이 작가들의 여러 작품도 오랫동안 프랑스 교과 내용의 중요한 부분을 차지했다.

스페인은 16세기 말엽부터 17세기 초엽에 첫 번째 문학적인 전성기를 맞이했다. 이 시기에 희곡 작가 페드로 칼데론(Pedro Calderón), 로페 데 베가(Lope de Vega)가 활동했으며, 미겔 세르반테스(Miguel Cervantes)가 자신의 대표작인 『라 만차의 돈키호테(Don Quijote de La Mancha)』를 저술했다.

영국의 대표적인 작가로는 제프리 초서가 있다. 그는 영어로 작품을 쓴 중요한 초기 작가임에도 윌리엄 셰익스피어(William Shakespeare)의 그늘에 가려 빛을 보지 못했다. 영국이 낳은 세계적인 작가인 셰익스피어의 활동 시기는 16세기 말엽부터 17세기 초엽이다.

그러니까 프랑스, 스페인, 영국의 대표 문학작품들이 대체로 1590년에서 1670년도 사이에 쓰였다. 이처럼 기간이 일치하는 것은 우연이 아니다. 프랑스, 스페인, 영국 세 국가들은 이 시기에 정치적·경제적 변화를 겪었고, 이 국가들은 각자 자신이 유럽의 주도자라는 믿음을 갖고 있었다. 위에 언급된 작가들은 주로 각국의 수도인 파리, 마드리드, 런던을 중심으로 활동하면서 국가를 통치하던 지도자들과 가까운 관계를 형성했다. 흔한 일이지만 문학적 창조성은 돈과 권력 가까이에서 꽃피운다.

작가들은 외국 작가들과도 서로 소통했다. 세계 속에서 홀로 발전을 이루는 나라는 없다. 수많은 연결이 있어야만 다양한 발전을 꾀할 수 있는 것이다. 유럽 국가들은 경제적으로 다투고 서로 전쟁을 치르는 동시에 문화적으로 경쟁했다.

다른 국가들에서는 민족적인 문학작품들의 출현이 꽤 늦었다. 세 국가와 비교해 다른 국가들은 상황이 달랐고, 그 나라들은 훨씬 불리했다. 문화적인 발전을 성취하기에는 아직 미흡한 환경에 놓여 있었기 때문이다. 앞서 언급했듯이 국력과 재력은 새로운 문학을 형성하는 데 중요한 요소이다. 그러나 돈이 많다고 해도 위대한 예술작품이 그냥 튀어나오는 것은 아니다. 대표적인 문학작품이 나타나기 위해서는 먼저 문학의 성장을 위한 전통과 문학가들의 모임이 있어야 한다. 작가들은 창작을 하기 전에 먼저 반드시 이전의 작품을 상고하지 않으면 안 된다. 셰익스피어 이전에 지금은 대부분 잊혔지만, 많은 훌륭한 작가들이 있었다. 코르네유, 라신도 프랑스의 문학 선구자나 스페인의 대표 문학을 기반으로 한 것이라고 할 수 있다.

이 시기에 스웨덴, 네덜란드는 문학적으로 그렇게 큰 주목을 받지 못했다. 이 두 국가의 문학은 다른 강대국과 비슷한 추세였다. 이때 민족 언어가 많은 주목을 받았다. 16세기경 종교개혁 이후부터 스웨덴에서는 왕을 위시해 정치 지도자들이 스웨덴어를 지원했다. 그러나 그 후에도 오랫동안 스웨덴어로 기록된 문헌은 많지 않았다. 스웨덴에서 2~3세기 동안 문자언어로서 스웨덴어가 가장 중요하게 쓰인 예는 1541년에 출간된 성경 번역본이다. 이후 점차 스웨덴어로 쓰인 문학작품들이 늘어났으나 스웨덴 작가들의 작품이 국제적으로 주목을 받게 된 것은 세월이 흘러 아우구스트 스트린드베리(August Strindberg), 셀마 라겔뢰프(Selma Lagerlöf)가 활동하던 19세기에 들어서면서부터다.

이처럼 몇몇 소수의 유럽 국가들만 초기부터 인상적인 민족 작가들을 배출할 수 있었다. 그럼에도 모든 국가는 최선을 다했고 국민국가는 시간이 갈수록 더욱 그들의 언어를 지원했다. 그 어느 때보다도 국가의 언어가 중요하게 되었고 국가적 문학은 중요한 역할을 맡게 되었다. 또한 위대한 작가들의 작품이 학교교육을 위한 중요한 교재로 사용되기도 했다. 이 사실은 고전 언어인 그리스어, 라틴어와 관련해서 특히 상징적인 중요성이 있다. 한 언어가 문학작품을 배출할 수 있어야, 그 작품이 교육에 활용되고 많은 사람들이 그 언어들을 라틴어, 그리스어 같은 고전에 비견해도 전혀 손색이 없다고 믿게 되는 것이다.

03. 언어와 정치

근대 유럽 언어들은 문학 이외에 다른 분야에서도 라틴어와 경쟁하는 양상을 보였다. 언어 사용과 관련된 문제는 유럽인들의 문화적 성취에 대한 인식과 밀접하게 연관되어 있었다.

중세에서 근대로 넘어가는 15~16세기를 문화적으로는 르네상스라고 부른다. 르네상스는 고대 그리스·로마 시대의 문화를 표본으로 삼고, 옛 문화를 모방하고 되살려야 한다는 관념을 담은 말이다. 당시 서유럽사회에서 고대 그리스는 학문의 궁극적인 목표였고, 라틴어를 사용하는 것을 가장 중요한 학문적 기준이라고 여겼다. 따라서 그리스·로마 시대에 활동했던 작가들의 학문과 예술이 본보기가 되었고, 그들의 문체를 따라서 글을 쓰는 것이 최대의 목표가 되기도 했다. 고전 작가들이 그전보다 더 중요한 모델이 되었는데 이것이 문제가 되었다. 키케로나 베르길리우스처럼 글을 쓰는 것이 쉬운 일이 아니었기 때문이다. 문예부흥 시기에 수많은 작가들은 라틴어로 새로운 문학작품을 저술하려고 부단히 노력했다. 라틴어로 저술된 아주 수준 높은 작품도 있었으나 아주 소수의 전문가들을 제외하고, 이들의 작품을 읽을 수 있는 사람은 매우 제한적이어서 대부분의 작품이 알려지지 않았다.

17세기에 르네상스의 중심 사상은 심각한 적수를 만나게 되었다. 이들은 근대가 사실상 고대 로마 시대를 능가한다고 주장했다. 이후 수세기 동안 지식인들 사이에서 이 문제에 대한 열띤 토론이 있었다. 이와 관련해 일화 하나를 소개하자면 1680년대 프랑스에서 있었던 이른바 '신구 문학 논쟁(La querelle des anciens et des modernes)'이 있다. 프랑스 시인 샤를 페로(Charles Perrault)는 루이 14세(Louis XIV)가 통치하는 당시의 근대가 과거 어떤 시대보다도 뛰어나다고 주장하면서 논쟁이 시작되었다. 이런 주장은 당시 전통을 고집했던 사람들로부터 엄청난 반격을 받았다. 하지만 이런 주장이 가능하다는 사실만으로도 유럽에서 고대를 따르려는 성향이 많이 쇠퇴했음을 가늠할 수 있었다. 언어의 영역에서 라틴어의 입지가 상당히 축소된 것이다.

루이 14세의 통치 시대는 이런 발전의 핵심적인 시기였다. 17세기 후반부터 18세기 내내 프랑스는 정치적·문화적으로 유럽 국가의 맹주였다. 이 결과 유럽 어느 곳에서든 사람들에게 프랑스어를 배우는 일은 그 어느 때보다 중요했다. 이것의 이유들을 생각해보면, 첫째 문화인으로 보이고 싶어 하는 욕구를 들 수 있다. 이런 욕구를 가리켜 '속물적 가치'라고 부르기도 한다. 베르길리우스를 완전하게 암송하는 것보다 라신이나 니콜라 부알로(Nicolas Boileau)를 읽는 것이 더 문화적으로 보이게 되었다. 둘째, 프랑스풍의 예절을 배워야 했기 때문이다. 프랑스 궁정 예절은 모든 유럽 궁정의 표본이 되었고, 사람들은 프랑스식으로 행동하고 대화하는 방식을 배워야 했다. 마지막으로 프랑스어가 유럽사회에서 외교 및 국제적 조약을 위한 언어가 되었기 때문이다.

16세기까지 유럽에서 라틴어는 모든 국제 관계에 공식적으로 사용되는 유일한 언어였다. 그러나 민족국가들의 통치자들이 자국의 문화와 언어에 긍지를 갖게 되고 자국의 언어를 국제사회에서 사용하려고 시도하기 시작했다. 초기에는 이런 시도가 국내외적으로 상당한 결례로 여겨졌으나 상황이 변하면서 모든 당사자들이 라틴어보다 프랑스어를 능통하게 사용하게 되었다. 1660년 말 스웨덴, 오스트리아, 폴란드 대표들이 올리바에서 만나 평화 협상을 할 때에는 모두 라틴어를 사용했다. 하지만 1678년 네이메헌에서 스페인, 프랑스, 스웨덴과 다른 참가국 대표가 평화 협정을 토의할 때는 프랑스어를 주로 사용하고 라틴어는 평화조약문을 기술하는 수단으로만 사용되었다. 1714년 오스트리아와 프랑스가 맺은 라스타드 협정에서는 조약문 전체가 프랑스어로 기술되었으며, 이 내용은 향후 국제협정서와 조약문의 표본이 되었다. 이로써 프랑스어는 유럽에서 라틴어 대신 기록을 위한 핵심적인 역할을 담당하게 되었다.

이러한 전환은 갑작스러운 사건이라기보다 오랜 노력이 축적된 결과라고 보는 것이 맞을 것이다. 프랑스에서는 자국의 언어를 후원하고, 조정하고, 가능한 모든 방법으로 지원했다. 프랑스어는 남부 프랑스의 오크어와 다른 방언을 사용하는 지역을 차지했다. 1635년 초, 당시 프랑스 왕은 프랑스 학술원인 '아카데미프랑세즈(Académie français)'를 설립해 프랑스어가 좀 더 세련되고 향상된 언어로 발돋움할 수 있는 발판을 마련했다.

이런 환경에서 프랑스어는 프랑스를 위한 최초의 진정한 민족 언어가 되었으며, 이후 국가의 국력과 특권에 힘입어 점차 수준 높은 언어로 발전하면서 국제 언어로서 라틴어의 지위를 잠식하게 되었다. 오직 단 하나의 민족 언어만이 최고의 지위에 오를 수 있었다. 아니면 적어도 한 번에 하나씩만 가능했다. 한편 다른 유럽 국가들도 프랑스어처럼 자국어를 키우고 싶어 했기 때문에, 자국어가 높은 수준에 이를 수 있도록 모든 노력을 쏟았다.

04. 언어의 경쟁

앞에서 이미 설명한 것처럼 중세에 유럽에 많은 언어가 등장했다. 이 언어들은 처음에는 순전히 발화 언어였고 명칭도 명성도 없었다. 하지만 시간이 흘러 이 언어들도 점차 문자언어로 발전했고 언어들마다 고유 명칭도 갖게 되었다. 그 언어 중에 가장 성공적인 언어가 민족 언어로서의 위상을 갖추게 되었다.

하지만 언어가 항상 위에서 설명한 과정을 거친 것은 아니다. 대부분의 언어는 발화 언어로서 소수의 사람들만이 사용했다. 앞서 살펴본 것처럼 문자언어와 거대한 국가 간의 관련성은 5000년 전에 최초로 나타난다.

유럽 언어의 역사가 좀 더 특별하게 보이는 이유는 라틴어의 엄청난 영향력 때문이다. 서로마제국이 멸망하고 나서도 고대 로마 시대의 문자언어인 라틴어가 1000년 가까이 서유럽에서 사용되었다. 476년 서로마제국의 황제가 폐위되고 새로운 언어가 라틴어를 몰아낸 다음에도 문자언어로서 라틴어의 위세는 1300년에서 1700년까지 여전히 지속되었다.

그러나 새로운 언어는 라틴어의 범주를 벗어나지 못했다. 새로운 언어가 강력한 국가의 공용어로서 자리 잡고, 발화와 기록 모든 분야에서 역할을 수행하며, 많은 문학작품들의 표현 수단으로 부각된 뒤에도 여전히 라틴어와 많은 부분에서 경쟁해야 했다.

초기 라틴어는 이탈리아의 여러 언어 중 하나일 뿐이었지만, 몇 세기가 지나자 경쟁 상대가 없는 유일한 언어가 되었다. 당시 그리스어도 중요한 언어였지만 로마제국이 그리스 지역을 완전하게 장악하면서 로마제국의 서쪽 지역은 거의 라틴어 문화권에 속하게 되었다. 이 지역에서 라틴어는 문화, 종교, 정치 모든 분야에서 절대적인 언어가 되었고, 이후 오랫동안 유럽의 대표 언어로서 지위를 위협받지 않았다.

근대 유럽 언어들은 결코 이 정도 영향력을 얻지 못했다. 같은 시기에 인접한 지역에서 상호 영향을 주고받으면서, 유럽의 언어들은 정치적 권력의 문자언어로 발전했다. 유럽의 일부분은 비슷한 발화 언어를 사용하는 작은 국가들의 집합에서 하나의 지도자와 하나의 발화 언어 및 문자언어를 사용하는 민족국가로 변모했다. 그러나 어떤 국가도 모든 지역을 지배하지는 못했기 때문에 유럽은 여러 국가들이 정치, 문화, 언어 등 모든 부문에서 지속적으로 경쟁하는 구도로 변모하게 되었다.

라틴어는 모든 민족국가에서 민족 언어의 경쟁자였다. 시간이 흘러 민족국가의 언어가 점차 전통적인 문자언어의 영역을 침범해갔다. 이런 변화는 순간적으로 일어나기도 했지만, 대체적으로 시간을 두고 천천히 진행되었다. 영어가 600년에 처음으로 법령 기록에 사용된 후부터, 19세기 중반 헝가리에서 라틴어의 공용어 사용을 폐지까지 1000년이 넘는 시간이 걸렸다. 라틴어는 각 민족 언어와 겨루어서 마침내 종말을 맞게 되었지만 새로운 문자언어를 라틴어와 유사하게 형성했다.

이런 과정은 영어에 대한 설명에서 언급한 바 있다. 즉, 영어뿐 아니라 다른 유럽 언어도 중세 이후로 엄청난 수의 라틴어 어휘를 차용해왔다. 심지어 라틴어에서 기원한 로맨스어도 마찬가지였다. 이와 관련해서 16세기 영어 기록에 처음 등장한 'popular(대중의)'가 좋은 예다. 이 어휘는 독일어와 스웨덴어의 'populär' 이탈리아어 'popolare' 프랑스어 'populaire'의 형태로 발견된다. 이 어휘는 라틴어 형용사인 'popularis(대중의)'에서 기원한 것이며 라틴어 명사인 'populus(사람들)'에서 파생된 단어이다. 프랑스어 단어 'populaire'는 처음부터 프랑스어에 있었던 것은 아니다. 만약 그랬다면 라틴어 형태와 이렇게 비슷하지는 않았을 것이다. 라틴어 'populus'는 프랑스어로 처음부터 계속 사용되었고 그로 인해 빠르게 변화해서 'peuple'이 되었다. 현재 프랑스에서 사용되는 'popularis'도 같은 과정을 거쳤다면, 아마 'peupler'로 모습이 변했을 것이다.

유럽에서 서로 경쟁하는 여러 언어들 간에 단어 및 표현들을 상호 차용해왔다. 이미 앞서 보았듯이 라틴어와 그리스어가 가장 큰 줄기지만, 한 나라에서 막 생겨난 적절한 단어가 다른 나라에 곧장 차용되는 예는 얼마든지 발견할 수 있다. 예를 들어 영어의 머스킷총(musket)은 사실 이탈리아어 'moschette(작은 파리)'에서 따온 말이다. 당시 이 총이 유럽의 모든 지역에서 유행하자 이와 관련된 단어도 함께 유입되었고, 이를 계기로 여러 언어에서 이 단어가 사용되기에 이르렀다.

새로운 언어들 사이의 전투를 이끄는 사람들은 거의 국가의 중앙 권력 가까이에 있는 사람들이었다. 새로운 언어는 학술적인 언어이자 학식 있는 자들의 언어인 라틴어와 반대로 통속어라고 불렸으나 사실 이 명칭은 적절하지 않았다. 문자언어 및 학교 언어로서 새로운 언어는 대가(master)들의 창조물이었지 민중들의 것이 아니었다. 이 언어는 사람들이 실제로 말하는 언어에 기초해 있었기 때문에 라틴어보다는 받아들이기 쉬웠다. 그러나 프랑스어나 영어의 기록표준 형태는 보통 화자가 사용하는 방식을 반영하지 않았고 그보다는 궁정이나 귀족이 사용하는 방식을 따랐다.

신생 언어는 문자언어로서 체계적인 교육과 훈련을 통해 전파되어야만 했다. 교육체계를 전체에 속속들이 전파되기까지는 아주 긴 시간이 걸렸다. 19세기까지 유럽에서 라틴어가 이미 교육 언어로서 군건한 자리를 차지하고 있었던 반면에 유럽의 새로운 언어들은 교과과정 (교과과목) 속으로 천천히 헤치면서 길을 뚫어나갔다. 새로운 언어들은 초등교육과정에서 기초 읽기, 기초 쓰기 과목에만 사용되다가 산수 과목으로 확장되고 나중에는 그 언어로 기록된 문학작품도 소개되었다. 어려운 연구 과목 예를들어 과학, 철학, 종교 관련 교과에서는 거의 20세기 중반까지도 라틴어가 핵심적인 역할을 맡았다.

민족 언어 간의 경쟁 관계도 라틴어와의 경쟁 못지않게 치열한 모습을 보였다. 민족 언어의 표준 설정은 민족국가의 설립에 아주 중요했다. 수세기 동안 영국과 프랑스의 국가 간 힘겨루기가 언어에 그대로 재연되었다. 포르투갈어는 스페인어와 경쟁했고, 덴마크와 덴마크어와의 끊임없는 경쟁에서 스웨덴어는 스웨덴 국가의 상징이었다. 예외가 없는 것은 아니지만 대체로 대부분의 유럽 국가가 정치적인 독립성을 확보하는 과정에서 민족 언어를 장려하고 영토 전체에 전파되도록 노력을 기울였다.

이와 같은 국가의 노력은 국가의 경계와 언어의 경계를 거의 일치시키는 효과를 가져왔다. 독일과 이탈리아가 19세기 중반에 민족국가가 된 것이 이 여정의 마지막 위대한 한 걸음이었다. 그 후 에스토니아, 슬로바키아, 슬로베니아 등 새로운 나라가 나타날 때도 상황은 변하지 않았다. 유럽의 대부분은 각각 민족 언어를 가진 민족국가로 구성되었고, 유럽이 장기간 우세했기 때문에 이 형태가 세계의 모델이 되었다.

추가 읽기 목록 ▦ ▦ ■

이 장의 역사적 배경에 대해서 Holmes(1988), Wolff(1971/2003)를 참조하라. 시대적으로 뒤떨어진 부분이 있으나 시대별 언어에 대한 종합적이고 훌륭한 개요를 제공해준다.

✔ 9장: 단테는 이탈리아어로 저술했을까?

라틴어에서 프랑스어로의 발전 과정은 Wright(1982)에 나와 있다. 라틴어와 유럽의 신생 언어들 사이의 연관성 및 신생 언어들의 명칭은 Janson (1991)을 보면 되며, Botterill(1996)에는 단테의 언어에 대한 논문의 영문 번역을 볼 수 있다.

✔ 10장: 게르만어에서 현대 영어까지

초기 게르만어파와 이에 속한 언어들은 Robinson(1992)의 주제이다. 영국의 룬문자에 관련된 대표적인 연구 자료로는 Page(1973)가 있다.

에설버트의 법령은 영어 연구에서 많은 주목을 받지 못했다. 이 책에 인용된 자료는 Liebermann(1903-1916)에서 발췌한 것이다.

초기 영어의 상황 및 문학 자료에 관련된 Mitchell and Robinson(1992)의 저술은 훌륭한 개론서이다. 서사시 『베오울프(Beowulf)』에 대한 연구 자료와 현대 영어로 번역된 자료는 아주 많은데, 특히 Seamus Heaney가 뛰어난 번역으로 꼽힌다. 비드의 『영국인들의 교회사』에 대한 내용 소개는 Loeb Classical Library 편집판에 잘 제시되어 있다.

영어 역사에 대한 훌륭한 자료로는 Barber et al.(2009), Freeborn(2006) 등이 대표적인 교재이며, Freeborn(2006)은 역사는 물론 영어의 다양화 과정도 아울러 다루고 있다. 또한 Mugglestone(2006)은 영어 역사 전반을 이해하는 데 중요한 자료이다.

✔ 11장: 민족 언어의 시대

양조업자 길드(Brewer's Guild)에 대한 설명은 Allmand(1992) 424쪽에서 인용했다. Burke(1993) 2장에서는 중세 이후 라틴어의 사용 현황이 잘 소개되어 있다.

이미 살펴본 영어의 예처럼, 민족 언어의 발생은 각 언어의 역사 측면에서 가장 충분하게 다루어진다. 민족국가의 탄생과 민족주의의 본성에 대한 주제는 최근 수십 년간 역사학자, 인류학자 등 여러 전문가들이 집중적으로 논의해왔다. 특히 Smith(1986), Anderson(1991), Tilly(1992) 등이 이에 관련된 대표적인 자료들이다.

정리 및 이해를 위한 문제

1. 로맨스어 중 가장 먼저 문자언어로 발전한 두 가지 언어는 무엇인가?
2. 우리가 이탈리아어라고 부르는 언어를 단테는 무엇이라고 불렀는가?
3. '메타 언어학적 변화'는 무엇을 의미하는가?
4. 로맨스어의 문자언어가 등장하게 된 중요한 원인 하나를 서술하라.
5. 최초의 영어 기록 자료가 나타난 시기는 몇 세기인가?
6. 웨섹스 방언 기록 형태가 특별한 위상을 갖게 되었던 시기와 원인은 무엇인가?
7. 영국 역사에서 1066년에 노르만 정복이 언어에 끼친 영향이 무엇인지 설명하라.
8. 영어 기록 형태의 표준 형성에 영향을 미친 두 사람을 제시하라.
9. 17세기 유럽을 대표하던 민족 언어 중 세 가지를 든다면 무엇인가?
10. 유럽에서 외교 및 국제 관계에서 라틴어를 대체한 언어는 무엇인가?
11. 현재까지 유럽 언어들에 포함된 수많은 학술 및 과학 어휘들의 어원이 제공된 언어는 무엇인가?

논의 주제

1. 문자언어로 발전한 로맨스어는 수백 년 전에 발생해서 현재 라틴어 중심의 문자언어를 대체했다. 그러나 아랍어의 경우 아직까지도 고전 아랍어가 아랍 지역에서 기록에 두루 사용되고 있다. 그렇다면 다음 질문에 답해보자.
   - 앞으로 아랍 지역에서 새로운 문자언어가 나타날 것인가?
   - 로맨스어와 아랍어의 어떤 차이점과 유사성이 앞으로 새로운 문자언어 발생에 중요한 변수로 작용할 것인가?
2. 민족 언어는 국가와 밀접하게 연관되어 있다. 영어는 영국을 대표하며, 프랑스어는 프랑스를 대표한다. 그러나 벨기에는 두 개의 동등한 공용어를 인정하고 있다.

영국에서는 웨일스어와 기타 언어들이 모어로 여전히 쓰이고 있는데도 불구하고 영어만 대표 언어로 인정받는다. 분명히 이는 사용자 수와 관련이 있다. 그렇다면 전체 주민의 몇 퍼센트(40%, 60%, 90% 등)가 사용해야 민족 언어로 인정될 수 있을지 생각해보자.

향후 연구에 대한 제안

1. 현대 프랑스어로 된 논픽션 문서, 예를 들어 인터넷에 실린 신문기사를 찾아, 영어로 식별되는 단어 30개를 찾아 나열해보라. 각 영어 단어를 사전에서 찾아 프랑스어 또는 라틴어에서 차용한 단어인지 확인하라.
   - 30개 단어 중 위의 분류에 들어가는 것은 모두 몇 개인가?
   - 이 외에는 영어 단어가 프랑스어로 차용된 경우거나 다른 언어의 단어를 영어와 프랑스어 모두 차용한 경우일 것이다. 이러한 단어는 모두 몇 개인가?
2. 스페인, 프랑스, 헝가리에서 사용되는 언어 중 사람들이 두 번째로 많이 사용하는 언어가 무엇인지 에스놀로그(Ethnologue) 사이트를 참조해 찾아보라. 이 언어 중 국어로 발전한 경우가 있는지 찾아서 논의하라.

5부
유럽과 세계

유럽의 언어와 세계의 언어

이 장에서는 지난 500년 동안 세계 각지에서 발생한 언어의 주요 변화를 다룬다. 정치적 발전, 대규모 이민, 대대적인 언어의 전환 과정 등을 통해 유럽 언어 중 일부 언어가 수많은 더 작은 언어들을 소멸시키며 유례없이 팽창해가는 모습을 다루려고 한다.

이 장의 요점은 이런 팽창 과정에 관련된 주요 사건들이 무엇이며 이런 사건들이 언어 변화에 어떤 결과를 초래했는지를 설명하는 것이다. 다음 13장에서는 새로 등장한 사회적 구조가 어떻게 그리고 어떤 이유로 새로운 형태의 언어를 형성하는지를 설명할 것이다. 14장의 핵심 내용은 언어의 소멸이다. 언어의 소멸은 우리 시대에 점점 더 흔히 일어나는 현상이다. 또한 12, 13, 14장들은 현재의 언어 상황이 세계 대부분의 지역에서 어떻게 발생해왔는지를 묘사한다.

01. 서부 대륙에서의 포르투갈어

1500년 3월 9일, 포르투갈 리스본에서 해양 탐험 원정대가 출발했다. 탐사 계획은 그로부터 2년 전인 1498년에 바스쿠 다 가마(Vasco da Gama)가 아프리카 남단을 돌아 인도로 갔던 원정을 반복하는 것이었다. 원정대 대장인 페드로 카브랄(Pedro Cabral)은 기니 만 앞쪽의 무풍대를 피하기 위해 대서양에서 최대로 남서쪽을 향해 항로를 잡았다. 4월 22일 드디어 해안이 보이자, 카브랄은 자신이 발견한 해안을 섬의 일부로 여기고, 이 지역을 베라크루스(성 십자가)라고 명명했다. 그러나 카브랄이 발견한 것은 사실 섬이 아니라 대륙의 일부였다. 카브랄과 원정대 사람들은 브라질 땅에 최초로 발을 디딘 사람들인 것이다.

남아메리카 대륙에 포르투갈인이 도달한 것은 그저 우연히 이루어진 것이 아니다. 이미 그로부터 몇 해 전에 콜럼버스가 대서양 건너편에 또 다른 땅이 있다는 사실을 탐험을 통해 증명한 바 있고, 카브랄의 항해 이전에도 대서양을 항해하는 배에서 남아메리카 해안이 목격된 적이 있었다. 카브랄은 그 방향에 무엇이 있는지 찾아보기 위해 항로를 잡은 것이다. 이런 탐험은 단지 호기심 때문에 시작된 것이 아니다. 포르투갈은 이미 서쪽 방향에 육지가 존재한다고 규정하고 이에 대한 통치권을 확보한 상태였기 때문이다.

포르투갈 선원 바르톨로메우 디아스(Bartolomeu Diaz)는 1488년에 희망봉을 넘어서 항해했고, 콜럼버스는 스페인 왕을 대신해 1492년에 서인도 제도에 수차례 원정하기도 했다. 유럽의 통치자들은 앞으로 동양과의 무역을 통해 엄청난 부를 얻는 것은 물론, 자신들이 정복할 수도 있는 큰 나라들이 있으리라는 기대에 부풀었다. 하지만 유럽 국가들의 이러한 부를 향한 야망은 치열한 전쟁을 일으킬 수 있는 위험한 상황들을 초래하기도 했다. 결국 유럽 각 국가들은 새로운 지역에서의 노획물을 두고 무수한 전쟁을 불사하게 되었다. 그리고 마침내 당시 해양의 중심 세력이던 스페인과 포르투갈은 유럽 바깥의 세계를 나눠 갖기로 결정했다. 양국은 1494년 해양 지역을 분할하기로 합의하고 토르데시야스 조약을 맺었다. 스페인은 그리니치 자오선의 서경 48도에서 49도 사이의 특정 위치로부터 서쪽 전 지역을 차지하고, 포르투갈은 동쪽 지역을 차지했다.

브라질은 조약 경계선의 동쪽에 있었는데, 카브랄은 이 점을 날카롭게 간파하고는 자신이 발견한 지역이 포르투갈에 속한다고 선언했다. 카브랄의 선언은 사실 해당 지역에 원주민이 거주한다는 사실을 무시하고 실행된 것이었다. 유럽인들의 관점에서 브라질은 포르투갈인이 발을 딛기도 전에 이미 포르투갈의 지배하에 있었다.

포르투갈은 유럽 대륙 바깥의 서경 48도 동쪽 지역에서 정복에 성공하지 못했다. 게다가 그 외에도 토르데시야스 조약에 경도 경계선이 48도와 49도 사이라는 것만 언급되었을 뿐, 반대쪽 경계에 대해서는 명시되지 않았다. 그러나 남아메리카의 경우에는 토르데시야스 조약이 확실하게 적용되어 포르투갈이 남아메리카 대륙의 동쪽 일부를 차지하고 스페인이 나머지 전부를 지배할 수 있었다. 이 때문에 오늘날 이 대륙에서 브라질에서는 포르투갈어를 사용하고 미국보다 남쪽에 있는 거의 모든 국가에서는 스페인어를 사용하게 되었다.

아메리카 대륙에서 일어난 언어의 전환은 세계 역사에서 아주 중요한 언어적 변화이다. 이는 급격한 인구 증가와 결합해 발생했는데 브라질이 전형적인 사례이다. 1500년대 브라질의 전체 인구수는 약 200~300만 명이었고 영토 크기로 보자면 포르투갈의 90배에 해당하는 규모였다. 당시 브라질 원주민들은 수많은 언어를 사용하고 있었다. 사실 남아메리카 전역을 통틀어 현재 350여 개의 아메리카 인디언 언어가 남아 있다. 인디언 언어 중 많은 것들이 500년 전에는 사용되었으나 지금은 사라졌다고 알려져 있다. 따라서 브라질에는 본래 수백 개의 언어가 있었다고 추정해볼 수 있을 것이다. 이 지역 원주민들의 당시 생활 수단은 주로 수렵·채집이었으며, 일부는 농경을 했던 것으로 알려져 있다.

해안을 따라 처음 정착한 포르투갈인들은 유럽 방식으로 농경 생활을 영위했다. 앞서 언급했듯이 농경은 수렵·채집과 달리 제곱킬로미터당 생산량이 더 높기 때문에 훨씬 많은 인구를 부양할 수 있는 수단이다. 이들이 정착한 후 200~300년 지나자 포르투갈 후손이 사회의 대다수를 차지하게 되었다. 게다가 아프리카 지역에서 수많은 노예들이 수입되었고, 브라질 원주민들은 포르투갈 이주민 사회 속에 서서히 동화되기 시작했다. 마침내 다양한 인종 기원이 섞인 거대한 혼혈 인구가 모두 똑같이 포르투갈어를 사용하게 되었다. 당시부터 지금까지 브라질 인구는 꾸준히 증가해, 현재 브라질의 인구는 약 1억 9000만 명에 이르고 있다. 아마존 지역 원주민 일부를 제외한 나머지 브라질 사람들의 모어는 포르투갈어이다.

브라질과 포르투갈어의 상황은 2000~3000년 전 반투어족 화자들이 아프리카의 대부분을 차지한 과정과 흡사하다고 할 수 있다. 인구가 급격히 증가하면서 엄청난 언어의 전환이 일어났다는 점에서 두 경우가 매우 비슷하다. 그러나 포르투갈어와 반투어족 언어 사이에는 한 가지 커다란 차이점이 있다. 반투어족 언어를 사용하던 화자들이 아프리카 각 지역으로 퍼지면서 언어도 함께 이동했고, 반투어족 언어는 수백 개의 다양한 형태로 발전했다. 브라질에서는 이러한 발생이 일어나지 않았다. 현재 브라질에서 사용하는 포르투갈어는 포르투갈 본토에서 사용하는 언어와 완전히 똑같지는 않지만, 이들 두 지역의 포르투갈어 화자 간에 큰 어려움 없이 서로 의사소통할 수 있다.

그 이유는 포르투갈인들이 정치적·언어적 통일을 유지하기로 결정한 것에 기인한다. 브라질은 수세기 동안 포르투갈의 지배를 받았고, 브라질을 통치하던 식민 정부는 19세기 시작 무렵 독립국가가 된 브라질의 정부에 승계되었다. 브라질에서는 애초부터 행정, 교육, 군사 분야에서 포르투갈어를 사용했으며, 지금도 그대로 사용된다. 포르투갈어는 전반적으로 사용되고 있으며, 포르투갈에서와 마찬가지로 사회적인 진출을 위해서 포르투갈어 문자언어를 사용해야 한다.

02. 스페인인, 영국인 그리고 다른 사람들

콜럼버스가 1492년 신대륙 원정을 감행한 이후 수십 년이 흐른 뒤, 유럽인들은 서쪽의 이 땅이 아시아 대륙의 동쪽 지역이 아니고 그 자체로 하나의 대륙임을 깨닫게 되었다. 이 사실은 페르디난드 마젤란(Ferdinand Magellan)이 1520년부터 1522년 세계 일주 항해를 마치자 완전히 분명해졌다. 그때부터 많은 사람들이 풍부하고 비옥한 토지를 찾아 새롭게 발견된 대륙 내부를 탐험하기 시작했다.

스페인인들은 브라질을 제외한 아메리카 대륙의 중부와 남부 모든 지역을 차지했다. 그들은 이 지역에서 여러 중요한 국가들을 무자비하고도 신속하게 정복해나갔다. 이와 관련한 예로 프란시스코 피사로(Francisco Pizarro)가 200명도 안 되는 병사와 30여 마리의 군마로 남아메리카의 서쪽 해안에 위치한 거대한 잉카 제국을 멸망시킨 것은 유명한 사례도 있다. 피사로의 군대는 전리품으로 엄청난 양의 금을 가져갔다. 스페인들은 중앙아메리카의 마야 문화도 파괴했다. 전에 살펴본 것처럼 이곳에는 상형문자 유형의 문자 체계를 사용하고 있었다.

스페인의 침략은 처음에는 순전히 노략이었지만, 시간이 지나자 점차 이 영토에 대한 대규모 토벌로 확대되었다. 사람들은 농부나 사업가가 되기 위해 유럽에서 이주해왔다. 이들을 중심으로 초기부터 마을이 형성되었고, 스페인은 스페인 왕의 관할 아래 갓 들어온 광활한 땅을 다스리기 위한 관료 체계를 설립했다.

스페인 왕은 상당히 초기부터 정복한 지역을 다스리고자 넓은 지역을 나누어 총독들을 임명했다. 18세기에는 누에바라플라타(현재 칠레, 볼리비아, 아르헨티나 등), 페루(현재 페루, 에콰도르 등), 누에바그라나다(현재 콜롬비아, 베네수엘라 등), 누에바에스파냐(현재 중앙아메리카, 멕시코, 미국 남서부 등)에 모두 네 개의 총독령이 있었다. 하지만 남아메리카처럼 광대하면서도 인구밀도가 아주 낮고, 내부 연락망이 거의 구축되지 않은 지역을 효율적으로 통치하기란 녹록하지 않았다.

19세기 초에 남아메리카 대륙의 모든 지역이 스스로 스페인 통치에서 벗어났다. 대륙 여러 지역들이 독자적인 통치 단위로 분리되면서 현재처럼 여러 나라로 구성되기에 이르렀다. 북쪽의 멕시코부터 남쪽의 칠레까지 아메리카 대륙의 18개 국가들이 모두 스페인어를 공용어로 사용하게 되었다. 게다가 미국에도 15% 정도의 스페인어 모어 화자들이 거주하고 있다. 아메리카 대륙의 전체 인구 중 약 3억 2500만 명이 스페인어 화자이다. 스페인의 전체 인구 4600만 명 중에서 정작 스페인어 모어 화자는 카탈루냐어, 바스크어 화자에 비해 적은 편이다.

아메리카 대륙에 있는 대부분의 나라에서 스페인어가 공용어로서 위치를 갖게 된 이유는 포르투갈어가 브라질의 국어로 발달한 이유와 유사하다. 우선 스페인에서 상당히 많은 사람들이 남아메리카로 이주해왔다. 이들은 더 효율적인 행정을 갖추고 있었으며 문자언어를 가지고 있었다. 게다가 스페인인들은 무차별적으로 기존의 국가들을 파괴했고, 원래부터 많지 않았던 원주민 수가 유럽에서 천연두와 같은 유행성 질병이 유입되자 매우 빠르게 줄어들었다. 불과 몇 세대 만에 스페인어 화자들은 상당한 규모를 가진 소수집단이 되었고 정치적인 권력을 손에 쥐게 되었다.

이런 환경에서 정치적·경제적인 이유로 원주민 언어를 사용하던 사람들 중 많은 사람들이 스페인어로 전환했다. 현재 남아메리카에는 수백 개의 언어가 존속하고 있지만 아르헨티나, 볼리비아, 페루에서 사용되는 케추아어나 아이마라어 등을 포함한 몇 언어를 제외하고는 화자의 수가 아주 적은 상황에 처해 있다.

인구수나 언어 수 측면에서 보면 아메리카 대륙에서 스페인어로의 전환은 언어 전환 역사상 가장 큰 변화가 아닐까 싶다. 스페인인들이 이곳에 처음 도착할 당시에는 5000만 명의 인구가 수백 개의 언어를 사용하고 있었지만, 지금은 3억 2500만 명의 인구가 스페인어라는 동일한 언어를 사용하고 있다.

스페인어와 포르투갈어는 유럽인들이 정복을 위해 세계에 진출하면서 전파된 유럽 언어들이다. 다른 언어들은 이 측면에서 볼 때 상당히 뒤처져 있다. 멀리 대양으로 진출하는 것이 국익에 아주 중요한 일임을 다른 여러 국가들도 깨닫게 되었다. 17세기 초부터 세계의 정치적 역사는 유럽 국가들이 지구상의 다양한 지역을 자신의 식민지라고 주장하고 차지하는 과정이라고 보아도 과언이 아니다.

북아메리카 대륙의 동부에서는 영국, 프랑스, 네덜란드, 스웨덴이 식민지 설립에 엄청난 각축을 벌였다. 각 국가는 자신들이 차지한 지역에 자신의 언어를 도입했고, 이 과정에서 네덜란드어, 스웨덴어 등이 순식간에 사라졌다. 프랑스어는 주로 캐나다 북부 퀘벡 지역에만 남게 되었고 영어의 경우 넓은 지역에 성공적으로 정착했다. 1620년대 영국인들이 북아메리카로 이주해왔고, 미국은 1776년 영국의 식민지 지배에서 벗어났다. 독립당시 이 지역에는 이미 상당한 수의 영어 화자들이 있었으며 점점 화자의 수가 늘어서 1790년에는 약 400만 명에 달하게 되었다. 하지만 화자의 수가 급격히 증가한 것은 19세기 동안이다. 미국이 서부를 개척하면서 인구가 몇 배로 늘었으며 그중 많은 수는 유럽에서 온 이민자들이었다.

그 결과 북아메리카의 현재 인구는 3억 4000만 명이다. 반면 아메리카 대륙에 본래부터 살았던 원주민들은 사라지지는 않았지만 이민자들의 증가로 인해 소수민족으로 전락하게 되었다. 이 때문에 소수민족의 언어들도 거의 소멸 위기를 맞이하게 되었고 일부 언어들은 사라져버렸다. 유럽과 아시아에서 이주한 사람들은 다국어 사회를 형성하지 못했다. 캐나다 퀘벡에 프랑스어를 사용하는 700만 명 정도를 제외하고 나머지는 대부분 영어 화자이다. 최근에는 남아메리카 대륙에서 대규모의 이민이 있었기 때문에 미국에 스페인어를 모어로 사용하는 상당한 규모의 소수집단도 생겨나게 되었다.

영국이 식민지 지배력으로 영어를 북아메리카의 대표 언어가 되도록 촉진했다는 것은 정확하지 않은 주장이다. 영국은 200년 이상 미국 정치에 어떤 영향력도 갖지 못했으며 영어 화자의 수도 지금의 1% 정도에 불과했다. 유럽과 아프리카에서 북아메리카로 엄청난 수의 이민자가 들어오면서 인구가 폭발적으로 증가했고, 이 과정에서 영어가 대표 언어가 되었다. 다만 영어가 미국 내에서 대표 언어가 될 수 있었던 것은 최초이자 가장 영향력 있는 식민지 주민들이 대부분 영국 출신이었고, 그에 따라 미국이 공통의 민족 언어로 영어를 사용하게 되었기 때문이다. 놀라운 사실은 다른 언어권의 이민자들도 일단 미국에 이주하고 난 뒤에는, 대다수가 언어를 영어로 전환했다는 사실이다. 몇몇 국가 출신의 규모가 큰 집단에서는 자신의 모어를 2세대 정도 유지했지만 현재 그들의 자손들은 모두 조상들의 모어 대신 영어를 사용한다.

언어의 전환은 분명히 경제, 직업 등과 깊이 연관되어 있다. 그렇지만 다른 국가에서는 이러한 요인이 소수집단의 언어가 여러 세대에 걸쳐 유지되는 것을 막지 못했다. 특히 유럽에서 미국으로 온 이민자들과 그들의 자손들은 새롭게 이주한 국가의 정체성을 깨닫고 새로운 국가의 가치관을 빨리 받아들이려고 노력했으며, 이주한 지역에 빠르게 자리를 잡으려는 강한 의지를 보였다. 예를 들면 이탈리아, 폴란드, 스웨덴 이주민들은 새로운 삶의 터전을 찾아 미국을 선택했고, 이주한 뒤 고향과의 연계를 유지하는 것보다는 미국에서 성공할 방법을 찾는 것에 더 몰두했다. 그들은 진정한 미국인이 되기 위해 영어를 선택하는 것을 별로 주저하지 않았다.

그러나 아프리카에서 온 이주민들은 유럽 사람들과 전혀 달랐다. 그들은 미국에 주로 노예로서 수입되었고 그들의 모어를 박탈당했다. 영어 학습은 선택이 아니라 강제였다. 아프리카 이주민들은 사회적인 상승이나 경제적인 발전을 희망할 수도 없었다. 그 결과 그들의 언어 사용은 적대적인 사회에 자신을 통합시키기보다는 사회에서 분리된 정체성을 만드는 경향을 보였다. 이런 이유로 말미암아 지금까지도 아프리카계 미국인들이 표준화된 영어를 사용하는 대신 조금 다른 방식으로 말하는 것이 아닐까 한다.

미국에 가장 늦게 이주한 이민자들로서 자신들의 언어를 유지하면서 자신의 정체성을 고수하는 사람들이 있다. 아메리카 대륙에서 온 스페인어 화자들은 유럽 이민자들의 행동과 완전히 같지도 않았으며, 아프리카 노예들과 같이 억압을 받지도 않았다. 게다가 그들의 출신지가 미국에서 지리적으로 가까웠으며, 현대 통신 기술을 이용해 고향 사람들과 비교적 쉽게 연락할 수 있다. 처음으로 미국에 영어의 경쟁 언어가 나타난 것이다. 예전에는 전혀 필요하지 않았던, 영어에 특혜를 주는 법률들이 최근 몇십 년 사이에 미연방의 많은 주에서 재정되었다는 사실이 이러한 상황을 증명한다.

장기적인 시각에서 볼 때 이것은 아메리카 대륙 안에서 유럽 언어 둘이

사소하게 재분배된 것에 지나지 않는다. 언어 발전의 주요 흐름은 아주 분명하다.

03. 세 언어를 가진 아메리카 대륙

아메리카 대륙의 인구가 몇 배로 증가한 것은 최근 500년 동안에 일어난 일이다. 아메리카 대륙에 살고 있는 사람들은 영어, 포르투갈어, 스페인어 중 하나를 사용한다. 이러한 언어 사용 현상은 언어적으로 세계 역사에서 유일하다. 이와 같은 사건은 이전에도 앞으로도 다시 일어나지 않을 것이다. 이 사건은 기술을 가진 사람들이 기술이 없는 사람들을 제압하고, 지구 상 커다란 부분을 장악하는 과정에서 발생했다. 유럽인들에게는 이미 범선, 총, 말, 농기구 등에 관련된 기술이 있었다. 이들은 배를 타고 아메리카 대륙에 갈 수 있었고 총으로 원주민들을 제압했으며 발전된 농업 기술을 토대로 인구를 늘리고 땅을 차지할 수 있었다.

유럽인들은 각자의 언어를 갖고 있었다. 유럽이 16세기에 들어 세계 여러 지역에 식민지를 건설할 때 유럽 국가의 언어들은 민족 문자언어로서 확립된 역사가 길지 않았다. 포르투갈어, 스페인어, 영어 모두 공식 문서에서 라틴어와 경쟁하고 있었다. 철자 체계와 문체에 대한 기준은 물론, 각 언어로 작품을 저술한 저명한 작가들도 16~17세기가 되어서야 나타나기 시작했다. 그런데도 아메리카의 정복 지역에서는 처음부터 유럽의 언어가 우위에 있었다. 거의 예외 없이 원주민들의 언어는 무시되었을 뿐 아니라 억압당했다. 단 하나의 공통 언어를 사용하는 것이 아메리카 대륙에 건설된 대부분의 국가들의 특징이다.

현재 아메리카 대륙의 인구수는 약 9억 5000만 명이며, 유럽 지역의 인구수는 약 7억 3500만 정도이다. 유럽은 대략 30개 국가로 이루어져 있으

그림 12.1   세 개의 유럽 언어들의 세계적 분포 현황

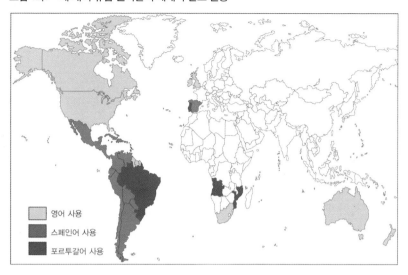

영어 사용

스페인어 사용

포르투갈어 사용

며 그와 비슷한 수의 고유 민족 언어를 가지고 있다. 각각의 언어에는 최소 몇 백만 명의 화자가 있다. 서인도제도를 포함해 아메리카 대륙에 있는 국가의 수도 유럽과 비슷하지만 언어는 세 개의 다수 언어를 포함해 화자의 수가 200만 명이 넘는 언어가 7개 있다. 열거하자면 영어, 스페인어, 포르투갈어, 케추아어, 아이마라어, 과라니어, 프랑스어이다. 이 외에 수리남 공화국에서의 네덜란드어, 아이티에서의 아이티어가 공용어의 지위를 누리고 있다.

유럽에서 민족 언어의 수는 약 30여 개이고 아메리카 대륙에는 사실상 세 개가 있는데 훨씬 많은 인구가 사용한다. 아메리카의 언어 현상은 단순히 유럽 세 국가의 침략 때문이라고 설명하는 것은 충분하지 않다. 초기의 침략과 이민이 이런 결과를 가져오는 일은 거의 없기 때문이다. 하지만 상당히 많은 이민자들이 유럽에서 넘어와 아메리카 대륙에 정착했고, 원주민들은 유럽에서 유입된 전염병으로 수가 급감한 반면 유럽인들은 비약

적으로 높은 재생산 비율로 인구를 늘려갔다. 게다가 이주한 유럽인들은 원래 유럽 언어에서 분화된 새로운 언어를 발생시키지도 않았다. 앞에서 살펴본 것처럼 다른 지역에서는 언어가 분화되는 일이 흔히 일어나지만 아메리카 대륙에서는 거의 일어나지 않았다. 유럽의 지배가 시작된 초기부터 문자언어와 학교 제도가 유럽 언어와 강력하게 결속되어 언어의 분화를 막았다. 이런 이유로 아메리카 대륙의 언어 상황은 매우 파편화된 상태에서 매우 단일한 상태로 변화했다.

세 가지 주요 언어가 유럽의 모국어와 계속 연결되었는데도, 아메리카 대륙에서의 용법과 유럽 대륙에서의 용법에 차이가 발생했다. 가장 중요한 차이는 발음이다. 미국인은 영국인과 다르게 발음한다. 그리고 멕시코인과 스페인인도 발음이 다르다. 그러나 이는 사소한 방언 차이에 불과한 것으로 사실 이러한 다양성으로 아메리카 대륙 사람과 유럽 사람을 쉽게 구분할 수 있는 것은 아니다. 예를 들어 미국 영어의 표준 발음에서 four나 father와 같이 단어 끝에 오는 r 발음은 표준 영국식 영어에는 없는 발음이다. 그러나 사실 이 r 발음은 영국의 여러 방언들에 존재하는 반면 미국의 동부 방언에는 없다. 물론 아주 분명하게 구분되는 차이도 있다. 예를 들면 철자법과 어휘 등이다. 그러나 전체적으로 아메리카 대륙의 언어들은 유럽 대륙의 원래 언어와 같은 정체성을 유지하고 있다.

04. 포르투갈과 전 세계

카브랄이 브라질에 도착한 것은 어쩌면 우연한 발견이었다. 카브랄의 본래 목적지는 브라질이 아니었다. 인도와 교역로를 구축하는 것이 주된 목적이었고 그 목표를 성공적으로 완수했다. 그가 성공하자 많은 사람들이 그의 길을 따랐다. 16세기 내내 지브롤터 해협에서 중국까지의 항로상에 위치한 수많은 항구와 무역 거점을 오가며 포르투갈인이 바다를 지배했다.

포르투갈인들은 해안을 따라 광범위하고 길게 뻗은 땅을 장악했다. 지금은 독립했지만 오랫동안 포르투갈 땅이었던 아프리카 국가 세 곳, 기니비사우, 앙골라, 모잠비크는 브라질과 상황이 아주 달랐다. 포르투갈어는 세 국가에서 모두 한 번도 다수 언어가 되지 못했으며 인구의 몇 퍼센트만 사용하는 언어에 머물렀다. 포르투갈어 사용자도 대부분 원래 그곳에서 우세했던 언어 한두 가지를 동시에 사용한다. 아프리카의 많은 사람들은 포르투갈어를 많은 다른 언어들 중 하나로만 인식하고 있으며, 여전히 포르투갈어가 도입되기 이전의 언어들을 사용한다.

포르투갈인들은 아메리카 대륙에서 한 것처럼 아프리카에서 비슷하게 행동했을 것이다. 그러나 아메리카 대륙에서는 조건이 달랐다. 핵심 요건은 인구였다. 아메리카에 포르투갈 사람이 더 많았다. 적어도 아메리카에는 농사지을 빈 땅이 더 많았다. 게다가 아메리카 원주민과 달리 아프리카인들은 유행성 질병에 굴복하지 않았다. 이 질병들은 아프리카 대륙에서는 별로 새로운 것이 아니었기 때문이다. 그래서 아프리카 대륙에서는 이주민의 인구가 증가할 요인이 전혀 없었다.

포르투갈어는 아메리카에서 모어로 발전할 수 있었던 반면, 아프리카 대륙에서는 식민지 언어가 되었다. 여기서 식민지 언어란 식민지 지배 세력이 공식적으로 사용하는 언어이며 식민지를 총괄하는 공공기관, 교육, 행정, 경제 분야에서 주요 역할을 수행하는 언어를 가리킨다. 식민지 언어는 식민지가 독립한 후에도 공용어 지위를 유지하기도 한다. 이전에 포르투갈의 식민지였던 아프리카 국가에서는 포르투갈어가 아직도 공용어로서의 위상을 갖고 있으며, 학교와 국제 교류 등에서 핵심적인 역할을 수행하고 있다.

포르투갈인들은 아시아 지역을 확장의 최우선 목표로 잡았음에도 불구하고 넓은 지역을 차지하지 못했다. 그들은 요새화된 무역 거점 몇 개를 확보했고 그중 몇 개는 20세기 후반까지 포르투갈 식민지였다. 그러나 언어의 영향력 수준은 매우 미미한 상황이다.

수백 년 동안 포르투갈의 정복 시기를 거치면서 포르투갈어의 범주는 유럽에 한정된 100만 명 정도의 화자들이 사용하던 언어에서 세계 각지에서 2억 이상의 인구가 사용하는 주요 언어로 발돋움할 수 있었다. 화자의 수로만 본다면 고대 라틴어의 전파나 중세 시대 아랍어의 전파에 견줄 만하다. 그러나 포르투갈은 유럽의 식민국 중 하나일 뿐이었고 가장 큰 식민국도 아니었다.

05. 영국 영토 이외 지역에서의 영어

포르투갈과 마찬가지로 다른 식민 세력들도 동방의 땅과 부를 추구했고 그중 몇은 엄청난 성공을 거뒀다. 남아시아에서는 영국이 인도와 다른 여러 지역을 자기 제국의 일부로 삼았다. 네덜란드는 지금의 인도네시아 전 지역을 식민화했고, 프랑스는 캄보디아, 라오스, 베트남을 포함하고 있는 인도차이나반도를 차지했다. 이 지역들에서 유럽 언어는 중요한 식민지 언어였으며, 아직까지도 인도에서는 영어가 아주 중요한 역할을 맡고 있다. 그러나 아시아 전체를 보면 유럽 언어를 사용하는 화자의 수가 엄청나게 증가하지는 않았다. 아시아의 피식민 국가들은 비교적 인구밀도가 높았으며 화자 수가 많은 몇몇 언어들이 아주 오랫동안 문자언어로 사용되고 있었다.

영국은 세계에서 마지막으로 남은 대륙인 오스트레일리아를 식민화했다. 이 과정은 여러 측면에서 북아메리카 지역과 유사한 모습을 보여주었다. 북아메리카 지역과 오스트레일리아의 원주민들은 본래 수렵·채집인이었고 인구도 그렇게 많은 편이 아니었다. 그런데도 기후 조건 때문에 이 대륙은 영국인들에게 매력이 없었다. 유럽인들은 17세기 초부터 이미 이 대륙을 알고 있었지만, 이 지역에 진출한 것은 꽤 시간이 지나서였다. 1776년 미국이 독립하면서 영국은 북아메리카 지역에서 식민지를 잃게 되었다. 영국은 이를 만회하고자 다른 지역을 물색했다. 그러던 중 1788년 처음으로 식민지 개척자들이 시드니에 정착했다. 당시 오스트레일리아 지역에 식민지를 건설한 것은 범죄자들을 위한 유배지로 사용하려는 용도였다.

이 책 앞부분에서 오스트레일리아 원주민 언어에 대해 많은 논의가 있었다. 유럽인들은 오스트레일리아 원주민들을 저열한 종족이라고 보고 가혹하게 다루었다. 현재 2100만 명이 오스트레일리아에 거주하고 있으며 인구의 99%가 영어를 사용한다. '애버리지니'라고 불리는 원주민들도 몇 십만 명밖에 남아 있지 않으며, 이들의 언어는 거의 사라진 실정이다. 영어가 전 대륙을 뒤덮은 것은 인구수보다 면적으로 보았을 때 더욱 인상적이다.

뉴질랜드는 오스트레일리아 바로 옆에 있는 국가로서 상당수의 영어 화자를 보유하고 있다. 영국인들은 1830년대 후반에 대대적으로 뉴질랜드에 정착하기 시작했다. 사실 이 지역은 애초부터 마오리족이 살던 땅이었다. 마오리족은 본래 자신들의 언어를 별도로 사용하고 있었다. 현재 뉴질랜드의 총인구는 400만 명에 달하며 이 중 약 50만 명은 마오리족이다. 이들 모두 영어를 사용하며 마오리족 중 어느 정도는 마오리족 언어도 동시에 사용하고 있다.

06. 당시 어떤 일이 발생했을까

유럽인들이 대서양을 건너 다른 나라로 향하는 길을 찾아냈을 때 세계 언어의 운명이 뒤바뀌었다. 5세기가 지난 현재, 이 항해가 세계적으로 소수 언어 몰락과 다수 언어가 시작된 지점이었다는 것이 명확해졌다.

약 만 년 전, 농경 시작되기 전부터 사람들은 소규모 집단을 중심으로 삶을 영위했고, 언어의 화자 또한 수천 명을 넘지 않았다. 이 책에 소개된 것처럼 많은 역사적인 사건이 발생하면서 유럽, 아시아, 아프리카에서는 커다란 정치적 실체와 결합한 다수 언어들이 여럿 나타났다. 아메리카와 오스트레일리아는 이와는 다른 양상이었다. 지난 몇 세기 동안 유럽의 농경 기술이 이 지역에 도입되고 유럽인들이 이주하면서 이민자들의 몇몇 언어가 아메리카와 오스트레일리아 대륙에서 절대적인 영향력을 차지하기에 이르렀다. 따라서 본래의 소수 언어들은 유럽에서 유입된 다수 언어의 군림으로 말미암아 이미 사라졌거나 사라질 위기에 처했으며, 이와 반대로 유럽 언어들은 해당 대륙에서 화자 수가 증가함에 따라 절대적인 위상을 갖게 되었다.

지난 5세기 동안 세계 인구는 눈부신 성장을 보였다. 인구의 갑작스러운 증가는 많은 결과를 초래했는데 그중 하나는 사실상 모든 언어에서 화자수가 눈에 띄게 증가한 것이다. 예외의 경우는 주로 수렵·채집인들이 사용하는 소수 언어들에서 나타났다. 그러나 인구 증가가 곧바로 언어 사용자 비율의 변화를 가져오지는 않는다. 비율의 변화는 침략에 의해서 일어난다. 약 500년 전에 유럽 지역에는 7000만 명 정도의 인구가 거주하면서 30여 개 정도의 언어를 사용하고 있었다. 현재 인구가 약 7억 3500만 명으로 늘어난 상황에서 언어의 수는 예전과 비슷하다. 사실 과거와 같은 언어들이다. 아메리카 대륙의 경우 인구수가 5000만 명에서 9억 5000만 명으로 유럽과 비슷한 비율로 증가했지만, 언어의 수는 500년 전에 약 1000여 개 정도에서 세 개의 다수 언어로 급격히 줄어들었다.

여전히 많은 언어들이 그대로 존속해 있는 지역이 세계 곳곳에 남아 있다. 언어의 존속은 역사적인 큰 변화가 없는 한 일반적인 현상이다. 하지만 아시아, 유럽, 북아프리카의 많은 소수 언어들은 수십만 명, 수백만 명의 사용자를 가진 언어들에 밀려났다. 화자가 1억 명 이상인 언어가 등장한 것은 비교적 최근의 일이다. 중국어는 이미 오래전에 화자가 1억 명을 넘어섰고, 중국어 외에도 다른 아시아 국가들 중 1억 명 이상의 화자 수를 확보하고 있는 언어로는 힌디어, 벵골어, 일본어, 과거에 크게 확산된 아랍어 등이 있다. 이보다 최근에 세력을 확장한 언어로는 영어, 스페인어, 포르투갈어, 러시아어 등이다.

지난 1000년 동안 언어 사용 현상에 나타난 핵심적인 경향은 일부 다수 언어의 급성장과 많은 소수 언어의 몰락이다. 지금도 이런 경향은 지속되고 있다. 앞으로 이 부분을 좀 더 다룰 것이다. 일단 다음 장에서는 최근 수 세기 사이에 새로운 언어가 창조되는 과정을 살펴볼 것이다.

어떻게 언어가 탄생 또는 생성되는가

이 장에서는 지난 400년 동안 서인도제도, 남아프리카, 노르웨이 등 세계 각지에서 새로운 언어가 어떻게 발생했는지 살펴볼 것이다. 또한 이 언어들이 각기 다르게 생성되었는데도 이 언어들 간에 흥미로운 유사점이 있는 이유를 이 장의 끝 부분에서 요약할 것이다.

01. 노예무역과 언어 훼손 그리고 언어의 탄생

유럽인들은 부자가 되기 위해 세계 곳곳을 탐험했고 많은 이가 이에 성공했다. 이런 과정의 대부분은 결국 약탈이었지만, 장기적으로는 무역을 바탕으로 한 사업과 현지 생산을 통해 안정된 부를 구축하려고 노력했다. 이들을 유혹한 것은 원래 극동의 향신료 무역이었고 다른 무역 품목들이 속속 추가되었다.

유럽인들이 새로 차지한 영토에서는 플랜테이션 농장 경영이 아주 중요했다. 열대 지역에서만 자라는 설탕, 면화 등과 같은 농작물들은 유럽인들이 원하던 것이었다. 플랜테이션 농장은 북아메리카 대륙의 남쪽에서 남아메리카 북동쪽으로 이어지는 서인도제도의 섬들과 인도양의 섬들, 해안 지역들, 그보다 동쪽 지역에도 세워졌다.

플랜테이션은 노동집약적인 산업이었고 유럽인들은 직접 육체노동을 하지 않았다. 농장을 운영하기 위해 많은 노동력이 필요했으나 플랜테이션이 위치한 주변 지역에서는 충분한 노동력을 찾을 수 없었다. 서인도제도에는 유럽인들이 침략하기 전부터 인구가 많지 않았고, 유럽인들이 지배하기 시작하고 한 세기 동안 원주민 인구가 급격히 감소해 거의 소멸될 위기였다.

노동력을 확보할 최후의 방법은 대규모로 노예를 사들이는 것이었다. 노예제는 이미 여러 곳에서 실행되고 있었고 별로 참신한 방법은 아니었다. 유럽에서는 이미 중세부터 노골적인 노예 거래가 사실상 중단된 상태였다. 플랜테이션 농장이 이익을 많이 낼 수 있는 수단으로 부각되고 노동력의 요구가 갑자기 상승하자, 유럽인들은 서아프리카에서 노예를 사서 서쪽 지역에 수출하기 시작했다.

이는 아주 수지맞는 삼각 무역의 한 축이었다. 서아프리카에서 수요가 있는 옷감, 유리 등의 상품을 서유럽의 항구에서 싣고 출항한 뒤, 서아프리카에 가서 화물을 팔고 노예를 사서 서인도제도로 갔다. 거기서 배에 설탕이나 면화를 싣고 유럽으로 되돌아오는 것이다. 이렇게 배가 한 차례 순환하면 이를 통해 얻는 이익은 가히 말로 표현할 수 없는 정도였다.

그러나 노예들에게는 어떠한 이득도 없었다. 이들은 이웃 국가의 노예 사냥으로 붙잡힌 운 없는 사람들이었다. 서아프리카에는 상당히 많은 수의 언어와 많은 소규모 정치 공동체가 있었다. 노예무역 시기에 유럽인들 사이에서 노예의 수요가 많아지자 이 공동체 중 몇몇은 서로 공격을 감행해 포로로 잡은 사람들을 노예로 파는 사업을 하기도 했다.

운송비를 아끼려는 차원에서 노예들을 배의 공간에 아주 비좁게 채워서 운송하곤 했는데, 마치 가축을 수송하는 것과 흡사한 모습이었다. 따라서 운송되는 중에 사망하는 비율이 매우 높았다. 이들 중 살아남은 자들은 바깥세상과 접촉하지 못하고 평생 동안 플랜테이션 농장에서 모진 노동에 내몰리는 신세가 되었다.

처음에 노예들은 당연히 자신들의 언어를 사용했다. 하지만 같은 플랜테이션 농장에 같은 언어를 쓰는 사람은 거의 없었다. 노예 상인들은 노예들이 집단 탈출이나 폭동을 일으키지 못하게 하기 위해 서아프리카 해안의 노예 창고에 서로 다른 부족을 최대한 섞어서 가두었고, 노예를 사는 사람들도 이와 똑같은 전략을 사용했다. 노예들 간에 의사소통을 어렵게 만들겠다는 생각과 서아프리카에 수많은 소수 언어가 존재한다는 사실이 합해져 의도했던 만큼 효과를 거두었다.

이처럼 플랜테이션 농장에 새로 온 노예들에게는 공통의 언어가 없었다. 그러나 다른 한편으로 노예들은 명령을 받거나 아주 기초적인 대화를 나누기 위해 노예 감독의 언어를 배워야만 했다. 결과적으로 제1세대 노예들은 자신들의 모어 사용을 금지 당했을 뿐 아니라 새로운 언어 공동체에 들어가는 것도 허용되지 않았다. 이들은 자신들의 사회적 위상은 물론 자신들의 모어가 사라지는 모습을 지켜볼 수밖에 없었다.

그러나 인간은 언어를 사용하지 않고는 살 수가 없기 때문에 플랜테이션 지역에서 새로운 언어가 아주 독특한 방식으로 생성되기 시작했다. 초기 플랜테이션에 관한 자세한 묘사가 거의 없기 때문에 정확하게 어떤 일이 일어났는지 말하기 쉽지 않지만, 자세한 묘사가 거의 없다는 사실도 놀랄 만한 일이 아니다. 당시 글을 쓸 줄 아는 사람은 농장주와 노예 감독이 전부였으며, 이들이 농장에서 무슨 일이 일어났는지 폭로할 이유가 전혀 없기 때문이다.

피진어(pidgin)가 가장 초기에 사용된 언어라는 데 상당수가 동의한다. 피진어는 노예무역과 관련된 지역뿐 아니라 세계 여러 지역에서 사용되었다. 공통 언어가 없는 상황에서 사람들이 소통을 해야 할 때가 있다. 예를 들어 물건을 사고팔거나 일터에서 명령을 하거나 질문을 해야 할 때 등이다. 처음에는 서로 단어를 배운다. 머지않아 어휘와 구가 공통적으로 사용되고, 이런 상황이 오랜 세월 지속적으로 전개되면 소규모 어휘와 문법 규칙이 생겨나게 된다. 보통 쓰는 사람마다 매우 다르게 나타난다. 이런 언어를 피진어라고 한다. 피진어는 아주 짧은 기간에 사용되는 경우가 흔하지만, 서로 다른 언어를 사용하는 사람들이 물건을 사고팔기 위해 정기적으로 만나는 시장처럼 적절한 환경이 조성되면 몇 세기에 걸쳐 유지될 수도 있다.

플랜테이션 농장에서 사용되는 피진어는 노예 감독의 언어에서 대부분의 단어를 차용해 만들어졌다. 영국과 프랑스는 플랜테이션 경영에 매우 적극적이었기 때문에 영어와 프랑스어가 피진어에 특히 많이 차용되었다. 처음에는 노예와 노예주 간에, 또 노예들 간에 영어나 프랑스어 어휘와 아주 간단한 문법을 갖춘 아주 제한된 언어들이 사용되었다. 그러나 이 언어의 문법은 영어나 프랑스어 문법과 꼭 비슷한 것은 아니었다.

그리고 다음 세대로 이어진다. 노예 남성과 노예 여성 사이에서 태어난 2세들도 자연히 노예들 사이에서 자라게 되었다. 노예 가족 안에서 부부가 특정한 공통 언어를 반드시 사용해야 하는 것은 아니었지만 노예 공동체 안에서는 일반적으로 피진어가 사용되었다. 그러나 피진어는 완전한 형태를 갖춘 언어가 아니다. 아이들에게는 완전한 언어가 필요했기에, 피진어를 시작점으로 잡아 그들 스스로 새로운 언어를 만들었다. 이처럼 2세들이 중심이 되어 크리올어(creole)가 생성되었다.

현재 크리올어의 발생에 대한 여러 설명들이 있지만 이런 문제를 논의하기 전에 먼저 크리올어에 대한 실제 예를 보자. 영어를 바탕으로 생성된 크리올어 중 하나로 카리브 해의 네비스 섬에서 사용된 크리올어이다. 다음의 예시는 글로 쓰인 것이 거의 없는, 이 지역의 크리올어를 글로 적은 것이다. 이것은 발화 언어를 글로 옮긴 것이며 원래는 지역 신문에 실린 문장이다.

Wen ting waantin a Niivis, dem tap lang fu du, an wen dem du, dem tap langa fu don. ― Mi hia piipl a aks if mi an yu no wiari chat. Taal! Bikaas aabi a get wondaful rizol.

위 내용을 표준 영어로 바꾸면 다음과 같이 된다.

When something is needed in Nevis, they take a long time to do it, and when they do it, they take longer to get it done. ― I hear people asking if I and you aren't weary of talking. Not at all! Because we are getting wonderful results.

네비스 섬에서는 무언가 필요해지면, 사람들은 그 일을 하는 데 시간이 많이 걸립니다. 사람들이 그 일을 한다면, 일을 마치는 데는 더 오랜 시간이 걸립니다. ― 나는 누군가에게서 '당신과 내가 서로 이야기하는 데 지치진 않습니까?'라는 질문을 들었을 때, '전혀요! 우리는 멋진 결과를 내고 있으니까요'라고 답합니다.

예시 글에 포함된 네비스에서 사용한 단어들은 대부분 영어와 유사한 형태를 보이고 있다. 일부 차이점이 있기는 하지만 대부분 철자의 차이일 뿐이다. 네비스 섬에서는 자음들이 단순화되어서 영어의 'and'가 'an'으로 표현되기도 하지만 'take, we'와 같은 단어들이 'tap, aabi'로 표현되는 것처럼 아주 다르게 나타나는 경우도 있다.

문법에서는 영어와 많은 차이가 있다. 예를 들어 크리올어에서 형용사를 포함한 절에는 'be'동사가 없어도 된다. 'mi an yu no wiari'를 가리키는 현대영어 'I and you are not weary'를 보면 'weary'를 유도하기 위한 동사 'are'이 생략된 것을 알 수 있다. 명사를 사용할 때도 크리올어에서는 영어의 복수 표시인 '-s'가 생략되어 'result-s'를 'rizol'이라고 표현했다. 또한 동사에 과거 시제를 나타내는 형태 변화가 없고 'piipl a aks(people are asking)' 'aabi a get(we are getting)'에서 볼 수 있듯이 동사 'aks, get' 바로 앞에 'a'와 같은 표식을 사용함으로써 현재 진행형 'be -ing'을 표시하는 방법을 사용하는 것이 네비스 지역 크리올어의 특징이라고 할 수 있다.

이와 같은 방법은 다른 시제를 나타낼 때도 사용된다. 예를 들면 'Piipl bin aks'처럼 'bin'을 적용해 'People asked'와 같이 과거 시제를 가리킬 수 있다. 이때 'bin'은 영어 'be' 동사의 과거분사 형태인 'been'에서 유래된 것이다. 이 표식을 활용하면 다양한 문장구조에서 과거의 시제를 표시할 수 있게 된다. 'Piipl bin a aks'는 표준영어의 'People were asking'의 뜻이다. 하지만 영어의 어간(단어의 중심 부분)만을 이해하고 있는 사람들은 피진어의 이런 표현을 해석하기가 쉽지 않다. 크리올어는 고유의 문법이 있기 때문이다.

02. 크리올어는 언어인가

앞에서 본 것처럼 크리올어는 어휘 대부분을 차용한 유럽의 언어와 그다지 비슷하지 않다. 영어의 표준 용법만 알고 있는 사람들은 네비스 섬의 크리올어를 이해할 수 없을 것이다. 크리올어 화자도 표준 영어를 이해하지 못하는 것은 마찬가지다. 그렇다면 크리올어를 별도의 언어로 보아야 하는 것인가에 대한 답은 여러 가지로 나뉜다.

크리올어들은 주로 17~18세기에 발생했다. 이 시기는 노예무역의 절정기였으며, 크리올어 중 여러 언어들은 지금도 그대로 사용되고 있다. 19세기 말까지 상당히 오랫동안 크리올어를 사용한 사람 중에, 그 누구도 자신들이 사용하는 언어가 영어나 프랑스어 또는 포르투갈어의 그릇된 변형이 아닌 다른 무엇이라고는 생각하지 못했다. 지금으로부터 약 한 세기 전부터 일부 언어학자들이 크리올어의 발화 형식에 관심을 갖기 시작했다. 하지만 크리올어에 대한 체계적인 연구가 시작된 것은 1960년에 이르러서이다. 학자들은 크리올어를 유럽 언어의 변형으로 보는 대신, 독자적인 별도의 언어라고 보고 언어 발화에 대한 기술과 분석을 진행했다.

그 이유는 순전히 언어적인 것이다. 만약 두 가지 발화 형태가 시제나 수를 표현하는 방식 같은 주요 언어적 범주에서 근본적인 차이를 보인다면, 어휘를 부분적으로 공유한다고 해도 언어학자의 관점에서 볼 때 두 언어 체계는 서로 다른 것이다. 따라서 언어학자들의 방식에 의하면 네비스 섬의 크리올어 발화 형태 중 여러 단어의 형태가 표준 영어와 흡사한 모양으로 보이더라도, 시제나 수 등에서 확연한 차이가 발견된다면 다른 언어로 보는 것이 가능하다.

그러나 앞 장에서 언급했듯이 언어가 무엇인지 결정하는 것은 사실 화자이다. 화자가 자신의 언어를 무엇이라고 부르는지, 무엇이라고 생각하는지가 언어 결정에 결정적 기준이다. 언어가 존재한다고 인정되려면 언어 고유의 명칭이 필요하다. 앞에서 살펴보았듯이 언어의 명칭은 기록 형태를 갖추기 전까지는 생성되지 않는 경향이 있다. 일단 명칭이 붙여지면 메타 언어학적 변화가 일어나서 사람들이 그전과는 다른 방식으로 자신들이 사용하는 언어 형태를 생각하고 말하게 된다.

현재 크리올어로 분류되는 언어의 수는 약 50여 개에 달한다. 이 언어들은 모두 영어, 프랑스어, 포르투갈어와 같은 유럽 언어에 바탕을 둔 어휘를 가지고 있다. 또한 화자의 수도 대체로 수백 명에서 수만 명 정도로 비교적 소수이다.

연구자들이 항상 기록으로 남겨둔 것이 아니기 때문에 화자들이 자신이 사용하는 언어를 무엇이라고 생각하는지 확신할 수 없다. 화자들뿐 아니라 다른 사람들의 관점에서도 확실히 자신의 권리를 가진 언어들이 있다. 아이티에서 사용되는 크리올어는 약 900만 명 정도의 화자를 보유하고 있고 '아이티어'라는 명칭은 물론 이 언어로 지어진 문학작품과 공식적인 철자 체계도 있다. 게다가 학교에서 이 언어의 기초 교육이 이루어지고 있다. '아이티어'의 어휘는 프랑스어에서 유래된 것이다. 하지만 아이티 사람들은 프랑스어를 거의 전혀 알지 못할 뿐 아니라 프랑스어와 아이티어 사이에 교류가 거의 없어서 지금과 같은 독자적인 명칭을 가진 언어로 발달할 수 있었던 것이다. 독자적인 체계를 갖춘 또 다른 크리올어의 예로는 '파피아멘토어'가 있는데, 베네수엘라 쿠라사우 섬과 그 주변의 섬들을 아우르는 지역에서 수십만 명이 사용하는 언어이다. 그 지역 역사의 결과로 이 언어의 어휘는 대부분 스페인어, 포르투갈어, 네덜란드어에서 유래되었다.

그러나 크리올어의 상황은 종종 아주 다르게 나타났다. 크리올어의 발화 형태들은 '바베이도스 영어 크리올어' 또는 '소앤틸리스제도 프랑스어 크리올어'이라고 불리고 있다. 이런 명칭들은 사실 학술적인 분류이며, 이 크리올어의 화자들은 자신들이 사용하는 언어에 특별한 명칭을 붙일 필요를 느끼지 못하고 있다. 그 대신 크리올어의 화자들은 여러 지역에서 자신의 언어를 '말(idiom)'이나 '방언(dialect)' 따위를 뜻하는 말로 'lingo' 또는 'patois'라고 부르거나 자기 언어에 별다른 꼬리표를 달지 않기도 한다. 또한 크리올어의 화자들이 자신들의 언어를 단순히 영어나 프랑스어의 한 형태라고 말하는 것도 이상한 현상이 아니다.

다시 말해 화자들이 이 발화 형태를 별도의 언어적 단위라고 생각하지 않는다는 점에서 이런 형태는 실제로 언어가 아닌 것이다. 이것은 그다지 예상하기 어려운 일은 아니다. 이러한 현상은 크리올어 화자들이 과거 노예의 후손으로서 이미 하층민 상태와 같은 취약한 사회적 위상을 경험한 데서 원인을 찾아볼 수 있다. 이들은 자신들의 언어에 별로 자부심을 느끼지 못하고 있었으며, 도리어 크리올어를 이전의 높고 특별한 지위의 언어로부터 변형된, 수준이 낮은 부산물이라고 여겼다. 종종 화자들은 크리올어를 사용하는 것을 부끄러워했다. 크리올어 화자는 물론, 언어 자체도 거주지에서 별로 대우를 받지 못했다. 왜냐하면 크리올어 화자들은 사회적 약자였을 뿐 아니라 크리올어와 비교되는 언어들이 주로 영어 또는 프랑스어처럼 사회적으로 표준 언어로서 대우를 받던 언어들이었기 때문이다. 다만 영어 또는 프랑스어와 같은 표준 언어들과 크리올어의 경계를 확실하게 구분하는 것이 그렇게 간단한 일은 아니었는데, 당시 이들 두 부류 사이에 여러 종류의 중간 형태의 언어들이 존재하고 있었기 때문이다.

정리하자면 크리올어들 중 일부는 자기 권리를 가진 의심할 여지없는 언어이다. 언어학자들 대부분은 크리올어에 속하는 다른 많은 언어들도 별도의 언어로 인정하는 반면 크리올어 화자들은 다르게 생각한다. 이 책에서 바라보는 관점으로는 화자들이 결정적인 발언권을 가지고 있고, 언어의 형태는 그 결정에 따르는 것이다.

03. 경이로운 유사성

 연구자들은 크리올어가 모두 비슷하다는 한 가지 사실에 강한 호기심을 느낀다. 크리올어가 유럽의 언어와 비슷할 것이라고 예상하지만 사실은 그와 정반대이다. 크리올어들은 유럽 언어의 문법과는 아주 다르지만 크리올어 간에는 비슷한 문법을 가지고 있다. 따라서 영어에서 온 것이든 포르투갈어에서 온 것이든, 카리브 해에서 사용되는 것이든 지구 반대편에 있는 인도양에서 사용되는 것이든 똑같이 비슷한 점이 있다.

 크리올어의 이와 같은 유사성 중 하나는 동사 형태이다. 앞서 언급했듯이 동사의 기능을 다양하게 만드는 단어 표식은 크리올어 대부분에서 발견된다. 또한 이러한 표식의 기능도 아주 비슷한 경향을 보인다. 예를 들어 프랑스어에서 유래한 크리올어의 어휘에는 'pe(프랑스어 après에서 기원함)'라는 표식을 발견할 수 있는데 이 표식의 기능과 의미는 네비스 크리올어의 'a'와 같다. 크리올어에서 'pe'는 때로 'ap(프랑스어 après에서 기원함)'라는 형태로 사용되기도 의미의 차이는 없다.

 바로 앞 예에서 본 문법적인 유사성은 대부분의 크리올어에서 나타나는 특성이다. 이것이 어떻게 가능할까? 크리올어들은 서로 발생 지역과 시기가 다를 뿐 아니라, 상호 교류가 전혀 없었음에도 이처럼 서로 닮은 모습을 보이는 것이 매우 기이하지 않을 수 없다. 이런 점 때문에 많은 연구가 이루어졌고 학자들 사이에서도 수많은 논쟁이 있었다. 크리올어들의 유사성에 대해 다양한 이론들이 제시되기도 했다.

 또 다른 놀라운 사실을 언급하자면, 크리올어의 문법은 사실 어린아이가 어른에게서 믿을 만한 본보기를 보고 배운 것이 아니라, 아이들 스스로 언어를 배우면서 만들어낸 결과물이라는 사실이다. 이러한 문법적인 체계는 다른 사람들에게서 본보기를 찾을 수 없는 상태에서 사용할 수 있는,

생득적인 특성을 지닌 보편 문법의 하나라고 간주할 수 있다. 이와 비슷하지만 덜 놀라운 생각은 크리올어의 문법이 인류가 가장 쉽게 이해하고 배울 수 있는 문법 형태라는 것이다.

완전히 다른 종류의 설명으로는, 모든 크리올어가 포르투갈어로부터 기원한 단 하나의 피진어에서 퍼진 것이라는 주장이 있다. 포르투갈어에 기초한 피진어가 전 세계에 널리 퍼졌고 대부분의 피진어와 크리올어에 영향을 미친 것으로 알려져 있기 때문이다. 예를 들어 피진어, 크리올어 계통의 언어 대부분에서 'pikin'이나 'pikanin'이 포함된 단어는 모두 영어의 'small'을 뜻한다. 이 어간은 포르투갈어의 'pequeno'나 스페인어의 'pequeño, pequeñín'에서 기원했다.

크리올어의 문법이 유사하다는 사실에 대한 세 번째 설명은 많은 노예들의 모어가 서아프리카 언어였다는 데에서 기원을 찾는 것이다.

크리올어 문법의 유사성에 대한 설명으로 네 번째 시도가 있다. 크리올어의 많은 특이점들이 유럽 언어들이나 방언들에 있는 선구자적인 존재라는 견해다. 현재 일어난 변화는 매우 가속된 속도로 일어난 변화이지만 일반적인 언어적 변화라는 것이다. 이와 같은 크리올어의 탄생 과정은 어쩌면 미래의 영어나 프랑스어의 조짐이라고 말할 수도 있을 것이다. 일부 프랑스 언어학자들은 벌써 프랑스어 기원의 크리올어를 'français avancé (진보한 프랑스어)'라는 용어를 붙여 부르고 있다.

앞서 크리올어 문법의 유사성에 대한 여러 설명들은 일부 규명이 가능하기는 하지만, 모든 부분을 다 규명하기에는 각각 논리적 취약점들이 있다. 또한 여전히 다른 설명이 가능한 뚜렷한 유사점들이 존재한다. 예를 들어 앞서 크리올어의 예시로 나온 문장에서 'aks(ask, 묻다)' 단어는 영어를 기원으로 한 크리올어에서 대부분 발견된다. 그러나 이것은 이 언어에서 획기적인 것이 아니라 영어 단어의 방언적 변형이다. 1000년 전 이 단어가 최초로 기록된 예가 있다. 어떤 노예 감독의 방언이 이 언어에 흔적으로 남게 된 것인지도 모른다.

크리올어 사이의 유사점 중 어떤 것은 아주 사소한 것이라는 사실도 밝혀졌다. 그러나 매우 놀라운 문법적인 유사점이 있는데도 이에 대한 공통의 기원을 찾기가 어려운 경우도 있다. 영어에서 동사의 진행형을 위해 사용하는 표식(-ing)과 같은 비슷한 문법적 방법은 여러 곳에서 여러 차례 생성되었을 수도 있다. 새로운 언어를 만드는 사람들은 어째서인지 이런 문법적 방법들을 손쉽게 이용하는 것 같다.

그러나 생득적 공통 문법이 언어의 유사성을 설명하는 유일한 방법이 아닐 수도 있다. 어쨌든 세상의 다른 언어들에서는 이런 문법적 전략이 흔한 것이 아니다. 만약 사람이 유전적으로 크리올어의 문법적 전략을 사용하는 성향을 타고난다면 당연히 많이 사용되어야 한다. 이 문법적 전략은 서유럽 언어 중 하나와 서아프리카 언어 한두 개에 대한 지식이 조금 있는 누군가에게서 자연스럽게 나오는 것이라는 생각은 가능하다. 만약 그렇다면 문제가 아주 흥미로워진다. 그러나 생득적인 언어적 능력에 대한 연구와는 관계가 거의 없을 것이다.

그러나 이는 단지 필자의 개인적인 견해일 뿐이며, 이 분야의 많은 연구자들은 이 견해에 반대하고 다른 견해를 지지할 것이다. 크리올어 간의 눈에 보이는 유사성에 대한 최종적인 해답은 아직까지 발견되지 않았다.

04. 크리올어들과 언어 변화

크리올어를 연구하면서 한 가지 배울 점은 상황만 허락된다면 새로운 언어 형태가 아주 순식간에 나타날 수도 있다는 사실이다. 만약 상황이 새로운 언어를 필요로 한다면 언어는 곧 창조될 것이다. 인간은 필요하다면 자신이 가진 언어적 창조성의 어마어마한 능력으로 완전히 새로운 언어를 고안해낼 수도 있다.

노예들은 왜 간단하게 노예 감독의 언어인 영어나 프랑스어를 배우는 대신 자신들만의 언어를 만들어냈을까? 이에 대한 대답 중 하나로, 두어 세대 전에는 크리올어 논의에서 노골적으로 표현되었으나 지금은 뒤로 숨겨져 있는 관점인, 노예들이 너무나 멍청해서 영어나 프랑스어를 제대로 배울 수 없다는 것이 있다. 이런 생각 때문에 아직도 크리올어가 천대받고 있으며 이 언어 화자들은 자기 언어를 부끄럽게 여기고 있다.

현재는 아프리카인이 다른 인종보다 지적으로 부족하고 언어를 배울 능력이 부족하다는 어떤 실질적인 증거도 없다. 물론 아직도 인종주의자들의 편견이 계속 전파되고 있기는 하지만 말이다. 한편 오늘날 아프리카에서는 영어, 프랑스어, 포르투갈어를 완벽하게 구사하는 아프리카인들이 수백만 명이 넘는다. 따라서 노예들이 별도의 언어를 고안한 이유는 전혀 다른 곳에 있다.

문제는 언어적 정체성에 있다. 누구나 가족과 가까운 친구들 사이에 사용되는 첫 번째 언어를 필요로 한다. 그리고 그 언어는 사회적 존재로서 한 개인을 정의하는 데 중요하다. 두 가지 이상의 모어를 사용하는 사람들도 있지만, 대부분은 하나의 언어를 모어로 사용한다. 노예들이 아프리카에서 강제로 다른 곳으로 옮겨지게 되었을 때 그들은 자신의 언어를 박탈당했다. 그들은 격리되었고, 낯설고 가증스러운 주인에게 예속되었다. 한 사람이 자신의 정체성을 그런 주인의 언어 안에서 만드는 것은 불가능할 뿐 아니라 혐오스러운 일이다. 그 대신 노예들은 자신들이 속한 언어라고 느낄 수 있는 자신들만의 언어 공간을 고안해냈다.

이러한 방식으로 현재 아메리카 대륙과 주변 도서 지역에는 사회의 일반적인 구성원인 절대 다수를 위한 주요한 세 가지 유럽 언어인 영어, 스페인어, 포르투갈어에 덧붙여 소외된 사람들을 위한 새로운 언어가 생겨났다. 이것은 역사가 항상 더 크고 안정적인 언어적 단위를 향해서 지속적으로 같은 방향으로 움직이는 것이 아니라는 점을 보여준다. 플랜테이션 농장처럼 작고 고립된 사회는 짧은 시간 안에 작고 독립된 언어를 탄생시킨다.

05. 아프리칸스어: 게르만어이자 아프리카어

유럽의 배들이 아프리카 해안을 따라 항해한 지 한 세기 반이 지난 뒤인 1652년에 네덜란드 동인도회사는 아프리카 대륙 최남단인 희망봉에 전진기지 건설을 결정했다. 얀 반 리베크(Jan Van Riebeeck)의 지휘 아래 네덜란드인들이 희망봉 중심지인 테이블마운틴 근처 해안에 기지를 건설했다. 이곳은 지금도 케이프타운의 중심지이다.

식민지는 매우 더디게 성장했다. 이 지역에 원래 거주하던 코이족이 늘어나는 것과 이 지역으로 이주한 유럽 여러 나라 사람들의 수가 늘어나는 것에 따라 성장한 것이다. 네덜란드 인도 지역(현재 인도네시아)에서도 이주해왔다. 그러나 정작 네덜란드에서는 많은 사람들이 이주하지 않았다. 약 150년이 흐른 후 1806년경 네덜란드 대신 영국이 이 지역을 지배하게 되었다. 당시 인구수는 약 1만 5000명 정도였다.

그 시기까지 거슬러 올라가면 이 지역에서 사용하던 언어에 대한 기록을 볼 수 있다. 이들이 사용하던 발화 언어는 암스테르담에서 들을 수 있는 네덜란드어와 아주 다른 모습을 띠고 있었다. 이 언어는 호의적인 어투로 묘사되지 않았으며 일종의 낯선 은어로 취급되었다.

희망봉에서 사용되던 언어는 광범위한 지역으로 신속하게 퍼져 나갔다. 영국의 지배는 원래 식민지 주민들에게 그리 달갑지 않았다. 그들은 주로 농부였는데, 사람들은 그 지역 말로 농부를 'boere'라고 불렀고 영국인들은 나중에 이 단어를 그대로 받아들여서 이 지역 사람들을 '보어인(Boers)'이라고 불렀다. 영국에서 1830년대 노예제가 폐지된 것이 영국인들과 보어인들 사이에 불화의 원인이 되었다. 보어인들의 경제는 대규모 노예 노동에 기초했기 때문이다. 상당수의 보어인들은 자신들이 소유한 가축과 함께 영국이 지배하는 지역을 떠나 북쪽 또는 북동쪽으로 새로운 삶의 터전을 찾아 떠났다. 이 이주는 'die Grote Trek(the Great Trek, 그레이트 트렉)'이라고 불렸다. 보어인들은 지금의 남아프리카공화국의 여러 지역으로 퍼져 나갔다.

보어인들은 1850년대에 희망봉 근방 식민지를 중심으로 북동쪽 지역에 두 개의 독립 국가인 오렌지 자유주(남아프리카 공화국 중부의 주)과 트란스발 주(남아프리카 공화국 북동부의 주)를 건설했다. 보어인들과 영국인들 간에 여러 차례 충돌이 전쟁으로 이어졌고 전쟁이 끝난 후 1910년에 남아프리카연방이 건립되었다. 이 국가에는 케이프 주와 보어 주들이 속하게 되었다. 영국인과 보어인들은 정치권력을 나눠 가졌으나 주민의 대다수를 차지하는 원주민들은 어떠한 영향력도 가지지 못했다.

1800년 즈음 케이프 식민지에 살던 보어인들은 이미 네덜란드어와 다른 형태의 발화 언어를 사용했지만, 문자언어는 네덜란드에서 사용하는 것과 똑같이 네덜란드어를 사용했다. 또 그들은 이 언어를 네덜란드어라고 생각했다.

그러나 19세기 중반 보어인들의 공화국이 건립되자 언어에 대한 논의가 시작되었다. 보어인들은 이미 자신들의 발화 언어를 그대로 본뜬 문자언어로 몇몇 책을 출간한 바 있었다. 1870년대 초반에 이르자 보어인들 중 민족주의를 주창했던 일부 사람들이 새로운 문자언어의 필요성을 강력하게 주장하기 시작했다. 이들은 언어의 명칭이 따로 필요하다고 여기고 '아프리칸스어'라는 명칭을 제안했으며, 이를 바탕으로 자신들을 보어인 대신 '아프리카너(Afrikaners)'라고 부르기 시작했다.

보어인들의 언어에 관련된 주장은 보어 공화국이 상당한 어려움을 겪을 동안 사라진 듯했지만, 보어 전쟁 이후 다시 대두되면서 강력한 힘을 얻기 시작했다. 1905년부터는 언어 정책이 국내에서 정치적으로 강력하게 지지를 받기 시작했다. 새로운 철자법이 설정되었고 이를 바탕으로 신문과 저서가 출판되었으며 성경의 번역이 시작되어 1933년에 완성되었다. 또한 수많은 언어 학습 교재, 문법서, 사전들이 만들어졌다. 1925년에는 아프리칸스어가 공용어로 지정되었고, 곧이어 아프리칸스어가 교육을 위한 언어가 되었으며, 학교에서 주요 과목이 되었다. 수십 년 사이에 아프리칸스어는 남아프리카연방에 굳건히 자리 잡게 되었으며 메타 언어학적 변화도 완료되었다.

20세기를 거치면서 아프리칸스어는 브레이튼 브레이튼바흐(Breyten Breytenbach), 안드레 브링크(André Brink) 등 중요 작가들과 함께 문학적으로 의미 있는 언어로 도약했다. 현재 이 언어는 남아프리카 인구 4900만 명 중 약 600만 명이 사용하고 있으며, 현재 11개 공용어 중 하나이다.

아프리칸스어는 명백한 정치적·민족적 이유로 약 한 세기 전에 언어가 되었다. 보어인들은 더 이상 네덜란드와 중요한 정치적·문화적 연계성을 갖고 있지 않다. 사실 몇 세기 전에 이미 네덜란드와의 연결이 희미해졌다. 숫자상으로는 소수이나 다른 언어를 사용하는 다수 속에서 권력을 가진 보어인들은 독자적 힘으로 국가를 건설했다. 그리고 영국인들과 경쟁했다. 이런 모든 이유로 이들에게 국가적 정체성을 갖는 것은 너무도 절실한 문제였으며, 아프리칸스어는 바로 보어인들이 정체성을 형성하는 데 핵심적인 기반이 되었다.

06. 아프리칸스어는 방언인가 아니면 크리올어인가

네덜란드와 아프리칸스어는 닮은 점이 아주 많기는 하지만 두 언어 화자가 어느 정도 훈련을 거치지 않고서는 의사소통하기가 쉽지 않다. 두 언어 간의 차이, 특히 어휘 차이는 두 언어가 오랫동안 서로 접촉이 없었다는 단순한 사실에서 발생했다. 또 다른 차이들은 오래된 방언이 변형된 것과 상관있는데, 희망봉을 처음으로 탐험했던 리베크와 동료들이 모두 네덜란드 남부 지역의 방언을 사용하는 사람들이었다는 데서 기인했다. 반면 현대 표준 네덜란드어는 주로 북쪽 지역의 방언에 기초한 것이기 때문에 두 언어가 다른 모습을 보이는 것은 어쩌면 당연한 현상이라고 할 수 있다.

이런 차이점과 함께 두 언어 사이에는 좀 더 확실한 차이가 있다. 가장 중요한 차이는 동사의 변화형이다. 아프리칸스어 동사는 인칭변화(함께 문장을 구성하는 명사의 기능이 주격, 목적격 등으로 달라짐에 따라 동사 형태가 달라지는 것을 가리킴 — 옮긴이)가 없다. 고대 게르만어의 인칭변화가 사라지면서 영어에도 일부 — 주어가 3인칭 단수일 때 동사 끝에 '-s'를 첨가하며, 'be 동사'가 주어에 따라서 'am, is, are'으로 변하는 것 — 에만 남았는데, 아프리칸스어에서는 더 철저히 사라졌다. 반면 네덜란드어에서는 동사의 인칭변화가 지금도 그대로 남아 있다. 영어, 네덜란드어, 아프리칸스어에서 'be 동사'가 어떻게 변화하는지 <표 13.1>에 잘 제시되어 있다.

아프리칸스어는 동사의 체계가 이외에 다른 측면에서도 간략화되어 있다. 네덜란드어는 영어와 마찬가지로 과거를 표현하는 세 가지 시제가 있는데, 이를 '과거시제형, 현재완료형, 과거완료형'이라고 하며 영어의 'I called, I have called, I had called'처럼 표현되는 것들이다. 네덜란드어에서는 같은 내용을 'ik riep, ik hep geroepen, ik had geroepen'으로 표현한

표 13.1 영어, 네덜란드어, 아프리칸스어에서의 'be 동사'의 변형 모습 비교

영어	네덜란드어	아프리칸스어
I am	ik ben	ek is
you are	jij bent	tjy is
he is	hij is	hy is
we are	wij zijn	ons is
you are	jullie zijn	julle is
they are	zij zijn	hulle is

다. 그러나 아프리칸스어에서는 단지 하나의 표현인 'ek het geroep'만 있으며 이 문장은 네덜란드어, 영어에서 세 가지 시제 중 어느 것을 표현하든 형태가 똑같다.

아프리칸스어와 네덜란드어는 통사론에서도 차이를 보인다. 문장을 부정할 때 아프리칸스어는 이중부정 형식을 많이 사용한다. 예를 들어 'ek sal nie praat nie'를 그대로 해석하면 '나는 말하지 않지 않을 것이다(I shall not talk not)'가 되며 부정을 가리키는 어휘가 반복적으로 사용된다.

종합하면 아프리칸스어의 변화는 한 언어의 고립된 방언에서 예상되는 변화보다 급격한 변형의 과정을 겪었으며, 이는 어쩌면 부분적으로 다른 본성에서 유래한 것으로 보인다. 아프리칸스어의 변화 중 대부분은 거의 1652년부터 1800년 사이의 짧은 시간 동안 일어났다. 이 시기의 아프리칸스어는 현재의 모습과 거의 같은 형태 갖추었다.

어떤 이유로 아프리칸스어에서 이처럼 빠른 변화가 가능했는지 궁금하지 않을 수 없을 것이다. 약 100년 전에 한 연구자는 아프리칸스어가 앞서 언급했던 크리올어와 유사한 특성을 갖고 있다고 주장했다. 이 학설의 주창자는 아프리칸스어가 크리올어화된 이유를 식민지 건설 초기에 발생한

언어의 혼합에서 찾았다. 당시 원주민이었던 코이족이 다수를 이루고 있었고 네덜란드 인디아(현재 인도네시아)에서 유입된 노예들도 상당수였다. 네덜란드 인디아 출신 노예들은 포르투갈이나 포르투갈어에 기초한 크리올어를 주로 사용했다. 남아프리카공화국의 지배층은 이러한 종류의 이론에 극렬하게 반대한다. 그들은 이러한 이론 대신 아프리칸스어가 리베크와 그를 따랐던 사람들의 언어를 그대로 전수한 것이라는 주장을 더 좋아한다.

아프리칸스어에 대한 기원을 주장하는 두 이론에 나름대로 타당성이 있는 듯하다. 어느 쪽의 설명이든 아프리칸스어의 사회적인 상황은 크리올어가 태어난 노예 플랜테이션처럼 비극적인 것과는 분명히 거리가 멀지만, 한 언어가 단지 몇 세대 만에 여러 중요한 측면에서 변화할 수 있다는 것을 지적한 것이 흥미롭다. 특정한 환경에서 비교적 쉽게 언어의 형태가 변하는 것 같다.

그러나 이 설명이 아프리칸스어가 독립적 언어로서 위상이 없음을 뜻하는 것은 아니다. 이미 중요한 언어적 변화가 자리 잡았는데도 19세기 초까지 케이프 식민지의 언어는 여전히 네덜란드어였다. 그리고 100년 뒤, 이 언어의 화자들이 새로운 국가의 지배자가 되고 나서야 이 언어가 독립적인 언어로서 권리를 가지게 되었다. 즉, 언어의 변화와 언어의 지위가 변화하는 것은 완전히 다른 문제이다.

07. 노르웨이어, 하나의 언어인가 두 개의 언어인가

북게르만어군에 속하는 스웨덴, 덴마크, 노르웨이, 아이슬란드, 페로 제도의 언어들은 역사적으로 하나의 언어에서 발달한 것이다. 우선 아주 초기에는 룬문자에서 시작되었으며, 라틴문자를 이용한 문자언어도 아이슬란드에서 처음에 발달되었다. 이 언어에도 방언적인 차이점이 있어서 13~14세기에는 덴마크, 노르웨이, 스웨덴 왕국에서 각각 다른 세 가지 문자언어가 발달되기에 이르렀다.

그렇지만 현재는 이 세 가지 문자언어 중 두 가지만 남아 있는 상태이다. 바로 스웨덴어와 덴마크어 문자언어인데, 이 문자언어는 현재 각각 스웨덴과 덴마크의 공용 문자언어로서 특권적인 위치를 차지하고 있다. 노르웨이 통치자의 권력과 영향력이 점차 쇠락함에 따라 노르웨이어는 다른 두 언어와는 달리 정치적인 지지를 받지 못했다. 14세기 내내 노르웨이는 스웨덴과 연방 국가를 이루었고, 14세기 말에는 이 연방에 덴마크가 합류하고 덴마크 중심으로 왕위가 계승되었다. 이로부터 얼마 지나지 않은 1521년에 스웨덴은 연방을 탈퇴했으나 노르웨이는 사실상 덴마크의 일부분으로 전락했다. 독립된 (노르웨이어) 문자언어는 덴마크어에 자리를 내주었다. 16세기 초 이 지역이 신교로 개혁하고 난 후 라틴어 성경이 덴마크어로 번역되었지만, 노르웨이어로는 전혀 번역이 이루어지지 않았다. 이때부터 약 300년 동안 노르웨이에서는 덴마크어를 문자언어로 사용해야만 했다.

발화 언어는 문자언어와는 다른 문제였다. 피오르드 지역과 산간 계곡 지방을 중심으로 덴마크어의 영향력이 약했던 지역에서 노르웨이 방언들이 별도로 거듭 발달하기 시작했다. 마을에서는 문자언어가 매우 중요했기 때문에 주민들 중 교육을 받은 사람들이 덴마크에서 사용하는 문자언어 또는 덴마크어를 사용하는 학교에서 가르치는 문자언어 방식으로 기록을 수행했다. 이런 상황으로 인해 노르웨이의 발화 언어에 많은 덴마크어 어휘와 형태적인 특성들이 일부 포함되었다.

덴마크가 속한 동맹이 나폴레옹 전쟁에서 패하자, 덴마크는 노르웨이에 대한 지배권을 잃게 되었다. 1814년부터 스웨덴 왕이 노르웨이를 한 세기가량 통치했지만 노르웨이는 이미 상당한 자치권을 가진 상태였다. 노르웨이는 점차 독립적이 되었으며 1905년에는 스웨덴과의 연방이 해소되면서 완전히 독립했다. 노르웨이는 이미 하나의 국가로서 충분히 기능하고 있었고 민족적인 정체성이 강했으며, 하나의 (또는 두 개의) 새로운 노르웨이어가 존재했기에 노르웨이의 독립은 사실상 필연적인 결과였다.

몇십 년이 지나 덴마크에서 독립한 노르웨이인 작가들이 의도적으로 노르웨이어 고유의 어휘들이나 구문들을 도입하기 시작했다. 이에 대한 최초의 예를 찾아보면 1840년대 발행된 민간 설화를 집대성한 유명한 책인 『노르웨이 민화집(Norske eeventyr)』을 들 수 있다. 후대 작가들은 작품 속에 더 많은 노르웨이어 표현들을 포함시키려고 노력했다. 그 결과 훨씬 더 수정된 형태인 '덴마크-노르웨이어(Dansk-Norsk)'라고 불리는 문자언어가 생겨났다. 헨리크 입센(Henrik Ibsen) 등 여러 명의 저명한 노르웨이 작가들이 '덴마크-노르웨이어'로 자신의 작품을 저술했다.

노르웨이에서 사용되는 덴마크 문자언어는 점차 노르웨이 도시에서 사용하는 발화 언어 형태와 비슷해졌다. 이 과정은 아주 의도적으로 실행되었다. 당시 명망 높았던 언어학자 크누드 크누드센(Knud Knudsen)은 이론적 지도자로서 자신의 추종자들과 함께 덴마크어에서 점진적인 변화를 주는 방식으로 노르웨이어를 위한 문자언어를 고안하기 위해 엄청난 노력을 쏟았다.

이 방식과 경쟁적 관계에 있으면서 더욱 혁명적인 방식을 따르던 운동이 있었다. 이 운동의 목표는 노르웨이 지방의 방언에 기초해, 일부 중세 노르웨이 문자언어 방식을 확장하는 방식으로 완전히 새로운 문자언어를 창조하는 것이었다. 이바르 오센(Ivar Aasen)은 실제 이런 활동을 펼쳤던 사람으로, 직접 노르웨이 방언을 아주 충실하게 연구했으며 노르웨이어에 기초한 문자언어를 창조해냈다. 그는 자신이 창조한 언어를 가리켜 '란

스몰(Landsmål, 지방 언어)'이라고 불렀다. 이바르 오센은 이 언어로 작품 활동을 했고 그의 추종자들도 이 언어를 활용해 글을 남기려 했다.

이런 방식으로 덴마크의 영향력이 사라진 지 반 세기 만에 노르웨이에는 두 개의 문자언어가 나타나게 되었다. 덴마크 영향력이 사리진 후 약 한 세기도 되지 않아 일어난 일들이었다. 이 문자언어들은 각각 서로 다른 지역에서 강력한 지지를 받았다. '덴마크-노르웨이어'는 주로 도시지역, 특히 수도 크리스티아니아(후에 오슬로가 됨)와 노르웨이의 남동 지역에서 강세를 보였다. '란스몰'은 서부 지역을 중심으로 지방에서 선호했다. 둘 중 어느 쪽도 국가 전체를 대표하지는 못했으나, 둘 다 공용 문자언어로 인정받았다. 이로부터 약 한 세기 후 1892년 초등학교 교육에 관련된 칙령이 발표되었다. 학교 운영위원회가 두 문자언어 중 하나를 자율적으로 선택하는 것은 무방하지만, 학생들은 문자언어 두 가지 모두 읽을 수 있어야 한다는 법령이었다. 이 원칙은 이후에도 변하지 않고 유지되어왔다. 그러나 문자언어의 명칭은 지금은 다르게 불리고 있다. '덴마크-노르웨이어'는 19세기 이후 공식적인 명칭이 '보크몰(bokmål, 책 언어)'로 바뀌었으며, 오센이 '란스몰'이라고 이름 붙인 언어는 오늘날 '뉘노르스크(Nynorsk, 신노르웨이어)'라고 불리고 있다.

오랜 기간 이 두 가지의 문자언어를 지지하는 진영 사이에 수차례에 걸친 험악한 충돌이 있었다. 이런 갈등의 배후에는 정치적인 암류가 포함되어 있었다. '신노르웨이어'를 주장하던 사람들은 정치적으로 급진적 집단, 민족주의 주장 및 지역 중심주의 등과 연계되어 있었던 반면, '보크몰'을 선택한 사람들은 대체로 보수주의와 도시 엘리트 집단에 속해 있었다.

그렇지만 오늘날은 과거보다 상황이 아주 많이 차분해졌다. 두 가지의 문자언어 형태는 서로 평화롭게 조화로운 관계를 보이고 있을 뿐 아니라 양쪽 진영을 구별하는 경계도 많이 흐려진 상황이다. 작가들도 저술할 때 특정 문자언어를 충성스럽게 고수해야 한다고 느끼지 않고 있으며, 작가 개인적인 변형에 대한 여지를 많이 인정하고 있다.

노르웨이어는 아주 특이한 사례가 아닐 수 없다. 여러 국가에서 정치적·민족주의적 이유로 독자적인 문자언어를 만들고 유지해온 것이 사실이다. 아프리칸스어가 좋은 예라고 볼 수 있다. 기록 방식을 결정하는 과정에서 여러 대안적인 변형이 제안된 것도 낯선 현상이 아니다. 하지만 놀라운 점은 두 가지의 문자언어를 모두 공식적으로 인정했다는 사실이다. 필자가 아는 이와 비슷한 유일한 경우는, 그리스에서 현대 그리스어를 위한 문자언어로 '고전어(kathareuousa)'와 '통속어(dimotiki)'를 인정한 경우이다. 이는 앞서 그리스어를 다룬 장에서 언급한 바 있다. 그러나 대부분의 국가에서는 여러 종류의 기록 방식이 제안되는 경우에, 정치적인 상황에 따라 그중 하나를 선택하는 것이 (역사가 보여주었던) 일반적이었다.

노르웨이어의 두 가지 문자언어에 동등한 권리를 인정한 방식은 어쩌면 위험한 상황을 초래할 가능성이 있다. 왜냐하면 두 가지의 문자언어를 토대로 노르웨이 안에 두 개의 언어, 두 개의 민족, 두 개의 국가가 생길 수도 있기 때문이다. 하지만 이런 일은 발생하지 않았는데 여기에는 분명한 이유가 있다. 두 가지 별도의 문자언어를 지지하는 사람들이 언어나 정치 또는 다른 것들에 대한 관점은 달랐지만, 좀 더 근본적인 문제에 대해서는 전적으로 동의하고 있었다는 사실이다. 그들은 모두 노르웨이가 하나이며, 노르웨이어도 하나라고 생각했고 지금도 그렇게 생각한다. 국가의 건설은 언제나 언어 문제보다 절대적 우선순위를 차지하는 것이다. 이런 이유로 두 가지 기록 형태를 정치적으로 인정하는 것이 가능했다.

하지만 단지 이런 이유로 노르웨이라는 국가 안에 두 개의 독립된 문자언어를 유지하는 것은 옳지 않다고 생각될 수도 있다. 그러나 언어가 존재하는지의 여부는 전적으로 사용자들이 결정하는 것이다. 만약 노르웨이인들이 문자언어 두 가지를 각각 별도의 언어를 대표하는 것이라고 여기고 있다면 그런 것이다. 그러나 노르웨이의 법률에서도, 또 실제 사용되는 방식에서도 두 개의 문자언어는 하나의 언어를 표기하는 별도의 수단일 뿐이다. 이 국가에는 한 언어에 두 가지의 문자언어 표준이 있는 것이며, 이런 현상은 비록 흔한 일은 아니지만 불가능한 것도 아니다.

08. 어떻게 발화 언어가 문자언어가 되고 문자언어가 발화 언어가 되는가

남아프리카에서 소토어는 아주 광범위한 지역에서 발화 언어의 역할을 담당하고 있다. 특히 남아프리카 북부 지역, 레소토 전체, 보스와나 전 지역에서 사용되고 있다. 소토어는 반투어족에 속하는 언어들을 가리키는 말로서 여기에 속하는 언어들은 큰 차이를 보이지 않으며 이 계통의 언어를 사용하는 사람들 간에 어려움 없이 소통할 수 있다.

그렇다면 소토어를 사용하는 사람들은 하나의 언어를 사용하는 것일까? 아니면 관련된 여러 언어를 사용하는 것일까? 이에 대한 답은 이미 앞에서 언급한 바와 같이 화자들이 자신들이 사용하는 언어가 무엇이라고 생각하는지에 따라 정해진다고 볼 수 있다. 이 생각이 사회적·정치적 변화와 관련해서 최근 크게 바뀌고 있다.

19세기에 유럽인들이 침입하기 전에 이 지역 전체는 정치적으로 작고 독립된 많은 국가들로 조직되어 있었다. 한 국가는 수천 명에서 10만 명 정도의 규모이며, 이러한 국가가 100여 개 정도 있었던 것으로 알려져 있다. 이 국가들의 구조는 매우 불안정해서 때로는 더 작은 규모의 단위로 분리되기도 하고, 때로는 몇 개가 합병되기도 했다.

이 소규모 국가들도 각각 명칭이 있었는데 그 명칭은 일차적으로 그 국가의 국민을 지칭하는 것이었지, 그들이 살고 있는 지역을 나타내는 것은 아니었다. 다른 반투어족 언어의 명사와 똑같이 소토어를 사용하는 국가의 명칭은 어간에 접두사를 붙이는 형식으로 변형된다. 예를 들면 크웨나(Kwena) 국가의 사람 중 한 명을 가리킬 때는 접두사 'mo-'를 첨가해 '모크웨나(Mokwena)'라고 하며, 사람을 복수형으로 표시하려면 접두사 'ba-'를 첨가해 '바크웨나(Bakwena)'라고 표시한다. 이와 같은 방식으로 틀하핑(Tlhaping) 국가의 사람 한 명을 가리킬 때는 접두사를 붙여서 '모틀하핑(Motlhaping)'이라고 하며, 사람들이 복수인 경우는 '바틀하핑(Batlhaping)'이라고 형태를 바꾸어 표현한다.

이 명칭을 추상명사로 표현하기 위해 'se-'를 사용하는 경우도 있다. 두 가지를 예로 들면 '세츠웨나(Sekwena)'과 '세틀하핑(Setlhaping)'이다. '세크웨나(Sekwena)'는 의미상으로는 대략 '크웨나적인 것' 또는 '크웨나 사람들의 관습과 풍속' 또는 좀 더 의미를 축소시켜서 '크웨나인들이 사용하는 언어'를 가리킬 수도 있다.

그러니까 위 예를 볼 때 어떤 국가의 명칭이든 언어의 명칭으로 만들 수 있다. 이것은 영어에서 사용하는 러시아(Russia)에서 러시아어(Russian), 페르시아(Persia)에서 페르시아어(Persian) 등으로 변형된 것과 부분적으로 비슷하다. 하지만 아프리카의 경우는 국가들의 규모가 작고 주변 언어와 아주 유사하기 때문에 언어적인 관점으로 본다면, 그 언어 명칭은 마치 '리버풀어'와 마찬가지의 이름이다. 그러나 결정적인 차이가 있다. 영국의 모든 방언을 통틀어 '영어'라고 부르는 것처럼, 소토어 지역에는 언어 전체를 공통적으로 지칭하는 단어가 없다. '소토어'라는 명칭은 언어학자들이 독단적으로 도입한 것으로서 소토어 중에서 규모가 큰 언어들 중 '바소토'인들이 사용하는 '세소토' 언어의 명칭에서 따온 것이다. 이 지역은 현재 '레소토'라 불리고 있다. 소토어 안에는 각 나라마다 자기 언어를 부르는 명칭이 하나씩 있으며 공통된 명칭은 존재하지 않는다.

만일 언어를 자기 자신의 독자적인 명칭을 가진 언어적 단위라고 정의한다면 19세기 초에 이 지역의 언어 수는 최소 100여 개 이상은 될 것이다. 언어들은 빠르게 생성되고 마찬가지로 소멸도 빠르게 일어날 수 있다. 크웨나에서 응와토(Ngwato)족은 독립하자마자 자신의 언어를 국가 명칭을 본 따 '세응와토어(Sengwato)'라고 했다. 이는 현대 유럽인들이 보기에는 당황스럽지만 이 사람들에게는 아무 문제도 아닌 것이다.

유럽인들에 의해 변화가 일어났다. 스코틀랜드 선교사 로버트 모팟(Robert Moffat)이 아프리카 남서부에 위치한 쿠루만에 도착한 것은 1820년이었다. 그는 곧바로 자신이 활동하던 지역의 발화 언어로 성경을 번역하기 시작했고 1826년에 누가복음을 출간했다. 마침내 그는 성정 전체를 번역해서 출간하기에 이르렀다. 그사이 종교적인 본성에 대한 다른 여러 저작들도 번역해서 출간되었는데, 모팟은 자신이 번역한 언어를 '세추와나어(Sechuana, 현재 표기는 Setswana)'라고 명명했다. 이것은 국가의 명칭이 아닌, 더 큰 단위를 위한 공통 명칭이었을 것이다. 모팟의 성경 번역은 이 지역에 도입된 최초의 문자언어였으며 언어 명칭과 연결되었다.

모팟이 활동한 후 약 10여 년이 지난 뒤, 프랑스 신교 선교사들이 이 지역의 남동부에 있는 소토 국가에 자리 잡았다. 프랑스 선교사들을 이끌던 유진 카살리(Eugène Casalis)는 모팟이 번역한 내용을 이미 알고 있었지만, 자신들도 별도도 성경을 번역하기로 결심했다. 당연히 그는 소토 사람들이 사용하는 언어로 번역을 시도했으며 이 언어는 모팟이 배운 언어와 몇 가지 다른 점이 있었다. 마침내 프랑스인 선교사들도 성경 전체의 번역을 완수했다.

카살리 또한 자신이 번역한 언어에 명칭을 붙였다. 그는 번역한 성경의 초판본에서 자신이 번역한 언어가 모팟이 사용한 언어와 같다는 의미의 프랑스어로 '세추와나어(Séchuana)'라고 불렀다. 그러나 몇 년 후 카살리 일행은 소토 사람들이 자신들의 언어를 가리킬 때 사용하는 명칭인 '세소토어(Sésotho)'라는 명칭을 사용하기 시작했다. 이처럼 언어의 명칭을 바꾼 것은 아마도 프랑스 선교사들이 성경 번역을 수행하면서 자신들의 번역 내용이 이전에 모팟이 사용한 언어에서 다시 번역한 것이 아니라, 완전히 새로운 말로 번역한 것임을 나타내려는 의도였다고 볼 수 있다. 이렇게 두 번째 문자언어인 세소토어(Sesotho)가 확립되었다.

이후 얼마간 시간이 흘러 역사가 반복되었다. 1870년도 독일 선교사들은 이 지역의 북서부에 위치한 국가인 페디(Pedi)에서 선교를 시작했다. 선교사들은 직접 이곳 지역 언어를 기초로 성경을 번역하려고 결심했다. 처음에는 이 언어를 이전 프랑스 선교사들과 마찬가지로 '세소토어(Sesotho)' 또는 '소토어(Sotho)'라고 불렀다. 그러나 얼마 지나지 않아 독일 선교사들은 자신들이 번역에 사용한 문자언어의 명칭을 '북부 소토어' 또는 '페디어(Pedi)' 혹은 세페디어(Sepdi)'라고 정했다.

이리하여 19세기 말 이곳에는 '츠와나어, 소토어, 페디어' 세 종류의 문자언어가 존재하게 되었다. 한 선교사 그룹이 한 언어씩 소개했고 각 언어마다 주로 종교적인 작품과 철자법, 문법, 사전을 포함한 교과서 몇 종 등 많지 않은 출판물이 출간되었다.

이 문자언어들은 당시에는 중요하게 취급되지 않았다. 선교사들의 선교 활동이 별로 활성화되지 못했고, 이들이 운영했던 학교에 다니는 아이들 수가 많지 않았기 때문이다. 사람들은 대체로 자신들이 말하는 언어를 전통적인 방식을 따라서 '크웨나어' 또는 '틀하핑어'라는 명칭으로 불렀을 것이다.

그러나 시간이 흘러 선교사뿐 아니라 보어인이 케이프 식민지에서 이곳으로 '트렉' 이주해 자리 잡게 되자, 영국 군대와 식민지 행정가들도 이

곳에 파견되었다. 100개의 독립 국가가 점차 세 개의 정치적 구조하에 복속되기 시작했다. 그중 남아프리카연방이 가장 많은 지역을 차지했다. 광대하지만 인구가 별로 많지 않았던 북쪽 지역은 영국의 피보호국인 '베추아날란드(Bechuanaland)'에 들어갔으며, 남아프리카 중부 산맥을 따라 위치한 소토 국가는 피보호국 '바수톨란드(Basutoland)'가 되었다.

이후 20세기 중반에 이르자 남아프리카와 영국 피보호국 등에 종교에 소속되지 않은 일반 학교와 학교운영위원회가 생기기 시작했다. 읽기와 쓰기를 교육하는 초등학교가 있는 곳에서는 반드시 철자법 등 여러 언어 표준이 있어야 한다. 이 지역 전체에서 각 지방마다 교육 당국은 선교사들의 노력으로 만들어진 츠와나어, 소토어, 페디어 문자언어 중 하나를 자기 지역에 도입했다. 따라서 아이들을 자신이 속하는 지역에 따라 츠와나어, 소토어, 페디어 중 하나만 교육받게 했다. 츠와나어(Setswana)는 베추아날란드와 남아프리카에서, 소토어(Sesotho)는 바수톨란드와 남아프리카에서, 페디어(Sepedi) 또는 북부 소토어(Northern Sotho)는 남아프리카 최고 북단에서 교육에 사용되었다.

피보호국이었던 베추아날란드(독립 후 보츠와나)와 바수톨란드(독립 후 레소토)가 1960년대 영국 통치에서 벗어나 독립국가가 되었다. 이때부터 이 국가의 지도자들에게 보츠와나에는 츠와나어가, 레소토에는 소토어가 한 국가를 대표하는 하나의 언어라는 사실이 분명해졌다. 이때부터 상황이 빠르게 변화했다.

보츠와나에서는 현재 다수의 아이들이 학교에서 9년간 의무 과정으로 츠와나어 읽기, 쓰기를 배운다. 이뿐만 아니라 이 언어는 방송 및 공식적인 자리에도 폭넓게 사용되면서 영어와 경쟁하고 있다. 정부의 정책상 공용어는 영어지만, 츠와나어는 민족 언어인 것이다.

언어의 명칭을 사용하는 방식에 확실한 변화가 있었다. 50~60년 전까지만 해도 일반적으로 이 언어의 명칭은 소규모 부족의 명칭으로 사용되었다. 예를 들면 자신들을 크웨나 사람이라고 생각하는 사람들은 자신들을 '세크웨나' 언어 화자라고 믿었다. 지금은 모든 보츠와나 국민들이 자신이 말하는 언어를 '츠와나어'라고 생각하고 있다.

동시에 새로운 발화 언어의 표준형도 개발되었다. 두 세대 전만 해도 사람들은 대화를 하면서 자신의 지역 방언을 주로 사용했으며 다른 어떤 발화 방식이 더 우월하거나 특권적이라고 생각하지 않았다. 오늘날에 이르러서는 많은 사람들이 문자언어의 표준에 가까운 발화 언어 표준을 사용하려고 노력하고 있다. 여기서 말하는 문자언어의 표준은 당연히 교육당국에서 설정한 형태를 가리킨다.

09. 언어가 발생하는 과정이란

어떻게 언어가 여러 측면에서 변화하는지에 관해, 앞서 제시한 여러 예에서 새로운 언어의 탄생을 위해 필수적인 것이 무엇인지 몇 가지 결론을 내려볼 수 있다.

첫째는 언어에 명칭이 있어야만 한다는 점이다. 일단 명칭이 없다는 것은 언어가 존재하지 않는 것과 같다. 언어에 명칭이 없다면 이에 대해 논의하는 것 자체가 불가능하다는 단순한 이유 때문이다. 특정 언어에 명칭이 정해지는 과정은 여러 가지가 있지만 일반적으로는 누가 명칭을 새롭게 고안해서 짓는 방법과 과거에 존재하던 명칭을 다시 재정의해서 결정하는 방법이 있다. 한 언어의 문자언어가 만들어진 직후나 그로부터 머지 않은 때에 언어의 명칭이 나타난다는 원칙에는 현재까지 예외가 없는 것 같다. 기록 형태에 기반을 둔 명칭이 결정되어야 해당 언어에 메타 언어학적 변화가 일어나게 된다.

둘째는 정치적인 기반을 가진 언어가 매우 유리하다는 점이다. 아이티어, 아프리칸스어, 노르웨이어, 츠와나어 등은 비슷한 역사적 과정을 거치지는 않았지만 모두 독립 국가의 주요 언어가 되었다. 노르웨이어와 아프리칸스어 두 가지는 새롭게 건국되는 국가에 민족적 정체성을 위한 독자적인 언어의 필요성에서 탄생했다. 그렇지만 언어가 확연한 위상을 갖추기 위해서 앞서 말했던 정치적인 기반이 꼭 있어야만 하는 것은 아니다. 페디어의 경우, 비록 독립 국가의 지지를 받지 못했음에도 츠와나어와 비슷한 시기에 등장해 비슷한 과정으로 독립된 언어가 되었다. 이와 비슷한 예는 여럿 있다. 그러나 언어가 한 국가에서 전반적으로 사용될 때 좀 더 확실한 지위를 차지할 가능성이 다른 언어보다 높다는 사실만은 분명한 것 같다.

셋째는 한 언어와 다른 언어가 얼마나 유사한지의 정도가, 언어 독립에 중요하지 않다는 점이다. 크리올어의 경우에서 본 것처럼 언어의 변화 그것 자체가 필연적으로 새로운 언어로 이끌어가는 것은 아니다. 그 반대로 노르웨이어는 덴마크어, 스웨덴어 양쪽 모두와 아주 흡사한 형태를 유지하고 있었고 19세기에 극적인 변화도 없었다. 그러나 노르웨이어의 경우 정치적·사회적 변화가 언어의 명칭에 메타 언어학적 변화를 수반했다. 노르웨이어의 언어적 체계에는 변화가 거의 없었다.

지금까지의 내용은 신생 언어의 탄생이 어떻게 이루어지는가를 몇 가지로 설명한 것이다. 다음 장에서는 현재 더욱 빈번하게 발생하고 있는 현상인 '언어가 어떻게 사라지는가?'를 논의해보려 한다.

어떻게 언어가 소멸하는가

01. 언어의 죽음

오랫동안 스코틀랜드 지역의 언어는 켈트어파에 속하는 게일어였다. 지난 몇 세기 동안 게일어는 서서히 사용자가 줄었고 영어가 그 빈자리를 차지해왔다. 최근에는 스코틀랜드 대부분의 지역에서 게일어를 더 이상 찾아보기 어렵다. 스코틀랜드의 서덜랜드 동부에서 게일어 방언에 어떤 일이 발생했는지에 대한 자세한 기록이 남아 있다.

18세기까지 거의 모든 스코틀랜드 주민들은 게일어를 사용했다. 이들은 주로 서덜랜드 부인 소유의 농경지에서 소작농으로 일하며 척박한 땅을 경작해 생계를 꾸리고 있었다. 그러나 양모와 양의 수요가 갑자기 늘자, 지주인 서덜랜드 부인은, 다른 지주들과 마찬가지로, 자신의 땅을 곡식을 경작하는 소작인들에게 빌려주지 않고, 양을 사육하는 농장으로 전환하기 시작했다. 이 일로 많은 소작농들이 경작하던 땅에서 쫓겨났다.

그림 14.1 　스코틀랜드 서덜랜드 동부 위치

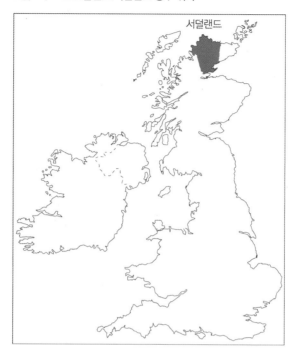

　서덜랜드 부인이 소작농들을 이처럼 무시할 수 있었던 이유 중 하나는
아마도 소작농들이 영어를 사용하지 못했기 때문일 것이다. 패트릭 셀러
(Patrick Sellar)는 당시 서덜랜드 부인의 땅에서 소작농을 축출했던 역할의
담당자였는데 이 소작농들에 대해 다음과 같은 글을 남겼다. "소작인들은
과거 유럽을 침략했던 야만인들이 사용하던 야만적인 은어를 여전히 고
집스럽게 사용하고 있다." 남쪽 지방에서 온 영어를 쓰는 사람들은 양을
기르는 농부로 고용되었다. 반면 이전의 소작농들은 물고기를 잡아먹고
살 수 있을 것이라고 생각해 해안으로 이주하게 되었다.

　이런 선택은 그들의 자손들이 아직도 해안 지대 마을에서 대부분 어업
을 하며 살게 되었다는 점에서는 성공했다. 그렇지만 이들은 가난하고 하

찮은 존재로 취급받게 되었고, 그 후로도 이러한 상황이 계속되었다. 처음부터 그들은 그들 주위에 사는 영어를 사용하는 사람들과 거의 접촉하지 않았다.

19세기에 들어서면서 영어가 점차 이 해안 지역에 침투하기 시작했다. 교회에서는 영어를 사용했으며 학교교육이 시작되었으나 사용하는 언어는 역시 영어뿐이었다. 보건, 사업, 운송 등 마을의 바깥 세계와 연결되는 여러 지점에서 영어를 아는 것이 필수가 되었다.

20세기 초에 스코틀랜드인들은 영어, 게일어 양쪽 모두를 사용하는 이중 언어 화자가 되었다. 게일어가 첫 번째 언어이고 영어는 두 번째 언어가 되었다. 그러나 영어 화자들은 해안 마을 지역으로 이주한 뒤에도 게일어를 배울 일이 거의 없었기 때문에, 영어 화자가 있는 곳에서는 영어만을 말하게 되었다. 특히 부모 중 한 사람은 영어를 말하고 다른 부모는 게일어를 말하는 집의 아이들은 집에서 주로 영어를 듣게 되었으며 결과적으로 영어가 아이들의 첫 번째 언어가 되었다.

이런 방식으로 단 몇 세대 만에 거의 게일어만 사용되던 지역이 거의 영어만 사용되는 지역으로 바뀌었다. 부모로부터 게일어를 첫 번째 언어로 배운 마지막 세대는 이제 노인이 되었고, 조부모에게서 게일어를 배운 좀 더 젊은 세대는 게일어를 완벽하게 배우지 못한 경우가 많았다. 이들은 자신의 아이나 손주들에게 옛 언어의 몇 단어 정도밖에 가르쳐주지 못할 것이다. 기적적인 변화가 있지 않는 한 몇십 년 안에 게일어는 발화 언어로서 완전히 소멸할 것이다. 이 방언은 단지 언어학자들이 받아 적은 기록물을 통해서만 증명될 것이다.

게일어가 완전히 지배적인 언어였던 때에서 완전히 사라질 때까지 2세기 반이 흘렀다. 처음에는 게일어를 사용하던 주민들이 정치적으로 지배적인 언어(영어)를 사용하는 사람들 때문에 자신이 살던 지역에서 쫓겨났다. 그리고 영어의 영향력이 점차 커졌으며 영구적이 되어갔다. 또한 교회, 학교, 사업 등 사회적 기능을 하나씩 차지해갔다. 영어의 영향력이 드러난 결정적인 순간은 아이들이 더 이상 게일어를 모어로 배우지 않게 되었을 때였다. 그 후 게일어 사용은 급격하게 감소했다.

미국의 연구자 낸시 도리안(Nancy Dorian)은 수십 년 동안 서덜랜드 동부에서의 언어 발달을 조사했다. 무엇보다 낸시 도리안은 마지막 세대에서 언어적 변화가 빠르게 일어난다는 것을 입증했으며, 사람들이 일반적으로 생각하는 것처럼 영어가 직접적인 영향을 미쳐 일어난 변화는 아니라고 주장했다. 화자가 극소수인 언어 안에서는 언어의 '평범한' 변화가 가속되는 것으로 보인다.

『언어의 죽음(Language Death)』은 낸시 도리안이 쓴 서덜랜드 동부 게일어에 대한 훌륭한 저서이다. 언어를 말할 때 죽음이라는 표현을 흔히 사용하지만, 필자의 견해를 밝히자면 이런 표현은 피해야 한다고 생각한다. '죽음'이라는 단어를 포함시킴으로써 마치 언어에 생명이 있다는 느낌을 주기 때문이다. 만약 생명이 없다면 죽지도 않을 것이다. 이렇게 언어를 사람의 생명에 비유한 것은 다소 잘못된 결론을 초래한다. 사람들이 언어를 사용하는 한 언어는 존재하며, 사람들이 사용을 중단하는 순간 결국 언어가 사라지는 운명을 맞는다는 것이다. 언어를 잃는 것은 지식, 기술, 문화의 막대한 상실에 해당한다. 그러나 사람들은 언어를 더 이상 사용하지 않는 것이 아니라, 다른 언어를 선택해 사용하는 것이다. 따라서 '언어의 죽음'보다는 '언어의 전환'이라는 표현을 제안하고 싶다.

언어가 서서히 힘을 잃고 사용자 수가 감소하면서 완전하게 소멸하는 현상을 체계적이고 상세하게 조사한 연구가 진행된 지, 20~30년이 채 되지 않았다. 언어의 약화와 소멸에 관한 현상이 아주 새로운 것은 아니지만 최근에는 그 어느 때보다 빈번하게 발생하고 있다. 지금 이 순간에도 언어들은 과거 어느 때보다도 빠른 속도로 사라지고 있다.

02. 미래가 없는 언어

오늘날 전 세계에는 약 6900개의 언어가 분포해 있다. 하지만 대부분의 언어는 화자의 수가 매우 적은 실정이다. 현재 세계 인구는 약 70억 명에 달하지만 이 중 50억 명 이상은 사용자가 1000만 명이 넘는 언어 85개 중 하나를 사용하고 있다. 나머지 6800여 개의 언어 중 하나를 사용하는 사람은 20억 명이 채 되지 않는다.

상당수의 소수 언어들이 빠른 속도로 사용자를 잃고 있으며, 조만간 사라질 위기에 처해 있다. 게다가 더 많은 수의 언어가 약화 징조를 보이고 있고 앞으로 심각하게 위협을 받는 상황에 처할지도 모른다.

앞의 장들에서 설명한 것처럼 언어란 본질적으로 안정된 것이 아니다. 역사상 어느 시점에서 보아도 새로 생성되는 언어가 있으면 점차 세를 잃고 사라지는 언어도 있다. 그렇지만 현재 발생하고 있는 현상들은 과거와 비교하면 차원이 다르다. 신석기 시대에는 분명, 무수한 소수 언어들이 있었던 반면 다수 언어는 없었을 것이다. 지난 3000년 동안 언어는 더 큰 방향으로 꾸준히 발전하기는 했으나, 다수 언어는 수천 년 동안 항상 소수 언어들과 공존해왔다. 오늘날에는 대부분의 소수 언어들이 다수 언어로 발전한 언어들로부터 압력을 받는 상황이다. 그 결과 많은 언어들이 빠르게 사라지고 있다. 세계의 인구가 성장을 지속할 것이라는 사실에도 불구하고 이런 상황은 점점 가속되고 있으며, 몇 세대 지나지 않아 지금보다 훨씬 적은 수의 언어만 남게 될 것이다.

정의에 따르면 소수 언어란 화자의 수가 아주 적은 언어이고, 소수 언어의 화자들은 대체로 경제적·정치적 영향력이 아주 미비하다. 이런 이유로 소수 언어의 위기는 세계 대부분의 지역에서 별로 알려지지 않은 채 조용히 진행된다. 언어학자들과 여타 전문가들은 이런 상황을 파악하고 있지만, 이 문제에 대해 일반인들은 거의 관심을 보이지 않고 있다. 소수 언어를 사용하는 화자들조차도 자신들이 사용하는 언어의 미래를 전혀 예측하지 못하다가 정작 사태가 더 이상 걷잡을 수 없게 되어서야 알게 되는 경우들이 아주 흔하다.

03. 방언의 재편성

서덜랜드 동부에서 사라진 언어는 게일어 중 한 종류일 뿐이며, 모든 게일어가 사라진 것은 아니다. 소멸한 언어의 경우 다른 게일어 방언들과 형태적으로 매우 다르기 때문에, 사실 게일어의 한 종류가 사라진 것인지 아니면 별개의 언어가 사라진 것인지 분명하게 결론짓기가 쉽지 않다.

이 특별한 사례에서 언어의 발전은 어찌되었든 언어 또는 언어들을 상실로 이끄는 좀 더 일반적인 과정의 일부분이다. 이 언어의 사용자들은 언어를 다른 형태의 게일어로 바꾸는 대신 영어를 선택했다. 이런 현상은 스코틀랜드의 다른 지역에서도 나타난다. 최종적으로는 아마 모든 게일어 형태가 소멸되고 그 자리를 영어가 완전히 대체하게 될 것이다.

표준 언어에 유리한 환경에서 밀접하게 관련된 방언들이 사라지는 것도 현재로서는 상당히 중요한 과정 중 하나이다.

영어나 프랑스어처럼 표준 문자언어가 있고 사용자가 많은 언어에는 정상에서 상당히 벗어난 방언이 많이 있다. 주로 시골에서 쓰이는 이런 일부 방언들은 오랜 세월에 걸쳐 어느 정도 독립적으로 발전해온 것들이다. 지금까지 한 세기 이상 유럽의 다수 언어들에서 나온 방언들은 표준어로부터 엄청난 영향을 받아왔다. 유럽 지역에서 사용되는 지방 방언들의 독특한 어휘들은 대부분 표준어 어휘로 말미암아 점차 사라지고 있다. 이러한 방언들은 발음에서만큼은 아직도 뚜렷한 차이를 보인다.

방언들이 사라지거나 더욱 비슷해지는 경향은 언어의 소멸과 부분적으로 똑같은 원인들 때문에 발생한다. 학교, 대중매체, 향상된 통신 수단 등이 표준어에 매우 유리하다. 한 언어에서 다른 언어로 전환하는 것과 비교해 방언이 변화하는 현상은 극적으로 보이지도 않고 변화에 수반되는 노력도 훨씬 작다.

방언은 대단히 흥미로운 연구 주제이지만 이 주제는 이쯤에서 접으려고 한다. 한 가지 짚고 넘어갈 점이 있다면 방언들도 태어나고 사라지는 과정을 반복한다는 사실이다. 이 부분에 대해서는 또 다른 저술도 가능할 것이다. 다음 장에서는 급작스러운 언어 전환에 대해 초점을 맞추어 설명하려 한다.

04. 무엇이 남을 것인가

소멸한 언어는 어떠한 흔적을 남길까? 대부분의 경우 거의 남기는 것이 없는 듯하다. 지난 수백 년 동안 여러 언어가 사라졌지만 현재 예전 모습을 확인할 수 있을 만큼 흔적이 남아 있는 언어는 거의 없다. 현재 남아 있는 것이 있다면 대부분 언어의 명칭 정도이며, 언어 관찰 기록이나 녹음 등이 일부 남아 있을 뿐이다. 기록된 문서로 존재하는 것은 대부분 선교사들이 남긴 복음서의 번역이나 기초 문법, 단어집 등이다.

사라진 언어에 대한 자세한 기술이나 적절한 양의 기록문서들만 있다면 적어도 이론상으로는, 해당 언어를 배우는 것이 가능하고 심지어 누군가 매진한다면 이 언어로 말하는 것도 가능할 것이다. 따라서 녹음된 언어들의 경우, 돌이킬 수 없이 상실된 것은 아니다. 해당 언어 화자들의 후손들, 언어학자들, 그리고 다른 사람들에게 어느 정도의 규모로 사용될 수 있다. 무엇보다 현재로서는 심각하게 위험에 처한 모든 언어들을 이러한 방법으로 기록해둘 필요가 있다. 그러나 불행하게도 실제로 실현되는 일은 없을 것이다.

물론 사라진 언어가 다시 부활하는 경우는 극히 이례적이다. 그러나 아주 유명하고 놀라운 사례가 있다. 성경에 쓰인 히브리어는 2000년이 넘도록 발화 언어로 사용되지 않았지만, 20세기 초 히브리어를 다시 사용하려는 시도가 있었고 현재는 이스라엘 정부에서 히브리어를 공식적인 발화 언어와 문자언어로 사용하고 있다. 이 예는 기록은 남아 있으나 발화에는 사용되지 않는 언어를 '죽었다'고 하는 것이 옳지 않음을 보여준다. 비록 특정 언어가 현재 발화 언어로 사용되지 않는다 하더라도, 이론상으로는 나중에 다시 사용될 수도 있다. 언어로 대표되는 문화적 자본은 완전히 사라지지 않는다. 그럼에도 다시 부활한 언어가 원래 언어를 그대로 본뜬 것은 아니라는 점을 주목해야 한다. 이스라엘에서 사용하고 있는 현대 히브리어는 과거 성경 히브리어와 많은 측면에서 다르게 발달했는데 이는 상당히 자연스러운 일이다. 언어는 그 언어가 사용되는 문화의 한 부분인데, 현대 이스라엘은 성경 시대의 이스라엘과 상당한 거리가 있기 때문이다.

반면 기록된 문서가 없는 언어들은 결국 소멸한다. 완전히 소멸된 언어들이 그나마 남긴 것은 지명 몇 가지, 근방의 다른 언어 한두 가지에 차용된 어휘들, 아마도 몇 세대 동안 남아 있을, 소멸된 언어를 사용하던 화자들이 새로운 언어를 발음할 때 내는 악센트 정도이다. 이것은 현재 사용되고 있는 아주 많은 언어들에 닥칠 운명일 것이다.

05. 언어는 어떻게 사라지는가

세계 여러 곳에서 언어들이 사라지고 있다. 사람들은 소수의 사람들만 사용하는 지역 방언을 버리고, 더 많은 사람들이 더 넓은 지역에 걸쳐 공통으로 사용하는 언어로 전환한다. 전환하는 이유는 어디에서나 비슷하다. 거의 모든 국가들이 교육 환경을 확장해나갈 때, 교육에 사용하는 언어는 주로 다수 언어이다. 여행, 무역, 대중매체 등도 다수 언어에 유리한 환경을 제공하면서 동시에 소수 언어를 위험에 빠트리고 있다. 보건, 고용, 조세, 사회보장이 그 어느 때보다 소수 언어 사용자들의 삶에서 아주 중요한 부분이 되었으며, 대부분의 경우 다른 언어 그러니까 다수 언어를 사용하는 사람과 상대해야만 한다. 이뿐만 아니라 스코틀랜드의 서덜랜드 동부 사례에서 보았듯이 이들은 토지와 자원 면에서 이미 불이익을 받는 경우가 많다. 이들은 중요한 사람들에게 자기 언어로 말하는 것이 거의 불가능했고, 자기 자신의 권리를 지키기 위해서는 권력이 있는 사람들의 언어를 배워야만 했다.

물론 국가마다 또 대륙마다 차이가 있다. 아주 대략적으로 말해 대륙마다 상황이 제각각이다. <표 14.1>에서 개략적인 상황을 볼 수 있다.

뉴기니 섬에 세계의 다른 어떤 지역보다도 많은 수의 언어가 분포되어 있다는 측면에서 보면, 이 섬을 하나의 대륙으로 간주할 수도 있을 것이다. <표 14.1>에서 '태평양'이라고 표시된 부분에 속한 언어들 대부분이 뉴기니 섬에서 사용되고 있다. 뉴기니 섬의 규모는 영국 섬의 2.5배이고 인구는 약 500만 명이다. 언어는 거의 1000개 정도 있으며 세계 발화 언어 중 1/7 정도가 이 지역에 분포되어 있는 셈이다. 뉴기니 섬은 정치적으로 분리되어 있다. 섬의 동쪽은 파푸아 뉴기니가 차지하고 있고 서쪽은 인도네시아의 영토로서 이리안자야라고 불린다.

표 14.1   지역을 중심으로 본 언어의 분포

지역	현대어	
	언어의 수	비율
아프리카	2,110	31%
아메리카	993	14%
아시아	2,322	34%
유럽	234	3%
태평양	1,250	18%
합계	6,909	100%

자료: Lewis(2009).

뉴기니는 대부분이 구릉과 극도로 험한 지형으로 이루어져 있어서 수십 년 전까지 거주민 간의 접촉이 거의 없었다. 사람들은 아주 작은 집단을 이루고 살았으며 주로 원시적인 농업으로 생계를 유지하고 있었다. 마치 초기 신석기 시대와 같은 생활양식을 유지했다. 대부분의 마을에서 고유의 언어를 사용했고, 대다수의 언어들이 극도로 작은 규모를 갖고 있어서 화자의 수도 100명에도 못 미치는 경우가 많았다. 이 때문에 다수 언어로 발전한 경우가 없었다.

20세기, 특히 최근 수십 년 동안 많은 마을에 통신 수단과 학교가 생겼으며 정기적인 무역, 선교사들과의 접촉 등 많은 일들이 일어났다. 이것은 매우 급진적이고 파괴적인 변화였다. 이러한 새로운 시대의 변화로 젊은 세대와 어린이들이 지역 언어를 등지게 되었다.

이들은 자신들의 언어 대신 마을 밖에서 만나야만 하는 사람들 사이에서 사용되는 언어를 사용했다. 이 언어는 세계적으로 많은 인구가 사용하는 다수 언어가 아닌, 톡 피진(Tok Pisin)이라고 하는 앞에서 언급한 피진어 중 한 종류였다. 이 언어에서 사용되는 어휘들은 주로 영어에서 차용된 것이며, 톡 피진이라는 명칭은 사실 영어의 'talk pidgin'에서 유래된 단어이다. 톡 피진은 뉴기니 바깥의 멜라네시아의 섬들에 세워진 플랜테이션에서 발달한 언어였으나 이 지역 전체에서 의사소통에 사용하는 공통 언어로 발전했다. 이 언어는 처음에는 모레스비 항구에서 발판을 굳혔다. 1975년 파푸아 뉴기니가 독립을 획득하면서 이 항구는 이 나라의 수도가 되었다. 톡 피진 언어는 대다수 국민들의 첫 번째 언어가 되었고 새로운 국가에서 공통의 표현 수단이라는 중요한 위치를 획득했다.

톡 피진 언어가 확장됨에 따라 현재 파푸아 뉴기니에서는 수백 개의 언어들이 사라질 운명에 처했다. 불행하게도 언어들의 소멸이 어떻게 진행되고 있는지에 대해 거의 알 수가 없다.

전에도 언급했지만 남쪽 대륙인 오스트레일리아에서도 많은 수의 원주민 언어들이 이미 소멸했다. 미국과 캐나다에서도 아메리카 원주민 언어들이 비슷한 궁지에 몰려 있다. 언어를 보존하려는 노력이 없지는 않지만, 대부분의 소수 언어들이 몇 세대 안에 사라질 것으로 보인다. 유럽인들이 이 지역에 도착했을 때 언어의 수는 대략 300여 개는 되었을 것이다. 언어학자들은 이 중에서 1960년까지 계속 사용되던 언어는 약 200여 개라고 추산했다. 그러나 지난 수십 년 동안 많은 언어들이 사라졌으며, 이런 현상은 해당 언어의 모어 화자 중 마지막 세대가 사라지면서 더욱 빠르게 진행되었다. 당연히 이들의 아이들은 영어를 사용하게 되었다.

중앙아메리카와 남아메리카에서도 비슷한 경향이 나타났다. 젊은 원주민 세대 중에 스페인어나 포르투갈어로 언어를 전환하는 사람들이 늘어났다. 그러나 많이 진행되지는 않았으며 이 지역에 아직도 수백 개의 언어가 남아 있다.

아시아와 유럽에서는 이미 여러 개의 다수 언어가 오래 전부터 확장되고 있었고, 대부분의 소수 언어는 이미 사라졌기 때문에 상대적으로 소수 언어의 수가 적은 편이다. 그러나 여전히 남아 있는 언어들도 계속 사라지고 있는 추세이다. 19세기에 러시아가 시베리아 지역을 영토로 포함시키면서, 이곳에서 여러 소수 언어를 사용하던 사람들을 러시아어 권역으로 끌어들이게 되었다. 현재 시베리아에 거주하는 대다수의 사람들은 러시아어를 사용하고 있으며, 많은 소수 언어들이 소멸 위기에 처해 있거나 아주 사라져버렸다.

유럽의 소수 언어는 수십 개 정도에 지나지 않는다. 다른 대륙과 비교한다면 너무나 적은 수가 아닐 수 없다. 이미 살펴본 게일어의 경우처럼 소수 언어 대부분이 빠르게 세력을 잃고 있다. 가장 극적인 예는 바로 아일랜드어이다. 아일랜드 정부가 아일랜드어를 살리기 위해 부단히 노력을 기울였음에도 불구하고, 현재 이 지역의 아이들은 아일랜드어를 모어로 사용하는 일이 많지 않다. 또 다른 사례로서 독일의 소르비아어(Sorbian, 슬라브 계통 언어), 북 스칸디나비아의 사미어(Sami) 등이 있다. 오늘날 이 언어들 모두 아프리카나 남아메리카의 다른 어떤 언어들보다 정부의 적극적인 후원을 받고 있지만, 다수 언어의 압도적인 힘 때문에 지금도 불안정한 상황에 처해 있다.

아프리카의 상황은 조금 다르다. 이 대륙 전체에 약 2000개의 언어가 있지만, 어느 기준으로 보아도 대부분이 소수 언어이다. 몇 년 전 시행되었던 조사에 의하면 약 200개의 언어가 심각한 위기에 처해 있거나 더 이상 사용되지 않는다고 한다. 다른 대륙에서와 같이 아프리카에서도 언어들이 빠르게 사라지는 모습을 보이고 있다.

아프리카에서의 특이한 점은 일반적으로 소수 언어 사용자들이 유럽의 대표적인 언어로 전환하지 않았다는 사실이다. 영어, 프랑스어, 포르투갈어 등은 과거 식민지 언어였기 때문에 이미 오래전에 아프리카 지역에 소개된 것들이었다. 아직도 이 언어들은 과거 식민지였던 대부분의 국가에서 공용어로 사용될 뿐 아니라 행정과 고등 교육에 사용된다. 또 아프리카의 수억 명에게 일상 회화와 문자 커뮤니케이션의 도구로서 일상적으로 사용되고 있다. 문제는 소수 언어를 사용하던 사람들이 유럽 언어로 언어를 전환하지 않는다는 사실이다. 그 이유는 첫째, 남아프리카를 제외하고 아프리카에는 유럽 언어 사용자가 대다수를 차지하는 지역이 없다. 둘째, 유럽 다수 언어 사용 지역이 주로 도시인 데 반해 소수 언어 사용 지역은 주로 지방이다. 도시가 아닌 지역의 언어들은 주변 다른 언어의 압박을 받았다. 때로는 지역의 환경에 따라 아주 작은 소수 언어의 사용자가 주변 지역의 약간 더 큰 소수 언어로 언어를 전환하기도 했다. 20세기 동안에는 여러 나라와 지방에서 강하게 성장한 언어 중 하나를 선택해 사용하는 일이 흔했다. 예를 들어 탄자니아, 케냐에서는 주로 스와힐리어(Swahili)를 선택했으며 짐바브웨에서는 쇼나어(Shona)를, 나이지리아에서는 하우사어(Hausa), 요루바어(Yoruba), 이그보어(Igbo)를 선택했다. 이런 과정 속에서 많은 언어들이 사라졌고 일부 비교적 강한 언어들만 빠른 추세로 세력이 강화되었다.

현재 추산되는 세계의 언어 수는 6900개이며 적어도 1000개의 언어가 두어 세대 만에 사라질 것이다. 이러한 추세가 계속된다면 세계 언어의 절반은 100년 안에 사라질 것이다.

앞선 조사에서 보았듯이 갑작스러운 재앙으로 발화자들이 죽거나 살해 당해서 언어의 소멸이 일어나는 일은 극히 드물지만, 18세기 초 유럽인들이 태즈메이니아(Tasmania)를 침략했을 때 실제로 그러한 일이 발생하기도 했다. 언어의 소멸은 대개 부모 세대에서 사용하던 언어를 다른 언어로 전환한 뒤, 자손에게 과거에 사용하던 언어를 전해주지 않는 방식으로 일어난다. 기본적인 현상은 언어의 전환이다. 미래에는 더 많은 인구가 더 적은 수의 언어를 사용할 것이다.

그러나 언어의 미래가 어떻게 될 것인가에 대해서는 정확한 진단을 내리기 쉽지 않다. 또한 모든 언어의 운명이 똑같지도 않을 것이다. 언어의 운명은 다음에서 살펴볼 아프리카의 두 소수 언어 간의 차이에서 볼 수 있듯이 바로 화자들의 선택에 달려 있다.

06. 시예이어 그리고 음부쿠슈어

보츠와나 북쪽에 광활하고 놀라운 습지가 있다. 오카방고 강은 칼라하리사막으로 흘러들어와 고이며, 강은 삼각주를 형성하고 증발해버린다. 이 아름다운 삼각주는 인간의 활동에 거의 영향을 받지 않은 자연적인 미를 그대로 유지하고 있다. 이 강 주변에서 코끼리, 사자, 기린, 들소 떼를 볼 수 있다. 근처에는 어업이나 소규모 농업을 토대로 삶을 꾸려나가는 마을들이 있다. 경치가 좋은 곳에는 대부분 여행객들을 위한 작은 산장이 설치되어 있다. 최근에 이 삼각주는 자연보호 지역으로 선정되었다.

이 삼각주에 거주하는 원주민들은 다양한 종류의 언어를 사용하고 있다. 가장 큰 부족은 '와예이(Wayeyi)' 족이며 이들은 '시예이어(Shiyeyi)'를 사용한다. 이 부족의 인구는 2만 5000명 정도이다. 또 다른 부족은 '함부쿠슈(Hambukushu)'로 이들은 '음부쿠슈어(Thimbukushu)'를 사용한다. 인구수는 약 5000명에서 1만 명 정도이다. 이 지역의 많은 사람들은 보츠와나의 대표 언어인 츠와나어도 사용한다. 다른 언어들의 사용자가 계속해서 줄고 있는 반면 츠와나어의 사용자는 늘고 있다.

외지인들에게 시예이어와 음부쿠슈어는 둘 다 비슷한 상황으로 보일 것이다. 두 언어 모두 보츠와나에서도 아주 외진 곳에서 적은 수의 화자들에 의해 사용되고 있다. 대다수의 아이들이 다니는 학교에서 두 언어 중 어느 것도 사용하지 않으며, 저학년일 때 츠와나어를 가르치고 학년이 올라가면 본격적인 영어교육을 시작한다. 시예이어, 음부쿠슈어는 극소수

그림 14.2 아프리카 남단 음부쿠슈어, 시예이어 위치

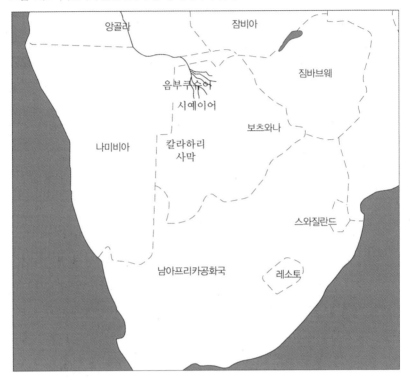

의 경우를 제외하고는 거의 기록 수단으로 사용되지 않는다.

그러나 이 두 언어들은 서로 다르게 변화하고 있다. 시예이어는 아주 빠른 속도로 화자들이 줄고 있는데, 아이들은 이 언어를 모어로 배우지 않고 있으며 배운다 해도 두 번째 언어로 배우기 때문에 그다지 유창하게 구사하지 못한다. 와예이 부족 2만 5000명 중 실제로 반 정도만이 시예이어를 모어로 사용하고, 나머지 반은 츠와나어를 사용하며 시예이어를 두 번째 언어로 사용하거나 전혀 사용하지 않는다.

반대로 함부쿠슈 사람들은 자신들의 언어를 절대 버리려고 하지 않는다. 비록 인구수는 와예이보다 적지만 그들의 언어는 위협을 받고 있지 않

다. 이곳 아이들은 음부쿠슈어를 모어로 배우고 있으며 부모들도 음부쿠 슈어를 꾸준하게 사용하고 있다.

이 차이는 두 언어가 사용되는 지역의 전통, 역사 그리고 선택에 의해 발생했다. 와예이 사람들은 한 번도 강력한 사회적 조직을 이룬 적이 없고, 19세기경 보츠와나의 츠와나어 화자들이 이 지역에 이주해서 삼각주 지역을 장악하자 쉽게 새로운 문화에 적응했다. 또한 와예이 사람들은 전통적으로 유동적이며 먼 곳에 가서 일하는 것을 마다하지 않는다. 최근에는 집과 가까운 곳에서 보수가 좋은 직업으로 관광산업에서 일하곤 한다. 외부인과의 결혼도 빈번하다. 또한 수십 년 전부터 공식 교육이 시작되자 부모들은 아이들을 새로운 학교에 보내는 것을 주저하지 않았다.

이에 반해 함부쿠슈 부족은 오랫동안 스스로 통치해왔고, 두어 지역에서 아주 가깝게 집단을 형성해 살아왔다. 이들은 공공 교육에 별로 관심이 없으며 자신들의 전통을 굳건하게 지키고 있다. 부족 내에서 사람들과의 관계는 아주 끈끈하며 와예이 부족보다 외부 사람들과의 접촉이 적다.

이런 종류의 사회적 차이점들은 언어가 계속 존속할지, 또는 사라질지를 결정하는 데 영향을 미친다. 즉, 사람들은 사용할 언어를 선택할 때 단순히 외부의 압력이나 주어질 혜택만을 고려하지 않는다. 중요한 것은 사람들이 무엇을 가치 있게 여기는지, 또 스스로가 어떠해야 한다고 생각하는 지이다.

07. 언어 소멸은 좋은 것인가 나쁜 것인가

와예이 청소년들에게 어떤 언어를 사용하고 있는가를 물으면 대체로 츠와나어라고 대답하며 가끔 영어라고 답하기도 한다. 이들 중 시예이어 사용자는 거의 없다. 하지만 시예이어를 어떻게 생각하는지 물어보면 대부분 언어에 대한 평가를 아주 높게 할 뿐 아니라 자신들 문화에 아주 핵심적인 요인이라는 대답을 하기도 한다. 실제로 시예이어를 거의 사용하지 못하면서도 이 언어를 높이 평가하고 있는 것이다.

이런 대답이 비상식적이거나 진지하지 않게 보일 수도 있다. 사실 이런 평가는 정확한 것이 아니다. 그러나 와예이 젊은이들이 자신들이 속한 집단인 와예이에서 정체성을 찾는 것은, 다른 모든 사람들이 그러한 것처럼 정상적인 일이다. 그들은 시예이어가 와예이 집단에 주요 특성 중 하나라는 것을 알고 그것 자체로 높이 평가한다. 젊은 세대가 시예이어를 못하는 것은 자신의 원하지 않아서 그렇게 된 것이 아니라 부모들의 선택에 의해 멀어진 것이다. 부모들은 집에서 주로 츠와나어를 사용했다. 그것이 편리해서가 아니라 아이들을 위한 배려 때문이었을 것이다. 부모들도 여전히 시예이어를 아주 높이 평가하지만, 실제로는 자신의 아이들이 학교에서 사용하는 언어를 되도록 빠른 시기에 배우는 일이 무엇보다 중요하다고 생각한다. 만약 많은 부모들이 똑같은 방식으로 행동한다면 부모나 아이들이 모두 시예이어가 사라지는 것을 원하지 않는다고 해도, 언어는 소멸할 것이다.

이런 상황은 흔히 나타난다. 언어의 소멸은 사람들이 원해서 일어나는 것이 아니라 사람들이 언어의 소멸을 바라지 않는데도 불구하고 일어난다. 언어의 화자들조차 어린 세대가 더 이상 해당 언어를 배울 수 없는 지경에 이를 때까지, 자신들이 사용하고 있는 언어가 심각한 상태라는 것을 깨닫지 못한다. 이것은 현재 시예이어가 겪고 있는 상황이라고 볼 수 있다. 최근 들어 시예이어를 발전시키고 시예이어 문자언어 사용을 장려하려는 모임이 결성되었다. 이런 노력의 결실이 어찌 나타날지는 아직 두고 보아야 한다.

사람들은 대개 자신들의 언어가 '죽는' 것을 나쁜 일이라고 생각한다.

그런데 언어를 '살해'하려는 사람들이 있기는 한 것일까? 실제로 많이 존재한다. 모든 국가는 정부를 가지고 있으며, 대다수의 정부가 국가 안에 민족 집단이나 언어가 적으면 적을수록 좋다고 믿는다.

이는 부분적으로 많은 사람들이 하나의 민족, 하나의 언어로 된 민족국가가 이상적인 정치적 조직이라고 믿는 것에서 기인한다. 이런 생각은 유럽에서 특히 강하며 앞에서 살펴본 여러 국가들이 이런 방향으로 국가를 발전시켜왔다. 그러나 세계 여러 국가의 현실은 이와 다르다. 정부가 언어적 다양성을 극도로 혐오하는 이유는, 특히 다중 언어 사회에서 발생하는 현실적인 문제들 때문이다. 다중 언어 사회에서 언어의 다양성을 반영해 초등학교 교육을 조직하는 것은 매우 어려우며 거의 불가능하다. 의회에서 이 문제를 논의하고 법안을 만드는 일은 가능해도 여러 언어를 사용할 줄 아는 사람만을 경찰이나 보건 공무원으로 고용하기란 현실적으로 불가능하다.

이런 이유로 정부 당국은 대개 국가 내에 사용되는 언어들 중 한두 가지 언어를 제외하고는 모두 무시해버린다. 정부는 소수민족 언어 집단보다 다수 민족 집단에 관심을 두는데, 이는 대개 다수 민족 언어 사용자들의 정치적인 영향력이 높은 반면, 소수민족 언어 사용자들의 정치적 입지는 아주 미미한 것이 일반적이기 때문이다.

유럽에서는 오랫동안 민족국가들이 강력한 위치에 있었고 많은 언어를 제거해왔다. 때로 국가들이 무시무시한 방법을 동원하기도 했다. 프랑스, 스웨덴에서는 얼마 전까지도 학생들이 쉬는 시간에 공용어가 아닌 자신의 지역 모어를 사용할 경우 심한 벌을 주었다. 현재는 대부분의 유럽 국가에서 소수민족 언어를 인정하고, 심지어 보호하기도 한다. 이는 소수자의 권리에 대한 인식이 진보된 덕분이기도 하지만, 더 결정적으로는 이런 소수자들이 현재 너무나 적어져서 더 이상 위협이 되지 않기 때문이다.

시예이어, 음부쿠슈어가 사용되는 보츠와나에는 츠와나어라는 하나의 다수 민족 언어와 20여 개의 다른 언어가 분포되어 있다. 다른 언어들 사용자 인구는 아주 미미한 상태이다. 정부의 의지가 있다고 해도 이 모든 언어로 초등 교육이나 여타 의미 있는 서비스를 제공하기란 불가능하다. 따라서 소수 언어들은 급격한 변화의 회오리에 휘말리는 수밖에 없는 상황에 처해 있다. 보츠와나에서는 유럽과 달리 어떤 언어도 직접적으로 핍박을 받지는 않지만, 반대로 지원을 받고 있는 것도 아니다. 만일 소수 언어들이 결국 소멸한다면 정부로서는 오히려 상당한 부담을 덜게 되리라고 생각해볼 수도 있다.

언어 사용자와 정부 외에도 언어의 문제에 대해 의견을 제시하는 다른 부류가 있다. 바로 언어학자와 인류학자들이다. 이들은 언어들이 사라지는 상황을 인식하고 수백 개의 언어가 사라지는 현상에 대해 크게 분노하고 있다. 연구자들에게 언어란 모두 문화의 산물이며, 수세대에 걸쳐 형성된 경험과 창조력이 결합된 결정체들이다. 그러나 이런 상황에 대처하는 방법에서는 약간의 차이를 보인다. 연구자들 중 일부는 사람들에게 언어 소멸에 대한 경각심을 일깨우고, 화자들 스스로 언어를 되살리는 데 적극적으로 동참해야 한다고 주장한다. 또 다른 부류의 연구자들은 언어 소멸 과정을 되돌리려고 직접 언어 상황에 참견하기보다 기존의 언어들을 자세하게 기술하고 이들의 발달 과정을 상세하게 기록으로 남기는 것이 연구자들의 일이라고 주장한다.

연구자들이 무엇을 하거나 하지 않는 것과 상관없이, 오늘날 사회적·경제적으로 팽배한 상황들을 고려해볼 때 앞으로 많은 언어들이 사라질 것이다. 이런 상황을 바라는 사람은 거의 없겠지만 소수 언어에서 다수 언어로 언어를 전환하는 것이 잠재적인 이익을 주는 한, 많은 사람들은 자신들의 언어를 전환하는 것은 물론 자식들에게도 언어 전환을 권할 것이다.

추가 읽기 목록   ▪ ▪ ▪

✔ 12장: 유럽의 언어와 세계의 언어

세계 무역에서 유럽의 팽창에 대한 조사는 Wolf(1997) 2부(5장~8장)에서 찾을 수 있다. 인구의 감소와 소멸을 포함한 생태학적 효과에 대한 설명은 Crosby(1986)에 제시되어 있다.

✔ 13장: 어떻게 언어가 탄생 또는 생성되는가

크리올어, 피진어에 대한 소개는 여러 문헌에 나타나 있다. Sebba(1997), Holm(1988~1989)에 소개되어 있으며 이 책에서는 후자의 네비스 크리올어 예를 인용했다. 아프리칸스어에 대해서는 Ponelis(1993)의 1~2장을 보면 된다. 대부분의 다른 문헌은 아프리칸스어로 쓰여 있다. 노르웨이어에 대한 영어 설명은 Haugen(1976)에 있다. 소토 언어에 대한 역사적 논의는 Janson and Tsonope(1991) 4장을 보면 된다.

✔ 14장: 어떻게 언어가 소멸하는가

언어 소멸 주제를 다룬 자료에는 Crystal(2000), Romaine and Nettle(2000)가 있다. 서덜랜드 동부 게일어의 운명에 관해서는 Dorian(1981)을 보면 된다. Patrick and Sellar에 관한 인용은 Adams(1972) 2권 284쪽에서 찾을 수 있다. 뉴기니의 언어들에 대한 설명은 Foley(1986)에 제시되어 있다. 시예이어, 음부쿠슈어에 대해서는 Anderson and Janson(1997)을 보라.

정리 및 이해를 위한 문제   ▪ ▪ ▪

1. 브라질의 주요 언어는 무엇인가?
2. 모잠비크의 공용어는 무엇인가?
3. 아시아 지역에서 유럽 언어의 모어 화자가 거의 없는 이유는 무엇인가?
4. 피진어와 크리올어의 차이점은 무엇인가?
5. 네덜란드어와 아프리칸스어의 체계적인 차이점 하나를 설명하라.
6. 노르웨이 표준 문자언어 중 부분적으로 지방의 방언에 기초한 언어의 명칭은

무엇인가?

7. 소토 지역에 세 개의 표준 문자언어가 생긴 이유는 무엇인가?

8. 서덜랜드 동부 게일어 화자들이 자신들의 언어를 포기한 이유들을 설명하라.

9. 세계에서 언어적 다양성을 가장 많이 보이는 지역은 어디인가?

10. 정부가 다중 언어 사회에 반하는 입장을 보이는 이유는 무엇인가?

논의 주제

1. 국가들은 소수 언어들을 위해 어떠한 행동을 취해야 하는가?

2. 영어에 기초한 크리올어는 영어를 사용하는 다른 나라에서 뜻이 통하지 않는다고 알려져 있다. 이런 상황에서 크리올어를 사회적으로 하나의 소수민족 언어로 취급해야 하는가?

향후 연구에 대한 제안

당신이 현재 거주하는 국가 또는 근처 지역에 위기에 처한 언어가 있다면 어떤 것이 있는지 찾아보라. 이런 언어들을 찾을 수 없다면 다른 지역을 선택해 찾아보라. 언어의 현 상황에 대한 기록 자료는 Ethnologue 사이트 등을 참고하라. 이 조사를 위해 언어의 화자 수, 학교에서의 사용 여부, 고유 문자언어의 존재 여부 등 가능한 많은 자료를 수집하고 이 자료들을 기반으로 조사 대상 언어의 존립 여부에 대해 평가해보라.

6부

근대, 현대, 미래

The heyday of English

영어의 전성기

01. 신국제주의

100년 전에 유럽을 여행할 때는 국제 호텔이나 여행자 숙소 및 몇몇 지식인들 사이에서나 외국어를 들을 수 있었을 것이다. 또 국가마다 배우는 외국어 종류가 다양했을 것이다. 루마니아부터 스웨덴까지 중부와 동부 유럽 지역에서는 주로 독일어를 아는 경우가 많았을 것이며, 이탈리아와 포르투갈 지역에서는 주로 프랑스어가 통하는 곳이 많았을 것이다. 노르웨이부터 네덜란드까지 북해 주변에서는 영어를 말하는 사람을 찾기가 쉬웠을 것이다.

오늘날 유럽을 여행하는 이방인들은 의사소통이 필요할 때 외국어를 유창하게 하는 사람을 만날 기회가 더 많다. 그때 사용되는 언어는 대부분 영어이다.

지난 100년 동안 두 가지 커다란 변화가 있었다. 우선 첫째로 유럽은 물론 그 밖에 다른 지역들에서 아주 많은 사람들이 국제적 환경에 매우 유리한 외국어를 배웠다. 둘째로 100년 전에는 여러 외국어 중 하나를 배웠다면, 현재는 배우는 외국어가 거의 항상 영어이다. 이 두 가지 변화는 당연히 서로 상당히 연관된 것처럼 보이지만, 사실 변화가 발생한 원인은 아주 다르다.

첫째, 사람들이 모어 이외 두 번째 언어를 배우려는 이유이다. 100년 전에 비해 오늘날에는 학교교육과 국제적인 교류가 사람들의 삶에서 더욱 중요해졌다. 산업 사회가 유럽에 등장하고 얼마 지나지 않아 세계의 다른 지역에도 등장했고, 그 결과 교육의 수요가 증대되었다. 19세기 동안 많은 국가에서 아이들을 위한 공공 기초교육이 실현되었고, 20세기가 되자 모든 국가에서 아이들에게 몇 년간의 학교교육을 제공할 수 있게 되었다. 대부분의 영향력 있는 국가에서는 학생들이 최소 10년에서 12년간 학교에 다니고, 약 1/3 이상의 학생들이 대학 교육을 받을 수 있게 되었다. 많은 나라에서 교육과정 동안 외국어를 배울 기회를 충분히 제공한다.

대다수의 유럽인들이 시골에서 농사를 지으며 살던 100년 전에 비해, 현재는 언어적 경계 또는 국경을 넘는 경우가 아주 빈번해졌다. 당시에 농사를 짓지 않던 사람들은 대부분 산업 노동자였다. 극소수의 사람들만이 자신의 전문적인 직업 때문에 외국어를 사용할 뿐이었다. 미국으로 이민을 간 일부 사람들을 제외하고 해외로 여행가는 사람은 거의 없었으며 있어도 대부분 편도 여행이었다. 유럽에 상당수의 소수 언어들이 존재했던 것은 사실이지만, 이 소수 언어들은 주로 동떨어진 지역을 중심으로 사용되었다. 소수 언어 사용자들은 다수 언어를 배워야 했지만, 다수 언어 사용자가 소수 언어를 배우는 일은 없었다. 따라서 사람들은 대개 하나의 언어만 배웠다.

하지만 오늘날 유럽인들은 주로 도시에 살며 농경은 말할 것도 없고 산업에 종사하기보다, 서비스 분야나 통신 분야에 더 많이 종사한다. 국내외에서 사람들 간의 일상적인 교류가 증가했으며 많은 사람들이 외국에 나가본 경험이 있고 일부는 장기간 체류하기도 한다. 이들은 업무상 모어 외에도 여러 외국어를 습득해야만 한다. 영어가 모어가 아닌 사람도 여가 시간에 팝송, 텔레비전 뉴스, 기타 여러 분야에서 외국어, 즉 영어를 듣지 않을 수 없는 상황이 되었다. 유럽에서의 일상생활은 다중 언어 환경 그 자체이다.

이처럼 외국어가 넘쳐나는 환경은 이제 세계 거의 모든 곳에서 일반적인 상황이라고 할 수 있다. 어느 지역에서든 사람들이 도시로 이동하고 있으며 교육 기간은 이전보다 더 길어졌고, 교육과정에 반드시 외국어 한두 개가 포함되게 되었다. 또한 국가 간에, 다른 언어권 간에 접촉이 흔한 현상이 되었고 더 많은 사람들이 외국으로 이주하고 있다. 지역 상황에 따라 결과가 다르긴 하지만 거의 세계 모든 곳에서 최소 하나의 외국어를 배우게 되었으며 한 언어만을 아는 사람은 드물어졌다.

다수 민족 언어의 사용자가 너무나 많아 모든 접촉을 그 언어로만 할 수 있는 나라들은 예외다. 대체로 중국에서의 중국어나, 라틴아메리카에서의 스페인어 등 몇 개의 다수 언어가 이에 해당한다고 볼 수 있다. 외국어의 필요성을 거의 느끼지 않는 사람들은 대부분 미국, 영국 그리고 몇몇 국가의 영어 화자들이다. 그러나 이 지역들에서도 언어적인 접촉이 더욱 빈번해졌다. 미국의 경우 30년 전에는 없었던 스페인어 화자들이 현재 상당한 규모의 소수민족 집단으로 성장했다. 영국의 경우에도 많은 나라들로부터 이민자를 받아들이고 있으며, 특히 유럽연합 내의 접촉도 그 어느 때보다 눈에 띄게 증가하고 있다.

이런 상황 속에서 세계적으로 단일 언어주의가 후퇴하고 다중 언어주의가 더 증가하고 있다. 이러한 시대적 변화 속에서 두 번째 언어가 영어인 경우가 많은 이유는 무엇일까?

02. 프랑스어, 독일어, 러시아어, 영어

17세기에 프랑스어가 아주 중요한 언어로서 위상을 갖고 있었음을 앞서 언급했다. 이것은 특히 루이14세 때 프랑스의 문화적·정치적 강력함에 의해 이룩된 결과이다. 프랑스는 18세기까지 큰 영향력을 갖고 있었지만 나폴레옹 전쟁의 결과로 정치적 영향력을 많이 잃어버렸다. 1815년 이후 프랑스는 유럽에서 중요한 국가로 남기는 했으나 더 이상 독보적인 국가가 되지는 못했다.

마찬가지로 프랑스어는 오랫동안 국제 언어로서의 지위를 누려왔다. 19세기까지, 어떤 면에서는 20세기까지 외교 언어로 남아 있었다. 예들 들어 19세기경 만국우편연합의 공통 언어로 프랑스어가 지정되었으며 프랑스어는 과학 분야에도 강력한 지위를 유지하고 있었다.

그러다 유럽에서 프랑스어의 첫 경쟁자가 나타났는데 바로 독일어였다. 프로이센를 중심으로 독일이 통일되고, 1870년대 초 보불전쟁을 치른 후, 수십 년 동안 독일어가 유럽의 정치 지형을 지배해왔다. 동시에 독일은 기술과 과학 분야에서 눈부시게 약진했다. 독일 주변의 약소국뿐 아니라 멀리 떨어진 다른 유럽 국가나 미국에서도 독일어에 대한 관심이 증폭되었다.

그렇지만 독일어는 국제 사회에서 대표 언어로서 위상을 오래 유지할 수 없었다. 제1차 세계대전과 제2차 세계대전 이후 독일어는 정치적 영향력과 함께 기술과 과학 분야에서 첨단이라는 지위 모두 잃게 되었다. 전쟁 이후 독일은 빠르게 회복했지만, 국제 무대의 주역을 차지하지는 못했다.

국제 무대의 주역은 제2차 세계대전 승전국인 미국과 소련이 맡게 되었다. 1945년부터 1990년까지 전 세계는 두 국가의 군사력, 경쟁 구도, 힘에 대한 갈망에 지배당했다. 같은 시기 세계 인구는 물론 세계 경제도 급격하게 팽창했다. 교육이 전 지역으로 확산되었고 다른 많은 지역 간의 국제적 교류도 매우 활발해졌다.

당연히 영어와 러시아어는 양대 초강대국의 언어로서 이러한 상황에서 유리한 위치에 있었다. 앞에서 이미 제시한 것처럼 영어는 처음부터 편안하게 이 상황을 이끌었다. 그러나 러시아어는 수십 년 사이에 빠르게 전파되었다. 특히 러시아의 영향권 안에 있는 동구권 국가에서 러시아어는 학교에서 가르치는 제1외국어가 되었으며, 차차 기술, 과학 분야에서 주요 언어로 떠오르기 시작했다. 소비에트연방은 러시아어가 외교와 국제 협력 관계에서 공식적인 언어로 인정을 받아야 한다고 주장했다. 1980년대 세계는 두 개의 초강대국 지배권으로 양분되었고, 이로 인해 한쪽에는 영어가 공통 언어가 되고, 다른 한쪽에서는 러시아어가 공통 언어가 되었다.

그러나 1990년 소비에트연방이 무너지자 러시아어는 국제적인 입지를 놀랍도록 빠르게 상실했다. 교육과정에 러시아어를 포함시켰던 동유럽 등 많은 지역에서는 더 이상 이 언어를 가르치지 않는다. 러시아는 기술, 과학 분야에서도 뒤처져서 요즘에는 러시아어로 기록된 중요한 연구 결과들도 거의 찾아볼 수 없다. 현재 러시아어는 언어 순위에서 프랑스어나 스페인어와 경쟁하고 있다. 반면 영어는 경쟁 상대 없이 국제 언어로서 우월적 지위를 누리고 있다. 영어가 세계적인 언어로 성장하는 데는 여러 가지 역사적인 발달의 혜택이 있었다.

03. 영어의 시대

16세기 이후에 정복, 사업, 식민지 건설 등이 촉진되면서 어족들 사이에서 일부 유럽 언어들이 점차 중요한 의사소통 수단으로 부상했다.

특히 영국은 가장 강력한 제국의 권력을 갖게 되었고 20세기 초에 인도, 사하라 남쪽의 아프리카 국가들, 캐나다, 오스트레일리아, 동남아시아 무역 대상국들, 그 밖의 많은 소규모 식민지 등으로 정치적 지배력을 넓혀갔다. 당시 영어는 이러한 지역에서 가장 영향력 있는 언어였으며 비록 모든 유럽 언어 중 최고는 아니었지만 다른 어떤 언어보다 국제사회에서 널리 사용되고 있었다.

세계대전을 두 차례 겪은 후 독일은 완전히 파괴되었으며 프랑스도 많이 약화되었다. 영국 또한 많은 자원을 소진했고 제국의 시대도 끝이 났다. 이를 계기로 유럽 바깥의 영어 사용 국가인 미국이 정치적·경제적 주도권을 쥐게 되었다.

미국의 경제 원조와 미군의 주둔 등에 힘입어 영어는 유럽 전역에서 급성장했다. 동시에 미국의 언어가 바로 영어라는 사실도 미국이 주도력을 확장해나가는 데 유리하게 작용했다. 영국이 제국으로서 강력한 힘을 발휘하던 시절부터 영어는 이미 유럽은 물론 세계 여러 지역에서 널리 사용되는 언어였기 때문이다. 이러한 사실의 조합으로 영어가 전례 없는 방식으로 널리 전파될 수 있었다.

외교 차원에서 보면 영어는 20세기 동안 프랑스어를 점차적으로 대체해왔다. 1945년 국제연합(United Nations)이 설립되자 프랑스어뿐 아니라 4개의 유럽 언어를 포함한 총 5개의 언어가 공식적으로 인정되었다. 즉, 영어, 프랑스어, 스페인어, 러시아어, 중국어(아랍어는 후에 첨가되었음)가 그것이다. 국제연합 본부가 미국 뉴욕에 위치하고 있다는 것도 영어가 국제연합 조직에서 가장 중요한 언어가 되는 데 영향을 미쳤다.

영어의 성공은 단순히 정치적인 이유 때문만이 아니다. 미국은 1945년 이후 강력한 군사력뿐 아니라 막강한 경제력으로 세계에서 주도적인 위치를 차지해왔다. 미국의 막강한 경제력은 산업 및 기술에서 진보를 이룬 결과였다. 20세기 초부터 미국은 많은 핵심 산업 분야에서 세계를 주도했다. 이 중 통신과 항공이라는 두 가지 분야는 국제적인 교류라는 측면에서 아주 중요하다. 이 두 산업 분야에서 미국은 첨단을 달렸으며 계속 유리한 위치를 점했다. 민간 항공 분야는 미국에서 발전한 것이어서, 이 부문에 연관된 수많은 용어들이 영어로 설정되어 세계 많은 곳에서 이 용어들을 배우게 되었다. 이와 함께 전화, 라디오, 텔레비전 분야에서도 영어가 핵심 언어로서 인정을 받았다.

영화 산업의 경우는 다소 특별하다고 할 수 있다. 초기 무성영화 시대에는 할리우드의 언어적 영향력이 거의 없었지만, 유성영화가 개발되자마자 할리우드의 언어적 영향력이 매우 중요해졌다. 미국에서 제작되는 영화와 텔레비전 프로그램들은 세계 곳곳에 발화 영어를 전파하고 있다. 특히 영어를 자국어로 더빙하는 능력을 갖추지 못한 소규모 국가들은 영어를 그대로 받아들였고, 이런 현상은 영어의 영향력을 더욱 강화시켰다.

미디어 산업의 또 다른 분야인 대중음악도 영어 전파에 기여했다. 존 레논(John Lennon), 밥 딜런(Bob Dylan) 등 유명 가수와 작곡가들의 연주가 전례 없이 광범위하게 세계로 퍼져 나갔다. 이런 현상은 연주자들의 높은 예술적 수준뿐 아니라, 미국에서 축음기가 발명된 이후 상업 음악 세계에서 영어가 핵심적인 언어였다는 사실에서 비롯된 결과이다.

전기통신의 전통적 수단인 전화는 어떤 언어 사용자라도 이용할 수 있는 기기이다. 그러다 국제전화가 빠르게 생활화되면서 1960년대에 대부분의 산업국가에서 많은 사람들이 사업상 즉각적으로 소통할 수 있는 국제전화를 사용하게 되었다. 이 과정에서 국제전화로 상대방과 대화하기 위한 공통의 언어가 필요했다. 따라서 이런 통신 수단을 원활하게 이용하려는 많은 사람들이 점차 영어를 사용하게 되었다. 좀 더 최근에는 인터넷 통신을 통한 전자 메일 등 데이터 서비스 등이 도입되었다. 이론상으로 인터넷 통신을 통한 서비스는 모든 언어의 문자언어로 사용할 수 있다. 그러나 실제로는 이러한 국제적 교류가 주로 영어로 이루어지고 있고, 영어는 수백만 명의 기술자, 프로그래머, 응용프로그램 제작자, 통신망 유지 및 보수 기술자, 서버 컴퓨터 관리자 등에게 필수불가결한 도구가 되었다.

제1차 세계대전 직전에 이미 과학 분야에서 미국의 영향력은 상당했으며 20세기 내내 거의 모든 분야를 주도했다. 영국도 몇 가지 영역에서 강세를 보였다. 사실상 거의 모든 영역의 가장 중요한 작품들이 영어로 기록되도록 만들었다. 지난 20~30년 동안, 특히 소련이 해체된 이후, 영어는 과학을 위한 언어라는 지위를 차지하게 되었다. 이처럼 영어가 엄청난 힘을 갖게 된 것은 역사적으로 전례가 없는 일이다. 라틴어가 몇 세기 전까지 비슷한 지위에 있었다고는 해도 주로 유럽에만 한정된 것이었다.

영어의 지배력은 정치, 경제, 과학뿐 아니라 금융에서도 눈에 띈다. 자금 거래, 주식시장이 새로운 삶의 수단으로서 사람들에게 각광을 받기 시작했고, 대형 금융회사들이 뉴욕과 런던에 본부를 두었다. 따라서 이 분야에 종사하려는 사람이라면 누구든지 영어를 습득하지 않고는 기회를 생각하기조차 어렵게 되었다.

앞서 열거한 여러 분야 외에도 영어가 주도하는 분야나 영어가 주도권을 잡는 방향으로 변화하는 분야를 쉽게 찾을 수 있다. 이처럼 영어가 더 많은 영역에서 필수적이 됨에 따라 더 많은 사람들이 영어를 배우게 되었다. 수많은 사람들이 영어를 사용하기 때문에 아직 영어를 도입하지 않은 다른 영역에도 영어를 들여오기가 용이해졌다.

하지만 아직까지 영어가 주도하지 못하는 분야가 하나 있다. 영어는 전 세계의 주요 종교 중 어떤 것과도 강한 관계를 만들지 못했다. 미국, 영국 출신의 많은 사람들이 선교 활동을 하는 것이 사실이지만, 이들의 주요 목적은 신교의 전파이지 영어가 아니다. 따라서 모든 종교적인 내용이 선교하는 지역 사람들의 모어로 번역되어 전달되었다. 선교 활동이 영어 전파에 일부 영향을 미치기도 했지만, 선교사들은 원칙적으로 영어를 선전하지 않았다. 아랍어가 이슬람교도를 하나로 묶어주는 것이나 라틴어가 기독교의 매개체였던 것과는 달리, 영어는 종교와 전혀 관련이 없다.

정리하자면 영어는 세 가지 발전에 힘입어 주요 언어로서의 위상을 갖게 되었다. 첫째, 영어는 영국이 제국으로서 강성했던 17세기부터 20세기 초까지 세계 여러 곳에서 강력한 위치를 차지했다. 둘째, 미국이 20세기부터 기술, 경제, 정치에서 주도적인 위치를 차지하자 영어의 위상이 더욱 공고해졌다. 셋째, 20세기에 시작된 산업, 통신, 국제 관계 등에서의 눈부신 발전은 이전 어떤 때보다도 세계 공통어의 필요성을 확실하게 부각시켰다. 이런 환경 속에서 다른 유럽 언어들을 제치고 영어가 비로소 이 역할을 수행하게 되었다.

04. 영어가 주는 인상

이미 세 가지 측면에서 언급한 것처럼 영어가 지배적인 위치에 오르게 됨에 따라 영어를 사용하지 않는 지역에서 영어에 대한 태도에 변화가 일기 시작했다. 영어는 전 세계를 아우르는 소통 언어로 인정되기도 하지만, 미국의 제국주의적인 야심의 도구나 식민지의 유물로 취급되기도 한다. 이런 견해들은 모두 어떤 면에서 정당성이 있다. 각각의 견해는 각자 세계의 다른 지역에 널리 퍼져 있다.

미국과 영국의 직접적인 영향력 범위에 포함되지 않는 곳의 사람들은 전 세계 사람들이 효율적으로 의사소통하기 위해서는 하나의 통일된 국제 언어가 필요하다고 주장한다. 소수 언어를 모어로 사용하는 사람들은 또 다른 언어(영어)로 다른 언어권과 교류할 기회를 열 수 있다. 이런 이유로 세계 여러 국가에서 영어를 두 번째 언어로 배우는 것이 무엇보다 중요해졌다.

그러나 이런 의견에 문제가 없는 것은 아니다. 언어는 특정한 인류 문화의 표현이자 구체화이다. 이런 의미에서 어떤 언어도 중립적이지 않다. 사람들이 그렇다고 믿고 싶어 하더라도 말이다. 영어는 특정한 역사와 문학, 구조화된 세계 등과 밀접하게 연관된 유럽 언어 중 하나이다. 또한 영어는 특정한 국가들과 연관되어 있고 그중 하나는 극도로 영향력 있는 국가이다. 따라서 영어 학습자는 영어 문화에 동화되거나 그로부터 엄청난 영향을 받게 된다. 많은 사람들이 영어권 국가들과 교류하는 것을 선호하며 그 문화권의 영향을 지속적으로 받고 있다. 만일 특정 언어를 사용하는 대다수의 사람들이 이런 상황에서 영어의 전면적인 영향을 받게 된다면, 그들은 영어에 압도당할 것이다.

영어의 이런 현상은 지난 수십 년간 여러 국가에서 발생했다. 영어가 한 언어에 미치는 직접적인 영향의 징후는 다음과 같다. 첫째 영어에서 아주 많은 단어가 차용된다. 처음에는 영어에서 차용된 단어들이 해당 언어의 음성 체계에 적응한다. 다음에는 적응되지 않은 영어 단어가 많은 사람들의 대화에 끼어든다. 세 번째로 영어의 구나 심지어 문장 전체가 해당 언어의 일상적인 회화에 널리 사용된다.

그렇지만 더 중요한 사실은 어떤 환경에서는 영어가 의사소통 언어로서 역할을 수행한다는 점이다. 즉, 시카고는 물론 암스테르담, 로마 등에 위치한 다국적기업에서는 말하고 기록하는 데 영어를 사용한다. 세계 여러 곳의 대학이나 대학원에서도 심화 세미나나 수업에 정규적으로 영어를 활용한 강의가 이루어진다. 또한 세계 각국의 연구자들이 참석하는 경우에는 영어가 거의 그들의 유일한 공통 언어이다. 이러한 상황은 영어와의 경쟁에 직면한 많은 언어들의 장기적인 전망에 대해 의문을 불러일으킨다. 다수 언어라 해도 예외는 아니다.

일부 국가들은 노골적으로 영어의 영향력에 대항하기도 한다. 가장 악명 높은 예는 프랑스로, 프랑스인들은 영어가 과거 프랑스어가 누렸던 국제적인 위치를 빼앗았다는 것을 인정하려고 하지 않는다. 현재 프랑스어는 국가 안에서 가능한 모든 수단이 동원된 보호를 받고 있다. 민족국가의 이런 정책은 권력에 대한 야망이 있는 국가에서 자연스러운 일이다. 그러나 스칸디나비아 국가처럼 규모가 작고 국력이 강하지 않은 국가에서는 영어를 위협으로 간주한다. 영어가 새로운 기능을 획득하면 민족 언어는 상실의 고통을 받게 될 것이다.

인도와 나이지리아 등 영국 제국에 포함되었던 여러 국가들은 아주 특별한 상황이라고 볼 수 있다. 제2차 세계대전 이후 이 국가들이 독립했을 당시 행정과 교육체계는 모두 영어로 기능하고 있었다. 대부분의 국가에서 이 상황은 지금도 유지되고 있다. 영어는 고등교육 강의에서 중요 언어일 뿐만 아니라 일부 국가들은 초등교육 과정에서도 영어를 그대로 사용하고 있다. 이 지역에서 변화를 일으키는 것이 현실적으로 가능하지 않았던 이유를 몇 가지로 정리해볼 수 있다. 첫째, 교육체계와 공공 행정은 보통 상당히 타성적이고 쉽게 바뀌지 않는 특성이 있다. 둘째, 앞에서 언급한 공공 행정 및 교육에서 영어를 대신할 대안을 곧장 내놓기 쉽지 않았다. 셋째, 과거 식민지였던 지역은 대부분 다중 언어를 사용하는 지역이기 때문에 언어에 관한 다툼을 피하는 유일하고도 공평한 방법이 영어를 사용하는 것이었다.

이러한 이유로 영어가 이 지역 대부분에서 강력하게 남을 수 있게 된 것이다. 광활한 인도를 포함해 여러 곳에서 이 지역이 독립하기 전보다 영어의 기반이 더 튼튼해졌다. 또한 일반적인 교육의 수준이 향상되었고 언어권을 넘나드는 국내외 교류가 점차 활발해짐에 따라 더 많은 사람들이 영어를 배우고 사용하게 되었다.

이와 동시에 이 지역에서 영어는 과거 식민지 권력과 관련된 언어이기 때문에 이런 역사적인 사실이 약점으로 작용할 수도 있다. 그러나 학교에서 영어는 강력하게 유지되었고 실제로 그 지역의 어떤 언어보다 더 강력한 경우도 종종 있었다. 이는 특히 고등 교육을 받는 경우에 더 흔히 발견된다.

이 국가들과 영국의 유대 관계는 나라마다 다르지만, 모두 아주 가깝거나 원만한 것은 아니다. 그럼에도 영어로 시행되는 교육을 위한 특별한 소통 채널들이 있다. 우선 영국문화원에서는 해당 국가에 영어 모어 화자 교사를 파견하고, 영어 교과서뿐만 아니라 다른 교육 관련 자료들도 제공한다. 표준화된 IELTS 시험을 다른 국가와 공동으로 협력해 실시한다. 그러나 이러한 영국의 노력은 과거 식민지였던 지역에서 영어의 입지를 강화시키는 데 중요하지 않다. 앞에서 보았듯이 더욱 영향력이 큰 다른 힘이 영어의 입지에 작용하고 있다.

미국이 바로 그 다른 힘이다. 미국은 영화, 텔레비전, 음악 등을 통해 문화적 영향력을 행사할 뿐만 아니라, 세계의 경제와 정치 분야에서 주요 행위자로 군림하고 있다. 미국의 기업들은 모든 국가에서 영어가 사용되기를 원한다. 즉, 미국의 힘이 영어의 전파에 중요하게 작용한다. 한편 이런 엄청난 영향력은 다른 국가들에 위협으로 보일 수도 있다.

사실 미국과 지리적으로 가장 가까운 국가들이 거리낌 없이 영어를 받아들이는 것은 아니다. 라틴아메리카에서 영어가 특별하게 강한 것은 아니며, 도리어 기반을 잃고 있는 것으로 보인다. 예를 들어 멕시코에서는 학교교육 과정에 영어가 어느 정도 포함되어 있기는 하지만 유럽 국가들보다 적은 편이며 캐나다 나이지리아보다도 훨씬 적다. 미국으로부터 가해지는 강력한 정치적 압력이 영어에 대한 관심을 증가시키기보다 반대로 영어를 꺼리게 만드는 것 같다.

영어가 영국 및 미국과 밀접하게 연관된 언어로 보였다면 결코 국제적인 위치로까지 성장하지는 못했을 것이다. 이러한 연관성을 공개적으로 지적하는 국가들에서 영어는 상당한 저항에 부딪쳤다. 현대 영어의 세력 확장에 가장 기여한 이미지는 국제 의사소통 수단으로서 국가를 초월한 언어라는 것이었다. 이런 이미지가 전 세계적으로 널리 퍼져 영어가 더욱 성공할 수 있었다.

문제는 이런 상황이 얼마 동안 지속될 수 있느냐 하는 점이다. 물론 아무도 모르겠지만, 한번 추정해보는 것도 흥미로울 것이다. 중국이 오늘날과 같이 눈부시게 발전하게 된 상황이 단서가 될 수도 있을 것 같다. 다음 장에서 이 주제에 대해 살펴보자.

16

Chinese and English in China

중국어와 중국에서의 영어

01. 동양과 서양

고대부터 유럽과 중국 간의 교류는 계속되어왔지만 대부분은 중계 상인들을 통해서만 교류가 이루어졌다. 중국은 비단을 비롯한 여러 상품들을 종종 '비단길'이라고 불리던 중앙아시아의 대상(caravan) 무역로를 통해 유럽으로 수출했다. 그러나 그것은 주로 생산품들만의 이동이었지 사람들의 여행이 동반된 것은 아니었다. 유럽인들이 중국을 직접 방문하거나, 중국인들이 고향을 떠나 멀리 유럽까지 여행하는 경우는 극히 드물었다. 이러한 상황 때문에 유럽의 언어들과 중국의 언어가 상호작용할 기회는 거의 없었다.

16세기까지 유럽과 중국은 서로에 대해 완전히 무지한 상태를 이어갔다. 1492년, 콜럼버스가 중국 해안에 다다를 희망을 가지고 서쪽으로 항해에 나섰을 때, 그는 '위대한 칸'에게 보내는 스페인 왕의 추천서를 지니

342 · 6부 근대, 현대, 미래

고 있었다. 만일 콜럼버스가 중국에 도착했다면 그의 편지는 중국인들에게 웃음거리가 되었을 것이다. 왜냐하면 마지막 몽골족 칸이 몰락한 것이 그때로부터 124년 전의 일이었기 때문이다.

아메리카 대륙이 콜럼버스의 항로를 막아섰지만, 오래지 않아 다른 유럽 항해자들이 반대 방향으로 아프리카를 돌아 중국의 해안 도시들에 도착할 수 있었다. 사실 이미 15세기에 중국의 항해자들은 대양을 가로질러 멀리 아프리카 동부 해안까지 여행했지만, 그러한 중국의 대양 원정들은 중도에 포기되었고, 이후 수세기 동안 장거리 해상 교역을 장악한 것은 유럽인들이었다. 유럽과 중국 사이의 직접 교역은 16세기 중반에 시작되었다. 그 선구자는 포르투갈인들이었다. 그들은 중국 영토 마카오에 자신들의 위요지(enclave)를 건설했고, 100년 이상 독점적인 무역 거래를 향유했다. 18세기에 이르러 영국과 네덜란드의 해운 회사들과 몇몇 다른 국가들이 이 수익성 좋은 사업에 동참하려 했고 교역량은 빠르게 증가했다.

유럽의 상인들은 인도와 ─ 아시아의 다른 나라들도 오가며 ─ 중국에서 비단, 도자기, 차(茶) 등을 사들였고 그 대가로 아메리카 대륙에서 획득한 은을 현금으로 지불했다. 그러나 중국인들은 상품을 수출하고 자본을 축적하면서도 꼭 필요한 경우를 제외하곤 외국인들과 교류하려 하지 않았다. 유럽인들은 광저우와 마카오에만 선박을 정박시킬 수 있었으며, 오직 제한된 숫자의 중국 관원들 및 무역상들과만 교섭할 수 있었다. 이 때문에 유럽인들은 중국어를 배울 수 없었고 마찬가지로 중국에도 유럽 언어에 능숙한 사람이 극히 소수에 불과했다.

이 상황은 19세기 나폴레옹 전쟁 이후 변하기 시작했다. 영국 상인들이 대중국 교역에서 알짜배기를 차지했고 바로 그 때문에 분쟁이 발생했다. 가장 큰 이유는 마약 거래였다. 영국 선박들이 인도에서 중국으로 아편을 실어 나르며 막대한 이익을 챙기자 중국 당국이 이러한 불법 교역을 엄하게 단속하기 시작했다. 이로 인해 아편전쟁이라고 이름 붙여진 전쟁이 발발했다. 포함을 비롯한 현대적인 장비로 무장한 영국 해군은 손쉬운 승리를 거뒀고, 중국은 수치스러운 패배의 결과로 1842년 불평등 평화조약을 맺어야만 했다.

그 이전까지 대체로 중국인들은 유럽인들을 낮춰보며 그들의 활동에 별 관심을 갖지 않았다. 그러나 이 시기부터 영국과 다른 유럽 국가들은 중국에 자유무역 협정을 강요하기 시작했다. 19세기 동안 중국에 대한 서구의 영향력이 지속적으로 강화되었고, 북쪽에선 러시아의 확장이 압박을 가해왔으며 동시에 심각한 내적 격변이 발생했다. 19세기말에 이르러 일본이 쇠약해진 중국을 공격했고, 그 결과로 중국은 타이완과 조선에 대한 지배력을 상실했다. 이내 중국은 유럽 열강의 전리품으로 분할되기 직전의 상황에 처했다. 그 바로 전 수십 년간 유럽 열강이 아프리카를 조각조각 나눠가진 것처럼 말이다.

그때까지 중국의 지배계급은 중국의 문화적·정치적 우월성을 믿으며 외부의 영향을 피하기 위해 노력해왔다. 그러나 특히 훨씬 더 작은 나라인 일본에게 패배한 이후에는 그러한 태도를 유지하는 것이 불가능해졌다. 중국인들은 일본이 그들보다 앞서가고 있음을 깨달았다. 그리고 일본이 1860년대에 서구의 혁신에 문호를 개방하고 광범한 대중에 대한 교육을 개선하는 데 많은 투자를 했기 때문이라는 사실도 깨달았다. 따라서 많은 중국의 지도자들은 이제 국가 전반의 근대화와 교육의 개혁을 부르짖게 되었다.

20세기 초는 중국의 역사에서 격렬한 변화의 시기였다. 1911년 마지막 황제가 폐위되고 중국은 공화국으로 바뀌었다. 새 정부는 수많은 개혁들을 도입했으나 안정된 것과는 거리가 멀었다. 1930년대에 일본이 또 다시 침략을 감행해왔고, 마오쩌둥이 이끄는 공산당이 1949년 중국 전역을 장악할 때까지 기나긴 내전이 이어졌다. 이러한 역경의 시대를 거쳐 공산당 집권 초기에 중국어에 중대한 언어적 개혁이 실행되기 시작했다.

02. 백화, 보통화 그리고 간체자

앞에서 언급했듯이 중국의 문자언어는 거의 2000년 동안 별다른 변화를 겪지 않았다. 중국어 글자는 너무 복잡해서 쉽게 배울 수가 없었다. 게다가 문서로 기록된 표준어는 고대의 어휘 및 관용구로 가득했고 현대의 발화 언어 형태와는 동떨어진 문법 규칙을 따르고 있었다. 또한 문헌에 사용된 문자언어를 발음하는 초지역적인 언어나 공통 방식도 존재하지 않았다. 따라서 사람들마다 동일한 문자를 자신이 사는 지역의 발음 형식에 따라 아주 다르게 발음했다. 결과적으로 방언 사이에 차이가 아주 커서 서로 의사소통이 별로 수월하게 이루어지지 않았다. 즉, 중국어에 나타난 문제점들을 세 가지로 정리해보면 지나치게 복잡한 글자, 시대에 뒤떨어진 오래된 단어들과 구성, 공통적 발화 언어의 부재를 들 수 있다.

이러한 세 가지 문제점에 대한 해결책은 많은 논쟁과 상당한 갈등을 겪은 후에야 만들어졌다. 일단 1919년 5·4운동을 주도한 영향력 있는 개혁가들은 고대적 문어체인 문언(文言, wenyan), 즉 고전 한문의 개혁을 목표로 삼고 '백화(白話, baihua)'를 바탕으로 실현 가능한 새로운 문자언어를 발전시키는 데 관심을 기울였다. 백화라는 기록 형태는 이미 오랜 역사를 가지고 있는 기록 방식이었지만 이전까지는 중국에서 별로 높은 평가를 받지 못했다. 하지만 그럼에도 15세기 이래 『수호전(水滸傳)』을 비롯해 많은 대중적 유명 소설들이 백화로 기록되어왔다. 그리고 마침내 그러한 백화로부터 고전 저술가들이 사용하던 고대의 어휘들이나 문체와 결별하고, 당대의 발화에 매우 가깝게 기록되는 오늘날의 중국어 문자언어로 발전할 길을 찾을 수 있었다. 현대 중국어의 문자언어는 고전 중국어에 비해 실용적이고 비교적 배우기 쉽다. 반면 고전 문헌을 읽기 위해선 또 다른 별도의 공부가 필요하다.

공통 발음도 도입되기 시작했다. 사실 오래전부터 전국에 걸쳐 관리들에게는 문서를 낭독하는 공식적인 공통 발음 방식이 사용되어왔다. 그러나 일반인에게는 거의 알려지지 않았다. 그 공통 발음 방식은 어느 한 지역의 발화 언어에도 바탕을 두지 않은 여러 다른 방식의 발화 언어를 절충한 형태였다. 상당히 많은 준비과정을 거쳐 결국 베이징 지역에서 사용되는 말과 거의 유사한 형태의 발음법을 전국적 표준으로 사용하는 데 합의할 수 있었다. 이러한 발화 언어 표준은 중국 본토와 타이완 양쪽에서 대체로 거의 동일하게 사용되고 있다. 중국 본토에서는 이를 공통 언어를 뜻하는 '보통화(普通話)'라고 부르며, 타이완에서는 '나라의 말'이라는 뜻으로 '국어(國語, Gouyo)'라고 한다.

그리고 마침내 문자 체계의 개혁도 이뤄졌다. 하지만 이는 발화 언어 개혁보다 덜 과감한 방식으로 진행되었다. 20세기 초의 많은 급진적 개혁가들은 알파벳, 즉 표음문자 체계를 선호했고 전통적인 한자 체계가 폐기되어야 한다는 의견을 가지고 있었다. 몇몇 체계가 실제로 제안되기도 했으나 예상보다 많은 문제점이 나타났고, 그에 비해 정작 이로운 점이 무엇인가에 대한 의구심도 아주 높았다. 결국 그들은 자신들의 견해를 수정했다. 공산당 집권 초기에 한때 알파벳 체계를 도입하는 시도가 있었지만, 결국 의견을 바꿨고 오늘날에는 그러한 생각이 더 이상 인기를 끌지 못하고 있다. 그 대신 선택된 것은 전통적 문자들 중 다수를 간략화하는 방식이었다. 이것으로 상대적으로 문자를 배우기 쉬워졌지만 원래의 기능적 특성은 그대로 남았다. 중국 본토에서는 이러한 간략화된 문자 체계가 일반화되었지만 타이완에서는 사용되지 않는다.

그림 16.1 '구름'을 뜻하는 한자의 원래 형태와 간략화된 형태

전통적인 한자 형태   간략화된 형태

이러한 세 가지 개혁의 결과로 중국어의 언어적 상황이 눈에 띄게 변했다. 이제는 보통화, 즉 공통의 발화 언어가 존재하며 모든 학교에서 교육되고 사용된다. 문자언어 역시 이러한 발화 언어의 어휘와 양식에 동떨어지지 않은 방식으로 바뀌었고, 좀 더 간략화된 문자들로 기록된다.

03. 고대로부터 최근 100년간 근대까지

중국의 언어적 개혁은 다른 대규모의 언어적 개혁과 마찬가지로, 정치적 야망과 밀접하게 관련되어 있다. 약 한 세기 전 그들의 제국이 몰락한 이래로 중국의 지도자들은 저개발 상태의 약하고 내적으로 분열된 나라를 현대적이고 강력하며 경제적으로 진보된 국가로 변화시키는 데 열중했다. 사실 20세기 초 권력을 장악했던 민족주의자들은 이후 그들을 제치고 권력을 장악한 공산주의자들과 기본적 관점에서부터 별로 공유하는 것이 없었다. 나아가 공산당 정권하에서 여러 차례의 급격한 정책 변경이 있었다. 그럼에도 모든 주요한 중국의 지도자들은 더 강하고 통합된 미래의 중국을 지향해왔다. 그들의 소망은 몰락한 제국을 돌려받는 것이 아니라, 그것을 근대적인 국민국가로 대체하는 것이었다.

언어에 대한 질문은 내내 그 중심축에 위치했다. 현대적인 민족국가에는 행정 업무와 교육, 그 외 여러 영역에서 쉽게 사용할 수 있는 다재다능한 공용어가 필요하다. 과거의 중국 제국은 공통 문자언어를 지니고 있었다. 하지만 전체 인구 중 극히 일부만이 그것을 능숙하게 쓸 수 있었을 뿐아니라, 그 언어는 구두로 의사소통하는 수단이 되지는 못했다. 이는 라틴어만을 문자언어로서 공용어로 사용하던 중세 초기의 프랑스 같은 국가들을 떠올리게 한다.

빠른 발전과 진보를 보장하기 위해서는 교육에 대한 대규모의 자원 투자가 필수적이다. 무엇보다 모든 사람이 초보적인 수준의 읽고 쓰기를 할수 있어야 한다. 중국어의 언어 개혁으로 교육될 문자언어는 물론, 교육의수단으로 사용될 발화 언어까지 만들었다. 수십 년간 지속적으로 학교제도가 확장되었다. 20세기 초에는 인구 중 극히 적은 숫자의 어린이들만 학교에 들어갔던 데 반해, 공산당이 권력을 장악하던 1949년에는 그 비율이25% 정도까지 증가한 것으로 추산된다. 하지만 공산당 정부가 수립된 이후 불과 10년 뒤에는, 학교에 다니는 아이들의 비율이 대략 90% 정도까지증가했다. 물론 이는 중국 정부의 공식 통계에 따른 것이지만 어쨌든 실제로도 교육은 빠르게 확장되었고, 지난 20~30년 사이에 중국의 거의 모든아동들에게 몇 년간의 학교교육이 보장된 것이다. 그럼에도 도시지역과시골 지역 사이에 무시할 수 없는 차이가 존재한다. 도시지역의 아동들은보통 9년간 혹은 그 이상 동안 학교교육을 받는 것에 비해, 지방의 아동들은 그보다 짧은 기간 학교교육을 받는다. 또 교원의 질도 도시에 비해 낮다. 그럼에도 전반적인 교육 수준의 향상은 지속적으로 이뤄져왔고, 이제는 일부 유럽 국가의 수준에 근접할 정도이다.

이와 같은 변화가 이뤄질 동안 고전적인 문자언어는 거의 완전히 자취를 감추었다. 고전적인 문자언어는 더 이상 공문서에도 신문이나 현대의 소설에도, 그리고 당연히 사업이나 기술 분야의 문서에도 사용되지 않는다. 생존한 가장 나이든 세대 중 고급 교육을 받고 문학이나 철학적 경향에 정통한 이들이라면, 지금도 고전 한문을 잘 사용할 수 있을지 모르지만 전체적으로 고전 한문은 다른 고대 언어들과 마찬가지로 일상 언어에서 전문가들의 연구 대상 영역으로 밀려났다.

이처럼 중국은 어떤 면에서 볼 때 유럽에서 500년이나 800년이 걸린 발전을 불과 한 세기 만에 이뤘다. 12세기경에는 유럽의 많은 국가에서 라틴어가 유일한 문자언어로 사용되었으며, 전반적인 교육 수준은 19세기 중국과 비슷하게 낮은 수준이었다. 유럽의 대부분의 국가들은 매우 느린 속도로 라틴어에서 벗어났다. 새로운 민족 언어에 기반을 둔 교육이 본격적으로 시작된 것은 그로부터 300~400년 후, 즉 수세기에 걸쳐 추진력을 얻은 후에야 이뤄졌다. 그러나 중국에서는 불과 수십 년 만에 고전 언어가 폐기되었고, 현대 언어가 거의 같은 속도로 그 자리를 대체했다.

물론 이는 지나치게 포괄적인 비유로, 면밀한 검토에는 들어맞지 않을 수 있다. 전반적으로 100년 전의 중국은 12세기 유럽의 어느 나라보다도 훨씬 발전된 상태의 국가였고 훨씬 큰 변화의 잠재력을 지니고 있었다. 또한 중세의 라틴어와 현대 유럽 언어 사이의 차이와 비교해볼 때, 19세기 중국의 고전 한자는 현대의 표준 한자와 훨씬 비슷했다. 그럼에도 중국에서의 언어적 변화가 놀랄 만큼 빠르게 진행되었다는 것을 부정할 수는 없다. 불과 한 세기 전까지 현대 표준 중국어는 존재하지 않았다. 하지만 오늘날 표준 중국어는 수억 명에 달하는 사람들을 학교에서 가르치는 교육 수단으로서 사용되고 있으며, 지구상 다른 어떤 언어보다도 많은 사람들이 사용하는 공용어가 되었다.

04. 학교교육에서의 언어와 일상생활에서의 언어

오늘날 중국의 성인들 대부분은 학교에서 베이징 지역의 방언과 거의 같은 '보통화'를 배웠다. 중국 인구의 약 반수에 해당하는 6억 5000만의 인구가 보통화와 상당히 유사한 상태로 발화한다. 그들은 북방 중국어 사용자들로, 북방 중국어는 중국 북부 지역과 내륙 지역의 대부분에서 사용된다. 하지만 상하이 및 인근지역에서 베트남과의 국경 지대까지 이르는 중국 남동 지역에서는 북방 중국어만 알고 있는 사람이라면 도저히 이해할 수 없는, 남부 방언인 남방 중국어를 사용한다. 이 방언에는 간어(贛语, Gan), 상어(湘语, Xiang), 하카어(客家, Hakka 또는 Kejia), 오어(吳语, Wu), 민어(闽语, Min), 엽어(叶语, Ye) 등 6개의 방언들이 있으며, 모두 상당한 차이를 보이고 있다. 이 여섯 개의 남방 방언과 북방 중국어는 모두 같은 표준 문자언어와 계속 연계되어왔음에도 불구하고, 다양한 로맨스어 언어 간의 차이만큼이나 큰 차이를 보인다.

물론 오늘날에는 중국 전역의 모든 방언 혹은 언어 사용자들은 모두 학교에서 보통화로 말하고 듣는 방법을 배워야 한다. 또한 보통화로 읽고 발음하도록 되어 있는 문자언어도 배워야 한다. 즉, 그들은 가정에서 사용하는 것과는 다른 언어를 학교에서 배우는 것이며, 이를테면 영국의 학생들이 학교에서 네덜란드어로 말하고 읽고 쓰는 법을 배워야 하는 경우와 비슷하다.

하지만 그럼에도 둘 사이에는 매우 중요한 한 가지 차이점이 있다. 영어에는 매우 잘 정립된 고유의 문자언어 체계가 있지만, 간어나 하카어 등의 중국 남방 방언들은 그렇지 않다는 것이다. 중국의 모든 방언·언어들은 발화 형태가 갈라지기 오래전부터 이미 자리 잡은 공통의 문자언어를 지니고 있었다. 20세기의 언어 개혁이 있기까지, 중국어의 문자언어는 모든 곳에서 지역적 언어로 낭독되었다. 따라서 같은 문서라도 매우 다른 방식으로 읽혔을 것이다. 그러나 중국의 대다수 사람들에게 다른 지역의 사람들이 그것을 어떻게 발음하는지는 관심사가 되지 못했다.

오늘날 학교에서 사용하는 언어와 지역 언어의 차이는 매우 뚜렷하다. 학교에서는 누구나 문자언어에 가깝게 '보통화'로 말해야 하지만, 집에서는 예를 들어 '간어'를 사용할 수도 있다. 그러나 이러한 언어를 사용하는 사람들은 학교교육과 문자언어로부터 아무런 지원을 받지 못한다. 학교의 언어는 지위를 인정받고 문자언어를 지니지만, 지역 언어는 그렇지 못한 것이다.

이는 앞 장에서 다뤘던 언어의 소멸이 거대한 규모로 일어나고 있음을 의미한다. 중국어의 개혁에 의해 다수의 인구가 직접적 경쟁 관계인 두 발화 언어를 다루어야만 한다. 보통화는 학교에서 사용될 뿐만 아니라 라디오, TV, 영화 등에서도 광범하게 구술 매체로 사용된다. 사람들이 상호 이해할 수 없는 토착 언어들로 의사소통을 해야만 할 경우 보통화를 사용하는 것은 자연스러운 선택이다. 이는 최근 20~30년간 중국 내에서, 주로 시골 지역에서 산업 지대와 도시로 전례 없는 대규모 이주의 흐름과 함께 빈번하게 발생하고 있다.

이런 이유 때문에 보통화가 새로운 공식 발화 언어로서 그 외의 다른 모든 발화 언어 형태를 잠식하는 경향이 있다. 물론 이것이 다른 많은 방언 및 언어들이 사라지고 있다는 것을 의미하지는 않는다. 여전히 매우 많은 사람들이 그 언어들을 사용하고 있고, 조상 대대로 써오던 언어를 하루아침에 포기할 리 없기 때문이다. 그럼에도 사회언어학적으로 말해, 그 언어 형태들이 상당한 영역을 잃고 있는 것은 분명하다. 즉, 그러한 지역 방언들이 학교에서나 공식 행사 같은 어떤 상황들에서는 사용하기에 부적절한 언어로 여겨지는 것이다. 어떤 방언 또는 언어의 사용자들이 그것을 대체할 수 있는 언어를 알고 있고, 상당한 사회언어학적 영역을 잃었다면, 그 방언 혹은 언어가 결국 완전한 소멸로 이어질 수 있는 길로 몇 발자국 더 나아간 것이 분명하다. 하지만 중국의 경우 그런 언어 소멸이 실제로 발생하기까지 상당한 시간이 걸릴 것으로 보인다.

문제는 중국 지도자들 중 그 누구도 언어가 사라지는 방향으로 전개되는 발전을 개탄스럽게 여기지 않는다는 사실이다. 앞서 언급했듯이 대부분의 정부는 자국 내에서 여러 언어가 함께 사용되는 다중 언어적 상황을 선호하지 않는다. 나라 안의 모든 주민들이 같은 문자언어를 사용하고 같은 발화 언어를 사용하는 방향으로 교육체계가 작용한다면, 그 실질적 이익은 실로 막대하다. 그와 더불어 국민적 일체감을 더욱 쉽게 동원하도록 만들어준다.

중국에는 공식적으로 55개의 소수민족이 존재하며, 이들은 중국 인구의 약 8%를 차지한다. 하지만 이것이 언어적 상황을 그대로 반영해준다고 해석해서는 안 된다. 일부 소수민족 집단들은 현재 그들의 원래 언어를 포기하고 주로 또는 전적으로 중국어만을 사용한다. 이것이 스스로를 만주족이라 여기는 1000만 명의 사람들과 다른 여러 소수민족들의 상황이다. 그럼에도 최근의 집계에 따르면 중국에는 중국어 외에도 70여 개의 언어가 존재한다. 그 대부분은 극히 소수만 사용하지만 티베트어, 몽골어, 터키어 계통인 위구르어와 같은 일부 소수민족 언어는 많은 인구가 사용하는 잘 알려진 언어이다.

오늘날 중국의 소수민족 언어 정책은 프랑스나 영국 같은 나라의 정책과 본질적으로 다르지 않다. 공식적으로 소수민족들은 그들 자신의 문자언어 개발에 도움을 받는 등, 그들의 문화적 정체성을 고양하는 데 국가로부터 지원을 받을 수 있다. 하지만 국가는 그와 동시에 모든 사람이 국어를 알아야 한다는 입장을 단호하게 견지한다. 이런 상황에서 부모가 소수

민족 언어 사용자인 가정의 아이들은 결국 다수 민족 언어를 자신의 첫 번째 언어로 택하게 될 가능성이 높다. 이런 측면에서 중국은 근대 국가들의 일반적인 방식으로 기능하고 있다. 결국 공식적·전국적·국민적인 언어가 대부분의 상황에서 승리를 거둔다.

05. 영어와 중국

오랫동안 옛 중국 제국은 다른 국가의 언어를 습득해야 할 필요성을 별로 느끼지 못했다. 반대로 다른 나라들은 중국과 교류하기 위해 '우월한 언어'인 중국어를 배워야 한다고 여겼다. 오늘날의 의미에서 본다면 타국과의 어떤 외교적 관계도 존재하지 않았다. 중국과 공식적으로 거래하려는 국가는 황제에게 공손하게 요청해야만 했다.

19세기를 거치며 중국의 힘이 쇠약해지자 더 이상 이러한 태도가 용인되지 않았다. 중국은 외교부를 설치하고 번역가와 통역관을 훈련시킬 필요가 있음을 깨달았다. 하지만 20세기 초까지도 중국에는 유럽 국가들 중 어느 한 나라의 언어라도 알고 있는 사람이 극소수에 불과했다.

근대화에는 언어를 통한 지식의 이전이 필요했는데, 대부분 영어가 그 중개 언어 역할을 했다. 20세기 초에는 대영제국이 세계를 주도했고 그 이후에는 미국이 주도했다. 공산주의 시대 초기에는 러시아어가 광범한 영향을 끼치기도 했지만 뚜렷한 족적을 남길 만큼 오래 지속되지는 못했다. 영어는 확장되는 교육체계에서 중요한 과목이 되었다. 그러나 때로 다른 외국어도 교육했다. 초기 몇 년 동안에는 양과 질 양쪽 모두 아쉬운 점이 많았지만, 20~30년이 지나자 눈에 띄게 진전을 보였다.

오늘날 원칙적으로 모든 중국 어린이들은 어느 정도 영어교육을 받아야 한다. 대략 1/3의 어린이들이 중등교육을, 즉 12년간 학교교육을 받으며 그중 몇 년 동안 영어를 공부한다. 또한 드물게 러시아어나 스페인어와 같은 다른 외국어를 배우기도 한다. 영어를 얼마나 성공적으로 배웠는가가 종종 그들의 경력에 결정적인 요소가 되기도 한다.

오늘날 중국에는 다른 나라와 마찬가지로 다양한 수준과 평판을 지닌 많은 대학과 기타 고등교육기관들이 존재하며, '고사(高考, Gaokao)'라고 불리는, 3차 교육기관 전체에 적용되는 전국 규모의 유일한 일반 입학시험이 시행된다. 매년 약 1000만 명의 젊은이들이 이 시험을 치르며, 그 성적에 의해 고등교육기관에 입학할 수 있는지, 또한 어떤 선택이 가능한지 결정된다. 즉, 그 시험이 이후 인생에서 얻을 수 있는 사회적 지위를 결정하는 셈이며, 그런 의미에서 과거 제국 시대의 '과거 제도'와 비슷하다고 할 수 있다.

그러나 시험 내용을 보면 예전에 시행되던 과거 시험과는 아주 다르다. '고사'에는 세 개의 필수과목이 있다. 중국어와 수학, 그리고 외국어 한 과목인데 거의 언제나 영어이다. 그 외에도 각자가 교육받은 바와 선택에 따라 결정되는 다른 과목들도 있지만, 영어 시험의 결과는 매우 큰 비중을 차지한다. 고등교육을 받을 자격을 얻기 위해선 영어를 능숙하게 사용할 수 있어야 한다.

이처럼 중국 정부는 학생들과 학교가 많은 시간과 자원을 영어 교육에 투자하도록 하고 있다. 모두가 어느 정도 지식을 습득해야 하며 많은 교육을 받은 엘리트라면 영어에 상당히 능숙해야 한다. 이런 추세라면 조만간 중국에서 일정 수준 이상의 영어교육을 받은 사람들의 숫자가 전 세계의 영어를 모어로 사용하는 사람의 숫자를 앞지르게 될 것이다.

물론 이것이 어떤 식으로든 영어가 중국어를 상당한 규모로 대체하게 되는 것을 의미하지는 않는다. 영어를 구사하는 능력은 다양한 수준에서 중국과 바깥 세계를 연결하기 위해 필요한 것이지, 명백하게 중국 내에서의 의사소통을 위한 언어로서 요구되는 것은 아니다. 인도와 다른 몇몇 국가에서처럼 영어를 그들의 첫 번째 언어로 쓰는 집단이 있다는 어떤 보고나 조짐도 존재하지 않는다. 그러나 당연히 영어에 대한 지식을 더 많이 배울수록 중국인들은 더 쉽게 더 자주 다른 나라사람들과 접촉할 것이며, 중국은 지구촌 사회의 일원으로 더욱 통합될 것이 분명하다.

06. 단어, 문자, 사고

중국에서 언어 개혁의 주된 추동력이 된 것은 외부의 지식을 배움으로써 서구의 과학과 기술, 경제체제 등의 이점을 취해 나라를 근대화시키려는 바람이었다. 이런 과정에서 필수적인 것 중 하나는 새로운 개념을 전달할 새로운 단어들이다. 유럽 국가들에서 그러한 지식의 전파 과정은 수세기에 걸쳐 진행되었기 때문에 별다른 언어적인 문제를 일으키지 않았다. 과거 대부분의 기간에 유럽 국가들은 주로 라틴어와 그리스어에서 통째로 차용된 단어들을 약간의 음운론적 조정만을 해서 사용해왔다.

그럼에도 음성체계가 매우 다른 언어들에서 다수의 단어들을 급격하게 자국어로 차용해오는 것은 상당한 문제를 일으킬 수 있다. 세계 여러 곳에서 그런 사례들이 있었고 중국어도 예외는 아니었다. 특히 중국어는 알파벳 체계와는 다른 사고방식에서 만들어졌으며 문자가 발화 언어의 음가가 아니라 의미를 표시하는 표의문자 체계를 사용하고 있었기 때문에, 다른 언어의 단어를 차용하는 것은 훨씬 더 복잡한 문제가 되었다. 이런 이유로 중국은 단어 자체를 직접 차용하는 것을 피하고, 그 대신 차용 번역하는 방식을 선호한다. 차용 번역어를 만드는 것은 외국어로 표현된 개념을 자국어 단어 혹은 단어 조합을 통해 표현하는 방법이다. 간혹 그 과정에서 새로운 의미가 첨가되기도 한다. '대통령(President)'을 뜻하는 중국어 단어 '총통(总统, zong tong)'을 이러한 차용 번역의 초기 사례로 들 수 있다. 중국어의 총통은 대략 '총괄적인(general)'이라는 의미의 단어와 '통치한다(govern)'라는 의미의 단어 조합이다. 글로 쓸 때는 이 두 단어 각각을 의미하는 두 글자의 조합으로 구성된다.

지난 세기 동안 중국어에는 이러한 단어의 차용이 과다할 정도로 많았다. 이 때문에 오늘날의 중국어는 서구로부터 기원한 개념들과 항목들을 완전하게 표현할 수 있는 어휘를 가지고 있다. 잘 알려져 있다시피, 오늘날 중국에서는 경제적·기술적 진보가 매우 빠르게 일어나고 있다. 따라서 기술과 학문 등의 혁신이 수입되기만 하는 것이 아니라 이제 그들의 나라 안에서도 만들어낼 수 있게 되었다. 다소 제한된 범위지만 중국어는 이미 산업 제품에 관련된 단어를 중심으로 그들의 단어를 수출하기 시작했고, 이는 앞으로 더욱 빈번하게 발생할 것이다. 중국은 국제적인 단어 사전에 확실히 기여할 소수의 국가들 중 하나가 될 준비를 마친 상태이다.

그럼에도 모든 단어가 다른 언어로 문제없이 순조롭게 이전될 수 있는 것은 아니다. 기술용어나 과학용어들은 대체로 그 의미가 명료하다. 서로 다른 언어들에서도 '황산구리'에 해당하는 용어는 모두 정확하게 같은 대상을 나타낸다. 그러나 '대통령'과 같은 단어는 여러 의미를 내포할 수 있다. 이탈리아어에서 'presidente'는 연로한 명목상의 최고권자를 의미하지만, 프랑스어에서 'président'는 국가통수권을 지닌 대통령을 뜻한다. 정치적 배경이나 역사적 전통이 서구와 크게 다른 중국과 같은 나라에서, 차용어는 원래 그 단어가 만들어진 언어에서는 나타내지 않았던 어떤 의미를 암시할 수도 있다. 이러한 일은, 중국어의 차용어가 대부분 그렇듯이, 그 용어가 원래 언어의 형태 그대로 차용된 것이 아니라 자국어의 고유한 방식을 통해 만들어진 것일 때 더 자주 발생한다.

이것은 그저 한 언어에서 다른 언어로 정확하게 번역하는 것이 항상 가

능하지는 않다는, 다소 심각하고 일반적인 문제를 보여주기 위한 사례가
아니다. 언어들 사이에 언어적·문화적 거리가 클수록 더 복잡한 문제가 떠
오른다. 중국어와 영어의 경우 이 '거리'는 거의 양쪽 끝에 위치하고 있다
고 보아도 무방할 것이다. 중국어와 영어는 방대한 어휘를 지닌 언어로,
불과 한 세기 전까지만 해도 서로 극히 미미한 접촉만 하던 상태로 수천
년 동안 발전해왔다. 적지 않은 문제가 발생할 것이라고 예상하는 것이 당
연하다.

하지만 전반적으로 그러한 문제들이 구체화되지는 않았다. 중국어는
필요할 경우 영어 어휘의 일부를 부분적으로 수정해서 자신의 어휘에 큰
문제없이 포함시켜왔다. 오늘날에는 서구에서 유래한 개념이나 관념을
중국어로 큰 어려움 없이 완벽하게 표현할 수 있는 단계에 이른 상태이다.
반면 영어를 비롯한 유럽 언어는, 유교 철학의 기본 용어와 같은 중국 문
화의 주요 개념들 중 극히 소수만 흡수했다. 그 결과 중국어는 유럽 언어
가 이뤘던 것보다도 훨씬 풍요로운 언어가 되었다.

07. 미래

먼 미래에 중국에 어떤 일이 일어날지는 누구도 예측할 수 없지만, 적어
도 현재의 경향이 명백하기 때문에 전혀 뜻밖의 상황을 제외하고는 가까
운 장래에 대해 전망하기는 비교적 쉽다.

지난 세기 동안 중국 정부는 몇몇 측면에서 이미 오랫동안 서구 국가들
이 유지해온 것과 유사한 민족 언어, 즉 중앙 권력과 밀접하게 연관되며
문자언어와 발화 언어 형태 모두 지속적으로 교육에 사용되는 표준 언어
를 창조해냈다. 그 효과는 유럽에서 오래전에 일어났던 것과 비슷하게 나
타났다.

첫째, 표준어 외의 다른 언어들과 언어 형태들(주로 지역적인 방언을 가리킴―옮긴이)은 과거보다 지위가 하락했으며, 결과적으로 사용이 줄어들게 되었다. 중국어 발화 언어의 방언들 가운데 북방 중국어는 표준형이 '보통화'로 지정되었기 때문에 한 세기 전보다 훨씬 더 중요한 위치를 차지한 반면, 다른 발화 형태들은 설자리를 잃었다. 이러한 경향은 국가가 현재의 교육정책을 지속하는 한 계속될 것이다. 장기적으로 대다수의 중국 남부 주민들, 적어도 도시 거주자들은 결국 지역 방언을 버리고 보통화로 전향할 것이다.

일부의 소수민족 언어들은 이미 존립을 위협받고 있고, 그 대부분은 완전히 사라질 가능성이 높다. 유럽의 소수 언어들처럼, 그리고 북아메리카와 오스트레일리아 및 다른 곳에서 있었던 일들처럼 말이다. 티베트어나 몽골어처럼 정치적 고려나 결정에 의해 운명이 좌우될, 몇몇 큰 규모의 사용자를 지닌 소수민족 언어들의 장래는 예측하기가 쉽지 않다. 하지만 전반적으로 중국은 빠른 속도로 하나의 문자언어와 발화 언어가 지배적인 국가가 되고 있다.

또한 오늘날 많은 중국인들이 어느 정도 영어를 알고 있고, 영어 사용권으로부터 큰 영향을 받고 있으며 그 영향은 계속 증가하고 있다. 그럼에도 중국에서 영어의 위치는 과거 영국의 식민지였던 아시아와 아프리카의 여러 나라들과는 완전히 다르다. 중국에서는 행정기관이나 정치 또는 군사 분야 언어로 영어가 채택된 적이 없으며, 영어권에서 온 통치자가 그가 정복한 피지배자들에게 영어를 사용한 적도 없다. 또한 중국 내의 영어 모어 사용자의 숫자는 중국 전체 인구에 비해 극히 미미한 숫자에 불과하며, 따라서 영어가 중국 내의 영어 사용자들과의 의사소통 언어로 채택된 적도 없다. 중국에서 영어는 현대화와 지구화, 즉 외부 세계와의 의사소통을 위한 수단인 것이다.

이런 이유로 인도와 같은 나라에서처럼 일부 중국 사람들이 영어를 그들의 주 언어로 도입하는 일은 일어나지 않을 것이다. 그래야 할 이유가 없다. 중국어는 중국에서 아주 잘 활용되고 있다.

그 반대의 경우라면 어떨까? 중국어는 이미 국경 밖으로 확장되고 있다. 앞에서 언급했듯이 중국어는 역사적으로 주변의 언어들에 중대한 영향을 끼쳐왔다. 중국이 약화되고 쇠퇴했던 시기 동안에는 이러한 영향이 감소되었다. 오늘날 중국은 다시 아시아의 주도 국가가 되었고 세계 정치에서 매우 중요한 역할을 맡고 있다. 중국의 기업들은 성장해 해외로 확장하고 있으며, 중국의 대학들은 세계 각지의 연구 기관들과 협력하고 있다. 동아시아와 남아시아의 사람들에게는 중국인들과 소통해야 할 필요성이 그 어느 때보다 증대했다고 할 수 있다. 중국어는 아시아에서 주요한 국제 언어가 된 것이다.

중국어가 영어와 경합하는 새로운 지구촌 언어가 될 수 있을까? 현재로서는 그렇게 믿을 이유가 많지 않다. 영어 사용권 국가에서도 중국어에 대한 관심이 기하급수적으로 증가한 것이 사실이며, 중국의 지도자들 역시 중국어의 위상을 강화하고 있다. 또한 그만큼 중국어와 중국에 대한 정보를 전파하는 데 상당한 관심을 가지고 있다. 최근 몇 년 동안 수백 개의 공자학원(Confucius Institute)들이 세계 도처에 건립되었으며 세계 여러 지역에 중국어 사용 인구들이 퍼져 있다. 그럼에도 대규모 이주의 흐름이나 비중 있는 국제 정치적 권력 이동이 없다면, 중국에서 멀리 떨어진 나라의 사람들이 대규모로 중국어를 사용하기 시작할 이유를 찾기 어렵다. 그런 발전이 가능할 수도 있지만, 위에 언급한 것과 같은 일이 발생하지 않는 한 중국어는 세계 인구의 많은 수가 거주하는 동아시아를 중심으로 사용되는 언어로 남을 것이다.

이 장에서는 한두 세대 사이의 상당히 짧은 기간에 발생한 일들에 대해 다루고 있음을 다시 한 번 강조하고 싶다. 현재 진행되는 이러한 경향 중 적어도 일부가 앞으로도 지속될 것이라고 믿을 만한 타당한 근거가 있다.

이 책의 마지막 장은 앞서 다룬 내용들에 비해 좀 더 추측에 근거한, 알 수도 있는, 또는 적어도 예상되는 더 먼 미래에 대한 것이다.

What next?

다음 시대의 모습

일반적으로 먼 미래의 예측들은 너무 심각하게 받아들이지 말아야 한다. 사실 바로 다음 주에 무슨 일이 일어날지도 알 수 없기 때문이다. 그래도 이 장에서는 앞으로 세계의 언어가 어떻게 흐를 것인지를 예상해보려고 한다. 다만 언어의 변화는 비교적 느리게 진행되기에 상당한 변화를 확인하려면 아주 긴 시간을 설정하고 관찰해야 한다.

물론 미래에 무슨 일이 있을지 정확히 예측할 수 있다고 믿는 것은 아니다. 하지만 문제를 제기하는 것에는 이유가 있다. 이 책은 사회와 언어의 관련, 특히 사회의 어떤 특성들이 특정한 언어적 발달에 유리한지를 보여주었다. 만약 사회가 특정 방향으로 발달한다면, 언어에 어떤 변화가 일어날지를 예언하는 것이 가능하다고 할 수 있다. 이 장에서 추구하는 목표도 바로 여기에 있다. 여기 실린 것은 만약 역사가 이러이러한 길로 흐른다면, 언어가 이러저러하게 영향을 받을 것이라는 식의 조건적인 예측이다. 이는 독자에게 생각할 양식을 제공하고 동시에 앞에서 보았던 내용들을 다른 문맥에서 재정리해보는 기회를 준다.

첫 번째 예측은 쉽지만 희망적이지는 않다. 만약 인류가 지구상에서 영원히 사라진다면 인간들이 사용하는 언어들도 동시에 사라질 것이다. 이것에 대해서는 더 말할 것이 없다. 다음에 다룰 내용은 인류가 존속한다는 전제하에 전개될 수 있는 미래의 특정한 세 지점에 관한 것이다.

01. 200년 후의 미래

200년 전에 살았던 사람이 현시대의 언어 현상을 올바르게 예측할 확률은 극히 적을 것이다. 지금의 정치적 현황만 해도 과거 사람들이 판단하기란 거의 불가능할 것이다. 한때 식민지로서 영국의 지배를 받았던 북아메리카의 미국이 독립을 선언하고 150년 정도의 기간 내에 세계 초강대국으로 변모하리라고 아무도 논리적으로 예측할 수 없었을 것이다. 또한 전례가 없는 일이었기 때문에, 지금의 인구가 200년 전과 비교할 때 약 7~8배까지 증가할 것이라고 믿을 만한 어떠한 근거도 없었다. 더 놀라운 일은 이처럼 인구수가 어마어마한 규모로 늘어났는데도 불구하고 평균수명이 가파르게 증가할 것이라고 아무도 추측하지 못했을 것이다.

이런 상황은 오늘날 더 어려워졌다. 필자는 이런 이유로 우선 언어적 변화에 대한 예측을 위해, 전 세계의 사회적·경제적 상황이 급격히 변하지 않을 것이며, 현재 일어나는 현상들이 미래에 갑작스럽게 역행하지 않으리라는 전제하에서 언어에 어떤 변화가 가능한지 단순하게 진술하려고 한다. 이는 무엇보다 현존하는 국가들이 앞으로도 지속될 것이며 그중 많은 국가가 민족국가가 될 것이라는 의미이다. 또한 이러저러한 극적인 격변이 있을 경우에 가능한 대안들도 언급할 것이다.

이 책의 시작 부분에서 언어를 사용하는 환경인 사회적 변화와 언어적 변화를 구분했다. 뒤에는 메타 언어학적 변화에 관련된 개념을 소개했다. 사회적 변화를 가장 먼저 다루어야 하기 때문에 여기에서부터 시작해 언어적 변화와 메타 언어학적 변화에 미치는 영향을 덧붙일 것이다. 이 방식은 이 장 마지막 부분까지 계속될 것이다.

많은 사회적 변화는 분명 문자의 사용과 관련이 있다. 200년 전에는 문해력이 있는 국민이 대다수를 차지한 국가가 없었다. 그러나 현재 유네스코(UNESCO) 조사에 따르면 전 세계의 문맹률이 20% 이하이며 계속 낮아지고 있다고 한다. 비록 조사가 100% 정확한 것은 아닐지라도 모든 지역의 아이들이 최소한 기초적인 읽기, 쓰기를 배울 수 있을 정도로 학교교육을 받고 있다는 사실은 부정할 수 없을 것이다. 세계 어느 곳에서든 문자언어가 존재하며 사람들은 학교에서 이를 배우고, 자신들의 일상생활에 사용한다. 교육에 사용되는 언어 또는 언어들은 거의 항상 국가 또는 교육행정을 담당하는 기관들이 선택한다.

기록에 쓰이는 언어나 학교에서 교육되는 언어들은 다른 모든 언어들보다 훨씬 밝은 미래를 맞이할 것이다. 학교에서 성공하는 것이 인생의 성공에 중요하기 때문에, 부모들과 아이들이 학교교육에서 선택한 언어를 선호하는 것은 당연한 현상이다. 기록된 문서는 대부분의 도시 사회에서 필수적이며 문서는 언어로 설명을 제공한다.

심각한 재난 상황이 없다면, 몇십 년 이내에 세계 인구의 거의 100%가 글을 읽고 이해할 수 있게 될 것이며 그 수준이 유지될 것이다. 이때 가장 선호되는 언어들은 영국에서의 영어, 네덜란드에서의 네덜란드어 등, 모든 층위의 교육과 공공 업무에 사용되는 언어일 것이다. 이런 언어는 그리 많지 않아서 100개를 넘지 않는다. 전 세계 독립국가의 수가 200개에 가깝지만 영어, 스페인어, 아랍어 등은 여러 나라에서 학교교육에 사용되고 있다.

언어들 중 두 번째 범주에 속하는 것들이 있다. 주로 초등, 중등 학교교육에 사용되고 지역적으로 기록 수단으로 기능하는 언어들이 여기에 속한다. 영국의 웨일스어가 좋은 예이다. 이런 종류의 언어는 주로 아프리카, 아시아에 수백 개정도 존재한다. 대부분의 언어, 확실히 90% 이상의 언어가 학교교육에 사용되지 않고 있으며 매우 적은 화자를 가지고 있다. 이 언어들은 모두 영향력을 잃고 화자의 수가 줄어들어 마침내 소멸할 위기에 처해 있다.

학교와 언어의 기록 형태는 아주 중요하게 남아 있겠지만 인구통계학을 반드시 고려해야 한다. 지난 한 세기 동안 전 세계 인구는 네 배 증가했다. 이런 증가는 앞으로 다시는 일어날 수 없고 일어나지 않을 것이다. 조사를 바탕으로 향후 인구수가 얼마나 증가할지를 대략 추측해보면, 30년 뒤에는 아마 90억 명까지 달할 것으로 추정된다. 그리고 이 수를 계속 유지하거나 서서히 감소할 것이다. 이런 수치는 타당성 있는 추정을 바탕으로 나온 것이다. 앞으로 더 먼 미래를 내다본 예측은 불확실성이 더욱 커지기 때문에 이러한 추측이 큰 의미를 갖지 못할 것이다.

현재 대부분의 인구가 도시나 마을에 거주한다. 1950년대에는 도시 거주자가 전체 인구의 29%를 차지했고, 2010년대에는 약 50%에 이르렀다. 그리고 유엔(UN) 인구분과위원회는 2050년대에 70%에 달할 것이라고 예측했다.

이런 인구 분포 형태를 볼 때 앞으로 다가올 시대의 언어 화자의 모습을 대략 추론해볼 수 있다. 사회적 변화로 인해 아이들은 부모 세대와는 다른 행동 양식을 보일 것이다. 앞으로 50년 이상 생존할 가능성이 있는 대다수의 사람들이 이미 태어나 있기에, 이들의 행동 양식을 바탕으로 앞으로 인간이 어떻게 살아갈지를 추측하는 것이 아주 어렵지는 않을 것이다.

앞으로 200년 안에 대다수의 사람들은 아주 적은 수의 언어를 사용할 것이 분명하다. 현재 각 국가에서 교육과 국가의 주요한 문자언어 역할을 맡은 100개 정도의 언어들은 건재할 것이며, 폭발적인 인구 증가가 없을 것이므로 이전 세기만큼 빠르게 화자가 증가하지는 않을지라도 이 언어들은 대부분 화자를 늘려갈 것이다. 그 밖의 다른 언어들은 영향력과 화자를 잃을 것으로 보인다.

이런 흐름은 해를 거듭할수록 가속화될 것이다. 20세기에는 다수 언어뿐만 아니라 소수 언어를 포함한 거의 모든 언어에서 화자의 수가 증가했다. 특히 소수 언어가 대부분 사용되는 시골에서는 사람들이 더 많이 태어나고 더 오래 생존했기 때문에 화자의 수가 증가했다. 그러나 시골에서 인구가 거의 전혀 늘지 않거나 도시로 진출하는 인구가 점점 더 많아지면 시골에서 소수 언어의 화자 수는 증가하지 않을 것이고 그들의 자녀는 도시로 이주해 더 큰 언어를 사용하게 될 것이다.

이런 추세가 계속된다면 오늘날 사용되는 대부분의 언어들이 100년 안에 사라지거나 사라지고 있을 것이다. 그리고 200년 안에 1000개도 안 되는 언어만 남게 될 것이다.

만약 사람들이 다른 곳으로 이주하면 언어의 전환은 채 한 세기도 걸리지 않고 완성된다. 스웨덴, 노르웨이 사람들은 1900년대에 미국으로 이주했는데 현재 스웨덴, 노르웨이 이주민의 자손들은 거의 예외 없이 영어를 모어로 사용하고 있다. 서덜랜드 동부 사람들이 자신들의 언어를 200~300년 이내에 완전하게 전환한 예도 있기는 하지만, 고향에 남아서 계속 거주하는 사람들은 이렇게 빠른 속도로 자신들의 언어를 버리는 일이 거의 없다.

언어의 대규모 소멸에 맞설 때 중요한 것은 바로 언어 사용자들이 자신들의 언어를 유지하려는 강력한 의지를 가지고 있는가이다. 유럽에서의 몇 가지 예를 통해 언어를 지키고 소생시키려는 노력이 수행되었음을 언급하지 않을 수 없다. 켈트어 계통의 웨일스어가 대표적인 예이다. 만약 언어의 확산이 일어나는 다른 나라에서 경제적 측면과 교육 방식이 영국의 정책과 점점 더 유사해진다면 이러한 언어의 발달이 대규모로 일어날 것이다. 그러나 지금까지 이런 일이 일어날 조짐은 적다. 장기적으로 보아 언어의 생존에 의미가 있는지 측정할 방법도 불확실한 상태이다.

제일 먼저 없어지게 될 언어는 화자들이 자랑스러워하지 않고, 화자 수가 적으며 문자언어가 없는 언어들 중 하나일 것이다. 이 책 1장에서 언급했던 코이산 언어, 오스트레일리아 언어들이 바로 여기에 해당한다. 많은 크리올어도 마찬가지다. 이 언어들과 많은 다른 언어들이 좀 더 일찍 소실될 것이다.

언어들 중 화자 수가 10만 명이 넘고 교육 분야에서 상당한 위상을 가지고 있거나 나라 안에서 공식적으로 인정된 언어들은 앞으로 200년 안에 쉽게 사라지지 않을 것이다. 어떤 지역에서 전쟁이나 대규모 이민, 또는 다른 전복으로 민족 전체가 종말을 맞이할 가능성까지 전부 감안해서이다. 그러나 이런 경우가 아니라면 200년이라는 세월은 상당히 큰 규모의 집단이 한 언어에서 다른 언어로 완전하게 전환하는 데 충분한 시간이 아니다. 200년은 계산해 보면 약 8세대에 해당하고, 아주 작은 집단에서 급격하게 언어 전환이 일어난 경우에도 완성되는 데 2~3세대가 걸린다.

언어에 정치권력의 지원이 있다면 소멸은 더욱 일어나기 어렵다. 만일 현존하는 민족국가들이 앞으로 그대로 유지된다면, 이 국가들의 민족 언어들도 그대로 존재할 것이라고 추정할 수 있다. 국가는 본래 다언어보다는 단일 언어를 선호한다. 그 때문에 아프리카 대륙의 일부 국가들이 민족국가를 형성하면서 한 언어를 선택하고, 다른 언어들을 억압할 수 있다.

그러나 민족 언어는 특정 기능 측면에서 보면 2세대 전보다 지금 더 적게 사용된다. 특히 스웨덴이나 네덜란드에서 영어는 미디어와 직업 생활의 특정 영역에서 예전보다 훨씬 많이 사용된다. 이러한 사실과 이에 따른 결과로 거의 모든 스웨덴과 네덜란드 어린이들이 학교에서 영어를 배우고 있으며, 스웨덴어와 네덜란드어는 영어에 강하게 영향을 받고 있다. 이런 추세가 계속될 것인가? 또는 더욱 가속될 것인가?

이것은 사실 두 가지 질문이다. 첫째는 스웨덴어, 네덜란드어 같은 다른 언어들이 앞으로도 특정 국제 언어로부터 계속 영향을 받을 것인가에 대한 가능성 여부이다. 둘째는 국제 언어가 계속 영어일 것인지에 대한 판단이다.

첫째 질문은 어쩌면 둘째 질문보다 수월하다. 앞으로 아주 커다란 재난이 일어나지 않으리라는 가정하에, 국제적 접촉은 밀접하게 계속될 것이며 아마도 더욱 강력해질 것이다. 일반적으로 국제적 접촉을 위한 언어에 대한 지식이 있으면 연구, 기술, 사업 등 여러 분야의 활동들이 훨씬 쉬워질 것이다. 이러한 언어는 미래에도 사용될 것이다. 세계가 급격하게 변하지 않는 한, 거의 모든 나라의 학교교육은 이러한 국제적 언어의 학습을 포함할 것이다.

이런 국제적인 상황 안에서 영어가 지금과 같은 지위를 유지할지는 완전히 다른 문제다. 여러 가지 요인들로 인해 20세기에 영어가 전례 없이 성공할 수 있었다. 그중 중요한 것 하나는 미국의 정치적·경제적 힘이다. 그러나 역사가 주는 교훈 중 하나는 모든 것이 변한다는 점이다. 200년은 여러 나라가 초강대국의 지위로 올라섰다가 추락하기에 충분하고도 남는 기간이다. 물론 미국이 지금처럼 강대국으로서 주도권을 유지할 수도 있고, 다른 영어 사용 국가가 초강대국으로 부상할 수도 있지만 이러한 가능성은 높지 않다고 본다.

영어가 국제 언어로서 지속될 때 어떤 결과가 초래될지 생각해보지 않을 수 없다. 우선 영어는 차세대 초강대국의 언어, 예를 들면 중국어, 스페인어, 러시아어 등과 경쟁할 것이다. 수십 년 전 러시아어가 영어와 겨루던 것과 비슷한 상황을 의미한다. 장기적으로 예측해보면 미래에 새로운 언어가 영어 대신 국제 언어로서 등장할 수도 있을 것이다.

만일 다른 언어가 영어를 대신하는 상황이 발생하려면 상당한 시간이 필요할 것이다. 우선 영어의 강점을 살펴보아야 한다. 영어는 다른 언어들과 달리 식민지였던 많은 지역에서 여러 세대 동안 교육 및 훈련을 위한 언어였기 때문에 변화하는 데 수십 년이 걸릴 것이다. 또한 많은 국가들이 영어가 아닌 다른 언어로 교육과정의 제1외국어를 바꾸는 데 많은 재원과 노력이 소요될 것이다. 이런 과정 또한 긴 시간을 요한다. 반면 예를 들어 소련이 몰락했을 때의 헝가리와 체코공화국처럼 실제 변화는 놀랍도록 빨랐다. 이 국가들에서 러시아어는 가장 중요한 외국어였으나 이제는 영어나 독일어 뒤로 밀려났다. 이런 상황은 많은 성인들이 사회적 필요에 따라 새로운 언어를 배우거나 배운 언어를 더욱 숙련하기 때문에 가능했다.

영어의 위상을 확인할 수 있는 현상 중 하나는 바로 영어로 기록된 자료들이 거의 번역되지 않는다는 사실이다. 특히 영어로 작성된 연구, 기술 등에 관련된 자료들은 영어로 기록된 그대로 읽힌다. 이런 이유로 과학자와 여러 분야 종사자들은 자신들의 언어는 물론, 영어를 국제적인 공인어로서 습득하려고 많은 노력을 기울이게 되었다.

현재 영어에 벌어지고 있는 현상은 과거 역사 속 라틴어나 프랑스어를 보면 잘 알 수 있다. 로마제국은 5세기 이후 유럽 대륙에서 사라졌지만, 라틴어는 국제 언어로서의 위상을 1000년 이상 유지했다. 17세기에는 프랑스가 강력한 지위를 차지했는데, 프랑스어는 프랑스가 국제적 지위를 잃은 뒤에도 한 세기 정도 국제 언어로서 강력한 위상을 유지했다.

지금은 영어가 국제 언어로서 극도로 강한 힘을 보이고 있지만, 아직은 라틴어보다 프랑스어에 더 가까워 보인다. 라틴어는 과거에 거의 유일하게 잘 발달된 문자언어였고 교육 분야를 독점하고 있었다. 그러나 영어는 전 세계에 잘 확립된 여러 언어들 중 가장 성공한 언어일 뿐이다. 다른 잘 확립된 언어들도 각자 영어가 맡고 있는 분야를 충족시킬 능력을 지니고 있고, 또한 적어도 하나 이상의 국가가 이 언어들을 강력하게 지원한다.

정치적 상황이 200년 동안이나 영어에 유리하게 작용할 가능성은 거의 없기 때문에 여러 측면을 고려할 때 앞으로 200년 뒤에는, 영어의 지배력이 현재보다 적어질 것이다. 그렇지만 여러 이유로 어느 정도 영향력 있는 언어로 남을 가능성은 있다.

현재 영어는 미국, 영국을 위협적인 존재로 여기지 않는 대다수의 국가에서 아주 인기가 높은 언어이다. 이 국가들의 국민들은 영어를 국제 관계에서 여러 교류를 수행하는 데 아주 유용한 언어로 여기며, 영어의 민족적인 기반을 신경 쓰지 않는다. 만일 영어 사용 국가들이 모두 국력을 상실한다 하더라도, 비교해서 말하자면, 영어가 점차 국가들 사이의 정치적인 관계와 무관한 언어로 변화하고 있기 때문에 어떤 면에서는 더 많은 사람들이 사용하려고 할지도 모른다. 그러나 이런 영향이 과대평가되어서는 안 된다. 만약 중국이 장기간 각종 연구 분야의 중심이자 세계에서 가장 중요한 경제권이 된다면 중국과 세계의 다른 국가들이 접촉할 때 매개체로 영어를 사용하지는 않을 것이다.

지금도 세계 도처에서 영어를 모어로 사용하고 있다. 벌써 영어의 지역적인 발화의 차이가 상당하다. 영어 표현 및 발음 등 여러 측면에서 지역적인 특색이 더욱 두드러진다. 언어의 변화 본성 때문에 대륙 간에 지금보다 더욱 긴밀하게 접촉한다고 해도, 이 차이는 더욱 커질 것이다. 200년 후에는 다른 대륙에서 온 사람들과 의사소통이 힘들어질 정도로 영어가 상당히 달라져 있을 것이다. 만약 모든 곳에 공통의 문자언어가 보존된다면 현존하는 것보다 발음의 차이를 더 많이 제거할 수도 있다. 이런 일들의 결과를 예상하기는 어렵다. 그러나 만약 영어 안에 커다란 변이들이 있다면 국제 언어로서 영어를 사용하는 데 커다란 문제가 될 것이다.

정리하자면, 필자의 예상에는 많은 소수 언어들이 사라지고 한 개나 또는 두어 개 정도의 언어만 국제적인 맥락에서 사용되겠지만, 이 중에 영어가 반드시 포함된다고 할 수는 없다. 현재 다수 언어 또는 상당히 큰 언어 중 많은 언어들이 계속 존재할 것이다.

사회적 변화는 충분히 보았다. 그렇다면 언어적인 변화는 어떨까? 일단 몇 가지 안전한 예측을 해본다면, 우선 문자언어들은 그다지 큰 변화를 겪지 않을 것이다. 왜냐하면 어떤 언어로든지 읽고 쓰는 것을 습득한 사람들은 자신이 배운 지식의 가치를 중시하는 경향이 있기 때문에, 해당 언어가 변할 가능성을 배제하려는 성향을 보이기 때문이다. 언어의 사용자와 기록들이 많을수록, 언어 변화에 대한 반발이 더욱 거세질 것이다. 전 세계적으로 중국의 문자 개혁이 오랫동안 문자 체계에서 일어난 마지막 중요한 변화로 기록될 것이다.

발화 언어는 항상 변화하지만 그 속도는 아주 다양하다. 표준화된 문자언어가 있고 문해력이 높은 사회에서 발화 언어의 변화가 많지 않다는 관점이 많은 관찰 결과가 있다. 사람들의 평균수명이 늘어나는 것도 언어 유지에 많은 영향을 끼치고 있다. 만약 비교적 평화로운 세계에서 교육이 지속된다면 앞에서 든 이유 때문에, 다수 언어들의 발화 언어는 현재에 비해 급격하게 달라지지 않을 것이다.

역사를 살펴보면 광범위한 지역에서 사용되다가 지역에 따라 분리되어 방언이 된 사례나, 방언이 별도의 언어로 발전한 사례가 발견된다. 이런 사건이 앞으로도 계속 발생할까? 사람들은 자기 집단만의 독특한 말하기 방식을 고안해내기 때문에 이러한 경향은 항상 존재할 것이다. 예를 들어 특수 표현의 하나인 속어, 특정 집단에 속하는 사람들만의 특수 용어, 지역적인 변이형 등은 언제나 생겨날 것이다. 그렇지만 장기간의 학교교육, 강력한 문자언어, 대중매체의 영향은 반대 방향으로 작동한다. 영국과 유럽의 지역 방언들이 점차 사라지고 있다. 현재 이러한 추세 속에서 살아남은 언어들도 200년 뒤에는 지금보다 더 동질적인 모습을 보일 것이다. 미래 사람들은 자신들의 정체성을 지역적인 발화 방식보다 국가 전체의 표준 발화 방식에서 찾을 것이고, 이로 인해 메타 언어학적인 변화도 진행될 것이다.

그러나 이는 세계에 어떤 예기치 못한 사건이 발생하지 않으리라는 가정에서 제시된 내용이다. 전혀 예측하지 못했던 사건이 발생하면 그 결과를 예상하기가 매우 어렵게 된다. 그러나 현재 상황을 고려해 몇 가지 시나리오를 상정해볼 수는 있다.

첫째, 소수의 국가들이 전 세계를 분할해서 정치와 경제의 지배권을 장악하고, 각자 자신들의 언어를 지배하고 있는 지역에 강요하는 상황이 발생한다는 시나리오이다. 1990년대까지 이어진 냉전기간 동안 많은 사람들이 이렇게 예측했다. 하지만 이런 생각은 근래에 별로 큰 호응을 얻지 못하고 있다.

이런 상황에서 강권으로 다른 언어를 순식간에 소멸시키고 자신들의 언어만을 사용하게 하는 것은 있을 법하지 않다고 본다. 일단 사람들은 누구든지 점령이나 강제에 지배당한다고 느끼면, 자신들의 고유한 문화와 언어를 더욱 강하게 고수한다. 반면 언어들은 오랜 세월 경쟁하다 점차 사라진다. 이런 현상은 로마제국 시대에 아주 광범위하게 발생했으며, 소규모 예로는 영국 북부 서덜랜드의 경우를 들 수 있다. 이외에도 많은 예가 있다. 그러나 이런 변화에는 상당한 시간이 소요됨을 명심해야 한다. 현재 사용되는 여러 민족 언어들은 앞으로도 자신들의 위상을 굳건히 지키는 데 어려움이 없을 것이다. 비록 내일 당장 정복당한다 해도 200년이라는 기간은 언어의 상황을 완전하게 바꾸는 데 결코 충분한 시간이 될 수 없다. 물론 이런 가정에는 정복자가 인종 말살 방식을 선택하거나 이와 유사한 방법을 사용하리라는 가능성을 배제한 것이다.

장기적으로 미래를 예측한 또 하나의 시나리오는 앞에서 말한 내용과 정반대의 경우라고 볼 수 있다. 일단 현재 민족국가들은, 특히 유럽에서, 약화되는 조짐을 보이며, 지역에 속한 작은 단위들이 강력하게 성장하고 있다. 이런 환경에서 대부분의 민족국가들이 더 작은 규모의 단위로 분해된다고 가정해보자. 이런 조건하에서 언어에 어떤 일이 벌어질 수 있을까?

비록 위와 같은 상황을 가정한다고 해도, 대부분의 지역에서 200년 정도로는 결정적인 변화가 일어나지 않을 것이다. 미국이 분해되어 50개의 주가 독립한다고 해도 이들 모두는 당연히 영어를 사용하려고 할 것이다. 독일, 프랑스, 스페인 등이 내부 분열로 인해 여러 지역 국가들로 나뉘어도 역시 독일어, 프랑스어, 스페인어를 사용하려고 할 것이다. 예를 들어 스페인 내부의 카탈루냐 등에서 카탈루냐어를 선택할 가능성이 없지는 않지만, 독일만 보더라도 수많은 지방들이 독립적인 국가로 변모한다고 해도 결국 지역 독일어 방언이 아닌 표준 독일어를 선택할 확률이 높다. 독일이 역사적으로 최근 150년 전까지도 아주 작은 소규모 지역 국가로 분리되어 있었기 때문에 지역 방언들의 득세를 점치는 것이 당연할지 모른다. 그러나 독일은 계속 공통 문자언어를 사용해왔고, 발화에서도 표준화된 형태를 이미 설정했기 때문에 지역 방언들이 소규모로 분리된 국가들의 언어로서 독립적으로 발전하기가 쉽지 않은 상태이다.

이와 달리 다른 지역의 경우 국가가 소규모 단위체제로 분리될 경우 언어에 심각한 영향을 받게 되는 곳도 존재한다. 아주 많은 언어를 가진 아프리카의 국가들이 몇 개의 언어들과 한 개의 주요 언어를 사용하는 여러 단위로 분리될 수 있다. 러시아에서는 소규모 지역들이 독립국가로 발전할 경우 소수 언어가 지역을 대표하는 언어로 변화될 가능성이 있다. 이러한 이유들 때문에 현재 소멸될 위험에 처한 많은 언어들도 미래에는 확고한 위상을 확보할 가능성이 있다고 쉽게 예측해볼 수 있다. 그러나 현재만 본다면 바로 앞서 언급한 상황이 전개될 가능성이 그리 높아 보이지는 않는다.

이 모든 시나리오들은 현재의 경제적·사회적 조건들이 앞으로 더 향상되거나 최소한 현재와 비슷한 수준으로 유지된다는 전제하에 만들어진 것이다. 그러나 미래에 많은 재난이 일어날 가능성도 있다. 파괴적인 전쟁, 엄청난 자연 재해나 치명적인 새로운 유행성 질병의 창궐 등으로 경제적·사회적 붕괴와 같은 수많은 난관들이 발생한다면 언어는 어떤 처지에 놓이게 될까?

이런 상황이 실제로 일어났을 때 어떻게 될 것인가에 대해 일반적인 관점에서 말해볼 수 있을 것이다. 사회가 이러한 재난에 맞닥뜨리면 사회적인 기반 시설들이 심각한 타격을 받게 된다. 특히 학교와 통신이 제 기능을 하지 못할 것이다. 다른 세계와의 커뮤니케이션은 일부만 남게 되거나 거의 사라지는 결과를 맞게 될 수도 있다. 대부분의 사람들은 어려운 상황에 대처하기 위해 스스로를 지켜야 할 것이며, 이런 사태를 겪어 나가면서 이들의 평균수명에도 심대한 영향이 나타나, 결국 평균수명이 매우 짧아질 것이다.

이런 환경 속에서 언어가 빠르게 변화할 것이라고 예상하는 것은 논리적으로 타당하다. 문자언어에 대한 지식이 사라지거나 삶과 밀접한 연관성을 잃게 된다. 또한 여행, 전자 통신 등이 소멸하면서 지역 사이의 소통이 불가능하게 될 수도 있다. 이처럼 사태가 악화되면 언어는 단순히 제한된 지역 내에서만 소통 수단으로서 역할을 수행하게 될 것이다. 역사를 돌아보면 이와 비슷한 일이 로마제국이 붕괴되었던 시절에 서부 유럽 지역에서 일어났었다. 로마제국의 몰락으로 라틴어에서 상호 소통이 불가능한 여러 언어가 나타났다. 이러한 재앙이 일어나면 영어와 스페인어도 이와 같이 분화될 수 있다.

이렇게 분화하는 데 과연 얼마나 긴 시간이 필요한지에 대해서는 쉽게 단정할 수 없다. 언어가 단지 2~3세기 정도의 기간 안에 현격한 변화를 겪게 되는 것은 흔하지 않지만, 앞 장에서 언급했던 크리올어들이나 남아프리카공화국의 아프리칸스어는 짧은 시간 동안 언어로 발전했다. 그러나 비록 급격한 변화가 가능했다고 해도 사람들은 처음부터 서로 다른 언어를 사용하고 있었다. 게다가 사람들의 평균수명 기간이 아주 짧아지면 세대 간의 접촉이 줄어들고 후세에 전달되는 언어가 훼손될 수 있다. 고립된 집단의 규모가 작다면 변화는 더욱 가속될 가능성이 커진다.

이런 고난 속에서 당연히 국가 조직이 붕괴되지 않을 수 없다. 최근 동부 아프리카의 소말리아를 보면 앞서 언급한 내용들이 어떻게 나타나는지를 분명하게 확인할 수 있다. 실제로 이런 사태가 발생하면 국가권력의 소멸로 결과적으로 소수 언어에 반하는 정책이 더 이상 존속하지 못한다.* 전 세계에 무정부 상태가 퍼지면 다수 언어는 소수 언어를 축출할 수 없게 될 것이다. 그러나 사용자들이 모두 사망해서 언어가 사라지는 일이 일어날 수도 있다.

전 세계에 재난이 닥쳤을 때, 장기적으로 보면 언어의 수가 다시 증가할 것이다. 사회적 질서, 학교교육, 의사소통의 확대 등은 언어의 수를 줄이는 경향이 있고 사회적인 고립과 혼동으로 인해 언어의 수가 늘어날 수도

---

* 이미 말했듯이 강력한 행정력은 한 국가 체제 내부에 하나 이상의 언어가 사용되는 것을 원하지 않기 때문에 표준어 이외 다른 언어들의 존재를 부정하는 것이 보통이지만, 이런 국가권력이 사라지면 언어 정책도 더는 영향력을 행사할 수 없게 될 것이다(옮긴이).

있다. 두 경향 모두 장기적인 영향이므로 앞으로 3~4세기 이상의 시간이 흐르게 되면 주목할 만한 변화가 있을 것이다.

한 가지 짚고 넘어갈 사안이 있다면 새로운 발화 방식이 반드시 독립된 실체로서 새로운 언어가 되는 것은 아니라는 점이다. 사용자가 다른 발화 형태와 구분되는 것이라고 의식하고 그 형태에 이름을 달아주어야 새로운 언어가 된다. 지금 언급한 메타 언어학적인 도약은 문자언어 및 정부의 지원을 얻지 못할 경우 발생할 가능성이 아주 낮아진다는 사실을 알고 있어야 한다. 시대가 흐르면서 언어의 다양화가 발생하지만, 이런 다양성들이 사람들에게 인식될 가능성은 그리 높지 못할 수 있다.

정리해서 말하자면, 미래를 점치는 것은 불가능하지만 여러 상황을 전제하면서 언어에 발생할 수 있는 가능성을 예측하는 것은 가능하다. 일반적인 언어의 변화 속도를 감안할 때, 이런 가정적인 상황에서조차 여러 예측이 별로 실효성이 커 보이지 않는다. 이제 좀 더 긴 시간을 가정해서 언어에 어떤 변화가 있을지 몇 가지 말해볼 수 있을 것이다.

02. 2000년 후의 미래

지금으로부터 2000년 후에도 인간이 존재한다면, 그들은 현재 우리가 사용하는 언어와 유사한 언어를 사용할 것이다. 오늘날 여러 지역에서 사용되고 있는 수많은 언어들을 살펴보면, 매우 특수하고 유전적으로 물려받은 능력과 관계가 있는 공통된 특성을 발견할 수 있다. 종이 유전적으로 변화하는 데 2000년이라는 기간은 너무 짧다. 이런 이유로 미래에 인간들이 사용할 언어가 현재와 크게 다른 형태를 띠지 않으리라는 것은 어쩌면 당연한 일이 아닐까 싶다.

또한 미래에 대해 확실하게 예측할 수 있는 것이 몇 가지 있다. 첫째,

2000년 후의 언어는 현재 사용되는 언어와 완전히 다를 것이다. 물론 2000년 이후에도 언어들이 영어, 에스파냐어(스페인어), 엘리니키(그리스어)라는 이름을 계속 가지고 있을 수는 있다. 엘리니키라는 명칭은 이미 역사적으로도 2000년 이상 유지된 것이기 때문에 향후 동일한 시간이 흐른다 해도 여전히 같은 명칭으로 불릴 수 있을 것이다. 메타 언어학적인 변화가 반드시 일어난다고 볼 수는 없다. 그러나 발화 언어란 항상 변하기 마련이기 때문에 지금의 그리스어가 고대 플라톤이 사용하던 언어와 다르다는 점을 이해한다면, 2000년 후에 그리스가 존속한다고 하더라도 지금과 다른 형태로 발전할 수 있다는 가능성을 배제하지 말아야 한다. 일단 모든 언어는 사용되는 한 계속 변하는 것이 아주 당연하기 때문이다.

둘째, 미래 언어에도 현대 언어에 있는 여러 요소가 많이 유지될 것이다. 언어가 변한다는 것이 언어가 창조된다는 것을 의미하지는 않기 때문이다. 크리올어만 보더라도 완전하게 빈 상태에서 출발한 것이 아니며, 여러 기존 언어들을 재료로 발전했다. 앞으로도 이런 발전은 계속될 것이다. 2000년은 긴 세월이지만, 역사언어학에서는 언어를 재구성하기 위해 이보다 더 긴 기간을 상정하기도 한다. 2000년 동안 언어가 변화한다고 해도 언어학자들이 식별하지 못할 정도는 아니다.

언어 형태가 미래에 어떻게 나타날지에 대해서는 여러 가지를 추측해 볼 수 있다. 통계학적인 면에서 가장 가능성이 높은 언어는 현재 화자 수가 가장 많은 중국어, 영어, 힌디어, 스페인어 등이다. 하지만 통계적인 계산이 반드시 역사적인 변화에 반영되는 것은 아니다. 아이슬란드어의 경우, 한 국가의 공식 언어이고 다른 대륙으로부터 꽤 떨어진 지리적 조건으로 인해 지난 1000년 동안 거의 변화하지 않았다. 이런 조건에서는 언어가 거의 변화하지 않을 수도 있다. 하지만 이런 생각은 단순히 가정된 상황에서만 내릴 수 있는 결론이다.

지금부터 2000년이 흐른 후 몇 개의 언어가 있을지 추측하는 것은 의미 없는 일이다. 그 이유 중 하나는 언어의 상황이, 지금도 그렇지만 미래에도, 정치적 조건, 의사소통의 현황, 교육 등과 밀접하게 연관되어 있을 것이기 때문이다. 이처럼 복잡한 요인들이 언어 변화에 영향을 미치기 때문에 2000년 후에 발생할 언어의 상태를 지금 알아낼 확실한 방법이 없다.

그렇다면 이와는 아주 다른 대안을 고려해보면 어떨까 한다. 이미 알고 있다시피 지금도 꾸준히 언어 수가 줄어들고 있는 시점을 감안할 때, 소수 언어들과 달리 일부 다수 언어들은 시간이 흐르면서 더욱 많은 화자를 확보할 것으로 짐작해볼 수 있다. 세계 모든 사람들이 단 하나의 언어만을 사용할 확률이 어느 정도나 될까?

이런 상상은 몇 가지 중요한 조건들이 충족된다면 실현될 수도 있다. 우선 모든 사람들이 수시로 광범위하게 활발히 교류할 수 있어야 하며, 모두 자신이 속한 작은 단위의 집단보다 하나의 인류라는 정체성을 더 중요하게 생각해야 한다. 또한 아주 분명한 언어 표준이 있어야 하며, 이 표준을 젊은 세대에 효율적으로 전달해야 한다. 만약 인구수가 지금보다 적고, 지구의 아주 제한된 지역에 국한해서 거주한다면 가능할 수도 있다. 만일 인구수가 수십억 명에 달하고 이들이 모두 지금처럼 전 세계 여러 지역에 골고루 퍼져 살고 있다면, 한때 단일 언어를 사용하게 되었다 해도, 다양한 언어들이 여러 지역에 남아 있거나 심지어 새로운 언어가 생겨날 수도 있을 것이다.

미래에도 언어는 두 기능을 수행할 것이다. 첫째는 언어를 바탕으로 정보를 전달하는 것이고, 둘째는 한 집단의 정체성을 정의하는 것이다. 인간 사회에서 새로운 집단들은 끊임없이 생겨나며 사람들은 그 안에서 자신의 정체성을 확인하려 한다. 이것이 바로 끊임없이 언어를 변화시키는 중요한 요인이다. 이런 기제를 통해 많은 언어들이 방언으로 분화되고, 나중에는 점차 독립적인 언어로 탈바꿈하는 과정을 거치게 된다. 언어의 이러한 변화 과정을 방해하는 강력한 요인이 없다면 말이다. 대표적인 요인을 든다면 바로 통신, 강력한 통치 국가, 문자언어 등이고 이 요인들은 더욱 중요해졌다. 그러나 이러한 요인들이 언어적 정체성이라는 기본적인 인간의 필요성을 완전히 제거하지는 못한다. 그리고 방해하는 힘이 약해질 때, 언어는 여러 개로 분화될 것이다. 이런 이유 때문에 아무리 오랜 세월이 흐른다고 해도 세계 인류가 하나의 언어만을 사용하리라는 가정은 쉽게 이루어질 수 없다.

2000년 뒤에도 지금과 유사한 문자언어가 그대로 유지될 공산이 크다. 문자언어들은 2000년 훨씬 전에 발명되었으며 지금까지 다양한 기능을 수행해왔다. 모든 인간이 동시에 문자언어를 포기하리라는 예측은 별로 실현 가능성이 없는 듯하다. 비록 마야 문명에서 당시 대표적이던 문자언어가 사라지는 사건이 실제로 발생하기는 했지만 그렇다고 세계의 모든 문자언어가 한꺼번에 사라질 수는 없다.

하지만 2000년 이후 어떤 종류의 기록 방식이 사용될지에 대해서는 쉽게 결론내릴 수 없다. 현재 알파벳 기록 체계가 전 세계 대부분의 언어에서 사용되고 있으며, 바로 이 책에서도 사용되고 있다. 글자들 하나하나가 한 단어를 의미하는 기록 체계를 가진 중국어는 전 세계 인구의 1/5이 사용하고 있다. 일본어는 히라가나, 가타카나, 한자라는 3가지 방식으로 기록된다. 그중 두 가지는 원칙적으로 한 글자가 한 음절을 나타낸다. 3가지 방식 모두 상당히 기능적이고 광범위하게 사용된다. 그 누구도 3가지 방식 모두 살아남을지 이 방식들 중 하나가 우세하게 될지 알 수 없다. 또한 발화 언어를 표현하기 위한 더 나은 방식이 고안될 가능성도 있다. 녹음 방식을 말하는 것이 아니다. 비록 녹음이 오랫동안 사용되고는 있지만, 문자언어를 완전하게 대신하기는 어려울 것이다.

앞으로도 지금과 같은 형태로 문자언어가 유지되리라고 확신하는 이유를 문자언어의 극단적으로 보수적인 특성에서 찾을 수 있을지 모르겠다. 중국의 한자 체계는 3000년 이상 거의 변화 없이 예전과 비슷한 형태를 유지해왔으며, 현대 그리스어의 알파벳 표기 또한 한자만큼 긴 역사를 가지고 있다. 라틴어에서 기원한 로맨스어들은, 2500년 전에 고안된 라틴 알파벳으로 기록되고 있다. 그 외에도 영어를 포함해서 수많은 언어들이 라틴 알파벳 체계를 사용한다. 이렇게 기록 방식이 거의 변화하지 않는 이유는 많은 사람들이 이 방식을 충분히 알고 있고, 이 방식으로 읽고 쓰기를 수행하고 있어서, 방식이 변화하는 것을 거부했기 때문으로 볼 수 있다. 기록 방식의 변화에는 반드시 추가의 노력이 수반되어야 한다. 그리고 기록 방식이 변화하면 후대의 사람들은 과거의 기록들을 읽을 수 없게 될지도 모른다.*이런 이유로 세월이 많이 흐른다고 해도 기록 방식에 혁신적인 변화를 기대하기가 어려운 것이다.

03. 200만 년 후의 미래

언어의 역사적 종말을 보기 위해서는 아주 먼 미래로 가야 할 것이다. 다시 말해 언어의 궁극적인 종말은 인류의 멸종이라는 가정이 우선적으로 전제되어야만 한다. 개인적인 판단으로는 이런 가정이 아주 불가능한 것은 아니라고 본다. 지구상에 등장한 이후 자신이 살고 있는 생태 시스템을 철저하게 변화시켜 온 종은 변화의 장기적인 영향으로 인해 극심하게

---

* 일단 변화가 일어난 기록 방식에는 세대 사이의 기록 체계 인식 능력에 차이가 발생하기 때문이다. 새로운 세대가 과거 기록 방식을 제대로 이해하려면 별도의 읽기 훈련 과정을 반드시 거쳐야 한다.

고통받는 경향이 있다. 이런 변화에도 인간의 자손들이 여전히 생존할 수 있을다고 가정하면, 그들이 사용하는 언어는 어떻게 변화할 것이며 어떤 모습이 될까? 필자는 일단 임의적으로 앞으로 200만 년 후라는 시간을 설정했다. 인류의 언어가 시작된 시기에 대한 가설 중 가장 오랜 기간이 200만 년 전이기 때문이다.

일단 200만 년 이후에도 여전히 인간이 언어를 사용할 것이라고 가정한다면, 언어의 형태는 지금과 아주 다른 모습일 것이다. 1만 년 정도의 세월만 지나도 전혀 알아볼 수 없는 모습으로 언어들이 변하는 것을 이미 역사적인 기록을 바탕으로 잘 알 수 있다. 200만 년의 세월이라면 이런 변화는 아마도 수백 번 일어나지 않을까 한다.

200만 년의 세월 동안 다른 변화도 있을 수 있다. 200만 년 전 우리 조상들은 현재 인류와 유전적으로 아주 다른 존재들이었다. 이들은 고고학자들이 원시인이라고 부르는 존재들로서, 시간에 따라 발달하면서 언어에 대한 잠재력도 커졌다. 이런 사실을 볼 때 앞으로 200만 년이 흐른 뒤에는 인류에게도 새로운 유전적인 변화가 발생할 것이다. 예를 들어 현재의 인류에서 새로운 종들이 진화할 것이고, 언어적인 능력에서도 다양한 차이를 보이게 될 것이다.

이런 인류의 발전이 바로 언어의 종말이 될 수 있다. 앞으로 진화해서 나타날 새로운 종은 언어적으로 더 높은 수준의 능력을 지니거나 아니면 아예 발화를 하지 않는 방식으로 변모될 가능성이 얼마든지 있다. 만약 그들이 인간의 정신적·신체적 자질에 바탕을 둔 형태의 언어를 사용하지 않는 다면 그들은 우리와 같은 종이 아니다. 인간은 우리처럼 말할 때 비로소 인간이 된다. 만약 새로운 종이 우리처럼 말하지 않는다면 그들은 더이상 인간이 아니다.

추가 읽기 목록

✔ 15장: 영어의 전성기

이미 언급된 영어의 역사적 사실들에서 언어의 확산을 논했다. 이에 대한
조사는 McCrum(2010), Crystal(2003)에 제시되어 있다. Phillipson(1992),
Fishman(1996)은 현재 영어의 세계적인 영향력을 여러 각도에서 다루고
있다. 이에 대한 논의는 Fishman and Garcia(2010)에도 나타나 있다.

✔ 16장: 중국어와 중국에서의 영어

중국의 근대 역사에 대해서는 Ebrey(2010)을 보라. 현재 중국의 언어 현황
을 보려면 Chen(2007)이 적격이다. 또한 이 저서에는 타이완, 홍콩에 관련
된 흥미로운 조사들도 포함되어 있다. 또한 Zhou(2010)도 관련된 자료이다.
Lo Bianco et al.(2009)는 중국에서의 영어 현황을 주제로 다룬 자료이다.

✔ 17장: 다음 시대의 모습

언어의 미래는 이전 예측 자료에서는 별로 중요하게 다루지 않았다. 그러
나 세계에 분포하고 있는 언어들 중 많은 수가 소멸될 수도 있다는 논의가
시작되면서 언어 상실에 관련된 주제를 다룬 저서들이 나오기 시작했다.
이들 중 Nettle(1999)가 좋은 본보기라고 할 수 있다.

정리 및 이해를 위한 문제

1. 19세기 국가 간 외교 접촉을 위한 표준 언어는 무엇이었나?
2. 영어가 국제적인 접촉에 지배적인 언어로 성장할 수 있었던 이유를 나열하라.
3. 일부 국가들이 영어의 영향력에 대항하는 이유가 무엇인가?
4. 중국에서 20세기 초 대대적인 언어 개혁을 시행한 이유는 무엇인가?
5. 보통화에 대해 설명하라.
6. 현재 중국의 아이들 중 학교에서 영어를 배우는 아이들의 비율은 얼마나 되는가?

논의 주제

1. 영어의 전파가 인류에게 유익할지 해로울지 생각해보라.
2. 앞으로 100년 후 국제 교류에 핵심적인 역할을 수행할 언어에 대해 논의해보라.

향후 연구에 대한 제안

동남아 5개 국가를 선정해 정부가 공인하는 웹페이지를 찾아서 외국인들에게 자국을 어떤 언어로 설명하는지를 확인해보라. 5개 국가 모두 동일한 언어를 사용하는가, 아니면 다른 언어를 사용하는가?

연대표

이 책에 언급된 사건과 과정을 연대순으로 나열했다.

BC 2,000,000~BC 40,000   수렵·채집인들을 중심으로 언어가 발전함

BC 40,000~BC 8000   언어와 그림 묘사를 완전히 숙달함

BC 8000   중동 지역에서 농경의 시작

BC 3000   수메르 설형문자: 최초의 기록 체계

BC 3000~AD 1000   사하라 사막 남쪽 남아프리카 전 지역으로 반투어족 언어 확산

BC 2900~AD 400   이집트에서 신성문자 사용

BC 1350~현재   중국에서 한자 사용

BC 800~현재   그리스에서 그리스 알파벳 사용

BC 700~BC 300   호메로스부터 아리스토텔레스까지 고대 그리스 시대 문화의 전성기

BC 600~현재   로마제국에서 라틴 알파벳 사용. 후에 세계 여러 지역에서 사용

BC 600~BC 200   공자, 노자, 맹자 등 고대 중국 문화의 전성기

BC 336~BC 323   알렉산더 대왕이 건설한 단기간 존속했던 그리스 중심 제국

BC 323~AD 640   그리스어 코이네를 행정 및 통치 언어로 그리스와 동부 지중해 지역에서 사용

BC 300~AD 400   라틴어가 이탈리아에서 발화 언어로 사용됨. 이후 남서부 유럽 여러 국가에서 사용됨

BC 221~AD 1911   중국에서 황제 통치

BC 220년대   한자 표준화 시행. 20세기까지 별다른 변화 없이 계속 사용됨

BC 100~AD 100	키케로, 베르길리우스 등 로마 문학의 전성기. 표준화된 라틴어 기록 방식이 확립됨
AD 476	서로마제국의 멸망
5세기	앵글족, 색슨족 등 게르만족 영국 침략
6세기	아랍 알파벳의 탄생
6세기~20세기	한자를 차용해 한국어 표기
597	로마 사제들 켄트 지역에 도착
7세기	라틴 알파벳으로 작성된 최초의 영어 문서 등장
640~750	아랍이 중동, 북아프리카, 페르시아 정복
700~1800	서유럽에서 라틴어가 모어로 발화에 사용되지 않고 종교, 교육, 문화 등의 분야에서 문자언어로만 존속
800	카롤루스 황제 즉위
800~1100	아랍어가 지중해 주변 지역에서 발화 언어로 발전함
842	로맨스어 시대 최초로 라틴어가 아닌 언어로 스트라스부르 선언이 기록됨
879~899	웨섹스 왕국의 앨프레드 대왕이 웨스트 색슨 방언을 기반으로 표준 영어 기록 방식을 만듦
10세기	일본에서 간지, 가타카나, 히라가나 방식의 삼차원 기록 방식이 등장함
1066	노르만의 영국 정복으로 프랑스어가 도입되고 영어가 위축됨
12세기	프랑스어와 프로방스어 문자언어의 탄생
1321	이탈리아어 글쓰기의 중요한 모델이었던 단테의 사망
13세기~14세기	이탈리아어 문자언어의 등장
1400	영어 글쓰기의 중요한 모델이었던 초서의 사망

1337~1453	영국과 프랑스 사이의 백년전쟁
14세기~19세기	한자를 차용해 베트남어를 표기하는 Nôm 문자의 탄생
15세기	음절문자 체계인 한글의 탄생
15세기	영어가 영국에서 공식적인 문자언어가 됨. 프랑스어는 더 이상 사용되지 않음
1476	캑스턴이 영국 최초의 서적 인쇄소 설립
1500	카브랄이 브라질에 상륙
16세기~17세기	포르투갈의 브라질 점령, 스페인이 나머지 남아메리카 및 중앙아메리카 정복
1550~1815	유럽과 중국의 교역 증대. 언어 접촉은 미미함
1616	영국 문학의 모델이었던 셰익스피어 사망
1616	스페인어 문학의 모델이었던 세르반테스 사망
1620년대	북아메리카에 첫 번째 영국 식민지 건설
1620~1830	아프리카에서 서인도 제도 등으로 대규모 노예무역 시기. 크리올어의 탄생
1652~1806	희망봉 지역에서의 네덜란드어 방언의 형태 완성 및 아프리칸스어 등장
1654~1715	루이 14세의 통치. 프랑스어가 유럽의 주도적 언어가 됨
1673	프랑스어 문학의 모델이었던 몰리에르 사망
1776	북아메리카 지역의 영국 식민지들의 독립 선언
1788	영국의 오스트레일리아 정복
1800년대	콘월 지역의 콘월어 소멸
1809~1905	노르웨이에서 덴마크어가 두 종류의 노르웨이어 문자언어에 의해 밀려남

1810년대	서덜랜드 동부에서 게일어 사용 농부 축출. 그 이후 게일어 위축과 소멸 시작
1815~1945	영국이 세계 정치를 주도한 시기. 영어가 여러 국가에서 주요 언어 혹은 식민지 언어로 확립됨
1826~1960년대	남아프리카 지역에서 소토 계통의 여러 언어들이 세 가지 발화 및 문자언어(츠와나어, 소토어, 페디어)로 전환됨
1842	중국 아편전쟁에서 패배. 교역 개방
1870년대~1945	국제적인 의사소통 수단으로서 독일어의 등장
1911	중국 제국 멸망
1919	중국, 문자 체계 개혁 시행
1925	아프리칸스어를 공용어로 선포
1945~1990	냉전 시대. 영어와 러시아어가 국제 언어를 두고 서로 경쟁함
1949	마오쩌둥의 공산당이 중국 통치. 지속적인 언어 개혁
1962~1965	제2차 바티칸 공의회에서 가톨릭교회에서 라틴어 이외 언어로 예배 허용 결정
1990~현재	미국의 정치적·경제적·문화적 영향력으로 영어가 국제 언어로서 확립됨

참고문헌

Adam, R. J.(ed.). 1972. *Papers on Sutherland Estate Management 1802-1816*. Edinburgh: Scottish History Society.

Adams, James Noel. 2003. *Bilingualism and the Latin Language.* Cambridge: Cambridge University Press.

Aitchison, Jean. 2001. *Language Change: Progress or Decay?* 3rd ed. Cambridge: Cambridge University Press.

Allmand, Christopher. 1992. *Henry V.* Berkeley and Los Angeles: University of California Press.

Anderson, Benedict. 1991. *Imagined Communities: Reflections on the Origin and Spread of Nationalism.* Revised ed. London and New York: Verso.

Anderson, Lars-Gunnar and Tore Janson. 1997. *Languages in Botswana: Language Ecology in Southern Africa.* Gaborone: Longman Botswana.

Barber, Charles Laurence, Joan C. Beal, and Philip A Shaw. 2009. *The English Language: a Historical Introduction.* Cambridge: Cambridge University Press

Bernal, Martin. 1987. *Black Athena: the Afroasiatic Roots of Classical Civilization. Volume 1: the Fabrication of Ancient Greece 1785-1985.* New Brunswick: Rutgers University Press.

Birabenm J. N. 1979. "Essai sur l'evolution du nombre des homes." *Population*, 1 pp.13~24.

Bleek, Dorothea. 1939-40. "A Short Survey of Bushman Languages." *Zeitschrift für Eingeborenen-Sprachen*, 30, pp.52~72.

Botterill, Steven(ed.). 1996. *Dante Alighieri: de vulgari eloquentia.* Cambridge: Cambridge University Press.

Bowman, Alan K., and Greg Woolf(eds.). 1994. *Literacy and Power in the Ancient World.* Cambridge: Cambridge University Press.

Burke, Peter. 1993. *The Art of Conversation.* Cambridge: Polity Press.

Burling, Robbins. 2005. *The Talking Ape: How Language Evolved.* New York: Oxford University Press.

Carstairs-McCarthy, Andrew. 1999. *The Origins of Complex Language: an Inquiry into the Evolutionary Beginnings of Sentences, Syllables, and Truth.* Oxford: Oxford University Press.

Chen, Ping. 2007. "China." in Andrew Simpson(ed.). *Language and National Identity in Asia,* Oxford: Oxford University Press. pp.141~167.

Cole, Desmond T. 1995. *An Introduction to Tswana Grammar.* Cape Town: Longman

Collier, Mark and Bill Manley. 1998. *How to Read Egyptian Hieroglyphs: a Step by-Step Guide to Teach Yourself.* London: British Museum Press.

Coulmas, Florian. 1996. *The Blackwell Encyclopedia of Writing System.* Oxford: Blackwell.

_____. 2003. *Writing Systems: an Introduction to their Linguistic Analysis.* Cambridge: Cambridge University Press.

Crosby, Alfred W. 1986. *Ecological Imperialism: the Biological Expansion of Europe, 900-1900.* Cambridge: Cambridge University Press.

Crystal, David. 2000. *Language Death.* Cambridge: Cambridge University Press.

_____. 2003. *The Cambridge Encyclopedia of the English Language.* 2nd ed. Cambridge: Cambridge University Press.

_____. 2010. T*he Cambridge Encyclopedia of Language.* 3rd ed. Cambridge: Cambridge University Press.

Davies, W. V. 1987. *Egyptian Hieroglyphs.* London: British Museum.

Diamond, Jared. 1997. *Guns, Germs and Steel.* London: Jonathan Cape.

Dixon, R. M. W. 1980. *The Languages of Australia.* Cambridge: Cambridge University Press.

_____. 1997. *The Rise and Fall of Languages.* Cambridge: Cambridge University Press.

_____. 2002. *Australian Languages: their Nature and Development.* Cambridge:

Cambridge University Press.

Dorian, Nancy. 1981. *Language Death: the Life Cycle of a Scottish Gaelic Dialect.* Philadelphia: University of Pennsylvania Press.

Dunbar, Robin. 1996. *Grooming, Gossip and the Evolution of Language.* London: Faber & Faber Ltd.

Ebrey, Patricia Buckley. 2010. *The Cambridge Illustrated History of China.* Cambridge: Cambridge University Press.

Fischer, Steven R. 1999. *A History of Language.* London: Reaktion.

_____. 2001. *A History of Writing.* London: Reaktion.

Fishman, Joshua. 1996. *Post-Imperial English.* New York: Mouton de Gruyter.

Fishman, Joshua and Ofelia Garcia(eds.). 2010. *Handbook of Language and Ethnic Identity.* New York: Oxford University Press.

Foley, William A. 1986. *The Papuan Languages of New Guinea.* Cambridge: Cambridge University Press.

Frawley, William(ed.). 2003. *International Encyclopedia of Linguistics.* 4 vols. 2nd ed. Oxford: Oxford University Press.

Freeborn, Dennis. 2006. *From Old English to Standard English.* London: Macmillan.

Güdemann, Tom and Rainer Vossen. 2000. Khoisan. *In African Language: an Introduction,* eds. Bernd Heine and Derek Nurse, 99-122: Cambridge: Cambridge University Press.

Hassan, Fekri A. 1981. *Demographic Archaeology.* New York: Academic Press.

Haugen, Einar. 1976. T*he Scandinavian Languages: an Introduction to their History.* London: Faber and Faber.

Heaney, Seamus(trans.). 1999. *Beowulf: Translated from the Anglo-Saxon.* London: Faber.

Heine, Bernd and Derek Nurse(eds.). 2000. *African Languages: an Introduction.* Cambridge: Cambridge University Press.

Holm, John. 1988-1989. *Pidgins and Creoles.* 2 vols. Cambridge: Cambridge University Press.

Holmes, George. 1988. *The Oxford Illustrated History of the Middle Ages.* Oxford: Oxford University Press.

Horrocks, Geoffrey. 1997. *Greek: a History of the Language and its Speakers.* London and New York: Longman.

Hurford, James R., Michael Studdert-Kennedy, and Chris Knight. 1998. *Approaches to the Evolution of Language: Social and Cognitive Bases.* Cambridge: Cambridge University Press.

Janson, Tore. 1991. "Language Change and Metalinguistic Change: Latin to Romance and Other Cases." in Roger Wright(ed.). *Latin and the Romance Languages in the Early Middle Ages,* London: Routledge, pp.19~28.

_____. 2002. *Speak: a Short History of Languages.* Oxford: Oxford University Press.

_____. 2004. *A Natural History of Latin.* Oxford: Oxford University Press.

Janson, Tore and Joseph Tsonope. 1991. *Brith of a National Language: the History of Setswana.* Gaborone: Heinemann.

Lehmann, Winfred P. 1992. *Historical Linguistics: an Introducion.* London: Routledge.

Lewis, Bernhard. 1995. *The Middle East: 2000 Years of History from the Rise of Christianity to the Present Day.* London: Weidenfeld & Nicolson.

Lewis, M. Paul(ed.). 2009. *Ethnologue: Languages of the World,* 16th ed. Dallas, Tex.: SIL International. Online version: http://www.ethnologue.com.

Liebermann, F.(ed.). 1903-1916. *Die Gesetze der Angelsachsen.* Halle: Niemeyer.

Lo Bianco, Joseph, Jane Orton, and Gao Yihong. 2009. *China and English: Globalisation and the Dilemmas of Identity.* Bristol: Multilingual Matters.

Lyovin, Anatole. 1997. *An Introduction to the Languages of the World.* Oxford: Oxford University Press.

Mallory, J. P. and Douglas Q. Adams. 2006. *The Oxford Introduction to Proto-Indo-European and the Proto-Indo-European World.* Oxford: Oxford University Press.

McCrum, Robert. 2010. *Globish: How the English Language Became the World's*

Language. New York: Norton.

Mitchell, Bruce and Fred C. Robinson. 1992. A *Guide to Old English.* Oxford: Blackwell.

Moore, Oliver. 2000. *Chinese.* London: British Museum Press.

Morpurgo Davies, Anna. 1987. *The Greek Notion of Dialect.* Verbum 10: 7-28.

Mugglestone, Lynda(ed.). 2006. *The Oxford History of English.* Oxford: Oxford University Press.

Nettle, Daniel. 1999. *Linguistic Diversity.* Oxford: Oxford University Press.

Nichols, Johanna. 1992. *Linguistic Diversity in Space and Time.* Chicago: University of Chicago Press.

Norman, Jerry. 1988. *Chinese.* Cambridge: Cambridge University Press.

Nurse, Derek and Gerard Philippson(eds.). 2003. *The Bantu Languages.* London and New York: Routledge.

Ostler, Nicholas. 2005. *Emipres of the Word: a Language History of the World.* New York: Harper Collins.

Page, R. I. 1973. *An Introduction to English Runes.* London: Methuen.

Phillipson, Robert. 1992. *Linguistic Imperialism.* Oxford: Oxford University Press.

Ponelis, Fritz. 1993. *The Development of Afrikaans.* Frankfurt-am-Main: P. Lang.

Renfrew, Colin. 1987. *Archaeology and Language: the Puzzle of Indo-European Origins.* London: Jonathan Cape.

Robinson, Orrin W. 1992. *Old English and its Closest Relatives: a Survey of the Earliest Germanic Languages.* Stanford: Stanford University Press.

Romaine, Suzanne and Daniel Nettle. 2000. *Vanishing Voices: the Extinction of the World's Languages.* Oxford: Oxford University Press.

Sampson, Geoffrey, David Gil, and Peter Trudgill. 2009. *Language Complexity as an Evolving Variable.* Oxford: Oxford University Press.

Sebba, Mark. 1997. *Contact Languages: Pidgins and Creoles.* London: Macmillan.

Smith, Anthony D. 1986. *The Ethnic Origin of Nations.* Oxford: Blackwell.

Tilly, Charles. 1992. *Coercion, Capital, and European States, AD 990-1992.* Cambridge, MA and Oxford: Blackwell.

Traill, Anthony. 1974. *The Compleat Guide to the Koon: a Research Report on Linguistic Fieldwork Undertaken in Botswana and South West Africa.* Johannesburg: African Studies Institute, University of the Witwatersrand.

Trask, R. L. and Robert McColl Millar. 2007. *Trask's Historical Linguistics.* London: Hodder Arnold.

Versteegh, Kees. 2001. *The Arabic Language.* Edinburgh: Edinburgh University Press.

Winter, Jurgen Christoph. 1981. "Khoisan." in Bernd Heine, Thilo C. Schadeberg, and Ekkehard Wolff(eds.). *Die Sprachen Afrikas.* Hamburg: Helmut Buske Verlag, pp.329~374.

Wolf, Eric R. 1997. *Europe and the People without History.* Berkeley, Los Angeles and London: University of California Press.

Wolff, Philippe. 1971/2003. *Western Languages AD 100-1500.* Trans. by Frances Partridge. London. Phoenix.

Wright, Roger. 1982. *Late Latin and Early Romance in Spain and Carolingian France.* Liverpool: Cairns.

Zhou, Minglang. 2010. "China. The Mainland, Hong Kong and Taiwan." in Fishman and Garcia(eds.). *Handbook of Language and Ethnic Identity.* New York: Oxford University Press. pp.470~485.

정리 및 이해를 위한 문제 정답 길잡이

복습 문제의 정답 대신 책 내용 중 답을 찾는 데 참고가 되는 부분을 제시했다.

1부 정답 길잡이(77쪽)

1. 23~28쪽 참고
2. 30~32쪽 참고
3. 38~45쪽 참고
4. 40~45쪽 참고
5. 46~48쪽 참고
6. 33~35쪽 참고
7. 2장 중에서도 특히 72~76쪽 참고

8. 49쪽 참고
9. 54~55쪽 참고
10. 55~57쪽 참고
11. 71~72쪽 참고
12. 68~71쪽 참고
13. 65~67쪽 참고
14. 72~76쪽 참고

2부 정답 길잡이(116쪽)

1. 83~86쪽 참고
2. 85~86쪽 참고
3. 87~88, 96~98쪽 참고
4. 91~95쪽 참고
5. 91~95쪽 참고

6. 96~98쪽 참고
7. 98~99쪽 참고
8. 109~112쪽 참고
9. 105~107쪽 참고
10. 111~113쪽 참고

3부 정답 길잡이(178쪽)

1. 121~123쪽 참고
2. 134~136쪽 참고
3. 134~136쪽 참고
4. 149~151쪽 참고
5. 147~148, 166~167쪽 참고

6. 153~155쪽 참고
7. 160~167쪽 참고
8. 30~31쪽 참고
9. 167~168쪽 참고
10. 165~167쪽 참고

4부 정답 길잡이(254쪽)

1. 192~193쪽 참고
2. 198~201쪽 참고
3. 189~190쪽 참고
4. 189~191쪽 참고
5. 210~213쪽 참고
6. 222~225쪽 참고
7. 225~227쪽 참고
8. 232~233쪽 참고
9. 244~247쪽 참고
10. 247~250쪽 참고
11. 250~252쪽 참고

5부 정답 길잡이(325쪽)

1. 261~263쪽 참고
2. 270~272쪽 참고
3. 272~273쪽 참고
4. 278~281쪽 참고
5. 292~294쪽 참고
6. 296~298쪽 참고
7. 301~302쪽 참고
8. 307~309쪽 참고
9. 314~315쪽 참고
10. 323~324쪽 참고

6부 정답 길잡이(381쪽)

1. 332~333쪽 참고
2. 334~337쪽 참고
3. 338~341쪽 참고
4. 345, 347~348쪽 참고
5. 345~346, 249쪽 참고
6. 353~355쪽 참고

찾아보기

지은이

토르 얀손 Tore Janson

현재 스톡홀름 대학교 언어학과에 소속되어 있다. 2001년에 은퇴하기까지 예테보리 대학교 아프리카 언어학과 교수로 재직했으며 그 전에는 동 대학교에서 라틴어 교수로 있었다. 또 세계적인 라틴어 역사 전문가로 널리 알려져 있다. 주요 저서로는 『발화: 언어의 역사 소개(Speak: A Short History of Languages)』 (2002), 『라틴어의 자연사(The Natural History of Latin)』(2004) 등이 있다.

옮긴이

김형엽

현재 고려대학교 인문대학 영어영문학과 교수로 재직하고 있다. 고려대학교 문과대학 영어영문학과 학사, 동 대학교 영어영문학과 대학원 영어학 석사, 미국 일리노이 대학교 언어학과 박사를 거쳤다. 2015년부터 한국음운론학회 회장을 맡고 있다. 주요 저서로는 『영어학개론』(공저, 2013), 『인간과 언어: 언어학을 통해 본 서양철학』(2001), 주요 역서로는 『언어의 탄생: 왜 인간만이 언어를 사용하는가?』(2013) 등이 있다.

한울아카데미 | 1805
언어의 역사

지은이 | 토르 얀손
옮긴이 | 김형엽
펴낸이 | 김종수
펴낸곳 | 한울엠플러스(주)

편집책임 | 조수임

초판 1쇄 발행 | 2015년 8월 20일
초판 2쇄 발행 | 2019년 3월 20일

주소 | 10881 경기도 파주시 광인사길 153 한울시소빌딩 3층
전화 | 031-955-0655
팩스 | 031-955-0656
홈페이지 | www.hanulmplus.kr
등록번호 | 제406-2015-000143호

Printed in Korea.
ISBN 978-89-460-6625-0 93700

* 책값은 겉표지에 표시되어 있습니다.